陈自鹏，1959 年生，天津静海人。1980 年毕业于天津静海师范学校英语专业，同年主动要求到距天津千里之遥、地处太行山东麓、隶属天津市管辖的国有大型企业——天津铁厂（简称天铁）附属学校工作。扎根山区，扎根天铁，扎根教育，几十年坚持教、学、做、研，坚持走专业化成长之路。1988 年通过天津市高等教育自学考试英语专业考试，是天津市最早的两名自考英语本科毕业生之一，系天津市自立自强、自学成才的典型。1997 年入天津师范大学学习课程与教学论专业，2000 年取得教育学硕士学位。2004 年考入北京师范大学教育史专业攻读博士学位，师从著名教育史学家王炳照先生，2008 年取得教育学博士学位。教育教学工作成绩优异，多次荣获区县或市级优秀教师、优秀教育工作者称号，1999 年被天津市人民政府评为中学英语特级教师，2014 年 7 月荣获“全国钢铁工业劳动模范”称号。教育管理工作卓有成效，曾任天铁第二中学校长、天铁集团教育委员会（辖一所高职学院、一所中专、一所高中、一所初中、三所小学、四所幼儿园并负责集团公司职工培训和干部培训工作）副主任兼教研室主任，2001 年起任天铁集团教育委员会主任。主要著作有《心得集》《教师教育成果集》《老师帮你记单词》《老师帮你学语法》《高考英语作文六步法及训练》《我做学生——从顽童到博士》《我做教师——从普通教师到特级教师》《我做管理——从班主任到教委主任》《中国中小学英语课程教材教法百年变革研究》等。在《中国教育报》《天津教育》等报刊上发表四百余篇文章，先后任《成人教育报》《招生考试导报》《天津教育》《天津教育报》专栏作者，曾经六次获得天津市教研教改成果奖，两次获得天津市基础教育教学成果奖，一次获得中国中小学幼儿教师奖励基金会优秀著作奖。现任天铁集团教育委员会党委书记、天铁“名师工作室”首席专家、天津师范大学教师教育兼职教授和教育管理专业硕士生指导教师、天津市人民政府兼职督学。

5 岁时与爷爷留一张珍贵照

初为人师，与学生到山里秋游，走近大自然，了解大自然

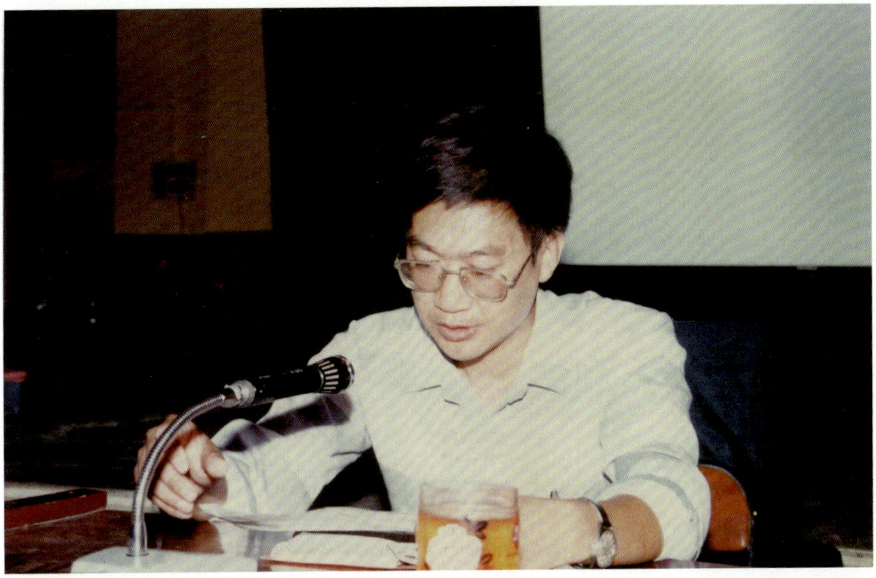

做班主任时，与同事交流经验

1991 年参加中美文化交流时虚心向外教学习英语教学理论和方法

1998 年参加全国校长培训时与清华大学校长王大中教授合影

2000 年获教育学硕士学位时与导师甄德山教授合影

2008年获教育学博士学位时与导师王炳照教授合影

到校调研，向师生们虚心请教勤学习

到校听课

做学术报告

天铁集团教委班子成员共同商讨发展蓝图

在名师工作室，与学员共同研讨专业成长

与教育家魏书生合影

与资深英语教育专家刘道义合影

与教育家朱永新合影

受聘担任北京陈香梅教育中心专家

作为唯一普教教师代表，被评为全国钢铁工业劳动模范

国家重点图书出版规划项目
教 育 家 成 长 系 列
全国中小学教师继续教育用书
教 育 部 特 级 教 师 计 划

中国特级教师文库

教育部课程教材研究所　组织评审

教育部特级教师计划·中国特级教师文库

（第五辑）

教师幸福追求之道

JIAOSHI XINGFU ZHUIQIU ZHI DAO

陈自鹏　著

人民教育出版社

·北京·

图书在版编目（CIP）数据

教师幸福追求之道 / 陈自鹏著. — 北京：人民教育出版社，2017.1（2021.1 重印）
（中国特级教师文库）
ISBN 978-7-107-31313-4

Ⅰ. ①教… Ⅱ. ①陈… Ⅲ. ①教育工作－中国－文集
Ⅳ. ①G 52-53

中国版本图书馆 CIP 数据核字（2016）第 315296 号

中国特级教师文库 教师幸福追求之道

出版发行 人民教育出版社
（北京市海淀区中关村南大街 17 号院 1 号楼 邮编：100081）
网 址 http：//www.pep.com.cn
经 销 全国新华书店
印 刷 北京盛通印刷股份有限公司
版 次 2017 年 1 月第 1 版
印 次 2021 年 1 月第 2 次印刷
开 本 787 毫米 ×1 092 毫米 1/16
印 张 27.5
插 页 2
字 数 372 千字
印 数 3 001 ～ 5 000 册
定 价 41.90 元

出版前言

特级教师是国家为了表彰特别优秀的中小学教师而特设的一种既具先进性又有专业性的称号。自1978年邓小平同志首倡在全国建立特级教师制度以来，已有数万名中小学教师荣膺这一称号。二十多年来，作为“师德的表率、育人的模范、教学的专家”的特级教师，以其高尚的师德，树立了人民教师的崇高形象；以其科学的教学方法和精湛的教学艺术，促进了教育教学质量的提高；通过指导青年教师等方式，带动了教师队伍整体素质的提高。许多特级教师不仅在教育教学改革实践中做出了突出贡献，而且在教育教学理论研究方面也进行了积极的探索。多年来，许多特级教师把他们对教育教学的思考和实践经验整理成文或撰写为专著发表、出版，为推动我国中小学教育理论的研究和发展做出了重大贡献，为广大教师提高教育教学水平提供了很好的学习材料，受到了广大教师的欢迎与好评。

为了培养一批在教书育人和教育教学研究方面造诣高深的中小学特级教师，造就若干名在教育界有重要影响的教育名师和教育家，并通过他们的带动和辐射作用，促进中小学教师队伍整体素质的进一步提高，推动中小学更好地实施素质教育，根据国务院批转的《教育振兴行动计划》的总体部署，教育部继续组织实施“特级教师计划”。其中一项重要内容是资助特级教师研究总结教研教改成果、撰写教育教学专著，编辑出版“教育家成长系列”，即《中国特级教师文库》（以下简称《文库》）。

出版前言

编辑出版《文库》，既有利于更好地发挥特级教师的典型示范和辐射作用，推广其优秀的教改实验、教育教学研究成果和成功经验；同时，也为全国广大中小学教师提供了展示成果、交流心得、相互切磋的园地，为教育科学研究工作者提供了大量的信息和丰富的资源，有助于教育理论研究更好地服务于教育教学实践。《文库》既可用作在职教师培训的生动教材，也可作为教师职前培养的重要学习内容。《文库》将分辑分批出版。

《文库》第一辑、第二辑是在教育部人事司领导下进行的；从第三辑开始，《文库》相关工作由教育部师范教育司负责；全国各省、自治区、直辖市教育厅（教委）对《文库》的编辑出版给予了大力支持；各卷作者在繁忙的工作之余，不辞辛劳，孜孜以求，认真撰写，为《文库》付出了许多心血。在此，谨向他们深表诚挚的谢意！《文库》编辑出版工作中存在的不足之处，敬请广大读者给予批评指正！

教育部师范教育司
人民教育出版社
2006年7月

总序

《中国特级教师文库》由人民教育出版社出版，很有意义。编辑出版这套《文库》目的有二：一是支持一批特级教师总结自己多年教育教学实践，促进特级教师在思考、总结、提炼、升华实践经验的过程中登临新的境界。所以，《文库》的出版列入了教育部“跨世纪园丁工程”的“特级教师计划”。二是推广特级教师教育教学改革实验、教育科研的成果与经验，将特级教师在一所学校、一个地区的带动、示范作用扩大到更广的范围。后者是主要的目的。

改革开放二十余年来，我国基础教育的发展取得了历史性的成就。教育事业的发展有赖于建设的加强。课程教材建设、校舍校园建设、图书资料建设、仪器装备建设、后勤服务建设、教育信息化建设等等，这些建设都是教育事业发展重要的不可缺少的支撑；但是，对于教育事业发展来说，最重要的建设是教师队伍建设。决定教育质量的最关键的因素是教师的素质；决定教育水平的最关键的因素是教师队伍的水平。今天，我们实施基础教育课程改革，全面推进素质教育；我们建设高质量、高水平的基础教育；我们围绕全面建设小康社会的目标构建现代化的国民教育体系，最重要的工作依然是加强教师队伍建设。我们必须努力建设一支数量适当、结构合理、富有活力的高素质、专业化的教师队伍。我们只有把这项工作看得很重很重、抓得很紧很紧、做得很实很实，我们发展教育事业的宏伟蓝图才能够高质量、高效益地成为现实。

总序

评选特级教师是我国新时期加强中小学教师队伍建设的一项富有创造性的重要举措。特级教师是“师德的表率、育人的模范、教学的专家”。他们既有丰富的实践经验，又有较高的理论素养；不仅在教育教学实践方面成就突出，在教育教学科研方面也多有建树。有不少特级教师在教育教学的思考和研究方面有自己独到的精辟的见解。而这些见解不会是概念的推演，而是在长期的丰富的实践基础上总结升华出来的思想。这些思想是鲜活的，也是富有营养的。倡导、支持特级教师撰写专著，并且将特级教师的专著荟而萃之，出版《文库》，是一项对中小学教师队伍建设很有意义的工作。向为《文库》编辑出版做出贡献的同志们表示敬意。

《文库》第一辑在第十九个教师节来临之际面世，希望它能够受到广大教师的欢迎和珍视。

王湛

2003 年 8 月于北京

（《中国特级教师文库》第一辑出版于 2003 年。这是时任教育部副部长、国家总督学的王湛同志为《文库》作的总序）

序一

鹏自山中来

◉朱永新

天津的陈自鹏老师发来了他的著作《教师幸福追求之道》，希望我为他写个序言。

说句实在话，近年来浪得虚名，求序者日众，我不得不通过“拖延”的战术拒绝许多约稿与求序。何况当时，我的确正全力以赴准备新教育年会的主报告。

这一搁，就是两个多月的时间。

但是，陈自鹏老师总是说：“不急，我等。”

等到我自己也不好意思了。新教育年会结束以后，我决定找时间看看他的书稿。读着读着，我从文字中看见一个从小父母由于政治原因离异的孩子，硬是靠着自己的坚忍不拔，走出深山，读了博士，专注于教育，成为特级教师，当上教委主任……果然不简单。

鹏者，鸟之王也。《庄子·逍遥游》说：“鲲之大，不知其几千里也，化而为鸟，其名为鹏。”古时记载奇闻逸事的书籍《齐谐》云：“鹏之徙于南溟也，水击三千里，抟扶摇而上九万里。”而东方朔的《神异经》里描述的大鸟“希有”，也就是鹏鸟的别称：“昆仑之山有铜柱焉，其高入天，所谓‘天柱’也，围三千里，周圆如削。——上有大鸟，名曰希有，南向，张左翼覆东王公，右翼覆西王母；背上小处无羽，一万九千里，西王母岁登翼上，会东王公也。”可见，来自昆仑山的大鹏，能量超群。

传说中，鹏自山中来。扎根太行山的陈自鹏，也是气度不凡，能量超群。

1980年，中等师范学校毕业的他进了大山，成为天津铁厂的一位普通教师。进山以后，他开始了长达30多年的登山之路。

做学生，他勤奋苦读，先后攻读了大专、本科、硕士和博士学位，从科技英语翻译专业、英语语言文学专业、课程与教学论专业，一直读到中国教育史专业。

做教师，他享受教育，不知疲倦，努力成为师德的表率、育人的模范、教学的专家、教研的能手、教改的先锋，成长为特级教师。

做管理，他登高望远，不断创新，他担任过班主任、校长、教委主任，每个角色都异常出彩，使得天铁这个远离繁华都市的区域教育声名远扬。

进山以后，陈自鹏深深地爱上了这座山，这座抚育他成长的大山。而他，也用自己的智慧反哺着这座山。他在这里"默默耕耘，学有所得，做有所成，研有所悟"，他在这里"幸福地学习着，幸福地工作着，幸福地思考着，幸福地研究着，幸福地传播着，幸福地成就着"。

正如这本书的书名《教师幸福追求之道》，无疑，陈自鹏是现身说法，用自己成长的故事讲述教育幸福的源泉。

"过一种幸福完整的教育生活"是新教育实验的核心理念和价值追求。我也曾经写过一首题为《享受教育》的小诗来解释我们对于幸福的认识。其中有这样几句：

享受教育，你就多了一双发现的眼睛
每一个孩子的潜能就会激情迸射
每一个孩子的个性就会轻舞飞扬
而你，也就如同插上了飞翔的翅膀
享受教育，你就多了一份快乐的心情
你会把每一个挫折看成是考验
你会把每一种困难看成是磨炼
你时时刻刻都会听到花开的声音
享受教育，你就多了一股创造的激情

你会把每一堂课精彩地演绎
你会把每一句话精心地锻造
你会把校园变成追求卓越的教育梦工场
享受教育，你就多了一种生活的诗意
你能从平凡中品味出伟大，从失败中咀嚼出成就
你能读懂每一个孩子的脸庞，走进每一个孩子的心房
你会惊奇地发现：幸福从此熙熙攘攘

陈自鹏的进山、登山、乐山之路，其实也是我们每位教师的人生之路。既然选择了教师这个职业，进了教育这个山门，我们就要努力攀登，不懈追求，扎根教育，书写自己生命的传奇。

伴随着我们攀登的历程，是艰辛，更是幸福；是挑战，更是享受。"鹏自山中来"，陈自鹏的能力在攀登中提升，力量在攀登中爆发，幸福也在攀登中创造。这就是陈自鹏给我们的启示。

（本序作者系当代著名教育家，现任全国政协常委、副秘书长，民进中央副主席，中国教育学会副会长）

序二

感悟自鹏的幸福

◉魏书生

我多次到天铁集团教委学习，因为我愿意听陈自鹏老师谈天说地、谈道论术。他谈教育，谈学生，谈同志，谈下属，谈领导，全是谈人家的长处、优点。即使谈学习、工作和生活中的困难，他也谈别人怎样帮他用各种各样有趣、有效的方法去战胜困难，谈自己怎样在战胜困难的过程中增长了智慧，增强了能力，增加了幸福感。他常说自己是一个幸运的人、幸福的人。

和自鹏在一起，我能感觉到，幸福感是从他心底流淌出来的，流溢在他开阔的眉宇间，流溢在他温暖的目光中，流溢在他微微向上的嘴角上。他凝神思考的时候，也使人感觉他是处在一种从容思考的状态，和他在一起，我的幸福感也不知不觉增多了。

他42岁任天铁教委主任，45岁考取北京师范大学博士研究生，还要为硕士研究生班的学生讲课，真正是边读书、边教书、边管理。事务千头万绪，自鹏化繁为简，游刃有余，硕果累累、幸福满满：作为学生，他的博士论文《中国中小学英语课程教材教法百年变革研究》在光明日报出版社出版。我国英语教育资深专家、人民教育出版社原副总编辑刘道义先生为该书作序，对论文给予极高评价；作为教师，他追求特级教师境界，后来又以中学特级教师积累的理论功底与实践经验，把研究生课程讲得充满魅力，研究生们对他的课心向往之；作为主任，他带领天铁的中、小学校长们、教师们同心协力，使得天铁教育的“幸福指数”不断提高：在天铁，没有重点校，没有择校择班，幼儿和儿童全部就近入园、入学；学前三年入园率、保持率100%；小学适龄儿童入学率、保持率100%；初中保持率、毕业率100%；高中毕业率100%，本科上线率100%。

自鹏读书、教书、管理时间之长、劳动量之大是中国教师中极少有的。

读书，他从6岁读到今天，读过小学、初中、中师、电大、自考、硕士、博士，48岁博士毕业，这40多年要听多少课、看多少教材、做多少训练、写多少作业、参加多少考试？

教书，他从21岁教到现在，教过小学、初中、高中、电大、成人本科、硕士课程班，这30多年他要了解多少学生、面对多少提问、做过多少家访、写过多少教案、批过多少作业？

管理，他从24岁做班主任管到今天，他当过教务主任、副校长、校长、教研室主任、教委副主任、教委主任兼党委书记，这30多年要调节多少冲突、平衡多少矛盾、缓解多少压力、接待多少上访、制定多少制度、参加多少会议、处理多少文件？

我常常听到有的学生说学习又苦又累，听到有的教师说教书又苦又累，听到有的干部说管理又苦又累，而自鹏是集三件事于一身，我却从未听他说过累，更没听他诉过苦，看到的总是他忙碌幸福的表情，听到的总是他讲自己如何幸运、幸福。

我特别想详细了解自鹏幸福的根源。3月6日，自鹏将他的《教师幸福追求之道》书稿从网上发来，让我写个序，规定我在15日内交稿，我感觉很幸运，立即读书稿。这十几天，我一边读自鹏的书稿，一边从书中汲取着幸福感，感觉自鹏幸福的原因有很多，但我不能写多了，耽误读者的时间，就简单谈我印象最深的三条吧。

第一，常怀友善感恩之心。听自鹏讲得最多的就是自己幸运，一直很幸运，乍一看他能成为博士、特级教师、教委主任，一帆风顺，确实幸运。细一读，才发现，他成长的路上同所有的学生、教师、干部一样充满艰辛。不到1岁时，由于政治原因他的父母被迫离散，10岁时他最深爱的爷爷急病骤逝，11岁、15岁曾两次因“出身不好”被迫辍学，在如此艰难的境遇中，自鹏最可贵的是他自幼用一颗友善感恩之心，去发现不幸中的幸运：母爱没有了，幸亏还有父爱，于是加倍珍惜，感恩父亲；爷爷走了，幸亏还有爷爷教给他的那些诗书古训，感恩爷爷留下的精神遗产，于是加倍努力继承，以告慰爷爷的在天之灵；被迫辍学了，幸亏自己还有书籍课本，于是更加勤奋地自学，感恩社会创造了自学考试的机会。一个常怀友善感恩之心的人就容易对他人、对环境满意，当然就会更多地发现生活中的幸运。即使遇到不幸，也能找到不幸之万幸，于是倍加珍惜，自己的幸福感当然就比那些身在福中不知福的人不知强上了多少倍。

第二，常怀自强不息之心。无论读书、教书，无论顺境逆境，无论酷暑严冬，自鹏想的首先都是自己要坚强，要尽到自己的责任，要使自己的能力更强，智力更强，体力更强。综合实力越强，学习工作效率越高，幸福感自然就越强。他把人生上下进退、起伏兴衰、荣辱得失都当成自己扎根的土壤，从中汲取自强的营养。幸福既可外求，亦可内取。当努力方向是内取的时候，就把对不如意的环境发牢骚、放怨气、懒散拖拉的时间全用来自强不息，用来激发自身观察、理解、记忆、思维的潜能，每个人自身的潜能得到激发、开发、利用的时候，就会产生自豪感、幸福感。

第三，常怀鹏飞万里之心。自鹏的心理空间极大，跟他谈心、谈后进生的转变，他能以宏观的角度分析社会、政治、文化、经济、家庭、亲朋对孩子的影响，同时从生理、心理、神经、细胞等微观的角度找方法。如谈均衡发展，他从自然、社会、政治、经济、历史、地理、企业特点、职工心理、国外多种做法、专家们各种观点、学校特点、学生实际等多种角度分析这一问题的来龙去脉，讲得入情入理，一下子把握了事情的本质规律。于是他能把天铁教育均衡发展这项工作的节奏把握得恰到好处，受到学生家长的高度赞扬。常怀鹏飞万里之心的人，心灵世界广阔又活跃，自然容易看清事物的本质规律，对不可为之事看得开、想得透、出得来、放得下；对本职分内之事拿得起、进得去、想得深、干得实。先谋道，再谋术，与道同行，乐在其中。一个心灵世界广阔的人，自然就是一个幸福的人。

一部作品问世之后，它所产生的社会影响，是不以作者的意志为转移的，当然更不以作序者的意志为转移。我所感悟到的自鹏幸福的三个原因，只是个人抛出的一块砖，盼望更多的学生、教师、干部来读这本书，从中发现更多的玉，发现更多的读书、教书、管理的幸福之道，从中找到更适合您自己的幸福之道，从而在您今后的平平常常的日子里，在自己平平凡凡的岗位上，把一件平平淡淡的事情干得有滋有味、有声有色、从从容容、快快乐乐、如诗如画、如舞如歌。在为自己、为亲人、为祖国、为人民尽到责任的同时，更多、更深地享受到生存的幸福。

（本序作者系当代著名教育家，历任辽宁省盘锦市实验中学校长、市教育局局长、全国教育科学规划领导小组成员、中国教育学会中学语文教学专业委员会副理事长、中国高等教育学会学习科学研究分会理事长）

自序

我从大山中走来

◉陈自鹏

上中学的时候，我读过列子的《愚公移山》。其中有两句话，我记得很深刻："太行、王屋二山，方七百里，高万仞。本在冀州之南，河阳之北。"当时我的心里全是憧憬：高万仞的山，这是一座什么山？我能不能到那里走一走？

初中毕业回农村务农的时候，我看过作家李云德写的一部描写钢铁工业的小说《沸腾的群山》，那时我的心里不停地翻腾着：沸腾的群山到底是什么样子？我什么时候才能有机会到那里看一看呢？

谁料想，历经学业上的曲折和磨难以后，我儿时的憧憬和伟大的梦想竟然都变成了现实：自己大半生都跟太行山、跟沸腾的群山结下了不解之缘。

一、进山

1980年6月，中等师范学校毕业后21岁的我，告别父亲，告别海河，告别天津，扛着行李毅然决然地一头扎进了太行山。

我终于见到了这高万仞的太行山啦。太行山，又名五行山、王母山、女娲山，它位于河北省与山西省交界地区，跨北京、河北、山西、河南四省市，山脉北起北京市西山，向南延伸至河南与山西交界地区的王屋山，西接山西高原，东临华北平原，呈东北—西南走向，绵延数百公里。

据有关资料记载，在6亿年以前，太行山地区是一片汪洋大海，后来经过了频繁的地壳活动，地面上升下降，海水时进时退，当海退时，这里沼泽广布，气候温暖潮湿，生长着茂密的森林，因此形成了太行山区丰富的煤炭资源。以后的一次次地壳活动，使太行山脉逐渐隆起。后又与东西的华北大平原断裂，形成太行东部陡峭、西部徐缓的地貌形态。

巍巍太行山下，蜿蜒清漳河畔，有个古县叫作涉县。

涉县位于太行山东麓，河北省西南部、晋冀豫三省交界处。涉县东与武安市、磁县毗邻；西与山西省黎城县、平顺县相连；南与河南省安阳市、林州市隔漳河、浊漳河相望；北与山西省左权县接壤，属深山区。

涉县历史悠久，文化灿烂，是中华文明的发祥地之一。远古时为女娲“炼石补天、抟土造人”之所。早在30万年前就有人类繁衍生息，境内的赵简子城、新桥等遗址和李家巷、北关等古墓群，蕴含了大量的仰韶、龙山及战国和汉文化。据传大禹治水之时，这里属九州之一的冀州地。春秋时属晋，战国时先后属魏、赵，秦时属邯郸郡。汉高祖刘邦元年（前206年）为涉县立县之始，距今已有两千多年历史，始置沙县，后改为涉县。

涉县素有“秦晋之要冲，燕赵之名邑”之称，“八山半水分半田”是涉县总的特点。涉县自古乃商贾云集、兵家必争之地。抗日战争期间，八路军一二九师在师长刘伯承、政委邓小平的率领下，临危受命，东渡黄河，挺进太行，运筹涉县赤岸村，浴血千里太行山，创下了赫赫战功，形成了一支享誉国内外的雄狮劲旅“刘邓大军”。当时有110多个党、政、军、财、文等机关单位在涉县驻扎长达10年之久。新中国成立后，先后有近百位一二九师老领导担任党和国家的重要职务，成为第二代领导集体的中坚力量，开创了中国改革开放的新纪元，这块红色热土因此被誉为“中国第二代领导的摇篮”。

1969年8月5日，经国务院和中央军委批准，由天津市在涉县境内建设一个现代化的钢铁基地，这项工程被命名为6985工程，天津铁厂（以下简称天铁）自此诞生。

1970年3月，6985工程破土动工。不同行业、不同年龄的6万建设大军从祖国的四面八方汇集到河北涉县，开始了最初的创业。在施工机具极度缺乏的情况下，创业者们以“愚公移山”的气概，人拉肩扛，移山填谷，引水接电，日夜奋战，在很短的时间内实现了三通一平。1972年2月，第一座焦炉投产。同年4月30日，是天铁人都不会忘记的日子。17点30分，是一个激动人心的历史性时刻：天铁第一座高炉炼出了第一炉铁水。同年5月15日，首批生铁运抵天津，向天津市委和全市400万人民报捷，从此结束了天津“手无寸铁”的历史。

46岁的天铁在涉县这块热土上书写了一段光荣的历史。让我感到光荣的是，天铁建厂11周年时，我从千里之外的天津只身来到太行山，来到邯郸，来到涉县，来到光荣的天铁建设者中间，自此成为一位光荣的天铁人。

二、登山

天铁是一个独立的工矿区，有职工和家属5万余人。随着企业的发展，孩子的教育问题也提到天铁发展的议事日程上来了。

据有关资料记载，建厂初期，天铁教育一片空白。然而就是在这一张白纸上，天铁人用生花妙笔绘出了一幅又新又美的图画。1971年，天铁只有一所中小学合校，共508名学生，在借用的校舍上课。到1991年，一座座教学楼拔地而起，普教系统相继建起5所幼儿园、6所小学、3所初中、1所高中，合计有学生5 341名。另外建有电大、中专、技校、党校各一所，形成了从幼儿教育到基础教育、职业教育、干部教育的完整教育格局。在企业的支持下，几代师生共同拼搏，共同努力，天铁教育也走过了一条从无到有、从小到大、从弱到强的“教育玄奘之路”。今日的天铁教育已是天铁的一张名片和天津市的一个优质教育品牌。

我就是这条教育玄奘之路上的一个亲历者，一个跋涉者。作为一名普普通通的教育工作者，自己咬定青山，攀行不止，努力做好三件事：做学生，做教师，做管理。

做学生，我先后读了科技英语翻译专业、英语语言文学专业、课程与教学论专业和中国教育史专业。读书一日不可少，逐步地成为我自己的生活习惯。到现在我仍然对书籍如饥似渴、手不释卷。我读书时，经常会有朋友打电话来问我正在做什么，我开玩笑地说在过贵族生活。他们问："什么贵族生活？"我回答："在读书。"他们纳闷，说读书是多么痛苦的事，怎么是贵族生活？我这样回答：只有当一个人不用忙于生计，不用天天为生活而奔波时，才会有时间坐下来静静地读书。读书足以怡情，足以博彩，足以长才。喜欢读书其实是一种生存方式、一种生活状态，是一种天大的享受，这不是贵族生活吗？俗语说，书山有路勤为径，学海无涯苦作舟。但在我这儿，攀登书山勤是有的，苦没怎么觉得，乐倒是有很多。

做教师，我始终舍不得放弃那三尺讲台。我做了 19 年英语教师，带过 5 个班，送走过一批又一批学生；天天跟天真烂漫、生龙活虎的孩子们打交道，心中纯净，心有感动，心生感悟，心花怒放。我往讲台上一站，所有的烦恼，所有的忧愁，所有的不快，都烟消云散了。看着孩子们那清澈的眼睛，那绽放的笑脸，那专注的神态，我会受到感染，并会深深地陶醉其中。现在，我能够有机会到大学课堂里或一些学术论坛上跟大家交流，谈理想，谈愿景，谈教育，谈教学，谈管理，相互切磋，相互启发，相互学习，相互提高，这是一种感性而又理性、紧张而又快乐的生活，哪里还有疲倦呢？不知疲倦的工作精神，轻松自如的良好心态，科学有效的教学方法，让我迅速成长为一名优秀的英语教师。在工作中，我始终努力地瞄准这样的目标而前行：要做师德的表率、育人的模范、教学的专家、教研的能手、教改的先锋。

做管理，我尝试各种管理模式。若从做班主任算起，至今我做管理已经有 30 多年。我深知，学校管理是一门科学，也是一门艺术。当真正掌握了管理的科学，做到科学管理并艺术化地进行管理时，那就是一种创造、一种享受。做校长和教委主任后，在集团公司领导和同事们的支持下，我和同事们做了若干种管理实验和试验，有过经验，有过教训，最后都取得了比较好的效果。伴随着媒体和个体的传播，我们的想法、做法和说法在业内形成了一定的影响，使得天铁这个远离城市、远离繁华、远离中心、远离关注，本不典型的“小规模的大教育”得以声名远扬。登高望远，我知道我们离理想的高效教育管理还有相当的差距。但每每谈起天铁教育，谈起天铁教育的优质，我和我的同事们一样，无不感到骄傲和自豪。

在30多年的教育征程中，我自己不敢有丝毫的懈怠和动摇，也逐步理解了“活到老，学到老”“不花气力，不能成事”“世上无难事，只要肯登攀”的深刻含义。我为自己是个知道努力并且永远奋发向上的登山人而感到满意。

三、乐山

近20年来，多少次，多少单位曾向我伸出橄榄枝，其实我只要首肯一下，便可堂而皇之地离开天铁，离开天铁教育。但是我太爱这里的企业，太爱这里的教育，太爱这里巍峨的群山了。仁者乐山，乐山让我沉下心来与同事们做喜欢的事业。

乐山，我扎根太行，默默耕耘，学有所得，做有所成，研有所悟。同行们评价我：自鹏是以一种精神和境界幸福地学习着，幸福地工作着，幸福地思考着，幸福地研究着，幸福地传播着，幸福地成就着。

我追求幸福学习之道。几十年里我读书学习，坚持不懈。靠自学，我先后取得专科学历、本科学历及文学学士学位和教育学硕士学位，成为天津市“自学成才”典型。我曾代表天津市十万自学考试考生在天津市庆祝自学考试25周年大会上介绍自己的自学经验，影响了一批又一批在自学考试征途上拼搏的有志青年。我在45岁时以较好成绩考入北京师范大学中国教育史专业，师从我国著名教育史学家王炳照先生攻读博士学位。不轻易夸奖人的王先生后来对别人说：“自鹏是我带过的学生中最省心的一个。”

我追求幸福工作之道。做英语教师19年，深得学生爱戴和同行好评，我39岁被天津市人民政府命名为中学英语特级教师。几十年来我既做教师，又做管理。做过小学教师、初中教师、高中教师、大学教师；做过班主任、教务主任、校长、教研室主任、教委主任等。我常常是边教边管，扮演着双重的角色，承担着双重的压力，进行着双重的创作，也享受着双重的幸福。

我追求幸福思考之道。在几十年的学习、工作中，我常常是学着、做着、思考着，并且常常在思考中深化着、完善着、升华着自己的实践和理论。最有意思的是，对实践和理论的思考常常让我着迷，让我沉醉，让我茅塞顿开，让我欣喜若狂。我想，不做教育工作的，做教育工作不爱思考的，决然没有这种感觉，没有这种体验。我庆幸自己做了教育工作，也庆幸自己做教育工作时养成了思考的习惯，更庆幸自己在思考中时常有新的收获。

我追求幸福研究之道。我认为，教师集专业学习、专业服务、专业研究于一身。对教师成长而言，专业学习是前提，专业服务是关键，专业研究是条件。作为教师，我深谙其道，也在教育教学和管理中享受着研究的快乐和幸福。十几年里，我的手中诞生了《老师帮你记单词》《老师帮你学语法》《我做学生——从顽童到博士》《我做教师——从普通教师到特级教师》《我做管理——从班主任到教委主任》《中国中小学英语课程教材教法百年变革研究》等多部著作。我曾经六次获得天津市教研教改成果奖，两次获得天津市基础教育教学成果奖，一次获得中国中小学幼儿教师奖励基金会优秀著作奖，并先后成为《成人教育报》《招生考试导报》《天津教育报》《天津教育》专栏作者。以文会友，以此为平台，以此为媒介，我得以结交一大批志同道合的朋友。

我追求幸福传播之道。从事教育教学教研以及管理几十年，我重视对外传播交流，多年来，多次被邀到天津师范大学、南开大学、北京师范大学、人民教育出版社以及山东、河北一些地区教育局、教育中心、教研室做学术讲座，与同行共同研讨交流。在天铁教委的支持下，天铁成立了“陈自鹏工作室”。工作室聘专家，招徒弟，使得自己的教育教学管理思想得到传播、交流。我自己也常常在传播与交流中有了新的发现、新的悟道。

我追求幸福成就之道。几十年的努力，成就了事业，成就了教师，成就了学生，也成就了我自己。由于工作努力，成绩突出，组织上给了我很高的荣誉。我多次荣获天铁集团优秀领导干部称号，2007 年被评为天津市优秀教育工作者，同年被天津师范大学聘为教师教育兼职教授，2011 年被天津师范大学聘为教育管理专业硕士指导教师，2013 年被天津市人民政府督导委员会聘为政府兼职督学，2014 年荣获“全国钢铁工业劳动模范”称号。

我与师生幸福地享受着天铁教育的成果。二十几年里，天铁幼儿和学生全部就近入园、入学，实现了均衡发展、教育公平。职业教育培养的毕业生百分之百就业，广受用人单位欢迎。初中、高中教育质量优异，一批批优秀学子从这大山深处走向全国、迈向世界，清华大学、北京大学等知名高校的校园里都有众多天铁子弟的身影。天铁教育虽远离天津，远离城市，却早已闻名遐迩。《天津教育》《天津教育报》等报刊这样报道：“沸腾的天铁　火红的教育”，“天铁教育的玄奘之路”，“天铁：一个诞生教育奇迹的地方”，天铁教育也被职工亲切地称为“天铁凝聚力工程的半壁江山”。我很欣慰，因为天铁教育发展里面有我和同事们数十年如一日幸福的追求。

我经常在思考这样一个问题：教师的幸福从哪里来？我认为，它来自于教师的职业理想、职业价值、职业魅力、职业道德、职业认同、职业实践和职业成就。从宏观角度讲，幸福是个体对自己、他人以及周围的环境满意的程度。因此从一定意义上说，对自己满意是幸福，对他人满意是幸福，对周围环境满意也是幸福。

教师是否幸福，于个人是一种感受，更是一种体会。教师是否幸福，于职业则是一种态度、一种精神、一种义务、一种责任。因为道理很简单，一个做教师的人自身都不幸福，又怎么让自己的学生幸福呢？怎么让他们相信从事教育和接受教育能使得人获得幸福呢？所以归根到底，教师的幸福不是别的，就是在自己的学习、工作、思考、研究、传播、交流和些许的成就中能够得到满足和快乐。

进山、登山、乐山，虽然山路崎岖，但我走出来一条奋进之路、一条发展之路、一条快乐之路、一条幸福之路。我愿意与现在和未来亲爱的同行们分享我的成长故事。

2016 年 9 月 10 日

目录

第一章　学业多舛志益坚

有人说，一个人一生有很多事情是不能由自己决定的。比如，你不能决定自己在什么时候出生，不能决定自己在什么地方出生。我很赞同这种说法。我幼时不幸，出生在一个破碎的家庭里，并且出生在共和国正值困难的时期，求学期间由于正值“文化大革命”期间，又不幸两度辍学。但幸运的是，不幸中我却做出了一个决定：这辈子要是有机会读书，一定要读出个样子来。几十年来，我读书学习，虽然艰辛不少，坎坷不少，却乐此不疲，幸福满满。

第一节　生于忧患

1959年，正是“如火如荼”的“大跃进”期间。在这一年的某月某日，一个小生命迫不及待地来到人世。

怎么是某月某日？难道没有准确的生日吗？

没有。

他没有出生在自己的家乡，而是出生在天津市郊区一个叫“西兰坨”的小村庄里。也许他来得不是时候，也许他就不应该……出生时，没有期待，没有喜悦，没有庆贺，没有欢聚。因为他出生时，父母亲已经大路朝天、各走一边了。

是谁这么不幸？我呗。

我的父亲原是国民党军官学校毕业生，母亲是1958年北京下乡知识青年。在当时的政治背景下，两个人身份上的巨大差异注定了这场婚姻的悲剧性。

在我还没有出生的时候，有人就出面劝我的母亲：“离了吧！不然你是永远抬不起头来的。”我的父亲年龄上长于母亲，看看现实，瞅瞅局势，想想未来，他心情沉重而又无可奈何地说：“咱们还是分手吧！不然我会影响你一辈子的。”

母亲也没有好办法，她去天津西郊西兰坨一所小学做了代课教师。就这样，一对恩爱夫妻，由于政治原因，永远地分开了。现在想来，这无疑是社会的悲剧、家庭的悲剧、父母的悲剧，当然更是我个人的悲剧。

父母分开后，我这个才出生6个月的婴儿便随着那一纸离婚证书，永远地离开了给予我生命、给予我性格基因，但今生今世却永远没法见面和报答恩情的亲爱的母亲。

按照“老子英雄儿好汉，老子反动儿混蛋”的血统论观点，自然而然地，我同时离开的还有相当长一段时间政治的清白、发展的机会和成功的平台。

咿咿呀呀、迷迷糊糊之间，我来到了很多人都不愿意进入、不愿意正眼瞅上一瞅、更不愿意有什么瓜葛的“黑帮”家庭。正是“出生失母爱，睁眼入黑帮”。

有时想想，命运真是不太公平。我没有出生在省长、市长家里也就算了，偏偏出生在这样的家庭。唉，认命吧！

这时，谁还会记得我是哪月哪日出生的呢？

个人的命运不仅与家庭的命运联结在一起，与国家的命运也息息相关。

史料记载，在我出生几个月以后的1960年，浮夸风也非常严重了。且看这首诗：

“稻堆堆得圆又圆，社员堆稻上了天。

撕片白云揩揩汗，凑上太阳吸袋烟。”

你看这有多夸张！还有比这更夸张的。听听这口号：

“人有多大胆，地有多大产！”

人们的愿望是好的，但是规律不可违。没过多久，全国各地出现粮荒。

就是这个时候，我这小毛头又来添乱。

父亲和一个远房的表姑把几个月大的我从西兰坨我母亲处抱回来。一开始我还不知道从此要离开母亲，扑闪着大眼睛看着这两个陌生人，“啊啊”地说个不停，仿佛很高兴的样子。然而到了傍晚时分，我就不管三七二十一地大声哭叫起来。

父亲说：“这孩子是不是饿了？”表姑“刷”地落下泪来：“孩子太小了，有东西也不能吃啊，这前不着村后不着店的，可如何是好？”想着想着，表姑脚下一绊，重重地摔了下去。父亲把表姑扶了起来，表姑摔得够呛，再看看我，却一点儿没有摔着。我哪里知道当时大人的苦楚和心思，可能觉得好玩，倒乐了。

这时，天已经黑了。不懂事的我又开始哭了，哭声像刀子一样剜着两个大人的心。

天无绝人之路。没走多久，我们几个来到一个小渔村。父亲知道渔村的人比较富裕，心里生起一丝希望。

可问题是到哪里去找奶娘呢？

这并未难倒父亲。为了准确找到一户有婴儿吃奶的家而又不户户敲门，父亲和表姑抱着我悄悄地在村里转悠。我好像明白了什么，非常配合地安静下来。走到一家门前，突然传来婴儿的一声啼哭，父亲高兴得就要跳起来了，像抓住一棵救命稻草一样，赶忙跑着过去，敲开了人家的门。

一位年轻的妇女看着怀里抱着个孩子的陌生人，心里明白了大概。

“进来吧。”人家很客气地说。

“谢谢，您看这孩子饿坏了。真不好意思，您能不能给……”父亲恳求道。

没有任何犹豫，年轻的妈妈把我接了过去。

但是，那时的生活真是太苦了。这位妈妈的奶水只让我嘬了几口，没了。

我又肆无忌惮地放声大哭了起来。

年轻妇女满脸愧疚地说：“真对不起，您到别人家转转吧，村西口还有……”

“谢谢了。”父亲和表姑向年轻女人道谢、告辞，又深一脚浅一脚地奔向村子西口。

找这一家也是费了一番周折。说来命苦，这家的妈妈奶水也不足，我再次没能吃饱！不吃还好，没有吃饱，我就更加哭闹。父亲一跺脚：“我就不信，偌大一个渔村喂不饱一个小娃娃？”

有志者事竟成。当我们三个人转到村子北面几乎感到绝望时，突然听到底气十足的婴儿哭声！

这回有救了！听声音，这家的妈妈应该奶水充足，不然孩子哪有那么大的气力哭出那么大的声音？

确实，我在这位妈妈那里饱饱地美美地吃了一顿。我不哭了，然而父亲和表姑却哭了。

经历饥饿、颠簸之后，我们终于回到了村里，而爷爷早已等候在那里。

可怎么才能养活我这个才几个月大的孩子呢？父亲和爷爷真的是发了愁，犯了难。

没办法，爷爷想出一个主意：还是搬到人多的村里去吧！

于是，全家三条光棍儿搬到了一个叫太平村的大村子里。还好，这里有我们陈姓的很多本家，毕竟是一个祖宗啊，也好有个照应。

第一个照顾我的是我的三婶。三婶家的哥哥长我两岁，还没有断奶。我和三哥咬着三婶干瘪的奶，较着劲儿地嘬。因为大人吃得太差，真的没有多少奶水，三哥急得哭，我也急得哭。眼看着两个都饿得不行了，爷爷赶快把我抱回家来。

邻居家的一个表姑看到我家的难处，便和爷爷商量把我接到她家。表姑的孩子刚刚满 3 周岁。表姑用全家多年的积蓄买来鱼虾催奶，希望能够把我养活，然而一切都是枉然，我饿得连哭都没有力气了。表姑哭得泪人似的，心疼但没有办法。

爷爷和父亲把我从姑姑家抱回来，试着用面糊糊喂我这个小小的饿汉。还别说，这招真灵！我吃饱了，不饿了，有劲了，长胖了，调皮了，爱笑了。

但是当时的农村毕竟是太穷了。家里能够变卖的东西都变卖了。揣着变卖东西的钱，父亲步行一天来到天津市区，买一些凭票才能买到的奶粉、藕粉或其他代乳粉。远房的姑姑还搜遍屋内可以吃的东西让父亲带上。每次父亲带回一些东西可以对付几天，日子就这样一天天挨过来了。

当家里的东西变卖光时，已经是家徒四壁了，父亲和爷爷又犯难了。

这时，父亲在几十里地以外的一个磕头弟兄知道了我家的窘况和困境。他的老母亲我尊称为奶奶，那是个非常善良的老太太。老太太说，再长的胡同也有个头，谁家还没有走背字的时候啊！去，帮帮他们！她派儿子找上门来。他们那里经济情况要好些，于是大伯伯用车驮来一些粮食，算是暂时解决了我家里无米之炊的困难。

这样，一日复一日，一月又一月，一年再一年，意志坚定的爷爷和父亲把我这个意志也还算坚定的小男子汉养活了！①

生于忧患知道生活艰辛，生于忧患才能信念坚定，生于忧患才会奋发图强，这恐怕是幼年生活给我最有价值的教育。

第二节　立下宏愿

父母是孩子的第一任老师。遗憾的是，母亲早早离我而去，父亲又天天忙于生计。所以教育我的责任落在爷爷身上。爷爷成为我的第一位启蒙老师。

其实，我的爷爷是个有文化的人。

爷爷个头不高，但目光炯炯，精力充沛。他言谈不多，透着精明，尤其能写一笔漂亮的小楷字，能够吟诵很多首唐诗、宋词。在村里，他颇受村民尊重，哪家有红白喜事都找他来写字。每年春节，络绎不绝的邻居们都抱着红纸求爷爷写春联。每逢有人需要给亲戚朋友写信时，都是爷爷给代笔。

爷爷脾气尤好，对我非常溺爱。我很调皮，每天总是想着法子搞些恶作剧气他，但爷爷总是笑呵呵的。有时我围着村里的水塘来回转悠，还做出要跳水的样子。我是爷爷的心肝宝贝，看着我那个样子，爷爷总是怕我有所闪失，怕真的出现意外，60 多岁的人了，老是气喘吁吁地撵着我。等他追上了，想揍我一巴掌，可他扬起的手总是轻轻地放了下去。嘴里说着“等你爸爸回来了，我告诉他，让他揍你”！但是爸爸真

① 陈自鹏．我做学生——从顽童到博士［M］．北京：线装书局，2010：4—7.

的回来了，爷爷却从来只字不提。

爷爷很懂教育。应该说，我的人生启蒙老师是爷爷。

爷爷教我认识事物。父亲每次到市里都要带回一种我没有吃过的水果或食品，爷爷一一拿给我吃，并耐心地给我讲有关的知识，这便是一种生活教育。农村那时很少吃到香蕉、苹果、橘子、李子、樱桃、蛋糕、栗子、螃蟹、皮皮虾等，我是农村同龄人中比较早地见到并认识这些东西的，是比较早地能够叫出这些东西名称的人。

爷爷教我学会忍耐。我 4 岁多时，有一天，爷爷哄我跟他出门，他说："咱爷俩今天照相去。"照相？那肯定很好玩！我当然乐意。可爷爷说："路途很远，得走着去，你行不行啊？"我点点头。爷爷出门时拿着老大一串葡萄。我想吃，但爷爷一粒也不肯给我。我和爷爷走啊走，大热的夏天，蝉鸣如噪，闷热难耐，爷俩儿已经走了十五六里，我有些走不动了。爷爷找棵小树让我歇歇脚，给上几粒葡萄，一是解解渴，二是鼓励我。如此反复几次，我们竟走出几十里地。走到唐官屯照相馆时，我累哭了。爷爷并不理会，拉着我站好，爷爷正襟危坐，我却撅着嘴，"咔嗒"一声，我们爷俩留下了一张让人有些捉摸不透、让人肯定遐想联翩，却令我永远难以忘怀的影像！

爷爷教我诚实做人。父亲给我做了一支小木头手枪，那可不得了！小伙伴嘎子、虎子、春森等都跑到我家，为的是能够摸一把那支枪，那时谁要是能够拿上一会儿那支枪，恐怕比长大了当个司令还要高兴。我们几个伙伴玩着玩着，想吃点东西，就打起村里磨坊的主意。磨坊门口有个盒子，不管谁来磨面，把加工钱放进去即可，因为那是公家办的，所以没人太在意里面有多少钱。我们几个伙伴常常溜进去，趁人不注意时就抓一把零票出来。钱虽然不多，但绝不敢拿回家去。买完甘蔗、糖块大吃一通后，我们就把钱埋在土里，记上记号，若无其事地回到家。这事后来还是让爷爷知道了。爷爷说："没有经过允许，别人家的东西是不能拿的。错了，要说实话。说实话，爷爷不怪你。"我告诉爷爷我们拿了磨坊的钱，"爷爷我错了。"那次，爷爷真的没有打骂我，在问清拿了多少钱以后，他如数还给了磨坊，并领我向人家道了歉。

爷爷教我礼仪礼节。我在家是根独苗儿，但是在礼仪礼节教育方面，爷爷绝不含糊。记得那时家里来了客人，爷爷简单地摆上酒、菜，就跟客人一边喝一边吃起来。客人吃完以后，爷爷才让我上桌，这往往让不懂事的我很恼火。记得有一次，一位客人来访，爷爷炒了一盘鸡蛋，端来一壶直沽高粱酒，他俩坐在炕上就喝起来。我在炕下眼巴巴地看着他俩吃喝，眼看着那盘鸡蛋就要吃完了。嘴馋的我急得不行，心想：这个大胖子怎么那么能吃呢！等客人吃完饭走后，爷爷又像变戏法一样从什么地方给我端来了一盘炒鸡蛋。其实，他是在用一种特殊的方式教育我如何待客。

爷爷教我懂得道理。爷爷平时给我讲很多故事，通过故事让我懂得孝敬、老实、忠诚、勇敢、勤勉。记得爷爷给我讲过这么一个非常有意思的故事。爷爷说朝鲜有个土财主，把自己不争气的三个儿子送来中国学习，希望他们能够在我们这个古老的国家学习一些有用的东西，也好成家立业、光宗耀祖。三个儿子来到中国后，仍然恶习不改，终日游手好闲。大儿子留学几年，只学会了“我们”这两个字，二儿子学会了“不知为什么”，三儿子学会了“那当然”。回到朝鲜，不管别人问他们什么，三个儿子都依次用中国话作答，以显摆自己的学问。朝鲜人听不懂，弄得好生羡慕。土财主也很为自己的儿子自豪。于是，他又拿出很多钱财送儿子再度来到中国留学。三个儿子天天在街上闲逛，并不去学校上课。一天哥儿仨突然看到不远处的篱笆上站着一只乌鸦，叫得很凄惨。老大说，有乌鸦叫的地方肯定有情况。于是三个人匆忙跑过去，令他们惊讶的是，篱笆那里真的发生了一起凶杀案。被杀的人躺在那里，他的身上插着一把明晃晃的尖刀，血流了一地。三个人刚想离开那里，警察到了。警察见状，问他们：“说！是谁杀了这个人？”老大赶紧显摆自己的学问，他用中文说：“我们”。警察很愤恨：“那你们为什么杀了这个人？”老二也不甘示弱，炫耀自己的学问说：“不知为什么。”警察更气愤：“好啊！你们无缘无故就把人杀了，那就得把你们投入监狱喽！”老三哪会居人之下，用毋庸置疑的口气说：“那当然，那当然！”于是，哥儿仨锒铛入狱。这个故事让我从小就懂得了“不学无术，害人害己”的道理。

爷爷教我识字读文。爷爷虽生在农村，但是个饱学之士。在我很小的时候，他就教我识字，背诵《三字经》《百家姓》等。他还教我背诵儿歌、唐诗、宋词。特别是那些唐诗、宋词，我起初并不知道是什么意思，当时机械地背下来了，后来随着年龄的增长慢慢地也就理解了。有的诗词还对我的成长产生了深远的影响。

在我背诵的诗词中，有一首诗对我影响很大。这是白居易的一首诗。

有木名凌霄，擢秀非孤标。
偶倚一株树，遂抽百尺条。
托根附树身，开花寄树梢。
自谓得其势，无因有动摇。
一旦树摧倒，独立暂飘飖。
疾风从东起，吹折不终朝。
朝为拂云花，暮为委地樵。
寄言立身者，勿学柔弱苗。

这是一首励志诗、说理诗、警世诗。

是啊，那凌霄树虽然长得那样茂盛，却没有独立的气概。它依树而长，生出千百枝条。根附树身，花开树梢，多么得势、风光，哪有撼动之理？然而，一旦大树倒下，凌霄便很快不能独立。东风起，半日折。早晨还是开在空中鲜艳的花朵，晚上便成了瘫在地上的干柴！奉劝那些想立身的人们啊，千万别学凌霄木，千万别做柔弱苗！

爷爷虽然不是教师，教育孙辈却着实有方。爷爷虽然不以教育为生，教育孙辈却是如此费尽心思。爷爷虽然没有因教育获得什么荣誉，但孙辈的成长使得他天天幸福如含饴，快乐如孩童。

于是，在我懵懂的记忆里，有了教师模糊的影子。然而，对教师的崇拜却源于老师对我的呵护和关爱。

六岁多的我，高高兴兴地上学了。那是在“文化大革命”爆发的前一年。

小学是村办的，很小的一所学校，在没被大水冲垮的高台上的一个土庙里。

土庙里的村办小学，那真的是：土屋子，土台子，里面坐着一群土孩子。

记得上学第一天，我背着一个旧旧的绿书包，很赶时髦的那种。尽管衣服旧了，但爷爷洗得很干净。

那天在路上、学校里，我碰到好几个人，有逗的，有闹的，没想到竟然还有恶意之人差点让我戴上帽儿的。

路上遇到的第一个人是个患癫痫病的人。我本来很怕他，心想他可别追打我啊！从他身边经过时，他哈哈大笑说：“一三五七八十腊，三十一天全不差，这是去干吗啊？”

我吓坏了。以前他一见到我就是这话，我不知什么意思，以为有什么恶意呢。其实，他是个十分善良的人。他说的“一三五七八十腊，三十一天全不差”是指“大月”，我出生在“大跃进”年代，因此爷爷给我起个乳名叫“大跃”，他实际上是想幽我一默，就是以十分有趣的方式跟我这个小孩子打个招呼罢了，真的并无什么恶意。

路上遇到的另一个人是个二流子。他小时候就不务正业，人虽聪明，但总是偷鸡摸狗，恃强凌弱。见到小孩子，总要把人家逗哭才算罢休，因此他常遭家长数落和指责。见到我，他自然不会放过。当我走到他身边的时候，他猛地转过身来，大声说：“地富反坏，见怪不怪。残渣余孽，快快快快！”见我害怕地跑远了，他像是打了一个大胜仗，笑得前仰后合，开心极了。

到了学校，我仍然惊魂未定。新书发下来了，花花绿绿的，煞是好看。很快惊惧没了，心中充满喜悦。上课钟声响了，那是一个有些驼背的中年人用一棒槌敲打铧犁片发出的声响，清亮而悠远，悦耳且动听。

我的小学生活开始了。

听到钟声，我心里正嘀咕会是谁上这节课呢，从外面走进来那个敲钟人。他的驼背上背着一架手风琴，站在那里自我介绍说："我姓袁，是这个学校一年级的数学老师、语文老师、体育老师、音乐老师兼敲钟人。"这位袁老师就是我的启蒙老师！

袁老师真有两下子。这第一节课上的是音乐课。他那浑厚的男中音、娴熟的手风琴演奏是我至今也没有见过的。第一节课我们学唱的是《东方红》，小伙伴们很快就学会了，歌词也背下来了，一节课的教学任务很快就完成了。看着我们这些聪明的孩子，袁老师很高兴。大家都期待着袁老师给我们上其他的课。

下课了，大家追着，闹着，你推推我，我搡搡你，这下可算有玩的地方了。我第一天上学，岁数比他们小很多，因此跟这些八九岁的小伙伴们多少还有些生分。我和叫东东、根根的两个小伙伴远远地望着他们打闹。其实，我们心里是多么想融入他们中间，也那样欢快地玩啊，闹啊！

我没融入他们中间并不可怕，可怕的是，站在旁边的我却差点把天捅个大窟窿。

我们下课了，高年级的学生也下课了。有个四年级的学生看到我们三个呆呆地站在一边，就跑了过来。

他问："你们今天学什么歌了？"

我回答："《东方红》。"

他诡秘地问："歌词里说毛主席、共产党，你说是毛主席好，还是共产党好？"

我嗫嚅着："这……"

他开始挖陷阱："歌词里把毛主席排在前，共产党排在后，是不是毛主席比共产党好啊？你说要不怎么这么排呢？"

我开始迷惑："这……也可能是吧。"

他眼睛一亮，像捡了个大元宝："好，你说的啊！"

说完，他飞也似的跑到了袁老师的办公室。一会儿，袁老师把我叫到了办公室，他说，“陈自鹏同学，你今后要记住，不知道的事千万别瞎说。不然，会给你家大人惹祸的。回去上课吧，没事了。”

谢天谢地，好心的袁老师，幸运的陈自鹏！

我后来知道，十年浩劫中，千千万万个人却没有我这么幸运。因为这事，我对袁老师心存十二分的感激。当然，老师的呵护还不仅如此。

我初入小学时学习还算认真，但“文化大革命”时工人不做工，农民不种地，学生不上学。我到二年级的时候就开始逃学了。那个时候，学生头疼可以不去上学，肚子疼可以不去上学，脚疼可以不去上学，胳膊疼可以不去上学，哪儿不疼也可以不去上学。反正上级对学校没有任何考核，学校对老师也没有什么考核。但是对于我这么个脑瓜还算机灵的孩子，老师是十分关注的。他们注意到我的缺课、我的缺勤，注意到我总是请假。有一天，有个语文老师在街上碰到我的爷爷，偶然地问了一句我的情况，提到了我总是缺勤。这引起了爷爷和父亲的警觉。

爷爷、父亲问我一段时间以来语文课都讲了些什么。我知道他们事先都看了我的课本，也知道跟他们撒谎是不明智的，就赶紧低下头，红着脸承认自己和根根天天逃学的事实。爷爷、父亲没有批评我，反而端来一大碗汤面让我趁热吃下去。怀着非常惭愧的心情，我硬着头皮、流着眼泪吃完了一碗热汤面。看我吃完了，爷爷用手巾擦掉我脸颊上的眼泪，语气平缓地说：“孩子，逃课、逃学是不对的。你知道‘少壮不努力，老大徒伤悲’的意思吗?”

虽然我似懂非懂，但还是认真地点了点头。我下定决心要好好学习，不再让爷爷、父亲操心费神。

小孩子贪玩是天性，一点不玩也是不可能的。看着我在学习上一点点认真起来，爷爷、父亲喜在心上。课余时间，父亲那么累、那么忙，也总是腾出一点时间陪我玩个尽兴，如扎风筝，做马灯，削冰尕，做冰鞋，织渔网，让我在玩中长了很多见识，那是真正的做中学、学中做啊！

但真正的学习动机还是来自于我内心的自觉和醒悟。

在我上小学四年级时，爷爷突然患了一种“怪”病：脸黄、手黄、眼睛黄、皮肤黄，肚子也胀起来了，吃不下东西。我们请了一个又一个大夫，都说是“古症”，即古怪的病。现在看来那是黄疸性肝炎。但依当时的医疗技术和条件，就是一种绝症。没办法，父亲小心侍候，我就天天祈祷爷爷身体好起来。那些日子里，我经常在夜里做梦，梦见爷爷的病好了，可醒来一看，爷爷仍然痛苦地躺在那里，脸还是那么黄，手还是那么黄，眼睛还是那么黄，皮肤还是那么黄，就连尿色都是黄的了。爷爷病了半年后，最终离我们而去了。我跟爷爷的感情很深，不能接受啊！我哭爷爷的声音感动着村民，听到我的哭声，村民们无不落泪。亲爱的爷爷走了，没有人照顾我的生活了，没有人管我的学习了，可我好像一下子长大了，一下子懂事了。看着辛劳的父亲，我突然产生了一个想法：得好好学习了！

上小学时，我所在的那个班只有二十几人。有的活泼好动，有的机灵聪明，有的懒散笨拙。活泼好动的上课总是捣乱，自己不好好听课，也不让别人听课。机灵聪明的总是爱搞恶作剧，今天弄条蛇，明天弄个癞蛤蟆，偷偷放在女生的桌斗里，还在女生的哭叫和老师的怒斥中若无其事、装模作样地贼喊捉贼一番。懒散笨拙的学生是极少数。我们班里就有一个同学，人极好，爱劳动，就是上课听不懂，但也不捣乱。他是逢课必睡，连续睡了四整年，好像没有睡够似的。村里人见了他，都知道他学习不好，就故意给他出难题。连一天学都没上过的人都会叫住他，问他一百个秫秸堆五十个大垛，一个大垛堆多少啊？问时还故意把“大”字说得很夸张。这位同学一听就蒙了，那可是大垛啊！二十？不！要不二百？不！那是多少呢？他很头疼。每逢这时，我就在大伙的哄笑中逃开，一方面为他感到难堪，一方面握紧小拳头，暗暗告诫自己：你可不能这样啊！

我学习自觉了，学习认真了，学习努力了，学习进步了，父亲很高兴。最高兴的还是我的老师们。哪个老师不喜欢努力学习、学习成绩好的学生呢？我记忆力很好，加上小时候爷爷对我的辅导，我认字要多于其他同学。所以老师在没讲课文前，我都把一本书的课文通读了一遍。因为能够早于其他同学浏览课文，我的听课效果当然要好于其他人。老师总是适当地给予我表扬，并且经常把我的作文展览给全班，这又极大地满足了我的那点虚荣心。村民们都知道我学习好，见了面总是赞美有加。有的村民说，这孩子将来能够当博士。有的说，这孩子将来能够当教授。尽管我不知道博士和教授的含义，但也朦胧地知道那肯定是读书好的人和有出息的人才能做的。我暗暗下定决心：就做那样的人！

我慢慢长大了，吃惊地发现形势越来越紧张。阶级斗争年年讲、月月讲、天天讲。阶级斗争一抓就灵。与天斗，其乐无穷。与地斗，其乐无穷。与人斗，其乐无穷。斗争一天天升级，因为“树欲静而风不止”，太平村不太平。这种斗争的风也刮到学校来了，小小的孩子也人为地分成了两个阵营：一是贫下中农的子女；二是可以教育好的子女。我家的成分是贫农，但爷爷、父亲的个人成分使得我毋庸置疑地被划到了可以教育好的子女里面。划到这个里面的人基本上是入了社会或政治的另册。我很快发现自己与别人是不同的。首先，你不能入少先队；其次，你不能当红小兵；还有，就是不能当班干部。你就是表现再好，对不起，另册的人，想沾这个边儿，没门儿！有的孩子哭啊哭，他们都后悔自己为什么生在这样一个家庭呢？要是生在国家主席的家，那该多好！他们又哪里知道国家主席的孩子那时活得更惨！我倒是想，好好学习吧，学好了，表现好了，被教育好了，没准哪天自己也会进入到那个阵营里呢！就是这样一个幼稚的想法，我提高了学习的自觉性，提高了劳动的主动性，提高了思想的先进性，处处向少先队靠拢，时时向红小兵看齐，一年里，我竟脱胎换骨，完全变样了。过去那个顽童不见了，一个全面发展的小学生诞生了。我心里开始自豪起来：谁说咱是个玩孩子？

到了五年级，我自己感觉比以前更加懂事了。我学习得更自觉，学习得更认真，学习得更努力，我的学习更有进步了。村里一提我的乳名，那简直成了好学生的代名词。于是我开始心高了，气傲了，有想法了，有目标了。

我很羡慕老师。我想自己要是将来能够当一个小学教师，就像我们老师那样，身着中山装，戴一副金丝眼镜，上课左手托课本，右手拿教鞭，领着大家读啊写啊，下课领着大家唱啊跳啊，学生见面还得问声好，那该是多么高兴的事情！

我很羡慕校长。在我的眼里，校长是个最有学问的人。他听课，我们紧张。他转悠，我们紧张。他讲话，我们紧张。他请家长，我们紧张。他只要一出现，我们就紧张。他怎么这么厉害呢？当一个人人敬畏的校长，那是多么的威风八面啊！我想，我要是当了校长，我会比他们和气些，和蔼些，和善些。我想，那样会更加有威风，有魅力，有影响。

当我感激、羡慕师长的同时，心中也立下宏愿：将来长大了，一定也要做个教师，做个校长！

第三节　学业中断

小学高年级时，我明显地进步了，不再是一个只知道玩的孩子了。

第一，我有了明确的动机。以前做玩孩子时，瞎淘瞎跑瞎闹，我才不理会学什么，为什么学，将来做什么呢！我天天浑浑噩噩，懒散懈怠；玩在我心中是天下第一件大事，是今生第一要务。而做了好学生则不同。我知道自己应学什么，为了什么而学，学好后将来可以做什么。我总是目标明确，动机强烈，信念坚定，勤勉上进，把学习作为天下头等大事，作为今生第一需要。家长和老师对我的改变都很吃惊：这么丁点个孩子，怎么说变就变了呢？可能他们觉得一个人的变化应该是循序渐进的，应该是有所遵循的，应该是有些道理的。他们的想法没有错误。我的变化也是循序渐进的，不过因为学习基础较好，成绩提高快些而已。要说遵循什么原则或所谓道理也很简单。看看那些学习不好或不好好学的孩子们，他们的学习动机大都是有问题的。他们之所以学不好或不好好学，就是不知学什么，为什么学，学好了可以做什么。因此我们说，在学习过程中，学习动机是前提。如果学生学习没有动机，那么什么信念、勤勉、兴趣、努力对他而言都是空谈。

第二，我有了尊师的意识。一般来说，一个孩子是否努力学习，看看他是否尊师就可做出判断。古人说得好："尊其师，信其道。"尊师都做不到，怎么会信老师讲的道理呢？上小学四年级以前，我基本上对老师是疏远的、漠然的、冷淡的。而上了四年级以后，我对老师是亲近的、羡慕的、信服的。所以老师说的话，我一定听；老师让做的事，我一定做；老师不让做的事，我一定不做。加上我的学习成绩好，老师对我更加喜欢了。老师对我这"可以教育好的子女"也开始一视同仁。我的表现好了，老师表扬。我的题目做对了，老师表扬。我的作文写好了，老师表扬。我劳动积极了，老师表扬。我帮助学习差的同学了，老师表扬。我在校外做了好事，老师表扬。这时，我深切地感到，一个好老师应该是不世俗、不势利、不偏心、不自私的。他们关注的是学生的进步，他们把所有的学生都看作自己的孩子，他们有多少知识都会毫不保留地传授给学生。有了这样的认识，我更加尊重老师，当然我也得到了老师的尊重。

第三，我有了良好的习惯。良好的习惯是成功的一半。有人甚至说，教育就是培养人的良好的习惯。这话虽然不够全面，但蕴含着一定的道理。一个小学生，如果在五年的学习中没有养成良好的作息习惯、学习习惯，那他以后的学习和工作会大受影响。上了小学四年级后，我不再睡懒觉，早晨起床不需要父亲千呼万唤了。我吃饭能够按时回家，不用父亲村里村外地到处找了。我每天不论上午还是下午上学，课前十分钟肯定到校。我养成了预习的习惯，知道课堂教学的重点难点。我养成了认真听课的好习惯，课上能够全神贯注，聚精会神。我养成了做笔记的好习惯，能够做到条分缕析，脉络清楚。我养成了勤学好问的好习惯，勤于思考，勤于探讨。我养成了及时复习的好习惯，对学过的知识我能够及时整理，及时巩固，及时强化。我养成了认真参加考试的好习惯，我考试时从不作弊，从不对付，从不轻视，因此总能取得较好的成绩。还有一点就是我养成了反思的好习惯，每个学段结束我都要认真总结经验，吸取教训，因而，我学习进步明显，又为后来进一步学习乃至自学奠定了坚实的基础。

第四，我有了坚强的毅力。俗语说，不怕迈小步，就怕老停步。读书学习也是如此。三天打鱼，两天晒网不行。左右摇摆，反复无常肯定也不行。学习成绩好，不是一日之功，不能一蹴而就，需要坚定信念，坚持不懈，不怕艰难，不断努力。在我的同学中，有人头脑很好，从小就看出比一般人聪明。但他们不很努力，最后也是“泯然众人矣”。有人头脑很好，一段时间也很努力，但是他们却没有坚强的毅力，遇挫而退，遇难不前，半途而废，终无所成，实在是很遗憾的事情。在小学学习的过程中，我也遇到过很多挫折和困难。因为上学比同学们早一些，我的理解能力稍弱一些。特别是对于数学应用题，我起初做起来不是那么快捷顺畅。每当这个时候我都会咬咬牙，想方设法把它做出来。久而久之，训练多了，遇到这类问题我不但不胆怯，而且还有一种跃跃欲试的冲动。一旦题目被解出来了，我的心里就生出了一种自豪感、成就感。一般来说，小学生有一种个人英雄主义情结，别人解不出来的题，我能解，那有多自豪，又怎么会没有成就感呢？

第五，我有了基本的方法。学习是需要方法的，这是我从小就认识到的。小学生学习的方法涉及读书的方法、思考的方法和应用的方法。读书要抓住重点，突破难点。比如，拿来一本书，浏览一下，看看有多少是新的知识，多少是难于掌握的知识，只有心中有数，知难而进，才能读出新意，读出收获。读书还要认真思考，正所谓“学而不思则罔”。没有自己的思考、自己的感悟、自己的梳理、自己的提炼、自己的升华，只能是人云亦云，鹦鹉学舌，思想难有长进，学问难有增长。读书中的思考有别于其他时候的思考。读书中的思考有个中心，有个线索，有个扩展，有个方向。书中的课题就是思考的中心，这个课题往往是被证实了的，是已知的，思考中要以这一课题为范例，通过归纳与演绎，知道是什么，还要弄清为什么。这样，就有了可循的线索，有了内涵基础上的外延，有了读书思考、研究应该着力的方向。“学习的知识在于应用。”应用知识是读书的目的所在。小学生还不能参加社会劳动和改造实践，但运用所学的知识分析问题和解决问题便是一种应用。这种应用是他进一步学习和日后改造自然和社会所必须具备的能力准备。在小学阶段，我初步掌握了读书的方法、思考的方法以及应用的方法，因此学习成绩不想名列前茅都很难。

第六，我有了难得的自信。我的学习成绩提高了，自信心也增强了。从小学五年级开始，我的头上就牢牢地套上了一个光环，戴上了一顶桂冠，有了一个称号“好学生”。其实，小孩子学习好是应该的事，但是，并不是每个学生都能学好。学习好，就有了让同学尊重的地位，有了让老师喜欢的理由，有了让家长骄傲的资本。同学之间因为学习问题发生争执，一准来问我。我煞有介事、如此这般一说，争执马上得到解决：“人家自鹏都说了，你还说什么？”老师也以我为荣，当课上遇到问题没人能够解答出来时，一准向我投来征询的目光。我便站起来，神灵活现、这般如此一答，老师如释重负，课又可以顺利地进行下去了。再看老师的眼神，充满了赞许。那分明是说：“这样的学生，怎能不喜欢？”父亲虽然是村里被管制的对象，平时并不多说多道，然而，一谈起我的学习，他就异常兴奋。是啊，有个懂得事体、学业优秀的儿子，做父亲的怎么能不骄傲呢？

第七，最重要的是我有了浓厚的兴趣。学习是一个逐步积累的过程。天天积累，天天进步。月月积累，月月进步。年年积累，年年会有进步。坚持数年，必有飞跃。不懈进步，就会打下坚实的基础。我小学后两年按部就班、坚持不懈地学习为以后打下了几十年学习的基础。这基础，包括上文谈到的学习动机、学习意识、学习习惯、学习毅力、学习方法、学习自信。关键还有一心向学的兴趣。俗语说，兴趣是最好的老师。可以说，兴趣决定着一个人发展的方向、努力的方向、成就的方向。兴趣培养靠自身成功与失败的体验，也靠老师的鼓舞与激励。我很感谢我小学阶段的老师们，他们给了我太多的鼓舞、太多的激励。我的小学学业里，有很多成功的体验，也有很多失败的教训。老师们是那样地关爱着我，那样地呵护着我，使得我在快乐、幸福中结束了五年的小学学习生活。我好留恋我的老师们，好留恋我的母校啊！

然而，小学毕业后，人家告知我，“你不能升学了”。

为啥？因为父亲当时的身份是“历史反革命”！

理由很简单，反革命的儿子身体内肯定也有反革命的血液在流动。革命的学校，哪能为反革命的“孝子贤孙”服务？想上学，没门儿！

就这样，我辍学了。当时是 1971 年。

看着心爱的书包，我的心中不禁悲凉万分。

学校都开学好几周了，我心里还是怀着某种希望，希望有一天能够回到学校，回到课堂，回到亲爱的同学们中去。

但是仍然没有消息。我的眼泪开始在眼眶里打转转。父亲看出我的心思，心里自然也不好受。但是，他知道，谁都无能为力，谁都没有好办法。别说上学，只要不挨批挨斗挨打挨骂就该满足了。我知道父亲的难处，干脆赌气说：“不让上就不让上，谁稀罕呢？”

其实，我自己都知道，那是善意的谎言，骗人的鬼话！

可是，不上学，去劳动也不行。因为岁数太小，没有锄把高，去劳动，生产队又不要。当时的我迷惘极了，我该做什么呢？

父亲让我跟着大一点的孩子去放羊，实际上他不指望我能够赚什么钱，就是让我有点事做，也好排遣没有学上的寂寞和痛苦。

放上了羊，我又成了无拘无束的玩孩子了。

夏天，我跟着大一些的孩子们去村东的湖里游泳，玩得酣畅淋漓、天昏地暗的。家里不叫回家吃饭，我肯定是泡在水里不出来。一年下来，我的游泳技术提高很快，不但能在湖里游，也敢在河里游。我不但敢在平静的水里游，还敢到湍急的水里游。我不但敢在开阔的水面上游，还敢到阴暗的桥下面游。我的胆量、勇气、技术、速度，让我自己都感到吃惊和自豪。可以说，那一年是我一生中游泳次数最多、泳技增进最快的一个年头。

冬天，我跟着大一些的孩子们去滑冰。滑冰的工具叫驮撑。为什么叫驮撑呢？因为它能驮人，能够撑着前行。做一个驮撑并不难，只要一个木排，底下装两根平行的粗钢丝就行了。农村人都会做驮撑。我的驮撑都是父亲做成的，有正方形的，有长方形的，很精致，也很实用。大一些的孩子们还敢撑那种冰鞋似的驮撑，他们常常顺着一条河，飞速地划着驮撑到外村赶集，这让我们很羡慕。不过我们玩得也很有水平。几个小伙伴几个驮撑排成一行，一二，走！大家你追我赶，生龙活虎，全力以赴，谁也不甘示弱。

冬天，我还跟着大一些的孩子们到河里或湖里凿冰抓鱼。水深的地方，我们用冰镩凿一个洞，把碎冰捞上来，然后把一种抄网伸到水下一搅，好家伙，来洞口呼吸的鱼儿那是一个也不会逃掉的。水浅的地方，把冰敲碎，直接捡鱼就行了。还有的地方只有冰没有水，我们打碎冰层，直接捡鱼就成了。我很佩服那些孩子们，他们岁数不大，整天跟着大人们东跑西颠，既善于观察，又善于模仿，他们的生存本领高强，这是农村孩子区别于城市孩子的地方，无疑也是大人们身传言教的结果。

我这一年玩得最多的还是养猫。猫是一种与人非常亲近的动物。我养的猫是只花狸猫，它有着圆圆的眼，粗粗的尾，圆睁双眼，如老虎一般，眯起双眼，又如兔儿一样。它很聪明，几乎能听懂我说的话。下雨了，它满脚是泥，进屋就要上炕。我不准它这样，说："啃干净再上炕！"嘿，奇了！它硬是一口一口把爪上的泥巴啃个干干净净，然后发出"喵喵"声，算是恳求和请示。我告诉它上来吧！它才跳上炕来。还有，它会在白天呼呼大睡，晚间出去打猎。它抓来的东西有蛇、鳝鱼、青蛙、野兔。更奇怪的是它从不把猎物咬死，而是活捉着叼回家来邀功请赏。我表扬它，它也很高兴，在我身上蹭个不停，让我特别喜欢。它抓老鼠更有一套。有一次父亲和我在炕上吃饭，突然，卧在桌子底下的猫"噌"地跳下地去，我们知道有情况。原来老鼠出洞了。说时迟，那时快！老鼠也不是等闲之辈，"噌"地钻进洞去。猫儿并不着急，闪身藏到水缸后面，警惕地注视着老鼠洞。过一会儿，老鼠可能是不太放心，小脑袋又鬼鬼祟祟地伸出洞口，看看没有情况，便大摇大摆地钻出洞来。哪承想，猫儿没有直奔老鼠，而是直接奔向洞口并牢牢地坐在了上面，老鼠见了，如筛糠般瘫在那里。

我还有一件好玩的事是灌田鼠。田鼠个头很大，长得跟小兔仔差不多。我们在河堤上或地边上巡视一圈，发现有一大些的洞口，旁边又有一个小些的洞眼儿，就知道这便是田鼠的老巢了。只要田鼠在洞内，它便插翅也难逃了。我们提来一桶水，顺着大洞灌下去，没见动静，又一桶水灌下去，突突突，有冒泡的声音，冒泡声过后，一只大大的田鼠——应该叫硕鼠，就从洞里蹿了出来。田鼠和家鼠长相不同。它肥肥胖胖，慢慢悠悠，憨憨厚厚，而且是个储粮的高手。你要是挖到了田鼠窝，那家里的猪就发财了。因为它窝里的粮食挖出来，就可以有几百斤。洗一洗，晒一晒，拌上菜食，足可以让猪吃上一年。田鼠的窝里什么粮食都有，要是赶上有红豆或花生之类的，有些胆大些的，干脆洗一洗就给人吃了。卫生不卫生不知道，倒也没听说谁因为吃了田鼠窝里的粮食得了鼠疫的。我们毁了田鼠的窝，吃了田鼠的粮，虽然知道田鼠是害兽，但看到它那么可爱，我们还是看着失去家园的田鼠大摇大摆地溜走，毕竟它为我们储存了那么多的粮食。要知道，那时一个合格的劳动力挣上一年工分，也挣不来那一窝粮食呢！

我就这样松松垮垮地过了一年。好玩是好玩，但只有我自己知道，心里始终有个想去学校读书的梦。

第四节　重回校园

看着我天天闲逛，无所事事，村里的干部发了善心：你到蔡公庄上初中去吧！当时是1972年。

真的可以上学了吗？我半信半疑。

一个月后，我真的来到做梦都想去的蔡公庄。

但是，当时社会乱了，学校教育也大乱了。只是到了1973年初，混乱的学校教育似乎又有了一些转机。

这一转机似乎又与中国历史上的一位大人物的复出很有关联。

他就是一生政治生命三落三起的邓小平同志。

《中国二十世纪通鉴》记载：1973年4月11日，柬埔寨西哈努克亲王和夫人到达北京，12日周恩来总理举行盛大宴会热烈欢迎西哈努克亲王和夫人，邓小平同志也应邀出席作陪。邓小平同志于3月10日恢复领导职务后，第一次作为国家领导人参加外事活动，在国内外引起反响。

其实，在此之前教育战线已自觉开始所谓“回潮”。人们不满意社会政治、经济生活中的混乱状况，更不满意教育中的混乱状况。毋庸讳言，邓小平同志的复出与此相关，而后面出现的整顿和调整无疑又与邓小平同志相关。

回潮和整顿给教育带来了一些新的变化。

一是开始真正有学校了。前几年，学校是阶级斗争的场所，强调教育为无产阶级政治服务，强调开门办学，强调贫下中农管理学校。学校不再传授知识，不再培养技能，不再提高能力，不再讲求规律。学校到处是大字报、红袖标、大标语、批判会，到处是喊声、哭声、叫声、闹声、口号声。学校成了社会，成了地头，成了车间，成了战场。学校变成了人人可以随意走一遭的地方，人人可以表演一下的地方，人人可以宣泄一下的地方，人人可以任意胡来的地方。整顿后，学校开始成了真正的传递人类文化和育人成才的场所。情况大大不同了。

二是开始真正有老师了。前几年，学校老师成了被改造或被专政的对象，老师不再教书育人，不再传道授业解惑。老师靠边站了，哪还能够教导学生，引导学生，指导学生，疏导学生呢？老师要求被调离，做了教师像是被侮辱，被流放，被发配，被惩罚。老师做售货员算是大大的高升，如有的公社书记就公开承诺：今年，全公社的老师有三个出口儿改行的任务。大家好好干，表现好的，可以去当售货员！于是，留下来任教的垂头丧气，调走的老师不管做什么都洋洋得意的。整顿后，教师有了干劲儿，有了奔头，学校开始有了真正的经师，有了真正的人师。情况大大不同了。

三是开始真正有纪律了。前几年，学生只有权利，没有义务；愿意来就来，愿意走就走。学生想哭就哭，想笑就笑，想玩就玩，想闹就闹。遵守学校、班级、课堂纪律的学生，被人当狗熊；不遵守纪律的学生，甚至故意破坏学校、班级、课堂纪律的学生，倒成了英雄。学校里纪律松弛，没有规范。校长不是校长，老师不是老师，学生不是学生。老师可以揪斗校长，学生可以揪斗老师。人是要求自由的，但个人的自由不能以侵犯他人的自由为前提。我们知道，没有了纪律，任何人的自由都是不能够有所保障的。整顿后，学校开始有了规章，有了规定，有了准则，有了规范，有了秩序。情况大大不同了。

四是开始真正有课堂了。前几年，学生不来上课没人管，不背书包没人管，不带课本没人管，不听讲课没人管，不做作业没人管，不认真参加考试没人管，考试成绩好坏没人管。有的同学逃课是家常便饭，不背书包是家常便饭，不带课本甚至丢了课本是家常便饭，不听讲课甚至故意捣乱是家常便饭，不做作业甚至抄袭作业是家常便饭，不认真参加考试甚至考试作弊或者考试胡写乱画是家常便饭，考试成绩不好甚至考个零分也是家常便饭。即使是天天来上课，天天背书包，天天带课本，天天认真听讲，天天勤做作业，天天好好考试，天天考个百分的学生，也得不到褒奖，得不到表扬，得不到表彰，得不到鼓励。整顿后，同学们才知道学生以学为主，学知识的地方在课堂。做学生的，应该爱书包，爱课本，要听讲，要做作业，需要考试，需要提高。情况大大不同了。

五是开始真正有进步了。前几年，学校不以学校建设为重，不抓队伍建设，不抓设施建设，不抓机制建设，没有发展的理念，没有发展的规划，没有发展的措施，当然没有发展的成果。校长不能关注学校的进步，不能关注教师的进步，不能关注学生的进步。学生不以思想进步为荣，不以学业成绩优异为荣，不以体魄健硕为荣。再看学校，队伍散了，设施缺少了，机制没人管了。看老师，本学科的知识（本体性知识）忘得差不多了，教育学、心理学、教学论知识（条件性知识）荒废了，由于真正意义上的教学实践缺乏，实践性知识变得越来越肤浅了。再看学生，更多不懂是非，不知善恶，不辨美丑。整顿后，学校立足发展，关注进步；校长心无旁骛，关注进步；教师埋头教学，关注进步；学生刻苦学习，关注进步。情况大大不同了。

六是校长真正有担当了。校长是学校的首长，是学校的灵魂，是学校的领头雁。前几年，校长们都"憋"着一口气，但是在那样的形势下，谁敢冒天下之大不韪去抓教育，抓教学，抓教研，抓管理啊？回潮后，见到学校那个情形、教师那个面貌、学生那个状态，校长们挺身而出。他们不能容忍中国的教育畸形发展。校长们开始有了使命担当。学校乱象百出，校长们不信邪，他们开始抓教师备课、讲课、辅导学生、布置作业、考核学业成绩等常规工作，开始抓学生预习、听课、接受辅导、完成作业、参加考试等学习活动，学校出现了"一心一意搞教学，一心一意育新人"的好局面。老师们摩拳擦掌，干劲冲天，尽管"左"的阴霾很重，但老师们多年派不上用场的学问有了用武之地。家长们也看到了希望，他们喜不自禁：这回孩子们有救了。

蔡公庄中学是个农村校，可学校里的老师不得了！

高中部有个老师叫吴若增。吴老师虽然不教我们，但他的故事广为流传，对我们影响很大。他长着络腮胡子，在东北长大，很豪爽，很爷们儿，很怪诞，很有才。他是南开大学的毕业生，毕业于政治经济学专业。他善于观察，在蔡公庄做教师期间积累了大量的生活素材，后来因写出了蔡庄系列小说被大家所熟知，是一个著名作家。他思维敏捷，曾有名家评论认为他不是个"写故事"的作家，而是个"写思想"的作家，他不是个"写别人思想"的作家，而是个"写自己思想"的作家。他的文笔犀利，其处女作《盲点》与之后的短篇小说《翡翠烟嘴》及长篇小说《离异》等都颇有影响、颇受争议。他在生活中不落俗套，据说一直未给儿子起名字，为的就是让孩子与众不同。他儿子考上大学后，他竟然把儿子给灌醉了，告诉儿子已经成人。他吃饭看见老鼠来访，就单独给老鼠定点投食，理由是，那也是条生命，不爱护小动物的人没有爱心，以至于老鼠小姐也不客气，到点准来赴宴，成为吴家的一道风景。他的杂文很多，我颇为喜爱，并深受教育和启发。他后来写了一篇家教的文章，我记忆尤深。他上初中二年级时，在哈尔滨的姐姐、姐夫家住。姐夫的母亲——大娘对他管教很严。他小的时候吃饭总用左手，俗称左撇子。吃饭时大娘盯住他的手，只要他用左手吃饭，就用筷子轻轻地敲他一下，但遗憾的是这个习惯一直没有改过来。然后有一次，大爷给他讲故事，说某朝某代一位士子考了个状元，皇帝很高兴，决定请士子的母亲吃饭并册封其母亲为诰命夫人。娘俩按时赴宴，但皇帝发现状元郎竟是左手用筷子，立时龙颜不悦，即刻退席，并撤销了其母诰命夫人的封号。因为皇帝认为，状元郎左手用餐实乃家教不周，责任在其母。听到这个故事，小小的吴若增非常震撼，左手拿筷子的习惯很快就改掉了。

看看我们的课任老师。我们的物理老师姓魏，魏老师严厉得让人望而生畏。他不苟言笑，表情刻板，不管你是好学生，还是差学生，在他那里都看不出是否喜欢你。魏老师严格，他可不管什么教育回潮还是反回潮，你按要求做还好，不按要求做，那是万万不行的。很多同学到黑板上做题，魏老师不管三七二十一，一通猛批，男同学还好，女同学简直就不知怎么才能回到座位上。他惯常的一句话就是："就你们这帮人，哪里够上中学的资格，回村里读小学去吧!"这句话成了我们同学间相互调侃的"俚语"。听魏老师批评的时间多了，我们也习惯了，大家都知道老师是为我们好，因此贴他的大字报的人反而不多。魏老师很严谨，他备课充分，论证严密，语言简洁，思路清楚，一招一式，严丝合缝，令我们这些学生叹服。魏老师实际上是个很有才气的人，他生活中虽然不够幽默，但专业上是个精益求精的人。他的板书非常整齐，让人一目了然。他的板画很有功底，不用圆规，不用直尺，不用三角板，他徒手也能画出非常规矩的示意图，这让他的同行们很佩服。作为老师，这便是一种天赋，一种能力，一种才气。

我们的化学老师是鲁知安。鲁老师人很漂亮，很有母性，让我们这些孩子觉得非常亲切。她把我们当作自己的孩子，对我们很好，很关爱我们，让我们很愿意亲近她。亲其师，信其道，我们都很爱听鲁老师的课。她大学毕业，她曾告诉我认识我的母亲，这就更让我觉得亲切。她的课大家都爱听，她讲的课实在是好，好得没法形容。她对专业很精熟。每次来上课，她都是拎着教科书的一角，往讲台上一站，教科书往讲桌上一放，环顾全班，侃侃而谈。不翻教科书，不看教案，但她一开讲，大家聚精会神，一心一意，课堂气氛奇好，课堂纪律奇好，课堂效果奇好，班级成绩奇好，学生感觉奇好。她还很会控制时间，当简则简，当繁则繁，当详则详，当略则略，下课铃响的时候，她要讲的内容保证正好讲完，不是一节课如此，而是课课如此，让人惊奇，也令人佩服，我常觉得不可思议。我认为，鲁老师有做教师的天分和才气。做教师的，能做到鲁老师这个程度，真的是一种成功，对学生也是一种享受，一种幸福。

教我们农业基础知识的老师叫王凤琴。王老师是河北成安人，农学院毕业。她一双大眼神采奕奕，讲话也很动听。她讲农业基础知识，如歌如舞，如吟诗绘画。别人讲这门课，我们不爱听，但王老师的课却是例外。由于我们是农村孩子，她讲的知识与我们生活有关，加上她讲得那样投入，那样认真，那样入神，那样专业，我们个个听得入神，听得专心。课上课下，王老师多是给我们以鼓舞，给我们以鼓励，给我们以理解。没有见过老师跟哪个同学发过火，着过急，她总是那么耐心，那么细心，那么有爱心，那么有恒心地做我们的思想工作。同学们有事愿意跟她谈，有问题愿意找她解决。她不厌其烦，不辞辛苦，像对待自己的孩子那样对待我们每一个人。那样子很像我们的妈妈。她的善良，她的柔美，她的爱心是我们一生都不能忘记的。她曾经任过我们这个班的代理班主任，这期间我们才发现王老师有艺术天赋，能够唱很好听的歌，唱很好听的戏，尤其是地方戏——豫剧，并且还把毛主席诗词用豫剧谱曲，教给我们这些大多五音不全的孩子们。我们哪里知道，那么笑容灿烂的老师本来姓黎，是“文化大革命”等一场场运动让她被迫改了姓，但她好像没有背什么历史包袱，工作中始终那么热情洋溢，那么轻松愉快，那么全力以赴，让学生受到积极情绪的感染。

教我们语文的老师是杜学奎。杜老师很年轻，只有 18 岁，是静海镇的。静海镇杜家是个大户人家，老一辈和小一辈有很多人都受过良好教育。杜老师是高中毕业直接来做初中教师的，不知道他为什么没有被推荐上大学，我猜想大概也是家庭政治背景的原因吧。杜老师个子不高不矮，身材不胖不瘦，留着短平头，说话洪亮如钟，写一手好字。别看他是个中学毕业生，但那教态，那语言，那板书，那思维，那分析，那条理绝对不输给一个优秀的大学毕业生。杜老师很喜欢我，喜欢我的认真，喜欢我的专心，喜欢我的尊师，喜欢我的守纪，喜欢我的作文。他在班上进行作文讲评时，多次把我的作文作为范文，我想那是老师对我的激励，对我的鞭策。所以从十几岁时写作文我就不怵头，老师让写 200 字，我能毫不费力地写出 300 字。杜老师不仅喜欢我，也喜欢班里其他的孩子。杜老师挺活泼好动的，经常和学生们掰腕子，摔跤，与同学们打成一片，赢得了同学们的爱戴。

教我们课的其他老师大都是“文化大革命”前毕业的大学生，负责任，业务精，有爱心。在教育如此混乱的年代里，对我来说，遇到这么多好老师不是件容易的事，当然那时不觉得，后来才意识到，真的幸运至极！

学校领导和老师敢抓敢管，同学们自然不敢怠慢。一时间，我们班掀起了比学赶帮超的热潮。

一比谁尊师做得好。1973—1974 年是中国教育秩序突变、教师地位突变的时期。由于几件政治事件的影响，教育成了社会和政治关注的焦点。从政治上关注，无非是强调教育必须为无产阶级政治服务，一些别有用心的人就把教育当成了实现自己政治目的的工具、说辞、抓手和途径。当学校的教育思想、教育目的、教育方法、教育手段、教育评价与他们的理想不相符合时就抡起了大棒，飞起了帽子。大棒打向谁，帽子给谁戴呢？因为教师是学校实施教育的主体，自然而然地棒子得挨着，帽子得接着。所以这一时期，教师挨棒子最多，戴帽子也最多。于是，教师地位一落千丈，个个惨兮兮、灰溜溜的。可我们班不是这样，虽然我们年龄还小，但是大家好像一下子懂事了不少，我们都有一个想法：老师教书育人，有恩于我，我们就应当尊重他们。所以同学们比赛着尊敬老师。比如，上课时认真听讲，做作业时认真完成，考试时认真答题，特别是当老师家里有事需要帮忙时，我们都争先恐后地尽自己微薄的力量去帮他们。老师们看到我们这样懂事，这样尊敬他们，哪个会不敬业，哪个会不精业呢？

二比谁写字写得好。起初班里大多数人写字不太认真，后来同学们就自发地进行写字比赛。说起比赛写字，大概有两个因素。一是我们的杜学奎老师粉笔字写得大气、飘逸、苍劲、有力，真的给人以美感。我们都想自己通过一段时间的锻炼，也写出老师那样好的字呢。练了一段时间后，跟老师的一比，还是差着十万八千里。我们问老师，老师笑呵呵地说："好好练，早晚会写好的。"我们纳闷，老师年龄也不大，他是怎么练就那笔漂亮的汉字的？没办法，练吧！比赛写字，还有一个因素，是我写作业时正楷字写得较好，总有老师表扬。他们有所不知，我上初中后，有意识地要练连笔字，父亲看过我的作业后，眼睛一瞪："没学会走，就想跑啊！"说时迟，那时快，作业本一下被撕成两半。自此以后，我哪里敢胡写乱画，只好一笔一画、一丝不苟地写作业了。同学们看我写字写得好，加上老师表扬一引导，就纷纷效仿我写的正楷字。特别是张卫红同学，写得比我还认真，也是一笔一画，一丝不苟，用直尺比着、圈着，不敢出格、不敢出位，最后，他写得比我好多了。

三比谁画画画得好。我们班会画画的有几个人，数孙贯甲画得好。他为人敦厚、实诚，又长得胖乎乎的，十分惹人喜爱，老师和班里的同学们都很喜欢他。每逢班里出板报，那就非孙贯甲莫属了。他美术字写得好，画也画得好，因此很得老师赏识，也很让同学们羡慕，不少人都暗地里临摹、练习。但是我们也知道，画画是一种天分，没有天分就是怎么练习也很难成为优秀的画家的。我们倒不想成为什么画家，只是觉得好玩，也很好奇。我和孙贯甲是同桌，他上课偶尔思想会开小差。不过他并不捣乱，而是专心地作画。只见他铅笔一转，讲课老师的形象便跃然纸上，无论身材、神态，都惟妙惟肖的。有时他铅笔一转，一只可爱的小猫，或者一条小狗，甚或一匹骏马映入我的眼帘。他画好一张，就悄悄地推给我。他画的马尤好，各式各样的，有动态的，也有静态的；有慢慢腾腾走着的，还有风驰电掣飞奔的。每当这时，我就会心一笑。近朱者赤，近墨者黑，很快地，我也学会了画马。父亲看到我画的马很吃惊。他纳闷："你何时学会画马了呢?"其实，是因为有兴趣，多多练习下就画出来了。在班里，我们依旧比来比去，到毕业时，我们即使再认真地画也没有孙贯甲随便一画画得好，但那段时光非常快乐，永远刻在记忆中。

四比谁解题解得快。学习数学、物理、化学需要解题，解题需要准确性，更需要速度。我们班有几个同学学习不错，特别是有一位女生解题速度特别快，如做一道数学题，当我们还没有思路的时候，她已经解出来了。于是我们几位男生不太服气，就暗地跟她较劲儿，弄来很多难题试着解，解着解着思路出来了，方法出来了，技巧出来了，速度出来了。学校虽然没有什么学科竞赛，但班里这种民间竞赛竟然使得大家的学习劲头大增，竞争意识加强。在班里，有几个年龄小的，我是其中一个。像在小学一样，我的理解能力特别是数理理解能力是比较差的，但是我的心里憋着一股劲儿，暗使着一把力，提着一口气，我想：人家能够学好的，我也能学好。在大家比赛中，不知不觉地，同学们都有了非常大的进步，大家每次考试成绩都比另一个班——初二（2）班要好，我们几个在数学、物理、化学上学得好的同学在学校有了很大名气，这让我们着实骄傲了一阵子，自豪了一阵子，也让家长欣慰了一阵子。

五比谁写作文写得妙。语文课是我们的主课。语文这门课正像名家说的那样，好学也不好学。说好学，它不像数理化那样知识系统连贯，学生就是一个月不听课，回到学校照样能够跟得上、听得懂，其考试成绩也不会太受影响。说不好学，尽管学生努力听、认真记、使出浑身解数不一定学得好，考试成绩也不一定高。这往往让老师和学生们感到十分头疼。语文基础知识已让人头疼了，更让同学们头疼的是作文不好学，不好写。尽管老师反反复复讲文章的中心思想、段落大意、写作技巧、写作方法，可我们大多数同学的作文还是一塌糊涂。听说另一个班有个同学叫杨文作，他的作文写得漂亮、非同一般。我们很好奇，就偷偷地把他的作文从老师那里偷过来研究、分析。他的作文还真是写得好，他不光字体漂亮，其观点明确，条理清晰，语言流畅，真是名不虚传。我们开玩笑地说，“要不人家叫杨文作呢，文作文作，作文作文，哈哈，人如其名，文如其名啊”！虽然他是个写好文章的料，但我们可不是那种轻易认输的人。观察不细致，咱改！思考不精细，咱改！文章写不好，咱练习！观察、思考、练习，我们几个硬是与外班的同学比赛着，在一年内把我们的写作水平提高了一大截儿。看着我们几个那么较劲儿，外班的同学也很吃惊，毕竟这是他们班的优势所在啊！其实这种竞赛和较量是件双赢的事，不仅老师欢迎，而且同学进步，皆大欢喜。

六比谁时间用得好。虽然同学之间在年龄上、智力上、基础上、用功上、成长环境上、成长经历上是有所不同的，这形成了人与人之间的差异，但多数人的智力水平没有太大差异。同学们大都惜时如金，争分夺秒地学习，因此，课下、课上都比赛着看谁时间用得巧妙，用得高效。班里很多同学都很会用时间。比如用好午饭以后到下午上课之前的这段时间。我们中午不回家，不出去跑着玩，也不睡午觉。除了做作业之外，我们几个聚到一起，拿几道题，研究着，分析着，讨论着。这种研究、分析和讨论让大家受益不少。因为通过这种研究、分析和讨论，使得大家分析问题、解决问题的能力提高了。时间对大家都是一个常数，时间用得足，用得好，用得有效，久而久之，人与人之间的差异就出来了。一旦能够善于利用时间并形成习惯，就给未来有计划、高效率地工作、生活和学习奠定了基础。

七比谁成绩考得高。做过学生的都知道，如果没有引导和约束，学生能够自觉、勤奋、不知疲倦地学习是断然不可能的。这种引导和约束于学生大都取决于考试、考核和评价。历史上，对考试、考核和评价的作用褒贬不一，考试、考核和评价兴废无常，这在一定程度上影响了教育的有秩序发展。纵向看，凡是教育过程中重视考试、考核和评价的时期都是教育兴旺发达的时期，凡是教育过程中忽视甚至废弃了考试、考核和评价的时期都是教育衰败没落的时期。一些时期，人们一厢情愿地提出我们可不可以弱化、淡化一下考试、考核和评价呢？这样，学生不就可以有更多的时间去全面发展吗？孰知学生的全面发展是在学校、在课堂、在课程、在评价里。教育回潮后，我们所在的中学狠抓学校管理，狠抓课堂教学，狠抓课程落实，狠抓教学评价。在这样的环境里，我们比赛着看谁成绩考得好，真的做到了以学为主，学为主业，你超我赶，力争一流。几个学生一带动，一个好学、上进的班风形成了！

在那样一个特殊历史时期能够做到这一点的，没有几所学校。

更幸运的是，我在蔡公庄中学读初中期间竟然做了化学和物理两科课代表。

当一个课代表不新鲜，一人当两个课代表就比较少见了。同学们都很羡慕我，因为我可以比很多同学有更多的机会接触老师，可以天天向老师请教问题了。

确实如此。自从当了课代表后，我在学习上真的获益匪浅。

一是老师批评及时。做课代表的，总是与老师见面。每天收好作业就要送给老师，与老师见面多了，老师发现你的毛病就会随时指出来。老师批评我的时候，并不是采取呵斥、责骂的方式，而是以一种幽默的方式，让我受到了教育，又改正了不足。比如，我和老师越来越熟了之后，进老师办公室门有时会大大咧咧地，不敲门就进去了，老师心里不悦，说："怎么，当老师拿工资了?"我立马感到了自己的不对。有一段时间，我嫌正楷字写起来太慢，情绪有些急躁，写字龙飞凤舞的，字体变得乖张很多。老师看完作业，上课时并不点名批评，仅在办公室私下问我："自鹏，告诉我，你是什么时候学会走路的?"我回答说：不知道。老师又问："那你是什么时候学会跑的呢?"我哑口……老师说："要记住，不会走、没走好时，千万别学跑，不然走相难看不说，还会摔跟头的。"我恍然大悟："原来如此!"

二是老师表扬及时。作为课代表，总是与老师碰面，学习又比较认真，老师自然也喜欢这样的学生，就会表扬几句。对一个小孩子而言，及时的表扬比批评作用更为积极，更为有效，这是一种教育方式。比如，看到我在课堂上积极回答问题，老师会及时表扬我，这样下次上课回答问题时我更积极了；看到我听讲比较认真，老师会及时给予表扬，我下次听课会更加认真；看到我作业写得工整，老师会及时表扬，下次作业写得更加工整；看到我课下主动帮助学习比较差的同学，老师会及时给予表扬，下次我会更加主动帮助那些同学；看到我考试成绩突出，老师会及时给予表扬，下次考试成绩会更为突出；看到我劳动比较卖力气，老师会及时给予表扬，下次劳动时我会更加卖力气，一个人可以干两个人的活儿！同学们中也有纳闷的，说我像上了发条一样，整天欢蹦乱跳的，两科课代表都难不住，奇怪了。他们真的不知道，是老师的及时表扬焕发了我无穷的动力。

三是老师教导及时。做课代表的，还有一个优势，就是能够得到老师及时的教导。这种教导常常是一对一、面对面、手把手的，这是课堂上不太容易做到的，它非常有益，非常有价值。这种教导包括引导、指导和疏导。比如，当我在思想上方向不明、徘徊不前时，老师会及时地引导我在正确的道路上坚定地前行。作为课代表，我天天在老师身边，他会仔细地观察，可以及时发现我思想上存在的问题，可以有针对性地帮我分析问题，引我走出困境。当我在学习上遇到解决不了的困难时，老师会及时地给我以指导。作为两科课代表，我经常见两位老师，所以当我在学习上有困难时，我是班里第一个能够得到老师帮助的人。当我心里有些困惑或怨气不能排解时，老师会及时地给予疏导。作为课代表，我要与同学们打交道，他们中这样或那样的问题都会反映到我这里来，作为小孩子，不知如何解决那些问题，我会有一些困惑；受到别人的误解，我会有一些怨气。跟老师说说，老师会及时地给予解释，给予化解。

作为课代表，我为师生服务，虽然花费了不少精力和时间，但的确长了本事，提高了能力。

转眼之间，两年半过去了。大家慨叹，初中就要毕业了。

毕业前，学校举行了毕业考试。

1974 年，学校举行毕业考试是要担政治风险的，因为那个时期人们对考试唯恐躲避不及，大部分人甚至是谈考色变的。

为什么呢？因为学校管理中抓教学就是白专，抓质量就是倒退，抓考试就是复辟。

于是，学生升学不再看知识，不再看文化，不再看技能，不再看能力，不再看基础，不再看成绩。

于是，升学要看成分，看出身，看家庭，看父母，看态度，看表现，看劳动，看手上的老茧。

这样的一个政治导向，使得教育失去了真正的公正、公平、效率、效益。管中窥豹，我们从下面张铁生的考试情况中也可以看出当时的教育已经糟糕到了什么程度。

据有关资料记载，张铁生当年参加的大学入学考试考题并非偏题、难题、怪题。如化学考“硫黄是单质还是化合物?”数学考“指挥部命令某民兵排在 2 小时内到距他们 15 公里的某阵地，求行军速度最小不能少于多少?”这一般是小学生、初中生都能做对的题目。可当时张铁生答不上来。这不能怪他，那时很多高中生都答不对，整个民族的文化水平已经降到了最低点。

遗憾的是，张铁生“交白卷事件”以后，事情又向不应该走的方向迈出了一大步，这样就使得我国的教育雪上加霜。

据周全华的《“文化大革命”中的“教育革命”》一书记述，张铁生事件后，仅《辽宁日报》就收到两千多封反对信。毛远新在辽宁抓的一个点——沈阳医学院，为了压制反对之声，以开会为名，把基础部38名教授、讲师召到第四教室，拿出事先策划好的考题，突然袭击考了一下。由于长期没有接触数理化公式，确实有一部分文科教师答不上来。学院马上让这些教师谈“认识”，说“感想”，直到他们承认“张铁生交白卷是可以理解的”。毛远新听到汇报后大为赞赏，指示：“这个办法很好，各校都可以试试。”考教授之风便在辽宁各高校首先刮了起来。

根据中央有关领导指示，考教授的做法又相继在北京、上海、天津复制一遍。其中，北京考教授最为典型和引人注目。

国务院科教组和北京市科教组组织了北京的教授考试。1973年12月30日上午召集会议策划，接着在清华大学出试卷。所用数理化试题从本所高校招生文化考查卷子上选出，未出文科方面试题。印好考卷已是当天下午5点钟，又立即调集20辆小车，同时分赴17所高校，实施“突然袭击”。通知各教授时诡称开座谈会，他们认真带上笔记本赴会，没想到是一出“白丁戏鸿儒”的恶作剧。考官们称：“今天就是来‘突然袭击’，让你们进行考试！你们不是看不起学生吗？经常滥用这种方法来整学生吗？”一些年事已高的老先生当即拒绝答题，如北京师范大学知名历史教授白寿彝就拂袖而去。还有的在卷上书写反对意见：不要考试就是不要知识，对于将来人类科学进步上是有阻碍的，将被世界上其他各国远远地抛在后面。

北京市参加考试的正、副教授共613名，及格者53名，占8.6%；不及格者360名，占57.4%；拒做交白卷者200人，占34%。总平均分为20分，其中一个学校6个教授得了6分，人均1分。这一下“白卷英雄”的赞成者们抓住了把柄，断言文化考查“是检验不出一个人的真正的政治水平和业务能力的”，“撇开一个人所实践的东西，考谁都不行”，“用这样的试题考工、农、兵完全是刁难和阻碍工农兵入学”。①

① 周全华．“文化大革命”中的教育革命［M］．广州：广东教育出版社，1999：273.

谁戴得起这样一顶大帽子？于是，谁组织学生考试就是刁难，就是阻碍，就是打击，就是迫害！后来，谁组织考试就是倒退，就是反动，就是反革命！

这种形势下，敢组织考试的人自然胆量不小。我们蔡公庄中学还是冒着很大风险组织了初中毕业考试。

毕业考试在校内悄悄进行，考试科目有政治、语文、数学、物理、化学5门，题目都是从书上的原题中选用的，没有难度，没有突然袭击，也没有刁难与阻碍。我的数学考了100分，化学考了100分，其余科目都在97分以上。尽管题目简单，这个成绩还是让老师们很高兴，当然也让我高兴了好一阵子。

初中毕业考试后，在升学还是回乡务农选择上，有少数学习基础差的或者对学习已经完全丧失兴趣的，他们选择回乡务农；我们大部分同学还是选择升学继续读高中。

那一时期，我一直惴惴不安，希望升初中时的那一幕别再重演！

然而，学校公布的升高中的办法让我大跌眼镜：自己申请，同学举手，学校建议，大队批准。

自己申请，通过！同学举手，100％通过！学校建议，费了一番周折，我最后勉强被通过！毕业生成绩单、毕业生政治思想鉴定、毕业生有关档案、学校对毕业生升入高中的建议都报到我所在的太平村大队党支部后，我就等书记一个章了。

书记能盖这个章吗？我心里没底。

太平村党支部开始热烈讨论。我在家里等待着，心里忐忑不安。我能升学吗？应该差不多吧？怎么说自己也不是个孬学生啊！我安慰自己。但还是忍不住胡思乱想：能上还是不能上？我做梦还梦见自己背起了书包，高兴地走在那条我十分熟悉的上学路上。有时候，我做梦又梦见自己上不了高中了，伤心地走在两年半以前我经常闲逛的田埂上。

没想到噩梦应验了。大队决定：村里6个毕业生50％升学，50％回乡劳动。

学校通知说："自鹏，不要灰心，自学也能成才。"书记说："章虽然不能盖，但好好接受贫下中农再教育，将来也会有出息的。"父亲说："好儿子，记住一句话'有志者，事竟成'。"我看到父亲说这话时眼圈红红的。

父亲那样无奈，那样难过，我还能说什么？

于是，我再度辍学了。这个时候我心里有了一个决定：将来我要是能够捞着一个读书的机会，就一定读出个样子来！

第五节　读书克难

终于等来了这一天。1976 年 10 月 6 日，"四人帮"被粉碎，我们见证了共和国的苏醒和欢腾。

1977 年 10 月，18 周岁的我成人了。已经成人的我能够替代父亲外出挖河了。

我和我本家的一位哥哥抬着筐，看着大堤上来来往往的学生们，我和哥哥多么想再次背起书包，回到学校，回到课堂啊！只是，这一天是不可能到来了，在我悲哀地想着上不了学时，偏偏峰回路转。就在河工要结束的时候，也就是在 1977 年 10 月 21 日，广播里传来了一个让我、我哥及全国几百万青年几天几夜合不上眼的今生今世都永远兴奋不已的特大喜讯：从今年起，恢复全国高等院校统一招生制度！

我们又能上学了！这是真的吗？我捏捏自己的脸颊。不是梦，完全是真的。

我们睡不着啦！在"文化大革命"刚刚结束，百废待兴之时，我们哪里知道，在极左思想还很盛行的 1977 年，恢复高考，凝结了多少人的勇气、魄力和智慧！

后来得知，1977 年我们国家开了两次高等学校招生工作会议，而且第二次会议开了 44 天。用时之长，堪称中国教育之最。

据柯进《恢复高考　牵动历史的制度变革》一文介绍，1977 年 8

月 6 日，北京人民大会堂正在召开科学和教育工作座谈会。邓小平同志认真地听取 33 位来自全国各地的著名科学家、教授以及科学和教育部门负责人关于恢复高考的发言。中科院院士、武汉大学教授查全性参加了当时的会议。他回忆说："那时候，社会刚刚经历过'文化大革命'，大家起初都害怕发言。大多数人认为，像邓小平同志这种身份的领导人，可能就是在会议开始和结束时，各来一次，顶多讲几句话。但是，除了有一个半天他有外事活动给大家放了假外，一连几天，邓小平同志不仅每天准时到会，认真听取代表的发言，而且还很少插话，并和大家一起离开。这让我们觉得，小平同志很想解决问题。于是，会议第三天，大家的发言开始逐步触及一些问题。"

8 月 6 日下午，当清华大学党委负责人谈到清华大学的新生文化素质太差，许多学生只有小学水平，还得补习中学课程时，邓小平同志插话说："那就干脆叫'清华中学''清华小学'，还叫什么大学！"

于是，查全性教授在笔记本上列了一个发言提纲，他激动地说："招生是保证大学教育质量的第一关，其作用就像工厂原材料的检验一样，不合格的原材料就不可能生产出合格的产品。当前新生质量没有保证，部分原因是中小学教育质量不高，而主要矛盾还是招生制度。不是没有合格的人才可以招收，而是现行招生制度招不到合格的人才。如果我们改进招生制度，每年从六百多万高中毕业生和知识青年、青年工人中招收二十多万合格的学生是完全可能的。现行招生制度的弊端首先是埋没人才，一些热爱科学、有前途的青年选不上来，一些不想读书、文化程度又不高的人占了招生名额。"

对此，在座的老教授和专家们深表赞同，一致建议改革现行高校招生制度，把好人才培养的第一关，并强烈呼吁立即恢复高考制度。

但是在此前的 6 月份，教育部在太原召开了一次招生会议。会议已经决定继续推行"文化大革命"后期的"自愿报名、群众推荐、领导批准、学校复审"的招生办法，并刚刚将方案上报中央。各地正按照会议精神准备高等学校招生工作。

邓小平同志在得知太原招生会议召开的消息时，问参加座谈会的教育部部长刘西尧今年是不是来不及了？刘西尧同志认为假如推迟开学，还来得及。邓小平同志又问了招生会的报告送出去没有，刘西尧同志回答说刚送出去。

邓小平同志听后，当即要求教育部把报送中央的报告追回来，并斩钉截铁地说："既然今年还有时间，那就坚决改嘛！把原来写的报告收回来，根据大家的意见重写。今年就要下决心恢复从高中毕业生中直接招考学生，不要再搞群众推荐。从高中直接招生，我看可能是早出人才、早出成果的好办法。"

"听到邓小平同志改革的决心，会场响起了热烈的掌声。"查全性教授回忆说。

会后两天，恢复高考的消息在北京传开，等待了太久的国人无不欢欣鼓舞。

查全性教授说："那次座谈会后，以恢复高考为先兆，整个社会掀起了一场声势浩大的思想解放运动。可以说，恢复高考不只是对中国教育、科技领域产生了巨大影响，其实，它对于当时的中国起了思想解放的先导性作用，同时也直接推动了后来改革开放政策的全面实施。"

根据邓小平同志的指示，当时的教育部立即撤回此前太原招生会后给国务院关于1977年高等学校招生工作意见的请示，并决定立即在北京召开招生会。

后来任教育部考试中心主任的杨学为参加了1977年两次招生会。第二次招生会于8月12日在北京召开。他回忆说："我一辈子参加的会议不计其数，但北京招生会是我参加过的最长的一次会议。"杨学为说那次会议一直开到9月25日，也先后四易会址，起初会址在北京饭店，因会议延期，移至前门饭店；又因延期，会址再移至友谊宾馆。在友谊宾馆，先在主楼开，后移至配楼，最后又转移到专家套房进行。会议开始时，北京正值盛夏，到9月底天已转凉，一些代表就不得不通知家人寄送秋衣。一次招生会开44天，这也是新中国成立以来的首次。

为什么开这么长时间呢？杨学为回忆说："当时，会上争论很多。比如，高中毕业生是参加两年劳动后才能考大学还是直接考大学，这是争论的第一个焦点问题。第二个问题就是政审问题。'文化大革命'期间政审主要是看家庭出身。第三个争议的焦点问题，就是考试。上大学是通过考试，还是继续保留'文化大革命'群众推荐的办法。其中，第一个问题争论最多，争论了40多天，两派争来争去。"

"要是放在现在，这样的问题，不可能争论这么久。今天的许多人根本无法想象当年的情景。那个年代背景特殊，谁都是小心翼翼的，生怕因随意表态而出任何纰漏。"分析一下就可知道，主要是大家仍然心有余悸，经历过运动的"洗礼"，谁都怕犯路线错误啊！

在杨学为的印象里，北京招生会上，少数人认为，招收应届高中毕业生与执行"七二一"指示相左，与"文革"前区别不大。而多数人主张在继续招收有实践经验的工人、农民的同时，招收应届高中毕业生。

其实，教育部也是有些顾虑的。对于教育部的顾虑，邓小平同志说："1971年'全教会'时，周恩来同志处境很困难。1972年，他和一位美籍中国物理学家谈话时，讲要从应届高中毕业生中直接招收大学生。在当时的情况下，提出这个问题是很勇敢的。这是要教育部门转弯子，但是教育部门没有转过来。为什么要直接招生呢？道理很简单，就是不能中断学习的连续性。18岁到20岁正是学习的最好时期"；"教育部要争取主动。你们还没有取得主动，至少说明你们胆子小，怕又跟着我犯'错误'"；"教育部首要的问题是要思想一致。赞成中央方针的，就干。不赞成的，就改行"；"总之，教育部要思想解放，争取主动。过去讲错了的，再讲一下，改过来。拨乱反正，语言要明确，含糊其辞不行，解决不了问题。办事要快，不要拖……"①

教育的拨乱反正是从恢复高考开始的。其间经历的斗争我们这些青

---

① 杨学为．中国考试通史：卷五［M］．北京：首都师范大学出版社，2004：107—113.

年当时是一无所知的。

有了中央的这样一个英明的决定，我们觉得凡是符合高考报名条件的，应该都可以报名，都可以走上考场，合格后都可以背起书包走向课堂。

我们憧憬着，我们盼望着，我们期待着，我们梦想着……

我从外地做河工回到村里已是 11 月，离考试只有二十几天的时间了。

想赶快复习，可我们没有书。上初中时的那些书大都被当作柴火烧了。我东找西借，好不容易把数、理、化三科的书找来了。但考试要考的是数学、语文、政治和物理及化学。因为没语文、政治书，我只好重点关注数、理、化，语文、政治复习上我只好找来报纸、毛主席语录作为复习资料。所以，复习不可能全面、系统，更不可能有什么计划性、针对性和实效性。好在初中有一年多时间学习得还比较扎实，复习数、理、化三科教材，并没有什么难度。可有些考生真的遇到了困难。

1977 年高考是各省份单独举行统一考试。天津市高考分大学和中专两类。我是初中毕业生，不敢报大学，我同村的几个哥哥和其他考生大都是高中毕业，但没有一个人敢报考大学，清一色地报考了中专。即便如此，复习中还是遇到了不少困难，有的题目传来传去，竟然没有一个人会做，弄得大家很郁闷，很恼火，也很无奈，但复习还是坚持了下来。

我的复习大多是在田间地头进行的。11 月份的北方已是天寒料峭，北风呼啸。因我和本家一个哥哥抬一个筐，因此白天复习也是在一起的。哥哥是高中毕业生，他数学基础很好，我有难题可以问问他。我的物理、化学学得好，遇到难题时，我们也可以一起探讨交流。我们用破棉袄蒙上头，抵挡呼号着的北风，但仍然手发麻，腿发抖，嘴唇冻得青紫。更要命的是，我们上工都不能带纸，一是没有白纸，二是带着麻烦。我们那时的腰带是人造革做的，一面白，一面红。我们在腰带的头上扎个眼，穿上线，拴上个小棉球。用钢笔在腰带白色的那面演算习题，写满了，就吐口唾沫，然后用棉球擦去。那时干活很累，今天把沟平掉，明天又把沟挑开，别看是冬天，农民们战天斗地，工地上热火朝天。但粮食产量越来越少，农活却变得越来越重。每天下工后，我们的棉衣都被汗水打得湿湿的，因为一人只有一件棉衣，所以我们只好穿着湿湿的棉衣参加晚上的夜校学习，很晚回到家仍穿着它继续复习。那时家家户户炕上一般都是铺着一层厚厚的塑料，每天复习完，炕上坐过的塑料上都可见一层经体温先汽化再液化的水，二十几天复习所受的苦是无法言表的。

进入 12 月，我们都紧张起来。有人说，高考是国家第一大考，试卷运送由解放军负责，每个考点由公安人员把守，进考场的考生得搜身进入。第一次考试国家特别重视，有可能试题非常难，目的就是选出那些怪才、偏才、奇才。听到这样的传言，我们也不知是真是假，心中像是十五只吊桶打水——七上八下的。但是，既然报了名，那就尽全力复习吧。

1977 年 12 月 8 日，这是一个值得记住的日子，我们全村共 15 人来到蔡公庄中学考点参加考试。来到考点一看，哪有什么解放军，也没有公安人员，只有“文化大革命”以后心情舒畅、满脸笑意、关爱有加、无微不至的教过我们的老师们。看着自己原来的弟子们又回到母校参加考试，老师们跑前跑后，指挥引领，我们很快就找到了自己的考场。考试分为四场，语文、数学、政治各一场，物理、化学合卷一场。

考试题异常简单，这有些出乎我们的预料。

虽然试题简单，但对于“文化大革命”期间被耽误的一代人来说，那些题目想回答正确并不容易。

我虽然是个初中毕业生，可原先学习基础尚好，当试卷拿到手时，感觉还比较轻松，对大部分题都还能对付。

做完语文基础知识题，我看作文题是命题作文，题目是《记一件有意义的事》。我想，写什么呢？那就写队长王世清带领我们割麦子的事吧。我洋洋洒洒地在草稿纸上写了 600 多字。我往试卷上抄写时，却因时间不够，只能赶紧刹车，一篇本来很有文采的记叙文被我写得虎头蛇尾的，语文最终只考了 62 分。

考数学时，我觉得顺手很多。对小题我每题必做，对大题我更不放过。有一道最难的题是二元一次方程组，我不敢相信会有这么简单的题，一点弯子都不绕，做了就拿到分数。我记得自己做完后，还不忘把 x，y 的解放到第一个方程式中检验一下。记得方程左面是 60－57，右面是 3，我估计这回数学肯定是 90 多分了。可出了考场，我跟其他考生一对题，糟了，合并式子计算时，把符号倒错了。“大意失荆州”，我真后悔没有把两个解再放到另一个方程式中检验一下，那样就很容易发现错误。最终数学只考了 80 多分，未达到我所希望的分数。

考政治时我就有些应付了。因为没有好方法复习政治，所以全凭基础、听闻、感觉、印象答题了。记得有一道题考的是第一世界、第二世界、第三世界的划分，题目的大意是这样的：请把下列国家按照世界划分理论给出正确的划分（美国、中国、日本……）。我想，中国是个社会主义国家，伟大、繁荣、富强，那肯定是第一世界了，这美国、日本挺可恶的，给它划拉到第三世界去得了。考完，我才知道那是猴吃麻花——满拧。我把这事跟大队书记说了，他其实也不知道哪个是第一世界，哪个是第三世界，他就知道我答错了，犯了不可饶恕的错误。他幸灾乐祸地说：“哼，你就等着公安局的小车来接你吧！”公安局的小车没有来接我，但政治只考了 54 分——不及格，很丢人！

考物理、化学时，我的心情比较放松，因为这两科是我的优势学科。人们常说，有的时候，越是有优势的科目，往往就是你忽视的科目，最后也往往是你考得比较差的科目。我的物理、化学考试本来可以考好，但复习时浅显的那部分知识没有复习，难题、怪题、偏题倒是复习了不少，考试题目偏偏没有难题、怪题、偏题，结果我在几道简单的题上卡了壳。比如，有一道题是让我画原子结构简图，那是一道白给分的题，可我愣是没有画出来。还有一道是给出了一个做演示实验的示意图，让考生指出每个器材的名称。看着酒精灯，我在琢磨这是什么灯呢？因为没有见过。是煤油灯吗？肯定不是！没办法，我只好写了一个字：灯。还不错，批卷老师给了我 0.5 分。有胆大的干脆就写了“煤油灯”，结果一分也没有。我的物理、化学最后得了 74 分，应该是考生中绝对的高分了。

这样考下来，我的四门课总分 270 分，加上附加题 5 分，这个成绩在村里所有的考生中算是比较高的成绩了。几个月后，中专录取控制分数线 180 分，太平村 15 个考生总共有 8 个上线。

从 1977 年的高考情况来看，我所在的太平村绝对是状元村了，因为有的村上线人数为 0。

那样简单的题目，那样少的分数，那样少的上线人数，说明什么呢？遭遇“文化大革命”，我们的教育与经济一样已经到了崩溃的边缘！

幸运的是，一波三折后我最终被天津静海师范学校录取了。

看了一遍又一遍录取通知书，父亲眼睛红红的。我懂得父亲的心情。之后在生产队的劳动中，我推着小车来回奔跑。我想，以后再也没有机会为这个给了我苦难和幸福的村庄出汗卖力了，多推几车土，算是我对家乡眷恋的一种表达，也算是我对父老乡亲对我疼爱的一种表达，当然更是我对党的好政策的深深谢意的一种表达！

我带着数理化自学丛书，一心一意想到校后学数理化。那时有个说法：学好数理化，走遍天下也不怕。但是我没想到，学校看我年龄小，说：“自鹏，你学外语吧！”

我吓了一大跳，因为我没有外语基础。但老师说没关系，说用功就会学好的。

到了外语班，我内心还是充满了恐惧。看看班里年龄不一的其他 49 个同学，看看英语念得非常熟练的张慧芹、马家梅、郝树臣、马贯强，再看看探不清水平深浅的赵万德、曹风岐、王建一、张国荣、郝连义，我心里直嘀咕：我能学好吗？

正在狐疑、惊悸之间，我突然听到同学大声念着：Down with Lin Biao！我心里暗想：林彪不是死了吗？怎么还说“党委是林彪”呢？我问同学，同学笑得前仰后合，说："你真是老外。人家念的是'打倒林彪！'。"

原来如此。后来听到他们再念"Long live Chairman Mao!"（毛主席万岁！）或者"Chairman Mao will always live in our hearts!"（毛主席永远活在我们心中！）时，我也就不再觉得奇怪了。

我们的外语书发下来了。那是南开大学工农兵大学生们在校使用的一本基础英语教材，是从音标开始教起的教材，难度不大，进度缓慢，很像我们现在使用的小学英语课本。不过，这样的教材对于我们几个没有英语基础的同学说来，倒是非常适合的。

学习英语先从音标开始。但英语音标与汉语拼音不同，它的圆唇音、咬舌音、鼻音、舌边音等不好掌握。张慧芹是报考英语专业的考生，英语学得好，她见我学得困难，就主动帮我分析发音要领、注意事项。很快地，我踢开了那几个语音上的拦路虎，学好英语的自信心大增，学习英语的劲头也空前高涨。

教我们英语的第一个老师是杜金洪。杜老师很有学问，他曾留学日本，留日期间所学教材全是英语教材，因此他是地地道道的英语语言的精通者。杜老师英语发音很好，完全能用英语组织教学并用英语讲授课文，这在20世纪70年代是非常少见的。杜老师还能写一手漂亮的英语圆体行书，这在今天也是非常少见的。杜老师的发音和书法大多被同学们模仿。

杜老师此时年龄已经很大了。老人家在教学中不讲究英语教法，也不讲究英语学法，更不在意英语语法，因此教学中我们一般模仿老师的说法、读法、写法、做法。

两个月后，英语班组织第一次考试。关于考试内容，杜老师先跟大家商量。大家说，应该考我们刚刚学过的那些知识，如音标，拼读规则等。杜老师同意了。当考试成绩出来时，100分的同学占了班里一多半。我考得不好，成绩在班里排名倒数第三！我很郁闷。

我自从上学以来，还真没有考过这样的成绩。"是不是自己不适合学习外语呢?”我暗暗地问自己。我的自信心和学习劲头似乎也减少了许多。但我最后还是暗暗下了决心。我有不服输的天性。

后来，学习科目逐步增多，除学习英语外，我还学习音乐、体育、现代汉语、哲学，偶尔还有心理学和教育学基本知识讲座。这些科目虽然挤占我们学习英语的时间，但大家对这些学科学习兴趣也很浓厚。我尤其对现代汉语和心理学感兴趣，并且这两门学科都学得出类拔萃。

可在英语学习中，我遇到了不少的困难和问题。这些困难和问题恐怕是英语初学者都会遇到的。

第一，正确发音问题。英语个别音素发音和汉语发音类似，但读时又不能省事、抄近路，应该长的长，该短的短，该送气的送气，该爆破的爆破，这些问题不解决好，后续的学习会遇到麻烦。有很多人英语之所以没有学好，大都是发音阶段出了问题。我原本汉语拼音学得很好，学习英语音标时容易与汉语拼音相混，后来学会了比较，相似的音素用汉语拼音作为参照物，竟然有效地解决了这个问题。

第二，单词记忆问题。英语单词不太好记，一是短单词不好记，二是抽象单词不好记，三是外来词不好记，四是不符合读音规则的单词不好记，五是含有不发音的字母的单词不好记，六是描述国外有而我们没有的东西的单词不好记。词汇是语言的“建筑材料”，语音过了关，词汇记忆又是一大关。单词背不好，英语肯定学不好，我知道词汇的重要性，因此在词汇上狠下了一番功夫。

第三，语法学习问题。汉语语法来自于英语语法，绝对不可以认为英语语法学起来就简单。我们的汉语是表意文字，而英语则是拼音文字，其词法、句法复杂了许多。比如助动词、情态动词、动词形式变化、名词形式变化、形容词比较级和最高级形式的变化是汉语中没有的。再比如汉语中“着、了、过”三个字就可以把动作的时态表达个大概，但英语却有 16 种时态描述过去、现在、将来、完成等过程状态。学好语法，对于外语学习者非常重要，但也非常复杂与辛苦。

第四，英语环境问题。学英语最大的困难是没有学习这种语言的环境。有人到英语国家待上几年，只要与当地的居民经常交流，就是没有一点外语基础，在口语交际上也不会有问题。而我们学习英语则不然，缺少学习英语的环境，所以有意记忆占有很大比例，这是我们英语专业学生学习当中遇到的最大困难和障碍。为了解决和消除这个困难和障碍，我想了很多办法。

第五，知识巩固问题。学习英语的另一个困难是如何巩固所学的知识。由于缺少使用语言的环境，加上训练不充分，所学的单词、词组、句型很快就忘记了。巩固这些学过的知识，需要不断地训练、重复、强化，为此，我们想办法，相互提问，相互诘难，相互比赛，相互提示，相互学习，相互帮助，应该说没少费力气，没少吃苦头。

第六，技能提升问题。学好英语需要强化听、说、读、写、译的基本技能。首先听、说技能训练是每个中国学生学习英语都头疼的事情。“读”需要大量的训练，需要抓阅读材料的主旨、论点、论据、结论，以及事件中的人物关系和事件发生的时间、地点、原因、高潮、结果等。“写”则是所学词汇知识、语法修辞知识的综合运用。“译”则关涉两种语言以及文化的理解、解读、交流和转换。所有这些技能的训练和掌握都需要下大力气，掌握不了听、说、读、写、译的技能，学习英语的目的和目标就不可能达到。

起初，我感到了学习英语的难处。但 77 级的学生，不论大学生还是中专生，刻苦是出了名的。为啥这么刻苦呢？这和我们的人生经历大有关系。我们班的同学中，有的在农村做过大队长、生产队长、民兵连长、妇委会干部、拖拉机手、民办教师，好不容易赶上这么一个读书的机会，大家怎能不惜时如金、废寝忘食呢？

作为 77 级学生中的一员，我见证了这一代学人的勤奋和执着。

20 世纪 70 年代学习英语，还是一件新鲜的事，尤其在农村那更是一件新鲜的事情。作为我们的父辈，大概也没有见过一个外国人。因此，我们学习英语也得到了父辈的全力支持。那时，中央人民广播电台和地方电台开始播放英语广播节目，为了能够在课余时间学好英语，很多家长不惜借钱给孩子买个收音机。父亲也给我买来了一个功能齐全的收音机，因为以前没有见过，更没有用过，我有些新奇，有些兴奋，爱不释手。拿着收音机学习英语的越来越多了，凡是拿着收音机的人，不用问，那肯定就是外语班的同学了，这倒成了静海师范学校乃至静海县城一道独特且亮丽的风景线。

每天早晨6点，我们准时起床，洗漱完毕，拿着收音机就出门了，听完英语广播讲座，回到学校，早饭时间就到了，吃完早饭，就匆匆忙忙奔向教室。晚饭后，我们拿着收音机就又出门了。听完英语广播讲座，夜幕降临了，我们才陆陆续续地回到学校上晚间自习。

这是一段非常难忘和幸福的时光。同学们的学习目的明确，学习动机纯正，学习精神可嘉。同学们能够那样心无旁骛那样不知疲倦地学习英语，其专心和刻苦至今令我难忘。

静海师范学校坐落在县城的南面，南侧是一望无际的稻田。早晨、晚间拿着收音机在稻田边听着英语，望着那满眼都是的绿色，闻着那阵阵飘来的草香，大家无不心旷神怡。那情景何时回忆起来，我都会感到幸福无比。因为记忆里永远都有挥之不去的美丽的稻田和刻苦学习的同学们的身影。

晚自习大家的表现更让人感动。通常晚自习时老师不会到场，但不夸张地说，50个同学，绝对到课45个以上。看班里，你背单词，我记词组，他写句型，没有打斗，没有懒散，没有分神，真的用心，真的用力，真的用情，可谓全神贯注，一心一意，分秒必争。不仅如此，同学们在9：30下晚自习时，都还要磨蹭一小段时间抓紧完成学习计划。第二天清晨四五点钟，就开始有人溜进教室学习了。就学习的努力精神而言，我认为77级学生堪称中华读书史上的楷模！

课间的时间也用得满满的。课间老师在的时候，大家会拿一些非常难的问题向老师请教。语言是学无止境、永无尽头的，因此一些题目有时也会让老师感到为难。我们的英语老师专业水平高，能难倒他的时候不多。在跟老师探讨的过程中，师生教学相长，进步双赢。老师高兴，同学振奋，课间往往比课上交流更有针对性和挑战性。课间老师不在的时候，同学间会相互提问。问题千奇百怪，让人兴趣盎然。比如有人拿了一个很长的单词考问另一人，我想，就是现在有的英语专家也未必认识。这个单词是 dichlorodiphenyltrichloroethane（滴滴涕）。这个单词确实很长，也不好记，我和几个同学用了一会儿工夫就记住了。还有人开玩笑说："Show your manure."（其实应是 menu）menu 和 manure 发音接近，但意思大相径庭。这个玩笑的用意在于区分"粪肥"和"菜谱"，弄得同学很不好意思。由此，我们也发现了学习英语的很多乐趣。还有 fragrant（芳香的、芬芳的）和 flagrant（臭名昭著的）等，单词中间只差一个字母，意义却相差十万八千里。不仅如此，我们还发现同一个英语单词竟还有意思相反的现象，比如 bless 一词，有"赐福给"之义，竟也有"使倒霉"之义，真是奇怪！英语真是一种奥妙无穷的语言。

英语学习进入到第二个学期，竞争开始了。班里只有一两个以初中毕业生的身份考入师范的学生，没有一点英语基础的学生不多，而我的学习成绩在很短的时间里竟出人意料地名列前茅了。有同学开始观察、研究我的学习了。

同学张国荣开始研究我。他说："你没有三头六臂，也没有鬼斧神功，同是一个老师，同是一本教材，同是一天一夜，你怎么进步这么快？成绩上升这么迅速？一个在班里考试成绩曾经排名倒数第三的人怎么就一下子蹿到前几名啦？"但是，国荣的研究没有结果。

在一些同学的眼里，我只是学习比较刻苦，我的学习和同学们的学习没有什么不同。可是，他们错了。我是边学习边研究的。

我研究班里一些同学的学法。

我注意到一个叫鲁学珍的同学考试成绩很好。我觉得她以前的基础也不是很好，但为什么学得这么好呢？我后来发现了她的秘密。课上课下，她都是大声提问题，大声回答问题，大声朗读单词，大声朗读课文，大声背诵单词，大声背诵课文，自说自话，旁若无人。现在看来，这是一种"疯狂英语"的学法，是多器官广泛建立信号联系、强化信号联系的一种有效学法。

我用这种学法学习英语行不行呢？我试着在课下班里没人时，大声朗读、背诵。后来，在课上我也越来越胆大起来，可以旁若无人地朗读、背诵英语了。过了一段时间，这种学习方法好像有了效果。因为一节课记住 50 个单词已经变得轻而易举，一节课记住一段英语短文变得非常简单。对于这个进步，我不禁心中暗喜。

曹凤岐是我们班的英语课代表。他是报考大学的考生，因为家庭政治问题没有被北京的大学录取。他是个智商比较高的人，高到什么程度呢？学校理科班搞数学竞赛，贴出海报，允许各个专业的学生参赛。曹凤岐对数学特感兴趣，于是就报了名。大家都笑他疯笑他狂。曹凤岐可不理会大家说什么，执着地走上了考场，竟然取得了第三名的好成绩，全校一时传为神话！

课下我和曹凤岐交往很多，交流也很多。他写给我一段话，我至今记得：聪与敏可恃而不可恃也，若自恃聪敏而不力学者，必自败也。愚与钝可限而不可限也，若不限愚钝而力学者，必自胜也。这段话的大意是说，一个人可以依靠自己的聪敏但不能完全依靠它，如果只是依靠自己的聪敏而不努力学习的话，必然会遭到失败的。一个人的愚钝能够限制他的发展也可能不会限制他的发展，如果不受愚钝的限制而努力学习的话，必然会取得成功的。

曹凤岐的英语学得很好，看不见他念单词、写单词、背单词，但一考试，他的成绩并不低。什么原因呢？是自恃聪敏吗？我开始注意他。注意他课上课下的表现。注意他念书时做什么，注意他不念书时做什么。注意他白天做什么，也注意他晚上躺在床上做什么。

我发现了秘密。我发现他没事时，总是用手指在空中比画着、摆动着。他其实也在学习，只不过学习方式、学习方法与众不同罢了。实际上，他是在用那样一种方式、方法尝试回忆着课上学习的内容。后来得知，尝试回忆法是一种非常有效的外语学习方式方法。

班里有些同学的英语基础很好，实事求是地讲，他们起初可以做我的老师。因此他们都成了我学习的榜样。我认真研究他们的学习方法，自然受益不少。

张慧芹大姐是我比较崇拜的。她年长我们多岁，真的像个大姐姐，知道呵护、照顾我们。她的英语基础好于我们每位同学，她的英语读得标准、好听，字写得也很大气，我估计除我之外研究她的人应该不少。观察张慧芹大姐学习英语，我发现她是不紧不慢、不慌不忙的那种学习方式，听、说、读、写、译，按部就班，系统完整，没见她着急，没见她生气，没见她心烦，没见她抱怨，功到自然成，细工出好活儿。学好一门语言，首先应该打好语言的基础。看着慧芹大姐学习外语，我觉得那是一种陶醉、一种享受、一种成就。后来我突然顿悟：原来还可以这样学英语！

我研究马贯强和郝树臣。他们俩在班里形影不离，学在一起。他俩学习基础很好，学习成绩也不相上下。我看他们学习英语很轻松，很愉悦，很迅捷。后来我发现他们的奥秘在于：多听，多说，多写，多读，多译，多练。我意识到，这可能是学好外语的唯一捷径！

孔子曰："三人行，必有我师焉。"我深谙其道，努力向他人学习，就是想不进步都不太容易。

我的英语学习为以后长时期的自学打下了坚实的基础。良好的开端是成功的一半。渐渐地，我的英语学习入了门。

外语学习过程中，我虽然遇到了很多困难，但想想自己的些许进步，心中感到无比喜悦。我逐步悟到：学好外语是有方法有门道的。

第六节　治学勤勉

1979 年，英语成绩还没有 100%进入高考总分，但各个中学已经普遍开设外语课程，天津市县城小学高年级也已经开设外语。外语师资缺乏已经成了英语教学发展的瓶颈。不仅外语师资缺乏，其他学科教师数量也明显不足。为此，县教育局决定，所有师范学校应届毕业生都提前到中小学顶岗实习。

可这时的我们连个准英语教师都还不够格。离开了师范学校，我们便开始了自学。

我自学选用的课本是北京外国语学院编的四卷本英语教材。以前总觉得自己学得很好了，可真正拿起大学课本一学，才感到自己一无所知。说自己是个英语初学者，这一点都不过分。

北外的英语教材也是从音标开始的，但不知不觉就加大了难度。不仅单词量增加，句型也开始变得复杂，语段篇章长度也大大增加，我咬着牙，一字一句，一句一段，说啊，写啊，背啊，记啊，终于学完了两本书，语法有了突破。

我没有停步，而是一鼓作气，不停地学到实习快要结束。当四本书全学完了，我的单词量已经达到3 000个以上，我仿佛有了一点自信。

这时，有消息说，天津电大开始招生了。我们知道，电大是我国高等教育的一个有机组成部分，是全日制高等教育的一个补充。据接维城介绍，早在1960年1月，北京市委就提出“以多种形式发展业余高等教育”。北京市委副书记邓拓与中央广播事业局局长梅益召开了一次座谈会。在会上，梅益提出，在国外看人家用电视办学，我们也可以用广播和电视办一所业余高等学校，学校的名字可以叫“电视大学”。这个提议得到了邓拓的支持。①

不久，电视大学被批准创办。到“文化大革命”开始6年间，共培养了5万多名学员。“文革”开始后，电大随即被解散。“文革”结束后，在邓小平的过问下，经过两年的准备，电大又于1978年恢复办学和招生。

天津电大招生的消息传来，我和几个在学校实习的同学赶紧报了名。经过二十几天的复习准备就上了考场，之后成绩公布，我们几个人

---

① 接维城. 第一所电视大学创办 [N]. 中国教育报，2009-08-22.

均被电大录取，学习科技英语翻译专业。

这下倒好，我中师还没毕业，又考上了电视大学。但由于我后来分配到外地，电大的学业不得不中断了。不过，短暂的电大学习似乎让自己有了明确的学习目标。

后来我毕业分配到天津铁厂，教了初三，望着学生们那一双双渴望求知的眼睛，我想，可不能因为我自己的无知耽误了这些比我小不了几岁的学生们。

教师不仅要敬业，还得精业，我得好好读书，好好钻研。

我学什么呢？原来录取的电大因来天铁不能上了。那时当地收音机几乎收不到什么节目，天津台的节目更听不到了。没办法，我只能退学。

虽然听不到天津台，但天铁电大可以接收中央电大的英语节目。于是，我和很多人报名参加学习。节目是由郑培蒂老师播讲的，书也是由她和同事编著的。书有三本，两个学年四个学期完成，学业结束后发给结业证书。

我那时住天铁寨坡山生活区——一个较偏僻的生活区，那里离电大工作站有6公里路程，只要学校没有上课任务，星期六、星期日我都风雨无阻地去上课。

听了一段时间课，我要考试了。考场上，我打开试卷一看，题目很简单，没用20分钟就交卷了。看着我这么快就走出了考场，大家不免嘀咕：他是不是什么都不会啊？试卷发下来后，我得了99.5分。

不来听课，还这么快交卷，还得了这么高的分，很多人觉得奇怪。其实，他们不知道，我已经摸索出自学外语的方法，听不听课已经没有什么差别了。关键是，我学习比较认真，决定要学什么，基本上是不达目的，绝不罢休的。

学习两年以后，我从电大顺利结业了。当时是1982年。这是中央电大较早向全国播讲的大学电视英语节目，我是千千万万个受益者之一。

1982年9月，天津电大科技英语专业再次招生，经天铁电大与天津市电大协商，可以让天铁电大学员通过自学收听的方式学习本专业课程。对于天铁人来说，这真是一个好消息！我们有70多人报了名。由于一些人没有英语基础，所以一周课上下来，一半人就退了学。一个学期上下来，还剩24人，三个学期下来，还剩14人，且有1人部分科目缺考。

电大课程虽然是自学收听的，但学校办得认真，教师教得认真，学员学得认真。我看看课程设置，有哲学、现代汉语、语音、基础英语、语法选讲、文选精读、文选泛读、综合阅读方法和技巧、科技史话、英译汉概论等十门课程之多。

讲课的老师也很厉害。南开大学的教授陈晏清讲哲学，天津外国语学院的院长钱自强讲科技史话，天津大学的教授刘文昌等讲精读、泛读，更幸运的是，给我们讲现代汉语课的是语言学家张志公先生。

张教授讲课很风趣。他说汉语语法来自于英语语法，不过也只有几十年的时间，其中存有不少大家意见不一致的问题。怎样对待这些有争议的问题？是直接参加论战还是回避论战？他建议我们先要认认真真、扎扎实实地系统掌握一个学派的语法，然后深入思考、深入分析，再参加论战不迟。这对我们学习外语语法有很大启发。

他讲“语序”的作用时讲了一个故事，让我们记住了语序的重要性。相传，有一个县官在写判决书时，特别讲究语序的技巧。他如果想把犯人置于死地，就在判决书上写道：“其情可谅，其罪当诛。”这人就死定了。但如果他想为犯人开脱，他就这么写：“其罪当诛，其情可谅。”这人十有八九就死不成了。你说这语序有多重要！

讲英语精读、泛读、翻译的老师讲课非常详细。虽然我们听的是录音，但还是学到了比较系统的英语专业知识、阅读策略以及翻译方法。此外，在老师的指导下，我们发现了科技英语的许多特点。

科技英语与普通英语有很多差异。科技英语语言平实，但逻辑严密，定义准确，而普通英语语言华丽，逻辑和定义没有那么严格。科技英语修饰语少，而普通英语修饰语多。科技英语与科技发展密切相关，反映科技发展动态。普通英语与社会生活密切相关，反映社会发展动态。

我们班里的同学在学习上一丝不苟，严肃认真，他们苦中寻乐，乐中奋进，他们是天铁有组织有计划系统学习英语的一个优秀团队和集体。幸运的是，我能够成为这个团队和集体中的一员。

这段时间的学习，不仅为我的科技英语学习打下坚实的基础，更为我后来在英语语言文学专业和教育类学科的学习上打下了非常坚实的知识和方法基础。从同学们身上，我学到了终身受益的东西。

值得我一生庆幸的是，1984 年，天津市高等教育自学考试考场设在了太行山上，这使得我的英语自学能够更进一步。

高等教育自学考试是我国教育发展史上的一个创举。1978 年 3 月，第五届全国人民代表大会第一次会议提出：必须打破常规去发现、培养和扶持多个方面的优秀人才……要建立适当的考核制度，业余学习的人们经过考核，证明达到高等学校毕业生同等水平的，就应该在使用上获得同等待遇。

1980 年 5 月，中共中央书记处在讨论教育工作时指出：为了促使青年人自学上进，应该拟订一个办法，规定凡是自学有成绩，经过考试合格者，要发给证书，照样使用。

1981 年 1 月，国务院批转了教育部的报告和《高等教育自学考试试行办法》，要求各省（自治区、直辖市）遵照执行，并决定在北京、上海、天津和辽宁四省份先行试点，摸索经验。

作为先行试点的地区，北京和天津、上海、辽宁先后于 1981 年和 1982 年举行了首次考试，有 2 万余人报考。辽宁的考生中，最小的只有 14 岁，最大的 73 岁，还出现了夫妻、兄弟同场答卷的动人场景。随着开考专业的增多、社会助学的发展，1983 年下半年的考试，四地的考生增加到 17.7 万人。

1984 年自学考试向全国推开，逐步成为中国也是全世界规模最大的“没有围墙的开放大学”。

到1988年下半年，全国有560多万人参加了200多个专业的自学考试，有28万多人获得本、专科毕业证书。

早在自学考试设立之初，天铁的考生就不辞辛苦地千里奔波到天津考试。1984年以前，贺悦民和一刘姓考生到天津考试并考出了很好的成绩，贺悦民古代汉语考了90多分，为此还获得了市里的奖励。

1984年自学考试在天铁设考，消息传遍了太行山东麓，自此一个自学群体在这里崛起。1996年《招生考试导报》以《大山深处自考人》为题报道了这个群体的学习情况①：

“太行浩气传千古，留得清漳吐血花”，朱老总用他那指点江山的手，饱蘸着革命激情，在邓小平、刘伯承当年率一二九师与日寇浴血奋战的太行东麓、漳河畔边挥毫写下了这撼人心魄的诗句。

这里是一片热土。赤岸村记载着抗日战争那如火如荼的艰难岁月。战争风云散去，在这孕育革命希望和共和国黎明的地方，如今矗立起一座现代化的钢铁城市——天津铁厂。

天铁人比谁都明白，经济要发展，教育应先行。于是，托儿所、幼儿园、初中、高中、中专、技校、职大相继办起来了，天铁人有了自己的教育，职工子弟的教育问题基本解决了。可是，办教育需要教师，办工厂需要技术人员，搞管理需要管理人才，然而处于大山深处，外部世界缺乏对铁厂的了解，早先几年分来铁厂的大中专毕业生寥寥无几，与铁厂经济建设的需要相比恰似杯水车薪。封闭的环境，文化生活的贫乏，使得人们特别是青年人在八小时以外总感到无所事事，于是酗酒、打牌、搓麻，给安静的铁城带来了不小的影响。人才的匮乏，以及如何把职工的业余生活引向正路的问题，使得铁厂领导痛下决心：在抓好物质生产建设的同时，也必须抓好精神文明建设，搞好职工教育，鼓励自学成才。于是，迎着国家经济体制改革和教育体制改革的大潮，天津铁

① 陈自鹏. 大山深处自考人［N］. 招生考试导报，1996-12-26.

厂在生产捷报频传的同时，一个自强不息、拼搏苦读的自学群体诞生了。

一、设考在太行

80年代初，教育的一项重大改革给不少正在苦学的天铁人送来了佳音：国家建立自学考试制度，鼓励自学成才。这消息像长了翅膀一样，飞向天铁这万人大厂的每一个角落。然而，大山阻隔，考场设在千里之外的天津，考生往返光坐火车就得24—25个小时，考试在星期日，报两门课就需要在天津逗留半个多月时间。路途遥远，工作受限，使得考生赶考一次比上蜀道还难！

但是，天铁人敢于迎接挑战，有人就敢做天下先。1983年铁厂经济仍处在低谷，职工工资不高，可在这样的窘况下，竟真的有两位考生自掏腰包坐上“隆隆”的火车北上赴考去了。考生贺悦民两门课均获通过，古汉语竟得了个优秀。

勇敢、好学的天铁人感动了市局、市自考办，“要把‘鼓励自学成才’这一举措落实到全市每一个地方”，于是有了新的决定：1984年在远离海河的太行山东麓的天津铁厂设立高等教育自学考试考场。

天铁领导和天铁教委的领导们，把市里的这一决定看作一次机遇，更看作一种信任、一种压力。“一定要把自学考试事业办好”，工作再繁忙，自学考试工作不能放。建设施、搞服务、学规章、抓考纪。中专自学考试中一位考生打小抄，被当场查出。除按市考办规定给予处理外，还以厂发文件通报全厂并扣发该考生三个月生产奖。考生本人受到了教育，其他人受到了震动，这也保证了自学考试事业的健康发展。正如大家说的，铁厂人要像铁一样实诚，干什么都不能玩虚的，搞假的。

二、漫漫求学路

走上自学之路就意味着走上了艰辛之路，可大山深处的天铁自考人不怕。这里撷取几个片段，管中可窥一斑。

主动辞去正科级职务、甘愿到学校当孩子王的杨克难，为使自己的业务水平、知识水平迅速适应教学需要，加入到自学考试队伍中来了。

他面临的是一个怎样的环境啊！爱人瘫痪在床，生活完全不能自理，两个正在求学的孩子需要照料。教课、带班，繁重的工作和家务让一般人承受不了，可老杨却抱着“困难面前有克难，克难面前无困难”的乐观主义态度发愤自学。为免受干扰，课余时间他把自己锁在湿漉漉的澡堂里、废弃的库房里，把书读了一遍又一遍，红笔画、绿笔勾，思考、记忆，硬是靠常人难以想象的毅力，考一门过一门，以平均七十多分的好成绩拿下了党政干部基础科毕业证书。

一些考生开始自学时已经是四十五六岁的年龄了。人到中年，家务负担重，上了岁数，记忆力衰退，但是他们不愿也舍不得放弃一生中这难得的学业进修机会，灯下苦读、书香为伴，一门门，一科科，克服了数不清的困难，相继取得党政干部基础科、企业管理等专业的毕业证书。

王凤东原是中师毕业生，认定了自学考试这条路以后，人们常常在山脚下、池塘边见到他苦读的身影。朋友好心劝他：“差不多就行了，整天那么苦干啥?”可他说：“人生一世，应有所追求。人家都能把书写出来，我就不信学不会、弄不通。”听者汗颜，不禁肃然起敬。

“要想取之，必先予之。”自学需要奉献时间、精力，有的考生为了自学甚至连牺牲自己的生活幸福都在所不惜。杨正颖参加自学考试时已是二十七八岁的大姑娘了，照说女孩子到了这个年龄该考虑自己的婚姻大事了，可自学考试不容人分心。她外语底子薄，为克服词汇记忆困难，卧室里卡片随处都是、纸片满墙，她把个人的婚姻大事置之脑后，苦干几年，终于捧回了汉语言文学专业的本科文凭，成为天津铁厂自学考试仅有的两名本科毕业生之一。

自学考试向每一位有志青年敞开着大门，这里是强者的殿堂。考生边力高中毕业后，如果不是命运的安排，理应像他的父母一样进入南开大学这样的著名高等学府深造，可是毕业成绩第一名的他却因身体检查不过关被挡在大学的门外。他苦恼过，思考过，他想，“条条大路通罗马”，不能沉沦下去，他一咬牙，走自学成才之路！他几年苦读不辍，天津市统计专业便多了一名没进围墙的大学毕业生。他的专业课几乎门门优秀，高等数学竟取得了自学考试中难以见到的满分。

上面选取的几个例子只是铁厂自学群体的一个缩影，几年来，自学考试像磁石一样吸引着铁厂众多有志好学的青年，一百余名考生经过艰苦跋涉，分别取得法律、中文、英语、会计、统计、企管、文秘等二十余个专业的自考毕业证书，圆了他们多年的大学梦。

三、今日竞风流

自学考试在天津铁厂设考至今已十三年，昔日不起眼的自学考试如今已让人刮目相看。

自学考试良好的社会声誉使人们达成了共识：自学考试影响人，自学考试塑造人。

十三年里，自学考试事业从小到大、从弱到强，飞速发展。1984年在铁厂开考时只有二三十人参加考试，如今已有九百之众走上考场，就是说，铁厂两万职工每二十多人中就有一人是自考生。这可观的数字足以说明自学考试的非凡魅力和巨大影响力。

天铁自考人从自学考试中得到了磨炼，有学识的，也有意志的。自学考试中学到的治学方法使得每一位考生都能在工作岗位上把自己的学识和能力发挥得淋漓尽致，自学考试中培养出来的优秀品质又使得他们不屈不挠、迎难而上、全力以赴、敢创一流。

自学考试为铁厂培养了一大批各专业急需的人才。

中学教师李凤娥、远坦然、冯秀英等自学考试毕业生用其所学、潜心治教、成绩卓著，被评聘为中学高级教师。杨克难学有所成、教书育人，一个普普通通的中学教师在天铁成为家喻户晓、妇孺皆知的人物，家长为自己的孩子能在杨老师的班里就读而夸耀，学生为自己能得到杨老师的亲自指导而自豪，优异的教育教学水平使得他数十次获得奖励，1983年他成为天津铁厂第一位全国优秀教师。

在人才济济的厂办学校里，担任校长的是自学考试毕业生。如今，全厂已有数十名自考毕业生走上了科长、处长的领导岗位，他们好学上进，多数人已成为专业通、业务精、善管理的现代企业领导人。

大山深处的自考人已不满足于他们已经取得的成绩，他们知道学无止境、奋斗将没有穷期，因而在不断地向更高的目标冲击。

1988年，英语专业毕业的我是天津市自学考试英语专业最早的本科毕业生，毕业后，我走上了学校的教学领导岗位。工作任务重了，但我仍一边搞管理，一边继续坚持专业自修。1991年，我被派到内蒙古参加中国国际教育交流协会和美国英语协会合办的文化交流项目学习，在来自全国各地150余名学员参加的长达两个多小时的严格考试中，我以唯一一个超过90分的好成绩赢得了美国领队Jacobson博士和随行的十余位美国教师的高度评价。当人们得知我是一位没有进过大学门的自考毕业生时都颇为惊讶，美国教师连连称赞"中国自学考试，OK"。作为自考毕业生，我积极承担厂内外英文翻译任务。几年来，我利用业余时间为企业和个人翻译各种资料近二十万字，经我手翻译的医学论文在国际医学研讨会得以交流；我把自己学习和工作中的所思所想所做所得加以总结，撰写了近七万字各类体裁的文章在《天津教育》《天津教研》《天津教育报》《招生考试导报》《自学考试报》《成人教育报》《考试报》等十余家报刊上发表，并获得天津市教研教改成果奖和国家改革建议奖，1994年我登上了人民大会堂的领奖台。

确实，自学考试是一种历练。自学考试能给人感悟。自学考试也有很多故事。

1984—1988年，我参加天津市高等教育自学考试英语专科、本科考试。英语专业课程有近二十门：基础英语、哲学、政治经济学、听说、语法、翻译、中共党史、泛读（专科）、大学语文；阅读与写作、语音学（选考）、词汇学（选考）、美国文学及作品选读（选考）、英国文学及作品选读（选考）、翻译、日语、教育学（选考）、心理学（选考）。我们学习没有人辅导，那完全是自学。困难吗？困难！可别人的困难比我多。

1984年，我遇上了足以影响我一生的一件事。

那一年12月的一个上午，天津外国语学院电教大楼语言实验室内，三百多名自学考生在静静地等候英语听说课程的考试。坐在他们中间，我很是为自己鸣不平，因为我的单位在太行山区，来天津考试往返要一千公里，这样的学习条件恐怕绝无仅有。然而，我完全错了。开考前10分钟，一位汗流满面的姑娘由一位女士从轮椅上扶起，让人背着走进了考场。听说那姑娘是自己摇轮椅赶了十几里路来参加考试的，望着她，我沉默了，开始为自己的想法感到汗颜。一个四肢健全的五尺汉子，竟不如一位病残的弱女子！此时，我知道了意志对于人的真正含义。

自此我也知道了她叫赵永琢。她那种不向命运低头、乐观对待人生的精神一直印在我的脑海里。

说来也巧，那次听说课考试，由于我过分紧张，准备欠佳，最终以4分之差未获通过。这可是我个人考试史上第一次遭到的败绩啊！这次挫折对于我可说是一次不大不小的考验。一想到那一千公里路程，我真想就此退却。可一想到那位残疾学友坚强不屈的身影，我又一次感到惭愧不已。于是，1985年我又义无反顾地踏上了北赴天津的火车，并最终通过了听说课考试。

就是这样，我悄悄地把一位并不熟识的学友当作自己的榜样。在这榜样的激励下，我能够在学习和工作中勇攀高峰，奋斗不止。① 这种奋斗让我陶醉，让我激情迸发！

1985年我专科毕业时，受邀参加在天津科学会堂举行的毕业典礼。毕业典礼由天津市自考办组织，国家教委副主任杨海波参加会议，天津市委书记李瑞环参加会议并做了热情洋溢的讲话。

李瑞环同志在讲话中对天津市首批500多位在“没有围墙的大学”里毕业的自考毕业生表示热烈祝贺。他勉励毕业生们在未来的工作中用其所学，回报社会。

---

① 陈自鹏. 身影 [N]. 中国教育报，1998-02-13.

杨海波副主任在讲话中充分肯定了天津市自学考试所取得的成绩，充分肯定了天津市自学考生自强不息的精神，并对自学毕业生应该享受的待遇做了解释。

毕业典礼上获得表彰的还有各个专业考试成绩前三名的毕业生。令人惊讶的是，英语专业考试成绩第一的竟是一位护士姐姐。我的成绩差1分进入前三名，但我真的为获奖的考生而高兴。看到他们从李瑞环、杨海波等领导手中接过奖品时，我的心里也在为自己鼓劲、加油：自鹏，努力！

获得前三名的毕业生还获得了到天津外国语学院插班本科学习的机会，考生们振奋不已！据后来媒体追踪报道，那几位考生在外院学习时个个成绩名列前茅，大家无不为自学考试制度和质量而叹服。

1997年，我38岁。早在几年前，我曾经向公司人事处的领导提出要去考硕士研究生。领导说："现在教师结构缺员，外语教师不够用。你刚刚被提拔为高中校教务主任，正是用人之际，好好干吧！至于想学习，还可以自学嘛。"

看来叫了自鹏这个名字，就只好靠自学鹏飞喽。也是天无绝人之路。一天，我忽然接到市里一位编辑朋友的电话，她告诉我："天津师范大学硕士课程班招生啦，你报考正合适。"又可以学习了！我当时欣喜若狂，赶紧请假来到天津师范大学报了名。

天津师范大学在校内开办的第一个课程与教学论硕士课程班面向全市招生，各区县推荐有实践经验的具有学士学位的管理干部和教师参加。因为是第一个班，学校非常重视，还组织了资格审查，并在校内组织了入学面试。

面试我的是甄德山教授。他给我出的题目是：请用最简洁的语言概括你的教学艺术。

我教了17年书还真没有考虑过这个问题，因此胡乱编了几句话就交给了老师。甄老师看了看，然后看了看我的资料，他笑呵呵地说："你的条件还不错，发表了这么多东西，干脆考我的脱产研究生吧！"

我皱了皱眉："好是好，可单位离不开，上有老下有小，家里还指着我生活啊！"

甄老师没有勉强，说那好吧，在职读也一样的。

开学了。我第一次真正坐到了有围墙的大学课堂里，不禁心潮澎湃，感慨万千：我可以真正圆我的校园读书梦了！

课程班开设了教学论研究、校长工作问题研究、心理咨询、学习理论、心理学专题、教学问题研究、教学方法与技巧、教学思想史、班主任工作研究、教育统计、教育测量与评价、中学教育理论与实际、课程论研究，还安排了部分专题讲座。

授课的老师很棒。教我们课的有天津师范大学教育科学学院院长高恒利先生。教学论研究和教学方法与技巧两门课都由他主讲。他讲课一板一眼、有条不紊，不但课讲得好，作为师长，他很注意自己的言行表率。他上课时强调，作为教师，要以身作则，要范正他人。一次上课时，他从口袋里掏出一块叠得方方正正、整整齐齐的手帕。他说："同学们，有位教育家说过，作为教师，如果你从口袋里掏出来的手帕是胡乱叠放的，那么你就失去了做教师的资格！"高先生幽默、豪爽，有着特殊的人格魅力。我们这些老大不小的学员总是愿意围在他的周围向他讨教问题。高先生也总是不急不躁，侃侃而谈，我们从中得益很多。

后来才知道，高先生有着非常坎坷的人生经历。他的父亲高维荣"文化大革命"前是天津市著名的纺织专家，曾经多次被国家领导人接见。"文化大革命"开始后，他的父亲受到了批判，并被关进了牛棚。高先生当时已在天津七中毕业，由于家庭出身的原因，不能参加任何一派的活动，异常苦闷之际，突然接到通知，于 1968 年 8 月 31 日告别了故乡天津和危难之中的父母，坐着知青列车奔向了北大荒。几年后，他悄悄回到天津探亲，戴着狗皮帽子，胡子老长，挂着寒霜，他心里一阵阵难受：对不起自己的爹娘啊。知青返城时，他回到了魂牵梦绕的天津。起初他的工作并不如意，几乎成了无所事事的流浪汉。这时，一位热心的姐姐看中了他，收留了他，以后他们结为夫妻。后来恢复高考，他以非常优异的成绩考入天津师范学院中文系，师从我国著名小学语文教育家田本娜先生，留校任教，成为知名教授，为我国语文教学论研究做出了突出贡献。所以同校的教授开玩笑说：“康大姐收留了一个没人要的流浪汉，没想到这流浪汉后来弄了个知名教授干！”

高先生在一篇博文中回忆自己的工作时写道：

我曾为万余名年轻人上过课/还被授予市级“教学楷模”/指导了数十名硕士研究生/出版了五部学术专著/发表了百余篇学术文章/出席了国内外学术会议/足迹印在了祖国的南北东西/从新疆的阿勒泰/到宝岛的台中/从北纬18度的三亚/到白雪北国的兴安岭/心系华夏大地，情融祖国山河血脉之中/陶冶了性情，沉淀了情思。

高先生好性情，好人缘，好人品，令我们敬佩不已。

甄德山先生是天津师范大学的知名教授。他为我们开了校长工作问题研究、教学问题研究、中学教育理论与实际、课程论研究四门课程，还做了很多次专题讲座。他个性突出，才思敏捷，研究深入，观点独到。作为我的导师，他对我的影响最大，他也是对这个课程班贡献最大的教授之一。

甄先生的讲课方式方法有别于其他教师。他采取启发式、讨论式教学法，因为这适合于有一定教学和管理经验的学员们。

甄先生治学非常严谨。作为课程班的召集人，他对学员们的学习要求非常严格，我们的课程考试都是严格的闭卷考试，考试时每张书桌桌斗都是朝前的，这是研究生层次的考试不常见的。

甄先生为人直率，说话不留情面。记得我的硕士论文中有个字打错了，先生毫不客气地给指出来，并且写上这么一句话：“你怎么还写错别字?”这让我觉得很不好意思。

阴国恩教授、王学兰教授、王惠来教授、张琦教授、梁宝勇教授、白学军博士等都给我们授过课。他们清晰的讲授、透彻的解读、精湛的教学艺术给我们留下了深刻的印象。

班里的同学很珍惜这次学习机会，加上学校考勤严格、考试严格，我们学到了很多以前没有接触过的教育教学理论。

我对教育诸多问题的思考也是从这里开始的。

上了硕士课程班，我进入了一个我非常感兴趣的教育学领域。

甄先生讲学校管理时说，学校管理就是抓组织、关心人。这句话对我启发很大。作为教育管理干部，要抓组织，有层级，明责任，此外还应关心人，爱护人，讲人文。

硕士课程考试结束了。我和一些同学开始备考全国同等学力人员硕士外语水平考试。考试成绩出来，我和聪慧、文静的吕静同学均以较好成绩顺利获得通过。

外语考试通过后，学校安排我们两个做硕士论文，并给我们分别配备了硕士论文指导教师。吕静的指导教师是张琦教授，我的指导教师是甄德山教授。没想到，我的论文开题遇到了阻碍。

我是高中校校长，又是高中英语教师。我想就难点问题即有效教学问题和热点问题即素质教育问题进行探讨，这具有现实意义，也有长远意义。但素质教育在1999年前后还没有在教育界形成广泛共识，特别是一些老先生还有这样或那样的顾虑、疑虑甚至抵触，所以有些先生对我的选题“构建教学整体优化体系　全面推进素质教育”中的“素质教育”提法提出了很多不同意见。对我的选题，有的教授同意，有的明确不同意。

高恒利先生说：“自鹏同学是教育管理干部，他之所以选择难点问题和热点问题作为论题，不只是为取得硕士学位，研究的成果还可以推动单位的工作，甚至可以在更大范围内使人们得到借鉴，我们还是让他试试，不行还可以调整嘛。”高先生给我解了围。于是，我就开始查资料，对巴班斯基最优化理论，对素质教育理论进行了一年多的初步研究，几经修改，硕士论文获得一致通过。

五年后报考博士时，我见到了答辩委员会主席赵树铎研究员对我的硕士论文的评阅意见复印件：

研究生陈自鹏学位论文的选题具有理论意义和实践价值。能广泛、充分、系统地占有资料，同时对教育教学实际有深入了解，更重要的是有自己的实验研究；对学者名家的论点有剖析，能大胆取舍；这些标志着研究生既有坚实的基础理论知识功底，又具备了基本的研究方法和技能，因而能对论题提出新的见解，具有一定的创造性，如将构建教学整体优化体系作为全面推进素质教育的关键，又如对教学要素之间整合优化的思考，在《中国著名特级教师教学思想录》的“结合点”论和吴永军的“合力点”论的基础上，提出了自己的见解，具有一定的创意。研究生具有较好的综合写作能力，论文结构完整，语言较流畅。

甄德山先生对我的研究付出了很多心血，并且对我的同学说，自鹏脑子里有想法，有创意。

我想起近代文学家王国维的读书三境界。王国维在《人间词话》中说：“古今之成大事业、大学问者，必经过三种之境界：‘昨夜西风凋碧树。独上高楼，望尽天涯路’。此第一境也。‘衣带渐宽终不悔，为伊消得人憔悴’。此第二境也。‘众里寻他千百度，蓦然回首，那人却在灯火阑珊处’。此第三境也。”我感觉自己似乎已进入到了第二境，读书苦中有乐。

第七节 炳照向前

早在天铁二中做教务主任时，我无意中接触到一本书，这本书竟然把我这个原本对英语有着浓厚兴趣的人深深地吸引了过去。

这本书叫《中国教育史简编》，主编是毛礼锐先生。书是放在前任主任的书橱里的，书皮有些发黄了，似乎好久没人看过了。我翻了翻，发现里面记述的中国古代的学校教育、书院教育和科举制度是我所不熟悉的。于是，我一口气读完了这本书。这本书写得很好。我想，作为教师和管理工作者，应该多读一些这样的书。

1997 年入读天津师范大学硕士课程班以后，我买来了王炳照、阎国华二位先生主编的《中国教育思想通史》（1—8 卷），并花费了相当长的时间通读了一遍，还简要地做了读书笔记。这时，我才知道毛礼锐先生是中国教育史学界的泰斗。王炳照先生则是毛先生的学生，是我国著名的教育史学家。

读过了8本书，我幻想着将来有一天能够见一见王炳照先生，向先生讨教几个萦绕在脑海里一直困惑着我的问题，以得到先生的一番教导。我想，倘若如此，此生足矣！

没想到，7年后我真的来到了北京师范大学，见到了我非常仰慕的王炳照先生。

有一天，我就读的博士课程班安排有王炳照先生以“教育及其现代化”为题的讲座。作为大家，先生讲得深入浅出，幽默风趣，我们听得入脑、入迷、入神。他虽然已年逾古稀，却精神抖擞，态度认真，一丝不苟，由此，我对先生陡生敬意。

下课了，我看到站在楼道里的先生一边悠闲地抽着烟，一边与我们班的学员交谈着。先生谈笑风生，毫无倦意。我也凑了过去，自我介绍一番，问了几个问题，并询问将来若有问题向先生请教如何联系等。先生作为知名教授，很高兴地告诉了我他的联系方式。这让我很意外，也很感动！

谁会料到，就是因了这份感动，我便萌生了做先生学生的想法。但是谈何容易？我知道很多学教育的学生都把考北京师范大学的博士视为畏途。但是生性不服输的我这时突然来了精神，来了动力，来了干劲。

我买来王道俊、王汉澜先生主编的《教育学》，王策三先生的《教学论稿》，李秉德先生主编的《教学论》，王炳照等先生的《简明中国教育史》，黄济先生的《教育哲学通论》，以及相关的论著，借来《教育研究》等核心期刊，废寝忘食，挑灯苦读，短短的8个月时间，我做了30万字的读书笔记。我真的感到这一阶段是自己做教师以来教育知识积累最多，理论水平提高最快的一个时期。

2005年桃花盛开的阳春三月，我来到北京师范大学参加博士入学考试。

赶到北京后，我想在北京师范大学周围找个合适的旅馆住下，可学校里的招待所住满了，学校周围的旅馆也住满了。我知道来考博士的人都是硕士，看到校园里人头攒动，旅馆客房间间不空，我对一爱开玩笑的朋友说："中国怎么这么多硕士啊?"他哈哈一笑："那得分地方，你要是到我们老家地里找，恐怕一个也找不到!"哈哈，我也乐了。可他的这句话给我增加了不少压力，来这里参加博士考试的人个个身手不凡呢。带着压力我来到考场上。

英语一科应该是我的强项，但北京师范大学的博士英语考试与其他大学却有不同。一是主观题多，二是题量较大。我是学英语出身的，可以说各类英语考试题差不多都见过，但这种题还是不适应，不过基础好，最终是顺利过了关。

教育学是北京师范大学比较难考的一科，很多考生认为自己这一科学得很好，但真正考下来，败北的不少。2005 年北京师范大学博士入学考试教育学科目有三道大题：

1. 试论我国教育改革中存在的问题并给出对策。

2. 试论大众主义与精英主义。

3. 试论传统德育观。

看到第 1 题后，我想起王策三先生和钟启泉先生的学术之争，有了论题的角度。第 2 题遇到了难处，因为不知起源，不知代表人物是谁，但我从高等教育大众化找到了论题的角度。第 3 题我从孔孟为代表的德育论入手进行讨论。教育学考试顺利通过。

中国教育史一科是专业课，我在硕士阶段学的虽然不是史学专业，但由于在这一科上花费了不少时间复习，尽管题目出乎我的意料，答起来还是比较得心应手。2005 年北京师范大学中国教育史一科也是三道大题：

1. 谈人性论及其意义。

2. 谈人才观。

3. 谈壬戌学制。

第1题人性论我按照零分法、一分法、二分法、三分法论述，并指出善、恶、善恶混在教育中的意义是保持善端，转恶为善，抑恶扬善，答得得心应手；第2题人才观我分别以德为主线，以才为主线，以德才兼备为主线加以论述，答完自觉满意。第3题是个客观题，我答出了背景、特点、意义、缺陷，算是完成任务了。

复试随后举行，一切顺利。

过五关斩六将，我最终赢得了北京师范大学的博士入场券，欢欢喜喜地来到王炳照先生门下做了博士生。

入学以后，我对王炳照先生有了更多的了解，不禁肃然起敬。

王炳照先生系我国著名教育史学家，他1934年12月15日出生于河北省景县一个贫苦农民家庭。1941年进入带有私塾性质的小学接受启蒙教育。1947年进入河北省冀县中学读书，毕业后考入河北省保定财经学校。1955年2月在石家庄市地方国营棉织厂做会计出纳工作。同年9月，他考入北京俄语学院一部师范翻译系（1959年并入北京外国语学院）。1957年，因中苏关系恶化，俄语人才过剩，学院动员转学，他积极响应号召，转学至北京师范大学教育系学校教育专业，从此进入可称之为其毕生事业的教育学领域。1961年本科毕业后，他被保送到北京师范大学教育系第一届中国教育史研究生班学习，师从陈元晖、毛礼锐、陈景磐等老一辈教育史学家，正式跨入中国教育史学研究领域。1965年研究生班毕业留校工作。他曾担任北京师范大学教育与心理科学学院院长、第三届和第四届国务院学位委员会学科评议组成员、中国教育学会学术委员、中国教育学会教育史专业委员会副理事长、中国出版政府奖评审委员会成员、全国教育科学规划教育史学科组组长等职，被清华大学、浙江大学、华东师范大学、国家教育行政学院、河南大学、山西师范大学、河北师范大学、浙江师范大学、华南师范大学、湖南师范大学、江西师范大学、河南师范大学等十余所高校聘为兼职教授。他十分重视国内外学术交流和实地考察，其足迹遍及英国、美国、日本、韩国、新加坡、新西兰、瑞典、以色列等国，以及我国台湾、香港、西藏、甘肃、内蒙古、新疆、青海、宁夏等地。

后来和王先生在一起的时间长了，我才更真切地感受到这一生能够做王先生的学生确实是一种幸运，一种快乐，一种幸福。王先生的豁达、大度、宽容、善良、勤奋、智慧，让我受益终生。

先生的豁达。先生跟我说，“文化大革命”时期他由于家庭出身较好，运动初期保护了很多老先生。后来他也进了牛棚，而且被关了整整一年时间。对于这段经历，他谈得很少，谈时轻描淡写，少有愤慨。先生原本是学俄语的，被关进牛棚以后，把一本俄文字典硬是翻译了一遍，从牛棚里出来后，俄文水平提高了一大截儿。先生的豁达不仅使得他度过了当时的政治危机，也使他后来能够身心愉快地投入到教育史学的研究当中，并在这个领域内做出了不朽的学术贡献。所以，豁达使人顺时警醒，逆时超脱从容。

先生的大度。《北京日报》曾报道过王先生的事迹，说有一次先生组织一个全国学术会议，他早早来到会场，接待的第一位到会者是来自外地的年轻教师。那位年轻教师认定先生就是大会服务人员，于是开始抱怨路途劳累。先生笑眯眯地听他发着牢骚，又给年轻人端来一杯水。会议开始了，年轻人一看大会主席竟是刚才为自己服务的那位老人，而且这老人就是他自己非常仰慕的王炳照先生！先生的大家风范，让我们这些做学生的确有“仰之弥高，钻之弥坚”之感。跟着先生做研究，除了学术上的收获，我们更多的是感受到了先生那种对人对社会的大度和雅量。

先生的宽容。我们这些做弟子的，时刻能够感到先生的威严，但又时刻能够感受到先生的宽宏、慈祥。先生门下的学生来自五湖四海，性格各异。有的内敛，有的豪放，有的木讷，有的调皮，有的刻苦，有的聪慧。我观察发现师门同学在先生那里都能无拘无束地谈自己的理想、自己的打算、自己的思路、自己的创见、自己的快乐、自己的烦恼。先生不急不躁，倾心静听，常常给予鼓励，给予建议，给予支持，给予引导，给予教导，给予疏导。先生既是经师，又是人师。先生的宽容是一种对人性的理解，也是一种对后生晚辈的大爱。舍此，教育也就失去了本然的意义。

先生的善良。我想，古代教育家把止于至善看作教育的最高准则和最终目的是有道理的。有了善，一个人才能毫不利己，专门利人；才不至于违法乱纪，坑蒙拐骗，杀人越货，作奸犯科。善使政治得人心，经济得发展，文化得繁荣。我想，我们教育出来的孩子如果不关心社会疾苦，不能主动亲近民众，不能为百姓造福，他们就是学富五车，才高八斗，又有何用？教师有善言善行，学生才会言善行善。教师是人类灵魂的工程师，应该成为学生的表率。先生作为知名大学的知名教授，能够体恤民众，特别是非常关心农村孩子的教育问题。他多次在文章或访谈中呼吁要注意农村“普九”中存在的问题，他直书敢言，忧国忧民，令我们这些后学汗颜！他甚至对于上门做家政的人都会特别照顾，每次都是多给一些钱聊以贴补并示谢意。先生的善言善行是我们后生永远应该学习的。

先生的勤奋。我想，老先生们之所以能够成才成家与他们的勤奋和努力是分不开的。我记得我在北京师范大学读书时，每次在学校一打电话，不论是节假日，还是星期天，早上8点至晚上7点，王炳照先生一准是在办公室里读书、看论文。我们都钦佩先生的学识，佩服先生的记忆力，可先生总是谦虚地说，其实人与人没有那么大的差距。他的意思是人和人有差距，但这个差距没有大到教育和学习不起作用的地步！勤能补拙，勤能成事，勤能成就事业，勤能成就伟业。做教师的懂得这个道理，并把这个道理传给学生，会使他们受益终生。我时常想，做个勤奋的教师，带一批勤奋的学生，也是人生的一大乐趣。

先生的智慧。先生认为，博士生的教育应该有别于大学本科教育，甚至与硕士阶段的教育也有所不同，应该重在自己的学习，自己的思考，自己的提炼，自己的创见，自己的提升。他的硕士导师是教育史学大家陈元晖先生，他说陈先生带他们读硕士时，总是让他们自己随便读，随便看。但有个要求，就是弟子们每读完一本书必须要向老师汇报，而且要求必须在几分钟内概要介绍这本书的主要内容。他们这些弟子们口头汇报时都是战战兢兢，大汗淋漓的。正是这样，先生说这段时间他读了大量的教育类书籍，这种独特的教育方法也为他日后做研究奠定了坚实的基础。受陈元晖先生的影响，先生带我们做研究时，也是尊重我们自己的选择，我们自己的兴趣，我们自己的计划，我们自己的范式，我们自己的观点。我没有见到先生训斥过、指责过、讽刺过、挖苦过哪个学生，就算对我这个原本教育学领域的门外汉，先生也是褒奖有加的。先生修改我的论文时，除在谋篇布局给出我详细的建议外，对论文初稿也是字字斟酌，句句推敲，改过的字句达数十处之多。先生是在用教育智慧点化、激励我这个冥顽难化的弟子啊！

学术大师，人生导师，王炳照先生当之无愧！

第八节　心得数言

读书多年，我心得体会有不少，有的刻骨铭心，有的影响终生。

我回想当年参加英语自学考试时，本科考试除了日语科之外，阅读与写作、英国文学史与作品选读都不好学。阅读与写作规定要学的书有十余本之多，有许国璋、余大缊、徐燕谋分别主编的《英语》1—8册，有张汉熙主编的《高级英语》（上、下册），还有丁望道主编的《英语写作手册》，一本《英语散文选读》和一本原版的 *From Paragraph to Essay*，尤其是《高级英语》，难！英国文学史及其作品选读有十本书，包括陈嘉著的《英国文学史》（1—4册）及其《英国文学作品选读》（1—3册），还有杨岂深、孙铢主编的《英国文学选读》，每本书都是大部头，册册像砖头，又都是原著，更难！

说实话，我那时真想缴枪投降。可是两个特殊的人鼓舞我度过了这段时光。一个是自强不息的张海迪，另一个是终身学习的石一新。后来他们再次被媒体关注时，我在一家报纸上分别以《力从何来》和《有感于八十岁的大学生》为题记述了这两个对我产生影响的人物。

《力从何来》节录如下：

身残志坚、自学成才的张海迪在20世纪80年代初就已经家喻户晓、妇孺皆知了。在我国前不久举办的第六届“远南”运动会上，她是报名参加残疾人SH3级气手枪比赛的第一位选手，也是唯一的选手——因为过度残疾，没有其他人报名参赛，海迪竟没有竞争对手！没有对手，没有金牌，但海迪的执着、海迪的勇气、海迪的坚强意志，早已为她自己铸就了一块光彩夺目的奖牌。

自胸部以下高位截瘫达34年之久的张海迪，在病痛的折磨之中，以惊人的毅力，靠自学学习了医学知识，为数以千计的患者解除了病痛，发奋苦读、攻克了四门外语；笔耕不辍，写作和翻译了几百万字的作品；完成了硕士课程；经过几个月的刻苦训练，又毅然来到国际体育比赛场上……一位严重残疾的人何以能够做出如此千人赞叹、万人敬仰的业绩？她的力量从何而来？

力从何来？其实从海迪的言谈之中便不难找到答案。海迪曾不止一次说过：“人生活的意义在于奉献。”短短一句话包含了海迪对人生真谛的深刻理解。海迪的人生态度和成功给了我们许多启示。

首先，直面人生，做生活的强者。人生好似行船。弱者驾驭，即使风平浪静，也有涉不完的险，强者掌舵，没有闯不过的滩。海迪是强者，面对厄运，她不消极遁世，不怨天尤人，挺起胸、昂起头，在人生的坎坷和不平之中不停地搏击着、奋斗着。

其次，笑对人生，做生活的智者。人生是宇宙万象，愚者的视线只会触及阴云虚幻，而在智者的眼中，处处都有星光灿烂。人的一生往往是顺逆交替、悲喜相伴，而在海迪的一生中却有太多的磨难。面对磨难，海迪谈笑风生，乐观向上，她用辉煌的业绩丰富和升华了自己的人生。

最后，挑战人生，做生活的勇者。人生又如攀登险山，懦者却步、举足维艰，勇者无惧、披荆斩棘、步步都是胆。海迪志存高远，不断登攀，轮椅声声，奏出一曲曲动人的成功乐章。也正是由于她不断抗争、勇于进取，她的生活才总是那样充实，她的内心世界才总是那样的波澜壮阔。

以海迪为镜，我们便会有取之不尽、用之不竭的动力，任何艰难险阻都会被征服；以海迪为镜，我们应无私为人、勤勉治学、脚踏实地、不断向前。①

《有感于八十岁的大学生》节录如下：

读《中国教育报》，一则报道令我沉思、令我感动：河北省一位耄耋老人石一新70岁报名参加高等教育自学考试，克服重重困难，历经了十个寒暑，终于在80岁高龄时考试通过了自学考试英文专业本科的所有课程，取得了文学学士学位。

这是一位多么坚毅的老人！多么可敬的老人！

石一新老人老当益壮，不安天命，十年破壁，终有所成。他的行动恰好印证了塞缪尔·乌尔曼曾经说过的一段话："年轻，并非人生旅程中一段时光，也并非粉颊红唇和体魄的矫健，它是心灵中的一种状态，是头脑中的一个意念，是理性思维中的创造潜力，是情感活动中的一股勃勃朝气，是人生春色深处的一缕清新。"一位年逾古稀之人，老骥伏枥，志在千里，不达目的，誓不罢休。活得如此充实、如此洒脱、如此富有朝气，实在可敬可叹，也真正令我们当中一些饱食终日、无所用心、遇挫而退、见难不前的后生汗颜。

文凭、学位对于一个八十老翁已没有多少实用价值，因为晋级、涨资、转岗、提干已与其无缘。但难能可贵的是他那种精神，他那种拼搏的精神、奋斗的精神。人们常说，人生活的意义就在于不断地拼搏和奋斗之中。倘若每位国人都能有石一新老人那样的情怀、那样的追求、那样的精神，我们的社会风气何愁不雅正清明。

十年苦读，八十才立，应该画个句号了。但是不，石一新老人又买来一大摞《日语》教材，他说，下一个目标便是这日语。他把一个学习

---

① 陈自鹏. 力从何来［N］. 招生考试导报，1994-10-08.

进程的结束看作是另一个学习进程的开始。生命不息、攀登不止。

"活到老，学到老"，石一新老人给我们以启示，以鼓舞。愿我们的国家多些具有石一新精神的人，愿越来越多的人为中华崛起而努力学习、发愤读书。①

比比张海迪，看看石一新，我觉得自己任重道远。

最终，自学考试中难啃的骨头都啃了下来。

自学实践自然地升华为系统的理论思考，这些思考对后来的学习乃至教学有很大影响。其中，有关自学能力方面的研究对当时和后续的英语教学和学习有着现实的指导意义。《自学能力漫谈》② 一文分七次刊登在《招生考试导报》上。

1. 观察能力

自学过程不仅是知识学习的过程，也是学习能力培养和发展的过程。自学能力的内涵是很丰富的，它主要包括观察能力、阅读能力、思维能力、记忆能力、复习能力、积累能力和应用能力。

观察是人通过感官认识事物的重要途径之一。它是人们获取知识，增长知识的一个重要渠道。人们通过观察，借助感知、比较、分析、综合等手段，能够更好地了解外部世界和事物。可以认为，认识世界始于观察，观察能够使人获取认识对象或研究对象的第一手材料。因此，自学者在学习过程中，应注重培养自己的观察能力。培养观察能力要注意观察的目的性、顺序性、主次性、敏锐性、细致性、全面性、联系性和结论性。

(1) 观察的目的性。人们观察事物有有意观察和无意观察之分。有意观察是指为了一定的目的、任务获取某一方面的信息而对某一事物现象实施的观察行为；无意观察则是指观察者无意识地对某一事物或现象进行的观察，它带有很大的随意性。我们在学习过程中的观察，多是有

① 陈自鹏. 有感于八十岁的大学生［N］. 天铁报，1995-09-29.

② 陈自鹏. 自学能力漫谈［N］. 招生考试导报：自考版，1996-05.

意观察。观察只有目的明确，才能增强针对性，才能取得满意的效果。

(2) 观察的顺序性。事物的存在与发展，知识与知识之间的联系并不是无规律可循的，它应该具有一定的顺序。因而，我们对事物的观察也要遵循一定的规律、按照一定的顺序，由小到大、由近及远、由表及里、由浅入深、有条不紊地进行，忽略了顺序性，也就忽略了事物存在与发展以及知识内部联系的规律，观察的结果就会杂乱无章、不得要领。

(3) 观察的主次性。事物有大有小、有主有次，有的硕大无朋，有的微不足道，这就要求我们观察时应有清醒的头脑。要做到大小有别、主次分明，否则，主次颠倒，不但达不到观察的预期目的，结果还会失之客观。

(4) 观察的敏锐性。事物的存在与发展有其自身的表现形式，有的变化极慢、有的却瞬息万变。因而，观察事物要敏捷、准确，要不断提高舍末求本、善抓关键的能力。

(5) 观察的细致性。世上的事物千差万别，观察时忽略任一细小的过程或环节，都会使观察达不到预期的效果，因此，观察忌粗心大意、马虎从事，应细致缜密、毫末不放。

(6) 观察的全面性。事物的存在与发展是以矛盾存在为前提的，任何事物的存在与发展所依据的矛盾中又有主要矛盾和次要矛盾。因而根据这一特点，观察应力戒片面，观察既要抓住主要矛盾，又要抓住次要矛盾，对知识体系应总体把握、全面分析、透彻理解。

(7) 观察的联系性。事物不仅是在发展着的，而且也处在普遍联系之中，事物与事物之间、事物的发展阶段与阶段之间、过程与过程之间、环节与环节之间、步骤与步骤之间、成因与结果之间都有着一定的必然的联系，因而应充分利用思维手段，找出本质规律。

(8) 观察的结论性。观察是为了了解、分析事物，找出规律，这是观察的起点，也是归宿。但是，有时观察所得出的结果并非观察的正确结论，对于观察得到的结果持有疑问，就需要重新进行分析和验证，要学会去粗存精、去伪存真，必要时，可再行观察、再行分析，直到取得正确的符合实际的结论。

2. 阅读能力

自学者获取知识的主要途径是阅读，提高阅读能力是每位自学者必须注意、不能回避的问题。

阅读能力主要是指阅读理解能力，即对文字材料的认识能力。它包括一个人接受文字信息的能力（如单位时间内所能接受的信息数量和质量等），释析信息的能力和对信息做出正确判断处理的能力。一个人接受信息、释析信息、处理信息的能力是与其知识基础、思维能力密切相关的。因此，提高阅读理解能力需要阅读者不断扩充知识，提高思维能力，自学者应力求做到如下几点。

（1）博。即博览群书。对于某个学科知识的掌握，不仅需要本学科的知识，还需要相近或相邻学科的知识，因此，博览群书、广泛涉猎，为本专业学习多一些知识储备、铺垫和补充是十分重要的，也是十分必要的。

（2）全。即注意全面、系统地阅读，在阅读一本书前要浏览全书目录，首先，对全书的基本内容做到心中有数。其次，在读的过程中要力求系统，不能只鳞片爪，孤立地、片面地感知书本知识。最后，当读完一本书时，还要根据目录，检查一下书中所述是否已全面理解和把握。

（3）巧。即应掌握阅读的技巧，做到巧读。巧读应研究和掌握阅读方法，以期不断提高阅读的效率。对于阅读方法，古今中外不少学者、名家都有阐述。比如，我国南宋著名教育家朱熹就曾提出读书要“循序渐进、熟读精思、虚心涵泳、切己体察、着紧用力、居敬持志”。这些方法被称为读书六法，很值得我们学习和借鉴。

（4）熟。即熟读。“书读百遍，其义自见”。熟能生巧，一本书若只阅读一遍，难以深得要领，因此，书需要反复地阅读，反复地推敲，只有经过不断反复，才会瓜熟蒂落、水到渠成。

（5）慎。即慎读。首先，选取读本要慎重，要符合自己的认知水平和专业目标要求；其次，读书要审慎质疑，对于书中尚未阐述出来或阐述不全以及阐述尚不明白的问题，应结合自己的知识体验加以认真研究，并逐步提高自己的质疑、释疑水平。

(6) 快。即阅读要讲求速度和效度。读书过程中，要注意速读理解能力的培养，逐步提高单位时间内理解知识、获取知识信息的能力。培养速读能力，一是要注意加强阅读的计划性；二是要注意及时检查阅读的实效；三是要根据检查反馈，及时调整阅读的策略，采取新的行之有效的阅读方法，提高阅读效果。

(7) 准。即对所读内容特别是对阅读材料中应该掌握的内容抓得准。阅读的关键是要能够抓住重点，理解材料中前后文以及相关内容之间的联系，重点抓得住，抓得准，搞清了各种联系，阅读的效益才会得以提高。如果抓不住重点，即使读过书，各种联系在头脑中也仍是一团乱麻，理不出个头绪，就达不到阅读的目的。

(8) 深。即精深。一方面，忌不求甚解。阅读过程中应做到深挖细凿、精益求精，不但要理解学习材料中知识与知识之间、事物与事物之间的表面联系，还要理解它们之间的深层联系；另一方面，要做到读思结合，一边读、一边进行思考，通过概括、归纳、总结，使知识得到深化和升华。

3. 思维能力

高士其先生在 1984 年全国思维科学讨论会上说："科学的发展史，也是一部思维的发展史。"由此可见思维之重要。那么，什么是思维呢?

我国记忆研究专家王维在其《快速记忆》一书中指出："思维是人脑对感知觉所提供的材料进行去粗取精、去伪存真、由此及彼、由表及里的加工，从而间接地概括地反映事物的过程。"

培养思维能力对每位自学者特别重要，因为学习离不开思维，没有思维就谈不上学习。学习不仅要掌握知识、技能，更重要的是要掌握思维方法，培养思维能力，只有培养思维能力，才能提高学习质量和学习水平。

首先，加强感性认识，为培养思维能力打下坚实的基础。人的理性思维要依赖感性思维，没有感知，没有感性认识，就难以建立理性思维。因而，充分感知、强化感性认识十分必要，一般说来，增强感性认识要通过观察和阅读来实现。

其次，掌握思维方法，提高思维效果。提高思维能力的关键是要掌握思维方法，思维的具体方法有很多，如分析与综合、比较与归类、抽象与概括、系统化与具体化等。

再次，抓住思维特点，发展各种思维。思维具有很多特点，如广阔性、形象性、深刻性、独创性、批判性、灵活性、敏捷性、逻辑性、突发性等。自学者应根据思维特点，在学习过程中努力培养自己的形象思维、抽象思维、辩证思维、逆向思维、发散思维、创造思维、逻辑思维和灵感思维等多方面的能力。

最后，锤炼语言，提高口、笔头表述能力。词语是人的思维活动的载体和媒介，没有语言，也就不可能有概念，思维也会枯竭。因此，要提高思维能力，必须下大力气，利用一切可以利用的机会和条件，锤炼自己的语言，提高口头表达能力和书面表述能力。

4. 记忆能力

记忆是人类心理活动的复杂现象之一，是人类认识客观世界，积累各种知识的必要手段。记忆在学习过程中占有特别突出、十分重要的地位，没有记忆的学习是不可想象的。培养、提高记忆能力的途径有很多，具体提供以下几条。

(1) 掌握记忆规律。心理学研究表明，学习过的材料的遗忘过程先快后慢，因此知识在记忆犹新时应注意复习和巩固，以克服遗忘；先学习的材料对识记和回忆后学习的材料有干扰，后学习的材料对保持和回忆先学习的材料也有干扰。为了克服上述抑制作用，要使自己前后邻接的学习活动在内容方面尽量不同，并使中间保持一定的时间间隔，在学习同种材料时要注意材料的内在联系，以利记忆的保持。此外，还要抓住有意记忆，利用无意记忆，注重短时记忆，促进长时记忆，以提高记忆的效果。

(2) 研究记忆方法。记忆的方法有很多，如联系记忆法、想象记忆法、对照记忆法、趣味记忆法、机械记忆法、理解记忆法、整理记忆法、特征记忆法、外扩记忆法、复习记忆法、提示记忆法、循序记忆法、逐进记忆法、推理记忆法、情境记忆法、浓缩记忆法、重点记忆法、口诀记忆法、图文记忆法、图表记忆法、综合记忆法等。要根据记忆材料的内容、类型、性质和学习者原有的知识水平来确定记忆方法，并注意不断改进方法，提高记忆的效率。

(3) 积极锻炼记忆。实践表明，锻炼能使人的记忆能力得以改进和提高。锻炼记忆能力要注意明确记忆目的、记忆目标和记忆任务，端正记忆态度，保持记忆锐度。

(4) 加强基础。扎实的基础知识有助于改进和提高记忆能力。因为，扎实的基础知识能使学习者“站得高、看得远”，能改进学习者的理解能力，能提高学习者分析问题、解决问题的能力。这样，记忆过程中障碍物减少，参照物增多，记忆水平和质量就能够大大地得到提高。

(5) 扬长避短。由于学习者的知识基础不同，生活体验不同，心理活动、个性特征各异，他们的记忆水平不可能处于同一能级水平上，有的记忆能力强一些，有的记忆能力差一些；有的某一方面的记忆能力强，但另一方面的记忆能力差。因此，要提高记忆质量，需要做到长善救失，应该注意发挥优势，克服劣势。

5. 复习能力

复习是学习过程中的一个重要环节，“温故而知新”。学习中应该重视复习，以提高学习质量。一般说来，复习的作用有四点。一是整理知识。即通过复习能够使知识系统化、网络化、整体化。二是巩固知识。三是增强熟练。许多在初学过程中已经掌握了的基本技能，通过复习能够变得更加熟练。四是查漏补缺。在初学过程中，某些基础知识和基本技能掌握得不太扎实、不太全面，通过复习能够得到补救。因此，复习能够使已经建立起来或初步建立起来的知识、技能体系更趋完善。

复习能力的高低，也是学习成败的一个十分重要的因素。为提高复习能力，学习者应注意做到如下几点。

(1) 认真读书。复习成效大多取决于读书的质量。读书的质量高，知识、技能掌握得比较扎实，复习时就省时省力。如果读书时马马虎虎、浮光掠影、不求甚解，复习时就不得不再煮夹生饭，不但浪费时间和精力，而且复习的效果也多半没有保证。

(2) 及时温习。复习应随时进行，一边学习，一边复习。及时复习已经学过的知识可以克服由于遗忘而造成的损失，避免不必要的重复劳动，节省时间和精力，并为掌握新知识、新技能做好准备。

(3) 学会思考。思考是提高复习效果的关键，没有思考，知识不经归纳、整理，仍是一盘散沙，学习者只见树木、不见森林，就难以达到系统掌握知识、发展技能的目的。

(4) 抓住重点。复习时，对于已经学过的内容，不能平均使用力量，对于那些已经熟知的知识可以投入少量的时间和精力，给予适当的巩固，但主要力量应放在那些难以理解、难以掌握的知识上，抓住关键、解疑释疑、突破难点，一遍不行，再来一遍，直到完全弄懂、弄通、弄透为止。

(5) 整合为一。如上所述，复习的目的之一是整理知识。知识本身原本是一个完整的、有着内在联系的系统体，通过复习应该把零散的、支离破碎的、看似没有联系但实质上确有联系的知识综合在一起。为此，应恰当地运用各种思维方法和手段，科学地、合理地建立起一个符合自己认知水平和事物规律的知识体系框架，并注意不断充实和完善。

(6) 举一反三。学习的目的不仅在于学习知识，而且在于学习如何掌握知识，如何使知识得到正确的迁移和变化。因此，在复习过程中要注意对知识进行全面复习，同时要掌握方法，注意培养自己举一反三的能力。通过复习应该达到知己知彼、触类旁通的目的，为此，一要做到学思结合，切实使知识得到深化、升华；二要做到学练结合，在练中巩固、在练中提高。

6. 积累能力

学习是一个复杂的心理活动过程。学习者要掌握知识、发展技能，便离不开积累。因此，积累能力的高低也是衡量学习者学习水平和学习质量高低的一个重要标志。

知识的内化要靠知识的外化即外部积累来完成。所谓内化，指的是对知识的完全掌握和精通，它是知识积累过程的出发点和归宿；而外化则是借助于感官和某些学习手段，感知知识，它是知识内化的必由之路，是知识内化的预备性工作。

知识的外化侧重于各类知识和信息的输入和储备，知识的内化则侧重于各类知识和信息的加工和处理，提高积累能力应注意优化知识外化和内化过程。为此，学习者应努力做到以下几点。

(1) 重视做好读书笔记。培根说，读书人“不做笔记，需记忆力特强”；中国也有一句俗话，叫“好记性不如烂笔头”，说的都是做笔记的重要性。做读书笔记的方法要依据读书习惯来确定。北京一位老校长李铣在其所著《教师必读》一书中，介绍了几种笔记方法，包括画线、批注、摘录、摘要、提要，这些都是比较实用的方法。做笔记要做到抓住重点，条理清晰。

(2) 学会使用工具书。工具书是最好的老师，它包括各类字典、词典、学习参考书等，有了工具书便为解决疑难问题提供了诸多便利，同时也为知识的积累和规范创造了有利条件。

(3) 根据学习的需要做好卡片。对平时做出的摘录、摘要、专题论述等应制作成卡片，以备将来复习时使用。制作卡片，也要注意突出重点、突破难点、条理清楚、一目了然。假如卡片很多，应分类编号、妥善保存。

(4) 整理记忆，灵活运用。通过如上几个步骤，知识经过初步整理，知识的外化任务已经基本完成。但知识的内化则需要学习者对笔记、卡片等材料认真加以系统整理，必要时写出心得、体会，并对有关知识实施记忆；然后，通过知识在实践中的运用和检验，不断使知识得以巩固和深化。只有这样，书本中的知识才能变成学习者自己的东西。

知识积累是一个循环往复、不断累加的过程。只有通过多次重复、重叠、交叉，知识积累的目的才能达到。

7. 应用能力

“学习的目的在于应用。”学习不仅在于掌握知识，还在于掌握应用知识的方法，提高应用能力。

提高应用能力，包括提高分析问题的能力、解决问题的能力、理论表达能力和实际操作能力。

(1) 分析问题的能力。自学者在学习过程中要有意识地培养自己分析问题的能力。提高分析能力离不开思维能力的培养，读书过程中要多挂几个问号、多设几个关卡、多辟几条路径、多开几条渠道，不但要从理论上，还要从理论与实践的结合上提高自己多方位、多角度考虑问题、分析问题的能力。

(2) 解决问题的能力。解决问题的前提是正确地分析问题，但分析问题不等于解决问题。解决问题要给予一定时间、精力和智力投入，需要经过确定问题、确定类别、确定方案、确定方法、确定实施、确定结果几个不同阶段。解决问题过程中，要注意从成功中取得经验，从失败中汲取教训。

(3) 理论表达能力。表达能力包括口头表达能力和书面表达能力。这两方面的能力既属于应用能力的范畴，也属于创造能力的范畴。提高理论表达能力非常重要。一方面，它可使自学者将自己学到的知识从理论的高度去认识和把握；另一方面，它可使自学者充分锻炼自己的心智技能，发展自己应用和创新的能力。

(4) 实际操作能力。实际操作能力是将所学知识、技能直接用于工作实践、创造物质财富的过程。这种能力主要通过实践和练习获得，它既包含心智技能，也包含动作技能，是心智技能和动作技能的结合体，你中有我、我中有你，相互包含、相辅相成。因此，提高实际操作能力应从两方面入手，不可片面地看待技能和能力，片面地去发展技能和能力。

要提高分析问题的能力、解决问题的能力、理论表达能力和实际操作能力，关键还要做到三点：活学、勤练、善用。

（1）活学。即在学习中注意对知识、技能灵活掌握。对知识、技能的掌握要扎实、牢固，但不可教条化、公式化、死搬硬套，要在学习中学会学习，掌握学习的方法。

（2）勤练。即要多练，俗语说："熟能生巧。"从学到会，从会到熟，从熟到能，练起着不可或缺的作用。熟练掌握知识和技能是发展能力的必由之路，而练则是熟练掌握知识和技能的必要手段。多练，一要注意正确性，二要注意针对性，三要注意实效性。要不断提高练习的质量和水平。

（3）善用。在日常生活和工作实践中，要不失时机地抓住每一次可以利用的机会运用知识、发展技能、培养能力，善于做学习中的聪明人、有心人。

通过长期的自学，我养成了良好的读书习惯。我在读书过程中，逐步认识到了读书的益处，掌握了读书的方法，明确了读书的意义。1997年以后，我陆续在《招生考试导报》上发表了一系列文章，激励了一批又一批自学考生。其中，《益损之鉴》《读书之道》《学到老 活得好》等文章都是我的心得、体会和悟道。

《益损之鉴》一文节录：

英国伟大学者培根在其著名的《论读书》一文中说："读书足以怡情，足以博彩，足以长才。"众公评价，此论精辟之至。

我常常想，培根先生此处所指当是好书，因为，书有良莠之分、益损之鉴。

歌德说："读一本好书就是和高尚的人谈话。"读好书，使人充满正气，变得伟大、崇高；而坏书则坏人心地，使人变得猥琐、卑贱。

托尔斯泰说："理想的书籍是智慧发掘的钥匙。"好书使人明智、启人灵感；而坏书则使人封闭、陷入混沌，是人走向愚昧世界的起跑线。

高尔基说："书籍是人类进步的阶梯，每一本书都是一级小阶梯。我每爬一级，就更脱离兽性，而上升到人类，更接近美好生活的观念。"好书催人奋进，给人以进步的勇气；而坏书则教人堕落，使人坠入罪恶的深渊。

莎士比亚说："书籍是全世界的营养品，生活里没有书籍，就好像没有阳光。"好书是优质的精神食粮，它给人以享用不尽的滋养，使人精神焕发，不断走向辉煌；而坏书却如荼毒砒霜，使人心力交瘁，让人枯骨碎肠。

惠普尔说："书籍是屹立在时间汪洋大海中的灯塔。"好书能使人从迷雾中走向光明，给人指明前进奋斗的方向；而坏书却使人精神迷乱，变成迷途的羔羊。

凯勒说："一本新书就像一艘船，带领我们从狭隘的地方，驶向生活的无限广阔的海洋。"好书使人高瞻远瞩，目光宽广，心里亮堂；而坏书则使人胆小懦弱，鼠目寸光，不能超越自我，难以看到胜利的曙光。

与坏书为伴，无异于与狼共舞，自取灭亡；而与好书为友，则处处得益，天天都能沐浴成功的太阳。①

《读书之道》一文节录：

学习过程中，与学友相互交流，相互学习，相互促进，相互提高，实在是一件有益的事。

十年前，我与一位在天津某公司工作的朋友相约同时参加第二外语日语的考试。接到成绩单自然要互相书信通告。他接到我的信后，觉得不解。当时，他的公司正好有外事任务，公司领导派他去一高校日语培训班脱产学习近一年，日语考了个通过，而我却考了个良好——88 分。他在信中说："难以想象，你蹲在山沟里，又完全是自学，不知你是怎么读书的？"

---

① 陈自鹏. 益损之鉴 [N]. 招生考试导报，1997-06-30.

想来想去，对这个问题当时我也没有给朋友一个完整的明确的答案。回顾自己的自学经历，我觉得自己读书确实也没有什么特别之处，无非是做到了“痴、持、耻、炽”而已。

一是痴读。众所周知，读书读不出轰轰烈烈来，读不出腾达显贵来，也读不出豪发暴富来。只有淡泊明志、耐住寂寞，一书在手下，情悠悠、意悠悠，专心致志，醉于其中，这书才越读越有长进。

二是持读。读书是件快乐的事情、幸福的事情，但如果朝三暮四、见异思迁，也难以读出书的真谛，难以把握作者的初衷。读书同时又是一件痛苦的事情，如果不是这样，古人何至于“头悬梁、锥刺骨”？可见，读书遇到困难时，方显读书人之英雄本色。正像梁启超所说的那样：“无论事之大小，必有数次乃至十数次之阻力”“其事愈大者，其遇挫愈多，其不退也愈难，非至强之人，未有能善于其终者。”读书需要毅力，需要持久的力量。

三是耻读。读书光荣，耻从何来？笔者的意思是说，读书应怀有愧疚之情、虔诚之心。周恩来曾说：“一物不知，学者之耻。”面对知识的载体——书籍，没有虚心的态度和求知的欲望，怎么能够读有所得，又怎么能够学有所成？另外，看看别人，对照自己，是否还有不足，是否还有差距？“穷则思变”，只有发愤苦读，你才不会落伍，你才能心安理得地说，你站在了社会发展的潮头上，你是一个地道的现代人。因此，觉耻才会有苦读的动力。

四是炽读。读书需要激情，需要执着，而激情和执着正是来自于读书之中。培根曾说：“读史使人明智，读诗使人灵秀，数学使人周密，科学使人深刻，伦理学使人庄重，逻辑修辞之学使人善辩；凡有所学，皆成性格。”读书能够塑造人，渐渐地，你发现自己变了，没有了昔日的旧你，却有了今日的新你。于是读书的激情变得越来越炽烈了。此时，已是欲弃不行、欲罢不能了。书便成了你终日难以割舍的伴侣。

痴读致诚，持读致精，耻读致动，炽读致情。权作笔者对读书之道的点滴悟性罢。①

《学到老　活得好》一文节录如下：

曾读过一位英语教授撰写的一篇文章，文章说他到英国一所大学访问，看到这所大学将谚语“Live and learn”（活到老，学到老）变成了“Learn and live”（学到老，活得好），这一变化颇耐人寻味。

“活到老，学到老”，说的是人活着就要学习，强调的是学海无涯、学无止境。而“学到老，活得好”，则是说人学习不只是为学习而学习，学习是为了使生活有质量、上水平。

“活到老，学到老”和“学到老，活得好”讲的都是学习的必要性，而后者无疑更具积极意义。

其一，每个人必须树立终身学习意识。从历史的角度看，如果没有数代人终生不渝的学习、研究、探索和创造，我们现在可能还会在茹毛饮血、刀耕火种的原始时代里挣扎着。从现实来看，当今社会和科技发展日新月异，任何“一劳永逸”的想法都是不现实的。一个人要立于时代发展的潮头，赶上时代发展的步伐，必须牢固树立终身学习、终生受教育的思想，不断地学习新知识，掌握新知识，了解新事物，接受新事物。

其二，只有“学到老”，才能“活得好”。活好当有两层含义：一是要有富足的物质生活，这是一个人安身立命的根本，是一个人从事其他活动的基础；二是要有多彩的精神生活，这是一个人生活层次的标志，也是一个人物质生活的归宿。物质生活和精神生活二者兼顾才是完美、幸福的生活，而这两种生活又都与读书学习有着千丝万缕的联系。

其三，“学到老，活得好”在于追求不辍、目标常新。笔者就曾看过一则报道，说某市有个人，小时候穷得连条裤子都买不起，可到后来做买卖发了，买了别墅，购了洋车，挥霍无度，一掷千金，一条腰带就花近万元。暴富使他晕了头、转了向，自此开始吃、喝、嫖、赌、吸，

① 陈自鹏. 读书之道［N］. 招生考试导报：自考版，1997-11-30.

不思发展，不求进取，很快便债台高筑，债主盈门，痛苦之下，终以自杀的方式结束了自己的一生。那么让我们退一步想，如果这个故事的主人公善于学习，能够走出自我，超越自我，他是能够比一般人过得健康、过得快乐、过得潇洒的，但是无知、愚昧毁了他的事业，毁了他的前程，毁了他的一生。

由上可见，“学到老，活得好”不仅具有历史意义，更具有现实意义。我们每一个人都应以学为荣，以学为乐，有所发现，有所发明，有所创造，有所贡献，为自己，为社会，也为了这个伟大的时代。①

① 陈自鹏. 学到老 活得好 [N]. 招生考试导报，1997-05-30.

第二章　育人不惧山路弯

教师的主要任务是传道、授业、解惑。三尺讲台和美丽校园是教师挥洒汗水，增长智慧，专业成长的舞台。从发展方向看，一个教师要么从事教学，要么从事管理。我 21 岁只身奔赴太行山，在那儿的几所学校里工作三十余年，做过小学教师、初中教师、高中教师、大学教师；做过班主任、教务主任、校长、教研室主任、教委主任等；既做了教师，又做了管理。我常常是边教边管，扮演着双重的角色，承担着双重的压力，进行着双重的创作，也享受着双重的幸福。

第一节 太行之恋

1980年6月在天津静海中等师范学校领到一纸毕业文凭后，我自愿申请到天津市最远的单位工作。我的想法有两个：一是远离可以让我忘记幼时的痛苦；二是可以集中心思继续读书。老师和同学们都对我的这一决定感到诧异。

在家里等待分配的时候，我一边帮家里做些农活，一边筹划着将来到新单位如何工作。

一天，我正在村北的麦地里拾麦穗，一位同学骑着自行车满头大汗地赶来通知我回校见班主任王老师，说是他要征求我对分配的意见。

回到学校，班主任王老师告诉我说有一个去外地的名额，问我愿意不愿意。他担心我是独生子，去那么远的地方，家里的老父亲可能会不同意。他告诉我，如果老人不同意，学校可以考虑其他人选。

对于父亲同意不同意，我心里真的没有底。

没想到，父亲爽快地答应了。

父亲说："孩子，去吧，好男儿志在四方。"

家里同意了，可教育局的领导不同意了。他们的意见是：干吗把学习成绩这么好的一个毕业生送到外地去？能不能换一个？但后来看到王老师和我坚定的眼神，他们还是尊重了学校的分配意见。不过，人事科科长说："自鹏，你是天津静海师范学校最优秀的毕业生之一。我们舍不得让你走。你到了那里如果不适应，什么时候回来我们都欢迎。"

于是，在一个漆黑的夜晚，几位要好的同学到静海车站为我送行。我坐上了奔向天铁的火车。想着那茫茫千里路程，怀着依依惜别的心情，我默默地向车窗外同学们的身影挥手告别，并暗自下定决心：一定要做出成绩，不辜负老师对自己的培养，不辜负同学们的情谊。

我提着父亲给我准备好的一床薄薄的被褥和一个崭新的搪瓷脸盆，怀里揣着市人事局开具的大中专生报到证，一路查着地图，用近十个小时才到达了邯郸火车站。

在邯郸站，我问车站上的工作人员天津铁厂在哪里，他们摇摇头，说天津铁厂怎么会在邯郸呢？又问了一个工作人员，还是同样的回答。

我茫然了，心想，不会有错啊！我到县教育局人事科领报到证时，科长告诉我说天铁在邯郸呀。我没有灰心，接着打听。一位上了岁数的工作人员让我取出报到证，看了看，对我说："原来是6985啊！"

什么是6985呢？他告诉我，单位应是天津涉县铁厂。这个厂是三线单位，在邯郸地区西南部的涉县，行政隶属天津，是一块天津在河北的"飞地"。

他接着告诉我这个厂在当地很有名气，是1969年8月5日经国务院、中央军委批准设立的，番号是"6985工程"，若要问天铁人们不知道，说"6985"没有人不知道的。原来如此！

我先前读过一部小说叫《沸腾的群山》，心想，那里该是沸腾的群山环抱吧？

我满怀憧憬。

那位工作人员很热情地告诉我说，可以接着坐进山的小火车，到井店站下车就到"6985"了。谢过工作人员，我又登上了去涉县方向的火车。

在火车上我遇到了一个岁数不大的老天铁人。他是1969年建厂时从部队脱下军装来到天铁工作的。他说那时他们住帐篷，喝虫水，人拉肩扛，移山添壑，硬是在太行山东麓建起了天津市第一个生铁冶炼基地，从而结束了天津市手无寸铁的历史。

我崇敬之至。

他说涉县是革命老区。刘伯承、邓小平率一二九师在那里曾经战斗了6年时间，而师部所在地是一个叫赤岸村的村庄。从一二九师走出了数不清的将军和高级干部。我们天铁的第一任厂长是赫赫有名的杨虎城将军的儿子——杨拯民。

我更加好奇。

火车钻进山里。第一次见到大山，我多少有些新奇之感。经过三个小时后，下午 6 点时火车停在了井店车站。天铁到了。没有人接站，没有人引领，我随着旅客坐上了通勤车。

我到达天铁指挥部时，门口几位大爷告诉我，下班了。他们指着不远处一座小山上的几栋楼说："那是一招，先住下吧，明天再来报到。"

我爬到山上，在招待所住了下来。

我好奇地打量着周围的山峦、建筑、工厂、田野，想着从此就要在这里安家，已离家千里之遥，心里还是多多少少有些怅然。

我是恢复高考制度以后分到天铁的第一届中专毕业生中的一员。晚上我问一位阿姨今年来了多少中专毕业生？阿姨说有十多个，其中有三个女生。让我想不到的是，其中一个女生后来成为我的另一半。

阿姨还笑着讲了一个故事：起初，负责接待的人事处处长看新来报到的都是中专毕业生，就说你们都到小学吧。大伙说，我们都是按专业培养的中学师资，不是普师班，在老家分配都是教中学的。

处长说，那我得看看你们都有什么本事。处长数学很好，就找来一本数学书，出了一道题。他点上一支烟，问道："你们谁来做呀？"没想到，有一位老兄自告奋勇，说："我是学物理的，看看有没有这个本事。"这位老兄拿过那道题一看，笑了："这道题是《数理化自学丛书》（数学卷）158 页最下边的一道题。""啊？这么厉害！"处长说："得得得，你们都去中学吧！"

随后一辆解放牌卡车把我接到了天铁修建部学校。校长说："陈老师，你教初三吧！"刚一来就受重用，我有些喜出望外。自此，我横下一条心：好好干！哪里想到，我在太行山这一干就是三十多年。

第二节　共苦同甘

1983 年，我 24 岁，却意外地当上了"主任"——学校里职位最低，却最能锻炼人，感觉也最有意思的班主任。

我哪里会做班主任啊！领导让咱做，咱就做吧。没想到，这一做就是五年。这五年，我真正领会了魏书生的那句话：做教师如果不做班主任是吃了大亏。

我没想到，做班主任还要遵循规律，还要讲求方法。其中的讲究还真不少。

刚开始做班主任时，我的心里挺忐忑不安的。怎么做班主任我才会让学生满意、家长满意、科任教师满意、领导满意呢？通过观察，我感性地意识到：班里的学生是有明显的差异的。他们的智力因素、非智力因素、知识基础、潜在能力、成长背景等都是不一样的。如何才能利用他们的差异进行教育，这是个非常现实的课题。

于是，我开始进行家访，调阅学生档案，课下与学生谈心，分析学生成绩，平时注意观察学生，了解科任教师意见，初步掌握了每一个学生的第一手材料。然后，我制订了帮教计划，并进行分类指导。就学习成绩而言，学生之间的差异并不都是因为学生的智力差异造成的。为了转化学困生，我们把学生分为基础型、能力型、学风型、意志型、学法型和综合型等几种类型，并进行分类指导。

做了几年班主任以后，通过理论学习和工作实践，我逐步发现班主任工作是有规律可循的，也是有很多行之有效的方法的。之后，我按照受约律、适应律、协调律组织班级工作，不断探索和采用新的班级管理方法，竟取得了较好的成效。

我越来越认识到，做好班主任工作，实在是一种幸福、一种成就、一种享受。

比如，在我的学生考入大学即将离校到外地读书时，他对师长的情谊、依恋溢于言表：

明日踏初程/沉思三载旧情景/恍入故园中

轻轻微侧/近窗倾听/单袖侵冷/不寒恩师情重

昔日眉皱时/轻挑忧思/巧展愁容/泠泠关切细细听/殷殷教诲深深铭/师生悲喜共/算而今/纵豆蔻词工/难赋深情

桌依旧/椅依旧/可把故人留/曾经话语/曾经音容/已是千里梦/遥想生人陌地/无处寻/娓娓声/潇潇影……

人未去/生留意/断不如远途早计/趁日还明/草还青/西风未硬/不忘年年九月节/手微拢/祝佳声

又如，88届的高中三年级（2）班是我做班主任时最后带过的一个班级，在毕业20年后，他们重返母校，带给母校和老师的不仅有显赫的工作成就，而且有他们的谢意和祝福。

致母校的一封信

尊敬的各位领导、亲爱的老师和同学们：

岁月无痕，由近至远；人生有迹，点线相连。每一条小路都有它的起点，每一条江河都有它的源泉，每一座大厦都有它的根基，每个人的人生都曾有恩师相伴！光阴荏苒，挥不去母校恩师的谆谆教诲；关山万重，隔不断同窗共读的纯真友情。

今天，我们怀着喜悦与自豪，怀着感恩与感动，再次走入二中校门，回忆往事，展望未来，向亲爱的母校，向母校的历届校长、老师们致以崇高的敬意和诚挚的感谢。

首先，我们要感谢母校给予我们的启蒙和教化，让我们能够拥有良好的心态、健康的体魄、美好的生活和稳定的职业。我们用从学校获得的文化知识和积淀的道德修养来铺设充满花香的人生道路。

其次，我们要感谢母校的每一位老师，你们兢兢业业、乐于奉献，你们睿智谦和、师爱深远。在人生的一切元素之中，有一种原料是根基，有一种色彩是底色，有一种力量是支撑……这就是恩师的传道、授业，教诲和叮咛，这就是恩师的批评、怒斥，呵护和引领！这传道是润物无声的细雨，这授业是红烛点亮的黎明，这教诲是心血凝成的甘泉，这叮咛是思想敲击的风铃，这批评是责任托起的彩虹，这怒斥是关爱变奏的雷鸣，这呵护是含芳带露的春风，这引领是漫漫长夜的神灯……大爱无言，真爱无怨。恩师的白发告诉我们，爱是一种给予、一种奉献、一种责任、一种信念！感念师恩，泪水涟涟；感念师恩，常常汗颜。轻舟已过万重山，再回首，恩师鬓斑斑：旭日普照千堆雪，望前方，桃李已芬芳。师者如斯，一代又一代，一年又一年。亲爱的老师们，请相信，不该忘记的，我们将牢记在心间！尽管无法报答您的恩德，尽管不能与您常常见面，但感恩之情将化成我们深深的祝福与怀念！

最后，我们还要感谢母校给了我们一个和谐团结的班集体。二十年前，我们风华正茂、不谙世事，像一条快乐的小溪，一路欢歌，奋勇向前。二十年后，我们历经磨炼、华发早生，人生也如一部长篇小说，起伏跌宕、五味杂陈。然而我们相信，任何时候，一声召唤，我们都可以亲密无间地团聚在一起，排忧解难，相互支撑，这是母校馈赠的一坛美酒，余韵悠远，享用一生！

二十年可以创造一段历史，二十年可以开创一个未来。二十年的风雨兼程，二十年的不懈努力铸就了母校今日的辉煌与成功。我们衷心希望：记录着光荣，承载着梦想，孕育着希望的天铁二中能够经历风雨，根深叶茂；不断耕耘，桃李芬芳。我们祝愿母校成为教师成才的沃土，学生成长的摇篮；我们祝愿母校人才辈出，再创辉煌！

写得多好！看着这一段段发自肺腑的文字，看着孩子们的成长和进步，我的心都醉了。

第三节　耕耘杏坛

要做一个合格的教师，学、做、研是必经之路。

回想 20 世纪 80 年代我自己初登讲台时，听到原版的英文录音带，就连简单的一句问候语都听不懂，心里着急啊！通过上电大，拼自考，我在课堂上与学生多交流，渐渐地，我的口语水平改进了，口头表达能力提高了。1991 年在内蒙古参加中美文化交流项目学习时，我在美国教师组织的入学考试中以唯一超过 90 分的成绩名列全国 150 位学员之首。当得知我主要靠自学学习英语时，Jacobson 博士很惊讶。她任命我为班长，并让 Miss Weaver 担任班主任。结业时，鼓乐开道，我和班主任昂首走在 150 人队伍的最前头。

真没想到，学习还能给我如此殊荣。这对我的学习特别是后续学习是个极大的激励。

1994 年，为迎接第二年在天津举行的第 43 届世界乒乓球锦标赛，天津掀起了学习外语的热潮。为了此次赛事，天津市举办高级外语水平考试，所用教材均是专业八级规定教材，涉及听、说、读、写、译等诸项语言技能。为了检验自己的语言学习水平，我报名参加了考试。两试下来，我的听、读、写、译获得良好成绩，会话获得优等成绩，我得以进入天津市高级外语人才库，并获得三年高级外语人才津贴奖励。我的学习劲头更足了。

学好本领，是为了更好地用于教育实践。

1999 年，天津市开展第五批特级教师考评工作。此时，我在初、高中英语教学岗位上已经整整连续工作了 19 年，并且身兼高中英语教研员，但能不能通过特级教师考评，我心里仍然没有自信。我和一位老先生被推荐到市里以后，两个人都不敢怠慢，马上认真准备。我俩不知考什么，怎么考，我甚至还花费了一定时间复习了日语，最终两个人在考试中过关斩将，分别成为天津市为数不多的中学外语特级教师和数学特级教师。

三十多年来，我一直热爱着这一职业，没有过够做教师的瘾。

做教师有感动。教师以传道、授业、解惑为己任，受到学生乃至社会的广泛尊重。我们国家有尊师重教的光荣传统，“国之将兴，必尊师而重傅”，早在古代就有“天地君亲师”的说法。我自己从 1980 年开始做教师，正好赶上一个尊师重教的最好时期。党和政府十分重视提高教师的政治地位、经济地位和文化地位，颁布了《中华人民共和国教师法》，设立了教师节。每年教师节、元旦，作为教师的我都会收到来自全国各地雪片一样的贺卡、贺信，每当这个时候，我都很激动、兴奋，感到自己是世界上最幸福的人。

做教师有感情。教师从事的是希望的事业，是生命的事业。每个孩子都是家庭的希望、社会的希望、民族的希望。我们天天面对的是一个个满怀憧憬、满怀理想、满怀希望、有着鲜活生命的人，没有对教育的感情，没有对学生的感情，我们就没有爱心，没有耐心，没有细心。而当有了对教育的感情和对学生的感情时，我们才能像对待自己的孩子那样用心地对待那些鲜活的生命。当学生们在工作、生活、学习上遇到困难时，我们都会毫不犹豫地伸出无私的援手，给予他们引导，给予他们指导。

做教师有感悟。20 世纪 90 年代初，我遇到了著名教育家魏书生老师。魏书生的思想，魏书生的实践，魏书生的人生艺术、教育艺术、教学艺术、管理艺术对我产生了很大的影响。我突然有了悟道：一个优秀的、成功的教师应该是以读书、教书、著书为自己的生存、生活、生长方式的。

做教师，可以静心读书，这是本分。我沉下心来，读一读书，读有所悟，读有所得，读有所获，别有洞天。于是，几十年来我放弃了节假日、休息天，一头扎进了书海，如饥似渴，手不释卷，竟然先后读了四个专业——科技英语翻译专业、英语语言文学专业、课程与教学论专业和中国教育史专业，我庆幸自己不仅入了“术”的门，也多少对教育的发生发展有了些许的悟“道”。读书几十年来，我苦中有乐，乐中有得，无怨无悔。

做教师，可以专心教书，这是本职。我心无旁骛，教一教书，教有成效，教有成绩，教有成果，别有滋味。做英语教师 19 年，专兼职教研员做了 13 年，后来还做了天津师范大学教师教育的兼职教授、教育硕士指导教师。不论是专职教师，还是兼职教师，我自己都是忠实地、幸福地履行着自己教书育人的职责。说实话，我心里一直留恋着那三尺讲台。2000 届高中毕业生是我在高中任教时教的最后一批学生，在我参加特级教师考评征求学生意见时，他们反应热烈：“我们陈老师，棒！业务水平那没说的。辅导我们做题时不用看备选答案就能把题做对！”学生的评价当然有溢美之词，但他们的评价让做教师的我多少感到一丝骄傲、满足。我想，这是学生对我教育教学工作最大的褒奖，令人欣慰。我一生真的别无他求！

做教师，可以用心著书，这是本事。我聚精会神，写一写书，写写经验，写写成败，写写思想，别有意境。几十年工作中，我自己和同事们有很多成功的经验和做法，当然也有很多失败的教训和案例，对此，我有言说不尽的喜悦，有志得意满的幸福，有刻骨铭心的痛苦，有绞尽脑汁的思考。于是，从编纂《心得集》开始，我们陆续编辑出版了《中小学教师教育成果集》《老师帮你记单词》《老师帮你学语法》《高考作文六步法及训练》等书，其中有的书籍还荣获了中国中小学幼儿教师奖励基金会优秀著作奖和天津市基础教育教学成果奖。①

第四节　角色变换

1988 年，我已经在天津铁厂第二中学—— 一所高中校任教。有一天，领导找到我，说："自鹏，准备好去学校教务处任主任。我们已经考察你多时了！"

天啊！就我这个年龄、这个资历、这个学历、这个能力、这个水平，我行吗？

领导看我发愁的那个样子，说你先去上海学习吧，好好考虑考虑。

15 天的学习结束了。我的办公桌也被搬进了教务处。

一路走过来，我做了教务主任，做了教学副校长，做了校长，做了教委副主任，做了教委主任兼党委书记。其间，我有过经验，有过教训，有过成功，有过失误，有过思考，有过升华。

1992 年我走上副校长的管理岗位，工作角色在英语教学和学校管理之间变换着。在从事英语教学的同时，我也在研究着怎么做一位好校

① 陈自鹏．我做教师——从普通教师到特级教师［M］．北京：线装书局，2010：8—9.

长。我重点研究了校长的素质、角色与领导艺术。

做了七年正副校长，我知道校长工作的重要性如何强调都不为过。

我国伟大的教育家陶行知先生曾说过：“做一个校长谈何容易！说得小些，他关系千百人的学业前途；说得大些，他关系国家与学术的兴衰。”① 毛泽东也曾指出，办学“最重要的问题是选择校长、教员和规定教育方针”。可见校长的地位和作用有多么重要！人们常说，有什么样的校长就有什么样的学校。这是由校长的素质、校长的角色和校长的领导艺术所决定的。

一、校长素质养成

1. 领导素质论和有效论

一般认为，对校长素质问题研究的直接理论基础是管理理论中的素质论和有效论。

（1）素质论。又称伟人论或英雄论，认为领导者的个人品质特征是至关重要的，它可以预知领导的成效。20 世纪 50 年代之前，人们普遍认为，领导者的素质可以从以下几个方面加以考察：体质特征（包括年龄、身高、体重、容貌、风度等）；能力；兴趣；文化水平；技能；性格。50 年代末，一些管理学家宣称，没有特殊的领导者的个性，更没有天生的领导者，素质论开始被行为论取代。但近些年来，素质论又有抬头趋势，认为高超的智力、情绪的成熟、激励能力、解决问题的技能、领导的欲望、有影响力等领导者个人品质是应该肯定的。例如，威廉姆斯（Williams，1982）经过 15 年的研究发现，领导者的智商应在 120—135；一般管理者的智商的范围是 115—119，但这种水平的智商不能适应激烈的竞争；智商在 115 以下的，在竞争中大都处于劣势。被许多学者肯定的领导者五维个性品质（应变力、情绪稳定性、责任感、情绪愉快、智力）结构模型也证明了素质理论有存在的价值。

---

① 陶行知. 陶行知文集［M］. 南京：江苏教育出版社，2001：173.

（2）有效论。有效论来源于管理实践的领导者理论，它不注重个人素质的仔细区分，主要从管理有效性收集数据。如，美国管理学会曾对1 500名管理人员进行调查，认为成功的管理者能力素质有以下20个方面：工作效率高；有主动进取精神；善于分析问题；有概括能力；有很强判断能力；有自信心；能帮助别人提高工作能力；善于调动别人的积极性；能以自己的行动影响别人；善于用权；善于利用谈心做工作；热情，关心别人；能使别人积极而又乐观地工作；能实行集体领导；能自我克制；能自行做出决策；能客观地听取各方面意见；对自己有正确估价；能以他人之长补己之短；勤俭。

以上两种理论研究成果，对于我们认识、理解和把握校长素质有一定启发和帮助。

2. 校长基本素质

校长是学校管理工作的总负责人，责任重大，因而对校长素质的要求也就更高、更严、更全面。据我国“六五”期间教育部重点科研项目“中小学校长素质研究”研究结果，我国社会主义时期中小学校长应有素质分8个方面共38条。其中有25条被认为是主要素质（P），有3条被定为核心素质（K）。

（1）政治思想方面。包括：信仰共产主义（P）；努力学习马列主义、毛泽东思想和时事政策（P）；坚持四项基本原则，遵纪守法，在思想上、政治上与党中央保持一致（P）；认真贯彻党的方针政策，特别是教育方针和知识分子政策（P）；忠诚于社会主义教育事业，有高度的事业心和献身教育事业的精神（K）。

（2）道德品质方面。包括：有全心全意为人民服务的精神（P）；廉洁奉公，不谋私利（P）；忠诚老实，为人公正（P）；心胸广阔；关心爱护师生员工（P）。

（3）业务方面。包括：学习过教育学、心理学、管理学等马列主义教育理论课程（P）；具有比较广博的文化科学知识，并继续刻苦学习，不断提高自己（K）；能熟练掌握一两门学科的专业知识，有一定的教学工作经验（P）；具有一定的思想政治工作经验（P）；具有一定的管理学校工作的经验（P）。

（4）能力方面。包括：有预见性；有综合分析的才能，考虑问题较为全面（P）；有创造性；知人善任，有较强的组织能力（K）；有审阅教师教案的能力；有领导教务、总务工作的能力；有比较好地使用语言、文字的能力；有自知之明；善于学习。

（5）性格方面。包括：乐观开朗；热情勇敢；刚毅果断（P）；沉着冷静（P）。

（6）工作作风方面。包括：作风正派（P）；实事求是，从实际出发（P）；能密切联系群众，认真贯彻民主集中制（P）；有批评与自我批评的精神；善于团结同志，严于律己，宽厚待人（P）。

（7）健康方面。包括：每天能坚持 8 小时以上的工作；注意锻炼身体，坚持文体活动。

（8）仪表方面。包括：仪表端庄；举止文明（P）；待人有礼（P）。

上述校长素质的基本内容可以概括为四个不同的方面，即政治思想素质、业务素质、智能素质、身体素质。这四个方面的素质构成了校长素质的相对稳定的基本结构。其中，政治思想素质是统帅，是灵魂，是决定校长领导工作成败与否的首要条件，业务素质和智能素质是校长办学能否取得绩效的基本条件，身体素质则是以上三方面素质的载体，是校长从事领导工作的物质基础。

3. 新时期中小学校长素质的特殊要求

新时期的中小学校长除了应具备如上所述的基本素质外，还应具备如下素质。

（1）按照中央的要求认真学习有中国特色的社会主义理论，有清醒的政治头脑，有区分美丑、辨别是非的能力。既要一身正气、清廉从政，又要具有政治敏锐性，在大是大非面前不“唯上”，不“唯书”，实事求是、坚持真理。实践证明，真正做到这一点不容易，但作为一校之首的校长，应该努力做到。

（2）校长要有正确的教育思想。正确的教育思想可以有效地指导学校的教育教学实践。在我国的教育发展进程中，曾经有过多次这样或那样的摇摆。在“文化大革命”中，受“左”的政治路线的干扰，生产领域批“唯生产力论”，教育战线批“智育第一”，学校搞“开门办学”“政治挂帅”，我国各级各类教育遭到空前的浩劫。当时教育的混乱固然是由于政治气候决定的，但教育领域内部的因素，特别是教育思想的“左”倾无疑也起到了推波助澜的作用。

校长的教育思想就是校长在自己的工作实践中对教育理论、教育方针政策的体认，核心是培养什么样的人和如何培养人。教育思想决定管理思想和管理实践。从一定意义上说，有什么样的教育思想就有什么样的管理行为。校长的教育思想关系学校工作的成败。

（3）克服各种错误观念，正确对待教育改革。比如，素质教育对于克服教育实践中长期存在的受到社会广泛关注和批评的“应试教育”弊端、促进学生生动、活泼、全面发展具有十分重大的现实意义和历史意义，但在这个重大问题上，目前有一些校长仍然存在这样或那样的不正确的认识。表现有以下几点。

第一，轻松论。它认为实施素质教育，师生就该轻松、自由、解放了。其实，素质教育本身并不是一个轻松的话题。由“应试教育”向素质教育转轨要做的工作有很多，素质教育对师生要求更高、更严，更容不得半点疏忽。

第二，应景论。它认为素质教育是应景行为，会时过境迁，因此，在实际工作中光喊不练，只做表面文章。教育方针、教学计划、全面发展统统甩在一边，仍然单纯地、片面地、卖力地追求升学率。

第三，不讲效益，不讲质量论。这是非常糊涂、非常有害的认识。越是加强素质教育，越要有质量观、效益观。学校办学要讲质量，质量是学校生存的基础；学校办学要讲效益，效益是学校发展的条件。讲质量，就是要多出人才，出好人才；讲效益，就是要以尽可能少的物力、人力投入，获得尽可能多的高素质人才的效益产出。

第四，谈考色变论。“应试教育”必须向素质教育转轨，因为“应试教育”是以应付考试为目的的教育，全然不顾人的发展和社会发展的客观要求，是片面的教育，因此，必须摒弃。另外，不可把考试与“应试教育”等同起来，认为考试也考不得了。众所周知，考试是教学中的一个重要环节，是教育测量的一种重要手段，也是素质教育不可或缺的一个重要组成部分。因为在考试中，学生要诚实守纪，运用知识，检验能力，通过考试还可受到平等竞争、心理素质等方面的教育。“应试教育”的过错不在考试，而在于考试考什么，如何考。

第五，以偏概全论。那些认为抓体育就是素质教育，或仅仅抓抓“第二课堂”就是素质教育，这些看法都是片面的。我们所说的素质教育是全面的、多方位的教育，它包括思想素质、道德素质、文化素质、身体素质、心理素质等诸方面的教育。实施素质教育不能顾此失彼、以偏概全，而应全面贯彻方针，全面落实教学计划。这其中，德育是保障，智育是基础，体育是条件，任何一方面都不可偏废。

第六，良莠不辨论。一提转轨，有人就认为应该对过去的做法全盘否定，好像过去几十年搞的全是“应试教育”，这种想法是不可取的。过去几十年中，我们国家的教育获得了长足的发展，取得了令人瞩目的成就，也积累了丰富的经验，这些经验是宝贵财富。实际上，如今实施的素质教育就是我们过去成功教育方面的继续，因而应辩证地看问题，对于成功的做法应理直气壮地、旗帜鲜明地坚持下去并逐步发扬光大。①

对素质教育的种种不正确认识，反映学校校长教育思想存在着许多急需解决的问题。

（4）要有现代学校管理意识。即应从思想上认识到自己是在管理现代化学校。因而，我们要在教育思想、知识结构、管理方法、管理手段

① 陈自鹏. 实施素质教育要注意的问题［N］. 中国教育报，1997-05-29.

上努力适应现代化学校的管理要求，做到以下几个结合。

第一，学习与实践相结合。要认真学习现代化学校管理知识，掌握现代管理手段，并注重理论与实践相结合。

第二，总结与借鉴相结合。要根据自己所管理学校的特点摸索一套适合于自己的科学管理方法，同时又要眼睛向外，注意吸取校外乃至国外的一切有用的学校管理经验，这些宝贵的经验为我所用，能够大大促进学校的管理、建设和发展。

第三，继承和发展相结合。在人类教育发展进程中，许多伟大教育家、优秀的管理者总结出许多带有普遍适用性的教育管理规律，这些对于现代学校管理也是很有助益的，因此，这些规律性的东西应该得到坚持和继承，但同时又要不断发展管理理论，只有这样才能完善管理，提高管理水平。

（5）校长应具备教育科研的能力。校长不仅要管理一所学校，还要努力探索学校管理方法，优化管理方案，改进管理措施，提高管理实效，这些都要求校长具备教育科研的能力。教育教学科研能力对于校长是基本要求，也是较高要求。说它是基本要求，是因为一位好校长应该具备这一能力；说它是较高要求，是因为目前中小学校长在这方面做得还很差。教育科研的能力培养不能一蹴而就，需要长期的坚持和磨炼。这需要掌握选题方法，需要掌握观察、调查、实验、统计、对比、分析、综合、概括、归纳等研究方法，需要锤炼文字表达能力，准确描述科研成果。

二、校长角色塑造

校长的职责是负责学校各方面的工作，他既是管理者，又是领导者。一个称职的校长应力争当好学校的首长、师生的朋友、育人的楷模、教学的专家、改革的先锋、沟通的桥梁。

1. 学校的首长

校长是学校行政工作的负责人。校长被赋予“首长”的权力，历史上经过了一波三折。新中国成立以来，我国中小学的领导体制有如下几个阶段的变化：新中国成立初期的校务委员会制；20 世纪 50 年代初期的校长责任制；50 年代后期的党支部领导下的校长负责制；60 年代初期的当地党委和主管的教育行政部门领导下的校长负责制；“文化大革命”期间的革命委员会制；70 年代末的党支部领导下的校长分工负责制；现在的校长负责制。比较起来看，校长负责制具有明显的优点。北京教育行政学院编著的《学校管理学原理》认为，校长负责制“符合社会化协作劳动的客观要求，有利于加强科学管理，提高工作效率，实现党政分开，能够克服党政不分、以党代政、党不管党的状况，有利于加强和改善党对学校工作的领导；有利于调动广大教职工的积极性、主动性和创造性。”校长应该正确利用党和国家给予自己的权力，认真履行自己的行政职责，决策、组织、指挥、控制、协调，以良好的工作绩效当好学校的首长，为全面提高教育教学质量，为祖国教育和经济的腾飞竭智尽力，贡献出全部的光和热。

2. 师生的朋友

校长是领导，邓小平同志曾经说过“领导就是服务”。校长应全心全意地为教师和学生服务，要做他们的知心人，与他们交朋友。只有这样，教师和学生才愿意接近，才愿意掏出他们的知心话，校长也才能及时掌握师生的思想动态，找出管理中的问题，有的放矢地改进工作，不断提高管理水平。校长与师生的关系可以分为如下几种类型。

（1）冷漠型。校长完全以自己的权力来管理和处理事务，对学校里涉及师生的事情不问情由，完全按规矩办，相互沟通少。优点是可以树立校长的权威，使师生产生敬畏感，有利于学校纪律和秩序的维持。缺点是缺少灵活性，不利于了解和掌握真实情况。

（2）随和型。校长用自己的威信来管理学校，对师生亲切、温和，较少按纪律和原则办事。优点是能够建立一种比较宽松的人事环境，多数师生感到心身放松、活动自由度大。缺点是缺少原则性，不利于学校形成比先争优的局面，有时也难于维持秩序。

（3）亲昵型。校长与师生谈话、交往无所顾忌，无话不谈，无事不讲，一切随心所欲，毫无分寸。优点是便于校长了解和掌握师生思想动态。缺点是师生过分随意，毫无拘束，在师生中往往引起无端的猜忌和嫉妒，不利于形成严谨的教风和学风。

(4) 朋友型。校长把师生当作知心人，急他们所急，想他们所想，大家相互支持，相互帮助，相互补台，患难与共，同舟共济。

朋友型关系有利于形成民主和谐的局面，便于校长组织、指挥、协调、决策，全面推动管理工作。在学校里，校长是领导者，师生是被领导者。校长是管理者，师生是被管理者。他们之间是领导与被领导、管理与被管理的关系，因而应该互相遵守一定的工作规范（如规章、条例、法令等），但他们同时又是朋友关系，也应遵守一定的社会规范（如尊老爱幼、与人为善等）。校长与师生建立一种朋友关系，最有利于学校工作的开展。

3. 育人的楷模

教书育人是教师的天职。作为一校之长，校长更应身先士卒、率先垂范，不仅要有正确的教育思想，还要有正确的育人方法。校长要通过自己的育人实践，摸索总结出自己的育人经验，并注意由己及人，用“重点”带动“一般”，使差者进步、优者更优。

4. 教学的专家

教学是学校一切工作的关键，也是德、智、体、美、劳诸育实施的主渠道，校长应在这一重要环节中成为有思想、有实践、有成果的专家。

(1) 应有符合教育规律的教学思想。要掌握教学原则，如科学性与思想性相统一的原则、因材施教原则、巩固性原则、量力性原则等。还应掌握教学策略方法，善于总结和概括本校教师和外校同行的先进教学经验，并适时适地进行推广。

(2) 要积极参加教学实践。校长亲自讲课与间接实践效果大不相同。应该看到，目前校长在教学第一线任教的人数并不多。这不仅影响了校长所掌握的信息质量，同时随着时间的推移，其知识的老化和与课堂的疏远，还会使其教学水平大打折扣。更有甚者，长期不任课的校长逐渐地就会视课堂为畏途，这样就失去了对教学工作的指挥权和领导权。所以，校长亲自执教不是教几节课的问题，而是了解师生、掌握课堂、提高水平的重要的管理环节之一。

（3）要通过努力使教学取得成果。正确的教学思想和教学实践的结合能够产生良好的教学效果，良好的教学效果通过一定的时间验证和数量积累就会跃变成为教学成果。在这方面，校长应身先士卒，做出表率。

5. 改革的先锋

学校的建设和发展离不开改革。作为校长，应该积极地支持改革、推动改革和参与改革。学校改革涉及面很广，有人事制度改革，课程、教法、学法、考法改革，德育、体育管理制度改革等。只要改革，就会触动教职工的切身利益，就会揭露过去工作中的弊端。校长应该采取的态度是：大公无私，对于损害自己的利益但有利于全局的事坚决去做。同时，要注意职工情绪，加强正确引导，做好说服教育工作，以保证改革的顺利进行。

6. 沟通的桥梁

校长的工作不仅涉及学校内部，也关系到社会的方方面面。作为校长，应该在学校和上级、社会、家庭之间架起一座桥梁，以赢得上级、社会、家庭对学校工作的理解、关心和支持。首先，沟通学校与上级的联系。学校的一切重大方针、决策应及时向上级通报，学校难以解决而又必须解决的事也应及时向上级汇报，以便争取支持和帮助。其次，沟通学校与企事业的联系。学校在社会中并不是孤立存在的，有些实际问题需要一些机关和企事业出面解决，学校可以与这些单位互通有无，相互补偿。最后，建立家长学校，与家长一起共商学校建设和发展大计，并对其子女的教育方式、方法、措施提出意见。

校长的角色是复杂的、多面的。校长在自己的工作中，必须从思想上有所认识，并注意塑造好自己的多方位角色，只有这样，才能在学校管理工作中取得骄人的成绩。

三、校长领导艺术

（一）校长领导艺术概述

1. 校长领导艺术的内涵

对于校长领导艺术，中外学者有多种概念界定。比如，有人认为校长领导活动本身就是校长领导艺术；校长领导艺术系指在一定的知识和经验基础上驾驭实际工作的技能，或者说，校长在实际工作中已经显著见效的领导方式；校长领导艺术是在校长工作实践中，创造性地运用有关领导和管理理论去解决复杂多变的问题的方式、方法。

我们认为，校长领导艺术离不开经验，但又是经验的升华；校长领导艺术离不开技能，但又比技能高出一个层次；校长领导艺术体现在领导方式、方法中，但又不等同于领导方式、方法，它是领导方式、方法的艺术化。鉴于此，可以给校长领导艺术下这样一个定义：校长领导艺术是校长在个人和前人管理经验的基础上，娴熟地运用综合的领导和管理技能技巧，按照领导规律和管理规律，通过或采取一定的方式、方法而进行的独创性的领导和管理实践活动。

2. 校长领导艺术的特征

校长领导艺术至少具有如下四个特征。

（1）实践性。校长领导艺术是校长自己和前人实践的集中反映，没有实践或没有经过实践证明是真理性的艺术是不能发挥其效能的，因而要提高领导艺术，校长应勤于实践、勤于总结、勤于借鉴。

（2）审美性。艺术本身是按照美的规律进行创造的活动。因而校长领导艺术是具有美学价值的活动，它也要合乎美的规律，遵循美的原则，体现美的特征。

（3）创造性。艺术本身是一种创造性的活动，领导艺术也是一种创造性的活动。这种创造不是盲目的，它是围绕一定的工作目标而进行理性思考与价值判断，并最终取得预定结果的创造性活动。创造性反映在活动本身的高自觉度和高自由度的发挥上。

(4) 独特性。由于校长的年龄、学历、经历、学识、能力、家庭、环境情况各异，因而其领导艺术明显地带有个性特征。比如，有的校长工作雷厉风行，有的校长沉着冷静；有的外向，有的内向等。这些说明，独特性是校长领导艺术的特征之一。独特性也是学校办学特色的基础条件之一，“有什么样的校长就有什么样的学校”。发挥校长领导艺术中的独特性，应该成为教育管理中的重要课题。

(二) 校长领导艺术体现

校长领导艺术在工作中表现有多种，至少有如下十个方面。

1. 决策艺术

决策是校长的主要工作职能，那么如何才能做到正确决策呢?

(1) 要民主决策。校长决策方式概括起来有三种。

第一，甩手式。校长完全放权，学校大事小情都交给下属自主办理。

第二，专断式。校长独断专行，一切事情都是校长一人说了算，其他人都是附庸，决策权集于校长一身。

第三，民主式。校长适当放权，正确摆布人、财、物、时间、信息等各种要素，充分发动群众，集思广益，决策通过民主程序进行，同时又注意集中。

我认为，第一种决策方式容易形成失控、无序的局面，第二种决策方式使校长失去监督，容易造成决策失误，不利于调动其他领导班子成员和教职员工参与管理的积极性。第三种决策方式有助于学校全体成员民主参与、民主管理、民主监督，可以充分调动大家的工作积极性，增强大家的责任感和使命感。鉴于此，校长在管理工作中应采取民主决策方式，调动党、政、工、团齐抓共管，完成教育、教学及其他各项工作任务。

(2) 科学决策。民主决策的关键是科学决策。要做到科学决策，就要研究和遵循教育教学的规律、领导管理的规律，应力戒主观臆断、靠想当然办事。西方管理界提出的“发现问题、确定目标、确定价值准则、制订方案、分析评估、优选方案、试验证实、普遍实施”的八段式科学决策法可以给我们以启示。

2. 识人艺术

在学校的管理工作中，校长处于中心的领导地位，是核心人物，但这并不是说校长可以包打天下，包办一切，识人选人十分重要。

（1）识人是选人的基础。对此，中外学者曾多有论述。比如，美国学者威尔金森经多年研究，认为人才特别是经济管理人才应该具有如下几方面的特征：有努力工作的习惯，能在错综复杂的问题中区别主次；有高效率应付大量工作的能力；具有产生最佳效果的指挥才能；具有献身事业的精神；能够用文字、语言充分表达自己的意图；能够在复杂情况下做出正确预见；对事业有坚强的毅力和持之以恒的精神；善于把问题消灭在萌芽状态；具有建设性、创造性见解，善于协调人群关系；依靠巩固的威信作为事业基础。这些对于校长如何识人能够提供许多借鉴。

（2）选人的标准和方法。按照德、能、勤、绩的标准选人是新时期的要求。既要防止主观主义、急功近利、只务虚名、唯亲是举，还要合理运用选人的方法，如任命制、考试制、选举制、招聘制等。

3. 用人艺术

识人选人是为了用人。要用好人不是一件容易的事。在现实生活中，我们常见到这样的现象：领导班子成员虽然个个是精兵强将，但在工作中却推诿扯皮，多方掣肘。由于矛盾丛生、将相不和，工作难以取得佳绩；而另一种情况，领导班子成员虽然并非个个是精兵强将，但却团结一致，互相支持，互相补台，互相促进，工作起来有声有色。这里，就有校长作为一把手的用人艺术问题。校长用人应做到：（1）任人唯贤，职能相称；（2）用人所长，避其所短；（3）用人不疑，疑人不用；（4）功过分明，赏罚有度；（5）合理搭配，互为补益。

4. 监督艺术

一校之长虽对学校全局负责，但又不能事必躬亲，应对各部门的工作实施必要的有效监督，以便采取相应措施，推动学校工作的开展。

校长对各部门工作的监督，可通过座谈、听汇报、检查等方式进行。切忌偏听偏信，先入为主，高高在上，胸怀敌意；要兼听明断，全面了解，争取理解，和谐共事，既达到监督的目的，又能通过监督唤起大家争先创优的积极性。

5. 控制艺术

一所学校能否按照社会主义方向性原则、系统性原则、整体性原则、民主性原则、教育性原则、规范化原则、社会协调性原则、效益性原则办学，关键在校长。校长的控制能力、控制技巧、控制艺术起着举足轻重的作用。一所学校的管理要做到有章、有序、有法、有效，校长应该做到以下几点。

（1）控而有向。校长要围绕学校办学目标和方向调控教职员工的行为。

（2）控而有方。校长要依靠学校的规章来约束师生员工的活动。

（3）控而有度。即控而不死，校长不应扼杀教职员工的主动性、自觉性和创造性。

6. 指导艺术

校长是在师生中享有权威和威信的人，因而其指导能力的高低、指导艺术的优劣，对于推动学校各方面工作至关重要。一个有经验的高成效的校长，应具有较高的工作指导能力和较为精湛的工作指导艺术。

校长在指导工作中应努力做到以下几点。

（1）导而不牵。即要在指导过程中，不强迫教职工去做这个，去做那个，而是要顺从教职工的合理意愿，充分发挥教职工的主观能动性。

（2）导而不抑。即在指导过程中，不打击教职工的工作积极性，而是给予他们正确的引导和疏导，充分发挥教职工的聪明才智。

（3）导而不纵。即在指导工作中，要认真分析有利的方面和不利的方面，要通过说服教育和政策导向，使教职工克服客观不利因素或自身不足，积极地完成他们的工作任务。

7. 协调艺术

作为一个社会人，校长也处在错综复杂的矛盾之中，要完成工作任务，办好一所学校，校长必须协调、处理好各种关系。除协调好对外关系外，校长还要协调好内部诸种关系。

（1）干群关系。校长与班子成员之间、班子成员与教职工之间，要做到相互信任、以诚相待，只有这样才能创造一个比较和谐的人事环境和氛围。

（2）党政关系。党政关系主要是指书记与校长之间的关系。书记是学校党群工作的总负责人，校长是学校行政工作的总负责人，书记、校长由一人担任的容易顾此失彼，抓了党务，忘了行政，或抓了行政，忘了党务。书记、校长由两人担任的容易互相扯皮，“一人一把号，各吹各的调”。所以书记、校长不论是一人担任，还是两人担任，都有个关系处理问题，一个是工作之间的关系，另一个是工作中的人事关系，“将相不和，则三军无主”。解决这个问题的唯一办法是党政既有分工，又有合作。党要管党，政要执政。党务工作要遵循“围绕教育教学抓党建，抓好党建为教育教学”的方针开展工作。行政工作也要“一切为了教育教学，一切服务于教育教学”。这样，党政一家，形成合力，便可顺利推动工作。

（3）主从关系。学校教育教学是中心工作，一切工作都要服务、服从于这个中心。校长的工作千头万绪，校长应该认真分析，善于抓住主要矛盾，解决好关键性问题，避免被无关的小事缠住手脚，不然会终日忙碌，劳而无功。

（4）诸育关系。学校德、智、体、美、劳都是学校教育不可或缺的组成部分，都必须按照党和国家的教育方针抓紧抓好，不可厚此薄彼、片抓片追。

（5）经济效益与社会效益的关系。学校办学都会面临两个效益的问题，二者的关系处理不当，不仅使学校失去应有的发展活力，同时也损害学校作为社会主义精神文明窗口的作用。正确的做法是：既考虑经济效益，也考虑社会效益。考虑经济效益，可以使学校办学条件得到改善，为提高办学水平奠定基础；考虑社会效益，可以使学校办出信用，办出声誉。

8. 评价艺术

在学校管理中，评价是一个非常重要的工作环节。通过评价，可以找出工作中的得失成败，明确应该坚持什么，反对什么，这也是树立良好校风的关键所在。评价工作要做到以下几点。

(1) 评有标准。即要按照工作标准给予实事求是的评价，不能“稀里糊涂一笔账，干好干坏一个样”。

(2) 评有鼓励。即评价要本着鼓励争先的原则，对于教职员工的成绩应给予肯定。

(3) 评有鞭策。即评价不仅要鼓励先进，还要鞭策后进使其后来居上，只有这样，评价才能真正发挥其应有的作用。

(4) 定性评价和定量评价相结合。定性评价全面但容易失之精确，定量评价精确但容易失之全面，因此应把二者充分结合起来，使之相互补充，使评价更为科学。

9. 鼓励艺术

鼓励艺术，包括精神鼓励和物质鼓励两个方面。通过鼓励，应该让师生员工产生一种克服困难的勇气和奋发向上的动力。精神鼓励包括表扬、表彰、授予荣誉称号等；物质鼓励包括颁发奖品、奖金、晋升工资等。进行鼓励应注意如下几点。

(1) 树好典型。要树立真正在某一方面做出突出成绩和贡献、人人服气的典型，使大家学有方向，做有动力。

(2) 用好典型。要用典型引路，使大家明确学校提倡什么，推崇什么，从而发奋努力，协同一致去实现既定工作目标。

(3) 精神鼓励与物质奖励相结合。知识分子重视的是自己的工作成绩得到肯定，使自己人生价值得以实现。教师不是苦行僧，学校在力所能及的经济条件下，应对那些在某一方面做出贡献的教职员工给予一定的物质奖励。

（4）完善奖励制度。要做到奖而有理、奖而有据、奖而有度，必须建立完善一系列教育、教学、教研、服务等相关奖励制度，实现“大功重奖、小功小奖、无功不奖”，创造一种公平公正的竞争氛围。

10. 公关艺术

在实际工作中，校长不仅要处理好内部诸种关系，还要处理好对外关系，即搞好公关。学校内部求团结，学校外部求和谐。要克服学校经济上的劣势，发挥学校智力上的道义上的优势，赢得方方面面的理解、关心和支持。这不仅有利于学校的物质文化建设和发展，也有利于理论和社会实践的结合，更有利于师资队伍的培养和建设。

第五节　布局开篇

2001年，我出任天铁集团教委主任。管理工作怎么布局，怎么开篇？我选择从管理模式和管理方法入手，改进学校管理，提高学校管理质量。在学校“五三四”管理模式基础上，我鼓励各个学校试验不同的管理模式和方法，并取得实效。

一、学校的几种管理模式

从学理上讲，学校管理模式是指在一定的管理理论指导之下，由管理策略和管理方法相互结合形成的管理范式。我们试验的管理模式有以下几种。

1. 多方联动模式

学校管理是一个多方因素共同发生作用的系统工程。从学校管理主体上看，有直接管理者、间接管埋者之分；从对象上来看，有管理者、被管理者之分；从空间上看，有学校教育、家庭教育和社会教育之分。有效的管理应是调动各个积极因素，实施多方联动，形成管理合力。

（1）校长、班主任与科任教师联动。校长是学校的行政负责人，班主任是班级管理工作的负责人，科任教师是本学科教学工作的负责人。他们虽各有工作分工，对学生的教育责任也有直接和间接之分，但是他们的工作目标是一致的。因此，三方联动应以工作目标为努力方向，围绕学校工作目标，出主意，想办法，定措施，抓落实，互相鼓励，互相补台，精诚合作，力创一流。

（2）教师与学生联动。学校管理中，教师是被管理者也是管理者，学生是被管理者也是管理者。师生是一对矛盾统一体。教育教学管理工作中，教师是主导，学生是主体。只有教师的主导作用，没有学生的主体作用，学校的发展，教师的发展，学生的发展就只是一句空话。因此，管理工作中，既要发挥好教师的主导作用，又要发挥好学生的主体作用。要使教师和学生形成联动，共同发展，相互激励，共同成长。

（3）学校、家庭、社会联动。学生的教育涉及学校、家庭和社会等多个方面。建立一个学校、家庭、社会教育联动机制，对于多方作用、协同一致、共同影响、形成合力无疑具有重要意义。学校、家庭、社会联动就是要建立一种学校乐教、家庭助教、社会支教的良好氛围。

首先，学校要乐教。教师要了解家庭和社会需求，满怀热忱地关怀每一位孩子的成长，负责任地关怀每一位孩子德、智、体、美、劳等方面的全面和谐发展。

其次，家庭要助教。父母亲要常与学校和社会沟通，了解学校和社会对青少年学业及品德、身体等方面的要求，协助学校和社会做好工作。

最后，社会要支教。儿童是社会的未来，社会各界应全力以赴关心、支持教育的发展。学校管理者应该学会善于动员社会力量营造有利于儿童成长的环境，比如图书馆、博物馆、少年宫、游乐场、电影院等场所应向少年儿童开放。街道办、武装部、医院、保健站等机构应为青少年成长服务。学校、家庭利用好这些社会资源就能为青少年成长创造有利条件。

多方联动模式图示如下（见图 2-1）。

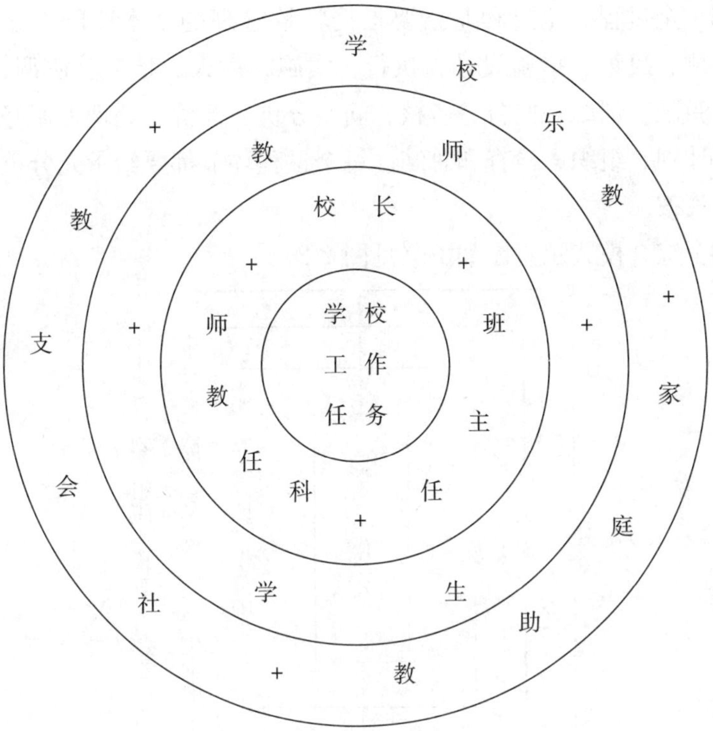

图 2-1　多方联动模式

多方联动模式以人际关系理论为基础，最大特点是合作互动，因而能够产生一定的管理效应。

2. 三全综合模式

三全综合模式是指全员、全面、全过程进行管理，是精致化管理的一种模式。

（1）全员。全员是指学校党政工团、干部、教师、员工、学生都是管理的主体，都要围绕学校的工作任务齐心协力地做好工作。强调全员关键是强调每个人能够在其位、谋其政、行其权、得其值、获其荣。

（2）全面。一是指要抓好学校发展、教师发展、学生发展，不能单打一；二是指要抓好学生德、智、体、美、劳等方面的发展，不能片面。

(3) 全过程。全过程是指要根据学校管理的基本职能，如调查研究、预测、决策、措施设计、执行、实施、用人、指挥、协调、指导、教育、激励、训练、监督、考核、问题分析、评价、处理等抓好基本过程，即计划、组织、检查和总结。每个过程环节都要给予充分重视，不能顾此失彼。

三全综合模式示意图如下（见图 2-2）。

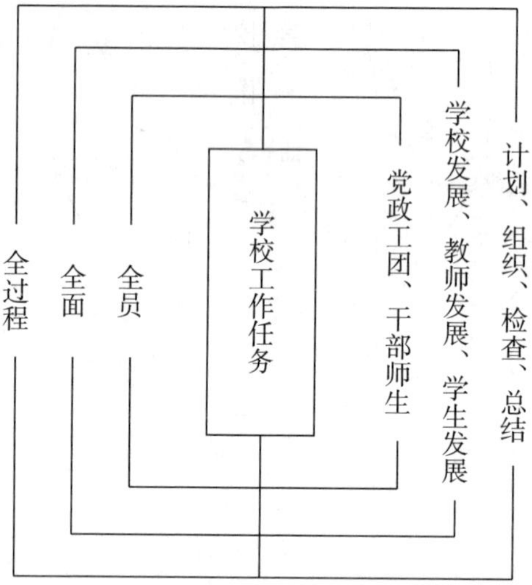

图 2-2　三全综合模式

三全综合模式以系统管理理论为指导，其优点是系统、全面，是学校管理的理想模式之一，需要学校管理者特别是校长具有辩证、联系、发展的思维。运用这一模式时，校长必须能够驾驭全局，统筹资源，抓住重点，兼顾全面。

3. 科学人文模式

学校管理要遵循管理规律，如要坚持社会主义方向性原则、整体性原则、民主性原则、教育性原则、规范性原则、社会协调性原则、有效性原则，又要以人为本，注重人文关怀。学校管理的对象是人、财、物、事、时、空、信息，这些管理对象要素是以组织形式呈现在我们面前的，其中首要的是人。因此，科学人文模式的基本思路是：抓组织，关心人。

首先，要明确校长职能，然后明确副校长、教务主任、德育主任职能。根据各自分工，明确教务处、德育处、办公室、教科室工作职能，由此明确年级组、教研组、实验室、各班级的工作任务，一级抓一级，一级对一级负责，及时监督，及时检查，及时考核，及时反馈，及时矫正，及时总结。

其次，要全面关心师生成长和发展。政治上要引路，学业上要引领，心理上要引导，使他们能够永远保持一种昂扬向上的精神，使得他们能够不断地成长、成熟、成就。关心学生，就要使他们能够德有所立、智有所启、体有所健、美有所养、心有所向。关心职工，就要使他们政治信念坚定、教育思想端正、个人生活幸福、社会形象良好。

抓组织、关心人看似简单、平常，真正做到并不容易。实际管理工作中，我们常常看到的是：有的学校只抓组织不关心人，学校死气沉沉，缺乏生气；有的学校只关心人不抓组织，表面和气，效率极低；有的学校既不抓组织又不关心人，学校一盘散沙，怨声载道；而有的学校既抓组织又关心人，学校工作井然有序，干群师生和谐，这是最理想的一种管理模式。

科学人文模式是以科层管理理论和人本主义理论为理论基础的，强调管理不仅要讲究科学、讲究规律、讲究层级，还要讲究人文精神、人文需要、人文关怀。

科学人文模式图示如下（见图 2-3）。

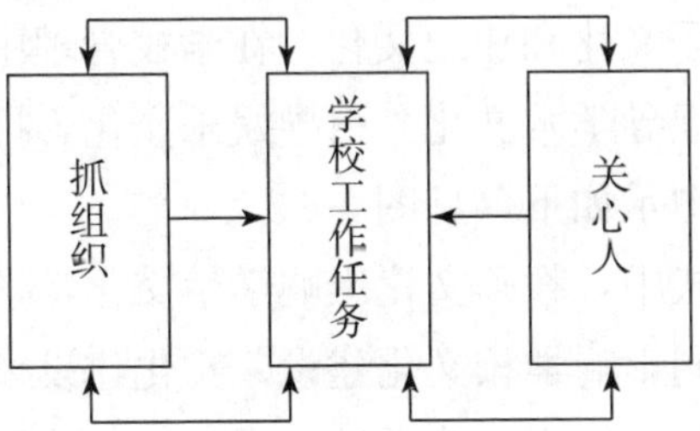

图 2-3　科学人文模式

4. 文化建设模式

学校以文化留存、传播、建构为己任。作为一个文化机构，学校所从事的一切活动特别是管理活动都是文化建设活动。在校园文化建设活动中，各种文化相互碰撞、相互影响，其中以教师文化和学生文化相互作用为主。

教师文化是学校主流文化。教师闻道在先、术业有专攻，加之又是成人，一般具有价值判断能力和价值选择能力，因而在学校的文化建设当中，教师文化起着领导、引导作用。忽略这一作用，学校文化建设就会遭遇挫折，甚至会走上歧途。

既然教师文化是学校主流文化，那么教师文化的本质是什么？我认为就是求真、求善、求美，而真、善、美是通过教师传道、授业、解惑来完成的。科学求真，科学意识、科学知识、科学精神、科学态度在学校文化建设中起着非常重要的作用，也是学生在社会上安身立命的资本。道德求善，道德知识、道德情感、道德意志、道德行动根本在于善。善待社会，善待他人，善待工作，善待自己，善待自然，教师应成为学生的表率。艺术求美，审美意识、审美能力的培养应是学校教育的目的之一，是学校文化建设很重要的一个方面。

学生文化也很重要，但与教师文化相比较，它处于次要地位，是亚文化的一种。学生文化的本质是什么？当然也是求真、求善、求美。然而，学生特别是中小学生大多不是成年人，其价值判断、价值选择的能力还很弱，因而学生文化需要靠教师文化来引导。一般认为，学生文化中有学术文化、娱乐文化和违纪文化。在学校管理中，要贯彻“学生以学为主”的思想，倡导学术文化，引导娱乐文化，抑制违纪文化。

文化建设模式图示如下（见图 2-4）。

在文化建设模式中，教师文化影响学生文化，学生文化反作用于教师文化，二者又共同影响学校文化建设。文化建设模式可以帮助我们打造一个具有个性和特色的现代化学校，因而文化建设模式也是各级各类学校积极探索和实践的理想模式之一。

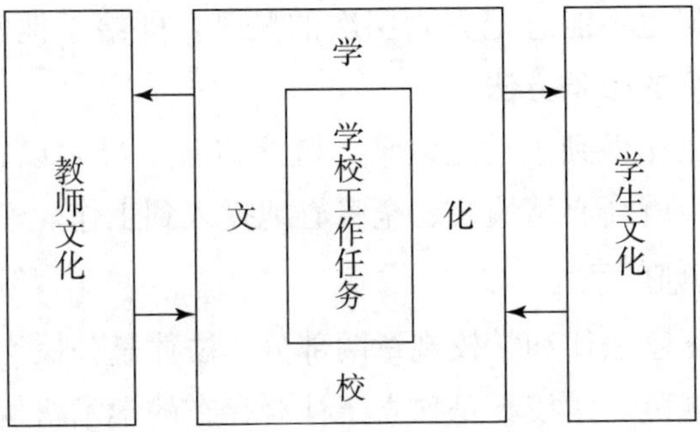

图 2-4　文化建设模式

二、学校几种管理方法

学校管理方法是指完成学校工作任务所采用的手段、途径和措施。古今中外，管理方法有很多种，典型的方法有：思想教育的方法，法规的方法，行政的方法，经济的方法，心理的方法，学术的方法，数学的方法，综合的方法等。

1. 思想教育的方法

思想教育的方法是学校管理工作中比较常用的方法之一。“思想对了头，工作有奔头。”思想工作做好了，师生的心情舒畅了，学习、工作就有使不完的劲头。

做好思想教育工作，应该注意如下几点。

（1）动之以情。要了解师生的心理需要，通过思想教育工作，使师生达到情感上的共鸣。忌说空话、废话、无关痛痒的话。

（2）晓之以理。要多讲大道理，少讲小道理。通过思想工作，使师生明白工作学习的意义，坚定信念，树立理想，克服困难，勇于攀登。

（3）导之以行。要帮助师生明确今后工作、学习的奋斗方向，引导师生发扬成绩，纠正不足，不断努力，不断进步，不断成长。

（4）励之以利。当师生工作学习取得成绩时，要及时给予物质上的鼓励，使得他们产生成就感，继续努力，取得更大成绩。

（5）激之以名。当师生在工作、学习上取得成绩时，必须给予一定的物质奖励，但也不能忘记更高层次的激励，即给予他们一定的荣誉，这也是思想教育的必备方法。

思想教育工作做到了动之以情，晓之以理，导之以行，励之以利，激之以名，师生就会心情愉快、全身心地投入到工作、学习中去。

2. 运用法规的方法

法规包括国家法律和学校规章两部分。法律是公民当然也是师生必须遵守的行为规范。学校不是独立于社会存在的学术机构，与社会发生着这样或那样的联系。因而法律既能约束学校的行为，也能保护学校的利益。学校规章是师生行为的准则，学校规章规范着师生的行为，也保护着师生的权益。因而在学校管理过程中，重视贯彻执行法规，对学校建设和发展尤为重要。

运用法规的办法管理学校，要注意如下几个问题。

（1）依法治校。要组织管理干部认真学习法规，广泛普及法律知识。学校的办学方针、办学方向、办学思路、办学措施都要纳入法律的规范之内。要坚持社会主义办学方向，按照教育方针的要求，教育要为社会主义现代化建设服务，与生产劳动相结合，培养德、智、体诸方面全面发展的社会主义建设者和接班人。

（2）依法治教。要组织教师认真学习法律，提高依法从教的自觉性。教师要在法律允许的范围内进行教育教学活动。要教书育人，要认真履行职责，要依法保障自己和学生的合法权益不受侵犯。

（3）依法治学。学生特别是中小学生都不是成年人，他们的合法权益能否得到保障也是社会是否公平的一个重要体现。依法治学就是要保证学生入学机会公平、教育过程公平、教育结果公平。

（4）依法立章。在法律许可的前提下，依照现行法律制订学校教育教学教研管理制度。并与时俱进，根据变化了的情况，不断修订现行规章制度，这也是学校基础性工作之一。凡是办有特色、办有成绩的学校都重视依法立章工作。

3. 行政的方法

校长是学校的行政首长，因而行政的方法是学校常用的管理方法之一。行政的方法就是要发挥学校各级行政的作用以有效地管理学校。由于个人的原因或组织的原因，运用行政的方法管理学校会有多种方式。概括起来有校长行政型、教务处行政型和年级组行政型。

运用行政的方法管理学校，应该注意如下几点。

（1）政出慎重。要贯彻民主集中制原则，制订政策时要考虑大多数人的意愿和接受能力，要考虑大多数人的利益，要慎重考虑政策可能带来的影响和结果。

（2）政出一门。不论学校管理是校长行政型、教务处行政型或年级组行政型，政策制订、发布只能出自一门，不能政出多门，以免产生矛盾、掣肘，让执行部门无所适从。

（3）政为人人。学校制订政策、执行政策不厚此薄彼，应该做到一视同仁，政策面前一律平等。只有这样，政策才有信度，才有效度，大家才会信服，才会自觉执行。

（4）政令畅通。学校政令一经发布，就要无条件执行。遇到困难推行时，要分析困难和阻力产生的原因，积极协调、疏导、引导，以便把政策顺利贯彻执行下去。在政策执行过程中，要认真倾听各方面的意见，以备未来修订政策时参考。

4. 经济的方法

学校是一个文化机构，同时也是一个经济实体。运用经济的方法来调动师生员工的工作积极性是常用的工作方法之一。运用经济的方法，本质上说就是奖勤罚懒、奖优罚劣。

运用经济的方法管理学校，要注意如下几点。

（1）有功必奖。师生工作、学习取得成绩时，如果学校经济能力允许，大功大奖，小功小奖，要给予一定的物质奖励。

（2）有过必罚。干部员工工作出现失误后，要及时分析原因，吸取教训，要根据错误造成的损失和影响大小，大过重罚，小过小罚，要给予责任人一定的经济处罚，以儆效尤。

（3）奖罚有据。奖罚事先应有规章，不能临时拍板定案。一是师生员工工作学习有所遵循，会瞄准目标，积极奋进；二是公平公正，使得大家奖有所归，罚有所领，发扬成绩，纠正不足。

（4）奖罚及时。奖励和惩罚要善于抓住时机。奖励要选择责任人有成就感、期待感，关注的人有羡慕感、好奇感时进行；惩罚要选择责任人有愧疚感、悔恨感，关注的人有是非感、好恶感时进行。

注重物质激励，是管理的一个杠杆。运用好这个杠杆，加上及时有效的精神鼓励，一定会起到应有的作用。

5. 心理的方法

我们所从事的活动大多是心理活动，当然管理活动也不例外。学校管理活动所采取的工作方法当中有很多是心理活动的方法。

（1）暗示的方法。采用暗示的方法是要唤起师生员工的自觉，通过暗示使得他们能够自觉地去完成工作、学习任务。

采取暗示法应注意的问题是：第一，暗示要选好对象；第二，暗示要积极定向；第三，暗示要适时引导；第四，暗示要矫正态度。

（2）激将的方法。采用激将的方法是要激励师生员工的勇气，通过激将法使得他们勇往直前，百折不挠，克服困难，迎接一切挑战。

采取激将法应该注意的问题是：第一，激将要选好对象；第二，激将要把握尺度；第三，激将要及时强化。

（3）表扬的方法。采用表扬的方法重在表彰、弘扬美德美行，使得榜样典型成为人们效仿的表率。在学校教育教学管理过程中，表扬是常用的工作方法。

采用表扬的方法应该注意的问题是：第一，表扬要抓好典型；第二，表扬要公开及时；第三，表扬要做好宣传。

（4）批评的方法。批评的方法也是常用的工作方法。它主要用来对某种不良倾向和不良行为进行公开的或不公开的分析和评判。

采用批评的方法要注意的问题是：第一，批评要摆事实；第二，批评要讲道理；第三，批评应该适时；第四，批评应该适地；第五，批评要有建议。

6. 学术的方法

学校是培育人的场所，既是文化机构，又是学术机构。运用学术方法管理学校是学校管理区别于公司、企业和其他社会团体管理的特征之一。一般来讲，能否运用好学术管理的方法管理好一所学校，是这个学校管理者有没有价值领导能力的重要标志。

运用学术的方法管理学校要努力做到以下几点。

(1) 要有先进的办学理念。要坚持教育的科学发展观，坚持学校发展、教师发展、学生发展的统一。要使学校成为精神的乐园，人才的摇篮。

(2) 要坚持科研导向。坚持科研导向就是要让学术说话，让学术占位，让学术引领学校赢得最快最大的发展。

(3) 要有学术激励机制。学校要建立一种鼓励学术研究的制度，要鼓励集体和个人围绕学校工作任务进行学术攻关或课题研究。要提供充足的研究经费，搭建研究的舞台，提供成果交流推广的机会。对产生明显效益的教育教学及管理成果要给予精神和物质奖励。

7. 数学的方法

学校是一种社会存在，因而存在就有数量，有数量就可用数字施以定位、考量、评价、奖惩。具体做法有：目标数量化，考核数量化，排序数量化，奖惩数量化。

(1) 目标数量化。学校队伍建设、设施建设、机制建设目标要有近期和远期的数量定位，以便大家思想统一、任务在胸。学校教育教学教研质量也要有一个近期和远期的数量定位，以使大家能够竭智尽力、完成定额。

(2) 考核数量化。学校考核有定性考核和定量考核。定性考核很重要，定量考核更重要。数学方法用于考核可使得考核更精确、更科学、更有说服力。运用数学的方法进行考核，要注意使用数据的客观性、准确性、全面性以及考核标准的公平性、公正性和公开性。

（3）排序数量化。在业绩考核后，要用数学统计的方法列出优劣顺序。不能稀里糊涂一笔账，谁优谁劣说不清。定性考核的要根据位次给予量化赋值，定量考核的要根据实际分数加权，然后分项排出优劣顺序。

（4）奖惩数量化。考核结果出来后，要根据奖惩规定给予责任人一定数额的经济奖励和惩罚。目的是使得优者更优，差者赶上。奖惩数量化的优点在于奖励与惩罚看得见、摸得着，对鼓励先进、鞭策后进有着重要意义。

8. 综合的方法

学校的情况千差万别，有时某一种管理方法并不奏效，这时，就得多方入手，综合治理。比如，思想教育的方法不理想时，就可以用法规的方法、行政的方法、经济的方法配合使用。实际上，在学校管理实践中单纯用一种管理方法的并不多见，都是几种方法一起使用。

运用综合的方法管理学校应注意以下几个问题。

（1）要明确目的。采用哪几种方法要围绕学校工作任务和工作目标而定，方法的采用要为目的服务。

（2）要明确重点。学校工作有阶段性重点，采用哪几种方法要依据工作重点而定，不能主次不分，眉毛胡子一把抓。

（3）要明确优劣。每种方法有优点，也有缺点。采用综合的方法应该做到发扬优点，克服缺点，相辅相成，优势互补。

学校管理模式、方法涉及宏观、微观、理论、实践方方面面。只有掌握了有效的模式，采取了灵活的方法，学校管理的水平和效益才能提高。①

① 陈自鹏. 我做管理——从班主任到教委主任［M］. 北京：线装书局，2010：35—51.

第六节　创新三管

学校管理工作要素很多，但不外乎目标、过程和考核三项。1995年，在学校管理工作中，我提出并创建了“五三四”管理模式，2001年以后，经各个学校不断改进和创新，取得了不错的效果。

“五三四”管理模式，重视目标责任的落实和考核，重视管理效益的达成和获得。其主要内容包括如下几方面。

1. 五定

为使教职员工各司其职、各展其能，将学校工作分为四大块：教育、教学、教研、服务，实行“五定”，充分调动各类人员的工作积极性。

（1）人定岗。结合学校的实际情况，将岗位分为决策岗、执行岗、实施岗、操作岗，其中决策是指校级干部宏观决策，执行是指教务处、德育处、总务处和办公室的决策执行管理，实施是指年级组、教研组、行政组的决策实施管理，操作则是指班主任、任课教师和各类服务人员的决策操作管理。岗位的设置使得人人都有自己的工作范围和工作权限，同时，从制订决策到决策操作又保证了民主参与和反馈灵便。

（2）岗定责。根据岗位任务要求，给每个岗位制订详尽的职责，从书记、校长到库工、门卫各类人员都有明确职责，岗位职责上墙公布，打印成册，人手一份，对照自查，大家监督。

（3）责定绩。根据岗位职责，对履行职责应达到的质量标准提出要求，工作绩效载入个人业务档案。

（4）绩定分。学校对各岗位人员的工作绩效均予以量化赋值，比如从事教学服务的工作人员的量化分由三部分组成，完成本职工作得到基础分，工作质量好可奖励加分，有特殊贡献的可以再行奖励加分。

（5）分定奖。为激励各岗位工作人员创先争优，多做贡献，学校实行“劳有所得、功有所奖”“多劳多得、少劳少得、不劳不得”“功大重奖、功小小奖、无功不奖”。考评分数是对学校贡献大小的标志，因此，学校根据每个人的量化得分确定奖励标准，对成绩突出者给予一定的物质鼓励和精神鼓励，如设立教育标兵、教学标兵、教研标兵、服务标兵等。

2. 三管

实行五定，关键是抓好管理，促进管理水平的提高，为此，从三方面入手，狠抓管理不放松。

（1）加强目标管理。为了把学校办成坚持社会主义方向、培育德、智、体全面发展的“四有”新人的学校，学校要制订中长期发展规划，并在此基础上制订各个学年的德、智、体诸方面的奋斗目标。学年初召开教育教学工作会议，把指标层层细化、分解到各年级、各教研室、各班级乃至每位教职员工，使得“千斤重担大家挑，人人肩上有指标”，有力地保障了学校总体目标的实现。

（2）加强过程管理。为使学校各项工作目标落在实处，要重视对工作各个环节的监控与指导。

工作有计划。依据上级教育行政部门的指示和学校实际情况，每学期初，要订出具体的工作设想和安排，各科室、班级和个人依次制订出相应的计划，如科室工作计划、教研工作计划、班级工作计划、教学进度计划、个人科研计划、个人自修计划等。

工作有落实。为使计划变为师生员工的行动，通过组织发动、任务分配、督促实施等环节将计划逐一落实。

工作有检查。为了改进工作、提高实效，学校应坚持对各部门及各类工作人员的工作进行定期性和不定期性检查。如查阅教案、听课评课、评教评学、检查实验设备的保管、使用、维修等。

工作有总结。为找出工作中的成败得失，为以后开展各项工作积累经验，学校每学年都要对工作做出总结。总结可以带来双重效益，一是显性效益——从经验和教训中找出规律，不断改进工作；二是隐性效益——通过总结，使全体教职工增强自信，明确责任，更好地完成自己的任务和使命。

(3) 加强考核管理。目标管理和过程管理必须辅之以必要的考核管理，因为只有考核才能辨别优劣，才能使目标得以落实，使过程、手段不断得以完善。为了客观、准确、有效地评判各部门和教职员工的工作绩效，可以从纵、横两方面，采用定性和定量相结合、主观描述和客观统计并重的方法对各岗位工作进行考核。为此要制订相应奖励方案等，保证各项考核方案按期执行和落实。

3. 四有

实行五定，加强三管，目的是为了实现“四有”，全面提高工作质量和水平。

(1) 有章可遵。学校的规章制度是师生关系的规范、行为的准则。加强基础工作，尤其是各项规章制度的制定和完善具有十分重要的意义。为此，根据《中华人民共和国教育法》《中华人民共和国教师法》《中学生守则》《中学生礼仪规范》《中学生行为规范》等法律法规的要求，制定《教学工作规程》《学习规程》《教职工纪律规范》《学生纪律规范》等管理制度，使得学校教育教学各项管理工作有可供参照和执行的依据。

(2) 有序可循。学校管理过程是有一定程序的，同时，为了保证教育教学管理工作有目的、有组织地进行，还要保证良好的秩序。从工作过程上看，学校按着计划、组织（实施）、检查、总结这一程序开展工作；从工作方式上看，按着决策、执行、实施、操作这一程序办事，学校严格执行规章制度，在制度面前，不论是群众还是党员，不论是教师还是领导均一律平等，促使学校形成非常和谐的教育教学秩序。

(3) 有法可取。管理工作从总的方面分析，就是工作目标和工作方法两个大的方面，“领导者的责任就是正确地提出目标，确定任务和正确地选择方法”。在办学过程中，注重对教法、学法、管理方法等的研讨，不仅培养人才，还积累办学的方法，以便为自己和他人提供启示和借鉴。

(4) 有效可鉴。以教学为中心，向管理要效益，通过管理，使学校的人、财、物得到合理配置，发挥最大效能。以“效”为鹄的，以“果”为目标，强调效果，强调效率，强调效益，学校工作才能上水平。

“五三四”管理模式示意图如下（见图2-5）：

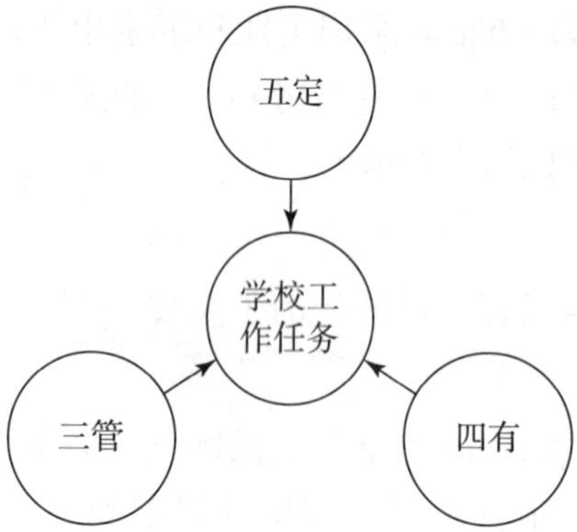

图2-5 “五三四”管理模式

学校根据教职工工作的分工不同，设置以下四个岗位（见图2-6）。

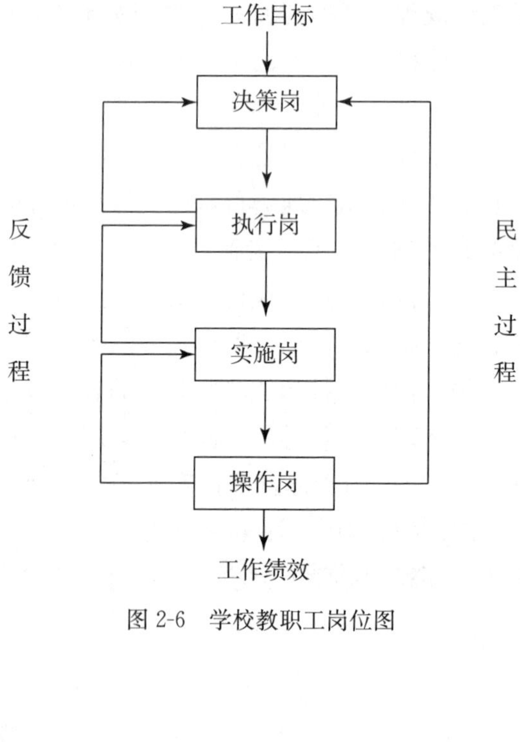

图2-6 学校教职工岗位图

教育岗：考核主管为德育处，考核对象为班主任。

教学岗：考核主管为教务处，考核对象为全体任课教师。

教研岗：考核主管为教务处，考核对象为全体教职工。

服务岗：考核主管为办公室，考核对象为服务管理人员，包括教务处、德育处、办公室、总务和实验室的所有人员。

“五三四”管理模式以目标管理理论为理论基础，强调目标制定、责任落实、绩效考核、激励鞭策。这种模式的不断创新，对于提高员工的责任感、使命感、荣誉感、成就感都有非常重要的意义。

第七节　境界升迁

人们常说，管理就是让被管理者无法逃避责任，应该说这是一重境界。但我认为，管理只是停留在这样一个层面还是不够的。我们强调管理工作应该不断提高水平，不断提升境界。

我们谈到学校管理时，无法回避的两个字是“责任”。其实，我们管理学校，就是一种责任认同和责任担当。学校管理方式不同，方法多样，模式各异。单从责任层面来看，学校管理大致有三重境界。

一、管理是让被管理者人人必须尽责

（一）有关理论

学校中的每个人都应该有明确的岗位、明确的任务和明确的职责规定性。因此，人人有责、人人尽责，人人高效尽责是基本要求。行政学、法学理论、科层管理理论和科学管理理论给我们诸多启示。

1. 施泰因（Lorenz von Stein）的行政学、法学理论

德国著名的行政学大师、法学家施泰因在1884年出版了《管理学》（又名《行政学》）一书，其中一个专章是论述教育行政管理的。他明确指出国家应该通过立法的方式对公共事物的教育进行干预，以保障国民有平等的受教育的权利。后来教育法应运而生。

施泰因的贡献在于较早地意识到理性行政、以法治教的重要性。其行政学和法学给我们的启示主要有两个方面：

(1) 学校管理应该重视建章立制，一切工作应该有章可遵；

(2) 行政可以保证权责，学校规章可以监督权责运行。行政和规章运用得当，学校管理一定增强。

2. 马克斯·韦伯（Max Weber）的科层管理理论

马克斯·韦伯是德国政治经济学家和社会学家，他被公认为现代社会学和公共行政学最重要的创始人之一，也是科层管理理论的代表人物之一。

韦伯认为，应该通过职务或职位而不是通过个人或世袭地位来管理。要使行政组织发挥作用，管理应以知识为依据进行控制，管理者应有胜任工作的能力，应该依据客观事实而不是凭主观意志来领导，因而这是一个有关集体活动理性化的社会学概念。

韦伯在《社会和经济组织的理论》一书中，指出有三种纯粹形态的合法权力，其依据有三个：第一，法定的依据；第二，传统的依据；第三，超凡的依据。

韦伯认为，这三种纯粹形态的权力中，传统权力的效率较差，因为其领导人不是按能力来挑选的，仅是单纯为了保存过去的传统而行事。超凡权力过于带感情色彩并且是非理性的，不是依据规章制度而是依据神秘或神圣的启示，所以这两种权力都不宜作为行政组织体系的基础，只有理性和法律的权力（法定权力）才能作为行政组织的基础。因为理性的法定权力具有较多的优点，如有明确的职权领域；执行等级系列；可避免职权的滥用；权力行使的多样性等。这样就能保证经营管理的连续性和合理性，能按照人的才干来选拔人才，并按照法定的程序来行使权力，因而是保证组织健康发展的最好的权力形式。

科层管理理论的基本观点包括职务分类、权力分层、法定资格、委其责任、遵纪守法、理性关系等。科层管理理论以责任制为基础，以权力为核心的理性组织的权威性对提高工作效率是有积极意义的。尤其后来理论发展中提出的要“以目标为导向，对职务、责任、权力和利益进行合理配置”的原则，对当今学校管理实现“人人尽责”更有现实意义。

3. 泰勒（Frederick Winslow Taylor）的科学管理理论

泰勒是美国著名的管理实践家、管理学家，科学管理理论奠基人，被誉为“科学管理之父”。他的代表作是《计件工资制》（1895 年）、《车间管理》（1903 年）、《科学管理原理》（1912 年）。

泰勒原本是个工人，后来当过工长、绘图员、技术员和工程师，最后当上总工程师和管理顾问。他在管理方面曾经进行过“铲具的试验”“铁块搬运试验”“金属切削试验”。这三项试验为他的科学管理理论的提出提供了实践的基础。

泰勒最根本的贡献，是在管理实践和管理问题研究中采用“观察、记录、调查、试验等手段的近代分析科学方法”。他认为科学管理的中心问题是提高效率。为了提高劳动生产率，必须为工作挑选“第一流的工人”。要使工人掌握标准化的操作方法，使用标准化的工具、机器和材料，并使作业环境标准化，这就是所谓的标准化原理。实行刺激性的计件工资报酬制度。工人和雇主两方面都必须认识到提高效率对双方都有利，都要来一次“精神革命”，相互协作，为共同提高劳动生产率而努力。把计划职能同执行职能分开，变原来的经验工作法为科学工作法。

毋庸讳言，高效率是学校管理工作的基本诉求之一。泰勒的科学管理理论对于学校实现高效管理、高效教学，特别是师生员工“高效率尽责”有着特别的意义。

（二）实践探索：实行“五三四”管理模式，责任落实到人

1995 年我做了校长后，开始研究学校管理的模式。在集中大家的智慧基础上，我们有了“五三四”学校管理模式，其实这是一个侧重目标和绩效考核管理的模式，它含有行政学、法学理论、科学管理理论、科层管理理论的元素。实施这样的管理模式后，学校干部、教师、教学

辅助人员的工资晋升、奖先评优、职称推荐等都不再是投票说了算，而是全面的综合的绩效考核分数说了算。考核分数高，说明其对学校的贡献大。考核分数低，说明其对学校的贡献小，应该努力了。有了这样一个管理模式，我做校长四年，没有一位职工因为自身利益的事找过我！后来做了教委主任，我倡导这一模式，学校面貌大为改观，学校教育教学质量得到明显提升。

在一个学校较劲爬坡的阶段，要提高效率，需要人人尽责。实行“五三四”管理模式，是一个非常明智的选择。

二、管理是让被管理者人人主动尽责

（一）有关理论

学校中的人不是单纯的经济人、工具人，最主要的还是社会人。他们处于一定的自然环境和社会环境中。人际关系、人际环境、人际氛围是我们学校管理工作中需要高度关注的。良好的人际关系是生产力。研究人际关系，特别是研究人的行为活动规律尤为重要。其中，行为科学管理理论给我们启发。

梅奥（George Elton Mayo）和他的哈佛同事们在美国西屋电器公司的霍桑工厂进行如何提高生产效率的试验。从1924年到1932年，霍桑实验持续了9年。实验分两段进行。梅奥参加了第二段的实验。1933年，梅奥出版了《工业文明中的社会问题》，对实验进行了总结，提出了行为科学管理理论。

1. 社会人理论

以泰勒的科学管理理论为代表的传统管理理论认为，人是为了经济利益而工作的，因此金钱是刺激工人积极性的唯一动力，因此传统管理理论也被称为“经济人”理论。而霍桑实验表明，经济因素只是第二位的东西，社会交往、他人认可、归属某一社会群体等社会心理因素才是决定人工作积极性的第一位的因素，因此梅奥的管理理论也被称为“人际关系”理论或“社会人”理论。

2. 士气理论

以泰勒的科学管理理论为代表的传统管理理论认为，工作效率取决于科学合理的工作方法和好的工作条件，所以管理者应该关注动作分析、工具设计、改善条件、制度管理等。而霍桑实验表明，士气，也就是工人的满意感等心理需要的满足才是提高工作效率的基础，工作方法、工作条件之类物理因素只是第二位的。

3. 非正式群体理论

以泰勒的科学管理理论为代表的传统管理理论认为，必须建立严格完善的管理体系，尽可能避免工人在工作场合中的非工作性接触，因为其不仅不产生经济效益，而且降低工作效率。而霍桑实验表明，在官方规定的正式工作群体之中还存在着自发产生的非正式群体，非正式群体有着自己的规范和维持规范的方法，对成员的影响远较正式群体为大，因此管理者不能只关注正式群体而无视或轻视非正式群体及其作用。

4. 人际关系型领导者理论

泰勒的科学管理理论为代表的传统管理理论认为，管理者就是规范的制定者和监督执行者。而霍桑实验提出，必须有新型的人际关系型领导者，他们能理解工人各种逻辑的和非逻辑的行为，善于倾听意见和进行交流，并借此来理解工人的感情，培养一种在正式群体的经济需要和非正式群体的社会需要之间维持平衡的能力，使工人愿意为达到组织目标而协作和贡献力量。

陈孝彬指出，激励理论是行为科学管理理论的核心内容。他认为，在行为科学管理理论的影响下，教育管理学家更加重视教职员工在管理中的主体地位，采用科学的方法了解社会与学校中各种因素对个体人或群体行为的影响。强调人的主观能动作用，增强自我激励、自我调控、自我完善的能力。教育管理者要学会激励大家的工作热情、事业心；要为每个教职员工知识、才能的发挥创造机会和条件；要加强组织内部的团结，消除人与人之间的矛盾和冲突；要帮助教职员工冲出“误区”走出“低谷”，扫除一切困惑和苦恼。教育管理者还要善于分析、研究教职员工，改善学校内外的人际关系，增强群体意识和组织的凝聚力，不断扩大领导集体的影响力场。①

（二）实践探索：开展“五子”工程，激发师生积极性

为了调动广大教职员工工作的主动性和积极性，激励大家比先争优，敢创一流，我在天铁教委倡导开展“五子”工程，即为师生员工搭台子、立梯子、抬轿子、竖牌子、吹号子。“五子”工程具有行为科学管理的元素，营造了一个激励“人人积极向上，人人和谐进取，人人争创一流”的良好氛围。

1. 搭台子

学校管理就是要促进学校、教师、学生得到最大程度的发展。发展需要平台。天铁教委制订了《德智体美劳卫综合考核方案》，促进学校全面健康可持续发展；制订了《教师培养方案》，“海阔凭鱼跃，天高任鸟飞”。教师在这个平台上挥洒着汗水，迸发出智慧，都在积极主动地发展着自己。为了促进学生发展，我们提出“双基在课堂，课外抓特长”的理念，给学生们搭建了赛讲、赛读、赛写、赛画、赛演、赛算六个发展平台，孩子们八仙过海，各显其能，使从天铁走出来的孩子个个基础扎实、特长鲜明、个性张扬、全面发展。

2. 立梯子

师生发展不仅需要平台，还需要发展高度。我们给干部、教师、学生分别立起成才的阶梯。我们要求干部不仅坐下来能写，还要求他们站起来能讲，走下去能干，个个都能开拓进取，独当一面；按照《教师培养方案》，教师以入门教师、合格教师、优秀教师、标兵教师、明星教

① 陈孝彬. 教育管理学［M］. 北京：北京师范大学出版社，2006：77.

师分阶段阶梯式培养。我们提出要求，教师不仅学好，还要做好，研究好。真正实现“学、做、研”的统一；不做因教误人者，不做以教谋生者，不做教书匠，要做大教师。鼓励教师不断提升自己、完善自己、超越自己；学生中开展“学雷锋标兵”“学习标兵”“阳光少年”等旨在促进学生全面发展的活动，使得学生学有目标，做有榜样；天铁教学质量指标从“超天津市全市平均水平”“超天津市市内六区平均水平”到“超市内教育强区平均水平”逐步跨越。

3. 抬轿子

管理就是服务。一个优秀的学校管理者应该全心全意地为师生服务。在学校管理中，我们了解师生真正的需求，积极帮助他们排解困难，千方百计地为他们的发展创造条件。我们派优秀的校长到北京师范大学进修博士课程班课程，选派优秀的教师参加硕士课程班和本科、专科段学习，积极鼓励教师到全国各地参加高层次高水平的学术活动和赛事，开阔教师视野；此外，也积极创造条件鼓励学生参加高层次高水平的书画大赛、学科竞赛等，提高学生的综合技能和能力。

4. 竖牌子

办好教育，需要名牌效应。我们的高中原是一所区重点校，但其管理和质量是业界人人称道的。通过二十几年打拼，我们树起了学校的牌子，使得这所学校远近有了名气，增加了教师和学生的自豪感。办好教育，需要大楼，更需要大师。大师是具有大道德、大学问、大智慧的人，是一个区域或领域的领军人物。我们利用“天津市未来教育家奠基工程”的机遇，送培有前途的“未来教育家学员”。通过这个工程，我们让外界了解了天铁人、天铁教育、天铁教育所取得的成绩。当然也打开了一扇窗，让我们看到了外面的世界是如此丰富多彩，看到了我们在某些方面存在的差距和我们未来应该着力的方向。

5. 吹号子

学校管理需要不需要吹号子，做宣传？回答是肯定的。有过农村生活经历的人都知道，做房基地需要夯实地基。打夯的人需要喊着号子才能协同一致，用力一致，还能解除疲劳，鼓舞干劲。学校管理也不例外。我们利用一切机会宣传学校和个人好的理念、好的经验、好的做法，利用报刊网络等媒体宣传教师的事迹、学生的事迹，使得学校与学校之间、学生与学生之间能够相互学习、相互激励、相互启发、相互借鉴。

三、管理是让被管理者人人快乐尽责

（一）有关理论

“人人快乐尽责”的理论基础是马斯洛（Abraham Harold Maslow）的人本主义理论。

马斯洛是美国社会心理学家、人格理论家和比较心理学家，人本主义心理学的主要发起者和理论家，心理学第三势力的领导人。

按照马斯洛需求层次理论，个体成长发展的内在力量是动机。而动机是由多种不同性质的需要所组成的，各种需要之间，有先后顺序与高低层次之分；每一层次的需要与满足，将决定个体人格发展的境界或程度。马斯洛认为，人类的需要是分层次的，由低到高。它们是生理需求、安全需求、归属与爱的需求、尊重需求、自我实现。

1. 生理需求

生理上的需要是人们最原始、最基本的需要，如吃饭、穿衣、住宅、医疗等。若不满足，则有生命危险。这就是说，它是最强烈的不可避免的最底层需要，也是推动人们行动的强大动力。

2. 安全需求

安全的需要要求劳动安全、职业安全、生活稳定，希望免于灾难，希望未来有保障等。安全需要比生理需要较高一级，当生理需要得到满足以后，就要保障这种安全需要。每一个在现实中生活的人，都会产生安全感的欲望、自由的欲望、防御的欲望。

3. 归属与爱的需求

归属与爱的需求是指个人渴望得到家庭、团体、朋友、同事的关怀、爱护、理解，是对友情、信任、温暖、爱情的需要。这种需要比生理和安全需要更细微、更难捉摸。它与个人性格、经历、生活区域、民族、生活习惯、宗教信仰等都有关系，这种需要是难以察悟，无法度量的。

4. 尊重需求

尊重的需要可分为自尊、他尊和权力欲三类，包括自我尊重、自我评价以及尊重他人。尊重的需要很少能够得到完全的满足，但基本上的满足就可产生推动力。

5. 自我实现

自我实现是最高等级的需要。满足这种需要，就要求完成与自己能力相称的工作，最充分地发挥自己的潜在能力，成为所期望的人物。这是一种创造的需要。有自我实现需要的人，似乎在竭尽所能使自己趋于完美。自我实现意味着充分地、活跃地、忘我地、集中全力全神贯注地体验生活。

马斯洛还认为，在人自我实现的创造性过程中，产生出一种所谓的“高峰体验”的情感，这个时候是人处于最激荡人心的时刻，是人的存在的最高、最完美、最和谐的状态，这时的人具有一种欣喜若狂、如醉如痴、销魂的感觉。

我认为，学校管理只有达到这样的一种境界，师生员工自我实现的愿望才会越来越强烈，他们才会内心喜悦，欲罢不能。

（二）实践探索：倡导“三立”，期待“三成”，鼓励师生自我实现

天铁教育鼓励教师树立远大的教育理想和目标，我倡导教师要努力做到“三立”，期待学生做到“三成”。“三立”与“三成”显然是希望教师和学生有自我实现的高峰体验。虽然在某种程度上说，它是一种理想、一种期望，甚至是一种愿景，却让师生充分体会到了自我实现的人生喜悦。

把“三立”即立德、立功、立言作为教师个人追求的目标和理想，这超出了一般的功利诉求，也超出了教书育人的一般要求。倡导教师做到“三立”，教师目标远大，理想远大，发展强劲，因而也会动力十足。

在倡导教师“三立”的同时，我倡导学生要立志高远，要以“三成”为自己的人生奋斗目标。“三成”，即成长、成功、成就。

只有做到了“三立”“三成”，师生才真正做到了快乐体验、幸福体验，才真正做到了自我实现。

学校管理有三重境界：人人必须尽责，人人主动尽责，人人快乐尽责。学校管理达到了第一重境界，大家都尽责，管理者和被管理者就会有效率。有效率，管理就会出业绩；学校管理达到了第二重境界，大家都主动尽责，管理者和被管理者工作就会有激情。有激情，管理就会有奇迹；学校管理达到了第三重境界，大家都快乐尽责，管理者和被管理者工作就会有幸福。有幸福，管理才能有目的达成。毫无疑问，让管理者和被管理者感到幸福应该是管理的最高境界。

第八节　任重道远

作为一个教育工作者，一生都要认真回答和解决好两个非常现实的问题：什么是人民满意的教育？如何才能办好人民满意的教育？

什么是人民满意的教育呢？我认为，人民满意的教育有多个维度的评价标准，最基本的标准应该是：校长专心，教师尽心，学生开心，家长安心，社会放心。办好人民满意的教育，我们任重而道远。

1. 校长专心

校长是学校的灵魂。校长能否专心办学、能否专心管理、能否专心为师生服务，是一个学校能否发展、教师能否发展、学生能否发展的关键。

让校长做到专心，政府应帮助学校创造一个适宜发展的政治环境、经济环境和人文环境，这是校长专心的客观要求。校长的自身主观努力则是根本。校长要专心致志、一心一意地抓好学校的教育教学、管理、科研工作，抓好队伍、设施、机制建设。队伍建设，一要注重引进，二要注重培养；设施建设，一要注重投入，二要注重管理；机制建设，要达到两个目的：一是奖励先进，二是鞭策后进。正如有的校长说的那样："三个建设"不放松，教学中心抓手中，素质教育做实功，发展肯定不落空。

2. 教师尽心

教师尽心体现在教师认真履行自己的工作职责上。教师"学高为师，德高为范"。韩愈说："师者，所以传道、授业、解惑也。"这是对教师责任和使命的最好写照。

首先，教师要传道。所传之道应是社会发展之道、人的发展之道、自然发展之道。要对学生进行爱国主义教育，积极培育和践行社会主义核心价值观，让学生知是非、辨美丑、懂善恶，学会做人，学会求知，学会合作。要让学生懂得保护自然、保护环境，为社会可持续发展做出自己的努力。

其次，教师要授业。学校一切工作以教学为中心，教学以课堂教学为中心，课堂教学以教和学为中心，教和学以学为中心，学以学生发展为中心。教师授业也不能游离这一中心。要研究规律，掌握规律，运用规律。坚持教学的主体性、主导性、教育性、间接性、目的性，通过课堂教学和生活实践的结合，促进学生的健康发展。

再次，教师要解惑。教师作为成人，作为教育的引导者、教育的组织者，由于"闻道在先"，一般具有正确的世界观、人生观、价值观，因而能够解决学生的人生之惑、学业之惑、发展之惑。解惑工作要重视学校的文化建设，即通过物质文化、精神文化、制度文化和行为文化建设，引导学生文化建设。学校要旗帜鲜明地在学生中倡导学术文化，引导娱乐文化，抑制违纪文化，在文化建设中，完善学生的个性和人格，使学生真正成为社会发展所需要的人才。

3. 学生开心

王守仁在其《训蒙大意示教读刘伯颂等》中说："大抵童子之情，乐嬉游而惮拘检，如草木之始萌芽，舒畅之则利达，摧挠之则衰萎。今教童子，必使其趋向鼓舞，中心喜悦，则其进自不能已。"我们的教育要遵循学生心理发展规律，使学生在苦学中、进步中、发展中得到成功的愉悦。① 学生"趋向鼓舞、中心喜悦"，关键是德有所立，智有所启，体有所健，美有所养，心有所向。

立德善为首。《大学》说："大学之道，在明明德，在亲民，在止于至善。"何者为善，就是要让我们的学生能够做到善待社会，善待他人，善待学习，善待自己，善待自然。"善"能提升人的思想境界，从而提升人的生活质量。

启智是学校教育的基本任务之一。通过教育使学生的观察能力、记忆能力、想象能力、思维能力得到发展，分析问题和解决问题的能力得到提高。启智使得学生有了"茅塞顿开""豁然开朗"的愉悦之情。

体育要求学生"学习知识，熟习技能，强健体魄，磨砺意志"。身体是学习、工作、事业的本钱。体育活动中不仅使学生学习体育知识和技能，而且使得他们的体魄得到加强，不仅如此，他们还会在健体中使得自己变得坚强、坚韧，这会使得他们勇于面对挑战，在挑战中享受胜利的快乐。

教育要提高学生发现美、鉴赏美、创造美的能力。美使人睿智、灵动，发现、鉴赏、创新的能力得到增强。人们在发现、鉴赏、创新中得到无尽的喜悦。

如果说德为保证、智为基础、体为条件、美为目的的话，心则为关键。一个人幸福、快乐与否完全在于心理的引导，心灵的培养。教育就是要培养能够在社会上安身立命、内心幸福、精神快乐的人。

---

① 王炳照，等. 简明中国教育史［M］. 北京：北京师范大学出版社，2007：226.

4. 家长安心

很多调查都表明，家长对学生在校教育的关注主要集中在三个方面：一是学生在校是否安全；二是学生读书读得如何；三是教育是否公平。

学校要让家长安心，首先要保证学生的人身安全。要对学生进行安全教育，完善安全制度，改进安全设施，落实安全责任，解除家长后顾之忧。

其次要抓好学校的教学质量。提倡有效教学，减少低效教学，杜绝无效教学，教给学生知识，培养学生技能，提高学生分析问题、解决问题的能力。

最后要注意教育公平。要保证学生教育机会公平，教育过程公平，教育结果的解释和使用公平。做好这项工作意义重大，因为教育公平事关社会和谐，事关社会稳定，事关社会健康发展。

5. 社会放心

教育有着社会本位要求。我们的教育肩负着为社会主义、现代化培养建设者和接班人的重任。为使社会放心，我们应努力抓好以下几方面的工作。

（1）抓方向。学校要坚持社会主义办学方向。要“面向现代化，面向世界，面向未来”，要全面实施素质教育，培养学生的创新精神和实践能力，使其“有理想、有道德、有文化、有纪律”。

（2）抓品德。教育要坚持育人为本、德育为先。品德应是人品和学品的统一，抓好品德不仅要重人品，还要注重学品。人品是做人的品格，最为重要。学品则是治学的品格，也很重要。一个人人品好、学品好，他才会遵纪守法，诚实做人，严谨治学。

（3）抓养成。知行统一是教育的基本方法之一。学生的教育不仅要晓之以理、动之以情，还要导之以行。行为养成将道德知识与道德行动统一起来，是根本性要求。

（4）抓学风。“学生以学为主”，学风如何影响着学生的成长和进步，也影响着国家的学术风气和未来。抓好学风，首先应抓好校风和教风，以良好的校风和教风带动良好学风的形成。

（5）抓学纪。学习纪律是学生学习秩序的保证。在学纪教育方面，学校要做到思想教育和纪律约束的统一，教师引导和学生自觉的统一。没有好的学习纪律，就没有好的教学秩序，也就没有好的教学质量。

（6）抓学效。教师以教书育人为己任，以促进学生德、智、体、美诸方面发展为宗旨，而学生德、智、体、美诸方面发展便是学习效果的综合性表现，一个学校坚持了全面发展，促进了学生的全面发展，便是成功的有效教育。

真正做到让校长专心，教师尽心，学生开心，家长安心，社会放心，我们的教育才能得到学生、家长、社会的认可，才是人民满意的教育。

第三章　行中有思景象千

教师在从事教育教学以及管理工作的同时，需要对教育教学以及管理问题有一些专业思考。只有这样，才能育有目的，教有目标，管有方向。我在几十年的学习、工作中常常是做着并思考着，且常常在思考中有新的体会、新的收获、新的喜悦。思考常常让人茅塞顿开，豁然开朗。思考影响心态，思考引导行为，因此，思考让人愉悦，让人兴奋，让人幸福。

第一节　心有震撼

几十年从事教育工作，我接触过无数专家、学者，他们术业专攻，思想深邃，个性突出，影响深远。知名教育改革家魏书生就是其中一位。在我的眼里，魏书生是个令人难解的人，是个大度豁达的人，是个淡泊名利的人，是个敢说真话的人，是个自爱爱人的人，是个为书而生的人，是个善想会干的人，是个事业大成的人。

（一）令人难解的魏书生

魏书生，在中国教育界是个响当当的重量级人物，也是一个谜一样的人物。做教师的若不知道魏书生，那叫孤陋寡闻。

知道、了解、结识魏书生花了我十余年的时间，起初我是从媒体上知道魏书生和他的部分事迹的，后来又通过魏书生的演讲，目睹了一个为师者的风采，然后又通过读其书，知其道，听其言，观其行来领略这样一位教育实践家的风范。

魏书生原本只有初中学历，靠自学和实践从一个农村中学教师成长为一个全国闻名的教育改革家。他是全国劳动模范，全国优秀班主任，全国中青年有突出贡献的专家，首届“中国十大杰出青年”，辽宁省特级教师、功勋教师。因成绩卓著，他 6 次与邓小平同志合影，9 次受到江泽民同志接见，在全国有 38 项社会兼职，先后当选为中共十三大、十四大、十五大代表……他热爱三尺讲台，在担任学校校长兼党总支书记期间，甚至在走上盘锦市教委主任兼党组书记领导岗位以后仍然兼课，一年有几个月出外讲学，学生成绩依然在全市名列前茅。

看到这儿，您心中可能要打上一个问号：这是一个怎样的人？

是的，魏书生其人其事我说给专家学者听，他们常常连连发问“是吗?”“真的?”满目警惕。讲给业外的朋友们听，他们也总是“真有这人?”“确有其事?”满脸狐疑。

20 世纪 80 年代末，我在报刊上见到魏书生这个名字和有关报道时，实事求是地说，并没有引起我太多的注意。20 世纪 90 年代初，魏书生在天津科学会堂的一场演讲引起了我极大的关注，我的心灵受到了强烈的震撼。当时魏书生已进入不惑之年，跑步上场，直立演讲，其潇洒的风度，幽默的语言，真诚的叙述，入理的阐释，使场上一千多位观众无不动容，无不耳目一新。大家有一个共同的感觉：他是中国教育界的骄傲和自豪！我当时也有一种感觉，要做一名好教师，魏书生就是榜样！1997 年我入读天津师范大学研究生课程班，有一门课叫“班主任工作研究”，其中魏书生的《班主任工作漫谈》是必读教材，我一口气读完了这本书，后又阅读了《魏书生文选》（上、下册）。后来，魏书生又赠我一册写有勉励我“自强不息、鹏程万里”赠言的《魏书生评传》，我对魏书生的人生艺术、教育艺术、教学艺术才有了一个初步的理性认识。虽早有写一写他的冲动，但不敢贸然下笔，我怕因为我的无知和肤浅亵渎了魏书生。

我和大家一样，也是带着不解走近魏书生的，对于魏书生从不了解到了解，从知之甚少到知之较多，我的疑惑渐渐散去，代之而来的是对他由衷的赞叹和钦佩之情。

（二）大度豁达的魏书生

魏书生是个平凡的人，但有着不平凡的境遇，干着不平凡的事业。他之所以事事比他人做得好，首先取决于他崇高的精神境界。

魏书生出生在新中国成立后的 1950 年，由于“文化大革命”，他初中毕业后失去了读高中、入大学的机会，18 岁上山下乡，19 岁曾在小学当民办教师，21 岁进工厂，28 岁起到中学任教。他在工厂工作期间，因在批林批孔运动中说过孔子的好话和“文化大革命”的坏话，而被打成“准反革命”，挨过批斗，受到诬陷，遭到迫害，当时公安部准备介入此案，并处魏书生极刑。魏书生经历了人妖颠倒、不堪回首的艰难岁月，至今他每天胸前仍然戴着周恩来“为人民服务”的像章，大概与这段刻骨铭心的生活不无关系。

对于“文化大革命”，中国绝大多数人，不论是当时受到迫害的还是没有受到迫害的，都是深恶痛绝的。在原则问题上，魏书生寸步不让，但对当年告密诬陷他的人却未采取“以牙还牙”的态度。一位作家写了一本介绍魏书生的书，想把那些恶人、恶事曝光，而魏书生接到书稿后却坚决不同意，他执意要把那些人的名字和具体事实一笔勾销，他认为“要与人为善，要以德报怨，争取感化有罪之人”。魏书生就是这样，大度对人，不背历史包袱，因而总能轻装上阵，总能以充沛的精力去创造新的辉煌。

魏书生不仅是个大度的人，还是一个豁达的人。他的豁达至少表现在两个方面：一是境遇观，二是苦乐观。

在我们的日常生活中，常常听到有人抱怨自己的运气不佳，境遇太差，往往把成败归咎于客观条件，而忽视了主观能动性，魏书生则大有不同。记得他在一次演讲中说：“人不要埋怨境遇。命运把你放在皇家花园，你应该长成参天大树；命运把你甩到千山的石头缝中，你应该紧紧地抓住大地，依然生机勃勃，郁郁葱葱。”魏书生做到了这一点，因而在他和同事的共同努力下，一所农村中学变成了全国闻名的省级重点中学，他自己也发奋图强，从学校走向了全国，走向了世界。

魏书生要做的工作有很多，读书、写作、教学、管理、演讲、社会工作需要大量的时间，他常说自己最缺的是时间，最不安的是欠“债”太多。可大家理解他，都知道他太累了，太苦了。然而魏书生面对这一切却非常坦然，常能变苦为乐，以豁达的心情乐此不疲地做好每一件事情，他常常说，读书是享受，写作是享受，教学是享受，散步是享受，生活中的一切一切都可以是享受。我们每一个人若都能像魏书生那样，还有什么想不通，不愿做，做不到，做不好的呢？

（三）淡泊名利的魏书生

读于月萍著《魏书生评传》，我看到了魏书生的一张要求做教师的申请书。

尊敬的领导：

我再一次怀着十分恳切的心情，请求组织批准自己去做一名教师。

看到各行各业特别是教育战线在党的领导下走向大治的喜人局面，我却没有机会献上一份力气，心里像有一团火一样熊熊燃烧。我无比焦急地请求领导能体谅到我的心情，批准我的申请。只要是教书，不管是到农村一般学校，还是到更困难的偏僻山区的学校，我都会踏踏实实、勤勤恳恳、满腔热情地去干。

进厂六年的两千多个日日夜夜中，我对学校的深深眷恋之情，是一天也没有中断过的，即使在“四害”把教师地位压到最低点的时候，我还是以极其羡慕的心情衷心向往着这个职业。为着有一天实现自己美好愿望的时候，把教师工作做得好一些，我日复一日、年复一年地钻研有关教育的知识，常学到食不甘味、寝不安席的地步。即使身患重病，我也还是不愿间断，为此而度过的不眠之夜是难以数计的。

两千多天中，我向各级领导恳切地提出做教师的申请至少有一百五十次之多。几乎每一个同志，特别是朋友和亲人，都耳闻目睹到我对教育火一样的热情，对学生源自内心的关心……

魏书生递交这张申请是在 1977 年 9 月，是在他被确定为厂级领导接班人有望走上仕途以后，那时的教师地位与现在不可同日而语。现在虽说教师职业还没有成为“太阳底下最光辉的职业”，教师也远没有成为“太阳底下最受羡慕的人”，但在重点中学，大本毕业的教师因优化组合后被安排去看自行车棚毫无怨言、等待上岗的人却大有人在。为什么？因为教师有稳定的工作、稳定的收入，但魏书生递交申请的时候恰是“宁挣三斗糠，不当孩子王”，“好好干，我让你去当售货员”，教师弃教他却每年要求得一名额的年月。况且魏书生是以坚忍不拔的毅力口头、书面向领导提出申请多达一百五十次，有人可能要问：“魏书生是怎么啦？别人看不上、瞧不起的职业他为什么要反其道而行之？”我们从魏书生走上教师岗位后的所作所为、所思所想中逐步找到了答案。魏书生热爱教师这个平凡的职业，他常说自己是到地球上打工的，完事了便挥挥手向这个星球告别。这是一种超凡脱俗的境界。虽然他后来出了名，但他把自己看得与其他工匠无异，因而也就少了名的烦恼和拖累。

他免费为上门求教的人寄资料、赠书籍，免费为学生购书，甚至自掏腰包到一些地方讲学、演讲。公家配的车他不坐，还处处对人说“骑自行车或跑着去开会自己是拣个便宜——锻炼身体”。这便是魏书生！

魏书生是名人，是个精神富有者。虽然他现在并不缺钱，但一直是个苦行僧的形象。他说过，苦行是一种幸福，一来可享受理智的满足，二来可砥砺意志，最主要的，它能省掉不少为个人衣食住行而奔波的麻烦。他自律很严，严得让人觉得他傻，觉得他怪，他做出了很大的成绩、很大的贡献，但他只知奉献，不求索取。正像有人对他进行的评论那样：绚烂之极，归于淡泊。而我要说：淡泊名利，才有绚烂。魏书生不仅是为师者的榜样，也是为官者、为人者的榜样。

（四）敢说真话的魏书生

魏书生是个实事求是的人，他敢讲真话是出了名的。

这里不妨摘取他与师生的两段谈话实录。

谈话实录一：有一年，又到了大学生毕业分配的时候，盘锦市人事部门请魏书生去跟那些由各地分来盘锦的大学生们交流谈心。魏书生是这样开始了他的谈话：“今天，我和同学们来谈心，想讲三点。一是祝贺大家毕业走上自食其力的道路；二是祝愿同学们都能分配到工商局、税务局、银行、保险公司、人事局、组织部、外贸局、电业局这些大多数人认为的‘好’单位；三呢，我想说，大概85%的同学去不了以上单位……我想，谁要是大笔一挥把所有的人都分到那些单位去了，那不用我细说，咱离亡党亡国肯定也就不远了……”

谈话实录二：有个学生与他聊天时问：“老师，以后我一不当官，二不当科学家，要那么高的能力素质有什么用？”魏书生不说建设祖国实现四化那样冠冕堂皇的话，而是着眼于“人活一生有多不易”这一现实课题。他说：“以后你要真能当大官，当那种有大能耐的什么什么家，有些方面缺点啥差点啥，我或许就不让你改了。”魏书生这么一说，学生很奇怪，为什么当大人物反倒可以有毛病呢？魏书生接着说：“如果你干到江青、康生那个份儿上，你心理素质不好，脾气暴躁、心胸狭窄，谁提意见你就使劲整谁，没准你那官还能将就着当下去，因为谁都怕你，没人敢得罪你。可如果你是个普通工人，靠力气挣钱养家糊口，你心胸狭窄、脾气暴躁，一句批评也听不进去，你想想吧，哪个领导愿意用你，不用你了，你还怎么挣钱吃饭。所以呀，一个人要想活得顺顺当当，就得有开阔的胸怀、远大的理想、必胜的信心、顽强的意志，这些东西，既能帮助你当好大人物，也能帮你当好小人物，甚至对你当小人物有特殊的重要性。小人物活着尤其艰难，没人顺着你，没人哄着你，你只有具备了各种良好的能力素质，才能遇事看得开，工作做得好。”

魏书生就是这样的一个人。实事求是，实话实说，说的看似小道理，其实是大道理。我们试想一下，如果有人大笔一挥把所有的毕业生都分到“好”单位去而无人去做“孩子王”，我们国家的未来将会如何？亡党亡国的危险还不指日可待吗？历史的教训我们记忆犹新：秦国实施暴政，“以吏为师、以法为教”，轻视教育，十几年的光景便呜呼哀哉了。“文化大革命”十年，“左”的思想泛滥，教育成了重灾区，一代学子夭折，至今人才匮乏，青黄不接。对于学生，我们大多从大处着眼，而魏书生却从“小”处着眼，引导学生关注社会，关注生活，强化素质，提高能力，这不也是我们素质教育所企求的吗？

魏书生谈话，慢条斯理，娓娓道来，宏论一泻，语惊四座，其感染力、穿透力、影响力是其他人的谈话所罕见能及的。这秘诀大概除了他的语言技巧外，还在于他谈话中的“真”和“实”，这也是广大教师提高表达能力所应该学会和牢牢把握的。

（五）自爱爱人的魏书生

教师这个职业是需要爱心的职业，没有爱心的人是做不了也做不好教师的。魏书生爱自己，爱家人，爱他人，尤其爱学生。

魏书生人格高尚，又极注意锻炼和养生，这是自爱的表现。他非常感谢母亲对他的教育和妻子对他的帮助和支持，他爱他的家人。他又是一个善于体察社会、体贴民众疾苦的人。据说 1985 年魏书生出差去沈阳，火车上遇到一位蓬头垢面、衣衫褴褛的老人。老人和侄子同去北京，在街上走散了，身无分文，没法买车票回老家了。北京公安机关照顾他，给他开了张请予照顾的证明，希望铁路部门能予以免票。检票时列车员认为情况属实，没有让老人去补票。然而魏书生看到老人身体已虚弱不堪，饿了也舍不得吃手中那半个干硬的面包，只是眼巴巴地瞅着别人大吃大嚼。魏书生悄悄摸出 2 元钱来，在当时 2 元钱可以让老人吃上一盒盒饭，然而魏书生却没有直接把钱递过去，因为通过他的观察，老人是个自尊心极强而又倔强的人，他怕自己的冒失伤了老人的自尊，而又起不到帮助老人的目的。等车到了沈阳，魏书生下车后才绕到老人所在座位的窗口，悄悄唤着老人，递上 2 元钱，没等拒绝，一溜小跑跑开了。由此可以看出，作为教师，魏书生不仅是个心地善良的人，还是一个心细如丝，对他人体贴入微的人。

魏书生爱学生，尤其是爱那些后进生。魏书生认为后进生最不容易。每天上课听不懂，还要硬着头皮听，不懂装懂，装模作样，天天如此，月月如此，年年如此，这需要多大的毅力呀，因此给他们一些关爱，帮助他们进步也应是教师义不容辞的责任。再有，教师做后进生的转化工作如同医生诊病一样，医生只有在治疗疑难杂症中才能提高医疗水平，教师只有在教育后进生中才能提高自己的工作水平。这一认识应该说是非常独特、耐人寻味、给人启示的。

魏书生对于犯了错误的学生，不是简单地加以训斥了事，而是通过让学生写心理病历和说明书的方式来提高学生的自我教育、自我管理、自我约束能力。对于较为严重的错误，魏书生让学生写心理病历，包括疾病名称、发病时间、发病原因、治疗方法、几个疗程这五个部分，然后通过这份心理病历，在老师和其他同学的监督之下，一个疗程、一个疗程地逐步地改正学生自己的错误或毛病。对于一般性的错误，魏书生则让学生写说明书，使用心理描写的方法，描绘出自己心理活动的三张照片，让两种思想在照片上曝光。第一张照片，犯错误前两种思想是怎么争论的；第二张照片，犯错误时两种思想是怎么交战的；第三张照片，犯错误后两种思想做何感想。通过写心理病历和说明书，学生学会了认识自己，分析自己，完善自己，不仅改正了错误，还提高了书面表达能力。

这就是魏书生，一个爱自己也爱别人的人，一个尊重自己也知道怎样尊重别人的人。

（六）为书而生的魏书生

“魏书生，为书而生的人。”少了这一笔，对他的评价是不完整的。魏书生是个教书的人，因此我们说他为书而生应集中在他的爱书、读书和著书上。

魏书生爱书，爱得痴情，爱得热烈，爱得理智，爱得不同凡响。据说，他家里兄弟姊妹团聚时的一个保留节目是逛书店，他起初是带着他的弟弟、妹妹们逛，弟弟、妹妹们长大了，如今他又带着新一代小书迷们进出书店了。

魏书生是个真正的读书人。魏书生 30 岁才考虑婚姻问题，别人问他择偶的标准，他只想到一个“支持我看书”！魏书生认为，就如同一个没有饭吃的人会浑身无力一样，一个没有书读的人，必然要灵魂干瘪，精神萎靡。魏书生的读书经历了盲目读—趣读—划读三个阶段。先是见到什么就读什么，虽然目的不甚明确，但开卷有益，打下了他的知识根基。后来，他接触了一些哲学、历史著作，引起了他的兴趣，确立了他教育理论与实践的哲学基础。再后来，他参加了高等教育自学考试，又结合工作需要阅读了《教育学》《心理学》《生理学》《中国通史》《班级管理学》《世界通史》《西方哲学史》《中小学班主任手册》《国外科技动态》，以及苏霍姆林斯基、夸美纽斯、凯洛夫、赞科夫、蔡元培、陶行知、罗素、皮亚杰等人的著作。这些阅读为他的教学改革加足了燃料，蓄足了动力。

魏书生还是一个与其他大多数教师不同的人，他擅长于写书。他的《班主任工作漫谈》和《魏书生文选》曾印刷多次，其中《班主任工作漫谈》荣获全国第二届教育科学优秀成果二等奖。此外，他还编著了

《家教漫谈》《学生实用学习法》《学生学习600法》等几十种书籍，这些书大多受到专家、学者好评，受到同行的肯定和欢迎。读一读魏书生这些书，你会看到这些书其实记载着的是魏书生成长的足迹。这里有他的教育教学历程、他的管理历程、他的学习历程，有他的奋斗、他的成功、他的失败、他的痛苦、他的快乐、他的感悟、他的理性思考。在教师中，能够记载下自己成长历程的人并不多，而这样理性地站在智者的高度来记录下自己经验和教训的教师更是我们时代所要求的，因为我们的确缺少像苏霍姆林斯基那样的大家。

作为一个教书的人，不爱书是难以想象的，不读书是不可思议的，不写书则是缺少了提升自己的宝贵机会。魏书生不但写了，而且写得很好，他当之无愧地成了我们教师的楷模。

（七）善想会干的魏书生

魏书生是个教育家，用吕叔湘先生的话说，他“不是一般的教育家”。魏书生是个既有博大精深理论又有卓越成效实践的教育家。

魏书生的教育理论，较为集中地体现在他的教育思想的总体框架中，董国华先生在为《魏书生评传》所做的序言中指出了魏书生教育思想的总体框架。

一个核心——育人，以及由此生成的素质观、人才观、质量观、教育观、教学观、教师观和学生观。

二个原则——民主与科学，以及由此而折射出的教育教学和管理的规律。

三个统一——社会本位与以人为本的统一，传统教育与现代教育的统一，主体思想与发展思想的统一，以及由此整合而反映时代精神、强调以人为本、促进主体发展、借鉴与创新相结合的现代教育思想。

四个关系——人和社会的关系，人和工作的关系，人和他人的关系，人和自我的关系，以及由此扩展开来的富于哲理的思考。无论任何人，要改变客观世界，都首先要从主观上改变自我、超越自我，方能达到“天人合一”的境界。

五个支柱——以培养自学能力为宗旨的学科教学论，以培养自我教育能力为宗旨的班级工作论，以学会学习为宗旨的学习方法论，以养、教结合为宗旨的家庭教育论，以规则与威信相结合为宗旨的学校管理论，以及由此派生的一系列相关的丰富多彩的独到理论和具体方法。

人们常说有什么样的教育思想，就有什么样的教育行为和教育实践，而魏书生是在多年的教育管理和实践中逐步形成了自己的教育思想，并用这种日益系统的教育思想有效地指导着自己的实践，他又偏偏是一个非常会干的人。

我们说魏书生会干，这在他教育教学、管理、教研中都有体现。单说这教育教学，他对传统语文教学模式大胆进行改革，硬是在困境中踏出了一方地，闯出了一片天。魏书生在教学中遇到过两个难题。一是语文既好学又不好学。用他学生的话说，好学就是，即使一个月不上语文课，再上照样也能跟得上。可考起试来还是糊涂。它跟理科那些东西太不一样了，数学、物理都有公式，知识结构清楚，学了就可以用它们去解题了，不学，就不会做题。而语文，你课文分析得再到家，认识的字再多，提到写作文却还是不会。因此，寻找语文的教学规律是魏书生遇到的第一个难题。二是魏书生在实际工作中需要解决教学与行政管理之间的矛盾。魏书生在做教师半年以后就被提拔为学校的教导处副主任。有些人可能趁势脱离课堂，但魏书生不然，他太爱学生，太爱他的语文教学了。因此，怎样才能既做好管理工作又做好语文教学工作是魏书生遇到的第二个难题。

魏书生是个智者。有了矛盾他并不回避，而是找到了解决这些矛盾的办法。他经过长期的研究，对语文知识树进行了整枝剪叶的定型处理。他把初中语文知识划分为四个部分：基础知识部分，文言文部分，文学常识部分，阅读和写作部分。也就是说，在语文知识树这株大树身上，要生出 4 根粗壮大干。接下来，在这 4 根大干上，又长出了 22 条挺拔大枝，而 22 条大枝上，还长着 131 个生机勃勃的小杈。为了确保学生能够顺利入门，学好语文，他又交给学生三把入门的钥匙：一是读总体语文书的钥匙；二是读一本语文书的钥匙；三是读一类文章的钥匙。在此基础上魏书生创立了“六步教学法”，即定向、自学、讨论、答疑、自测、自结。六步教学法顺应了语文实践性的特点，在教学中魏书生非常重视开放性教学，因而，人文性、工具性的特点在他的教学中又得到了充分的体现。通过六步教学法，提高了学生的自学能力和语文素养，使得这种教学法成为我国语文教学中的经典教学法。只有了解了这种教学法，才能理解为什么魏书生班里最差的学生也能做公开课，为什么魏书生虽有大量时间在外讲学，而家里的学生学习也能按部就班，并且考试成绩在全市仍是名列前茅！

魏书生善想会干，其真谛和诀窍在于他丰富的创造性和对事业的百倍投入。

（八）事业大成的魏书生

魏书生成功了。

他的成功是多方面的。在笔者看来，他的成功至少表现在三个方面：一是人生艺术的成功；二是教育艺术的成功；三是教学艺术的成功。

魏书生的人生艺术是令人敬佩的。他常说：人的一生发展犹如一部精彩的多幕剧，有低谷也有高潮。当处在低谷期时，关键要自珍、自重、自持，真正做到“不怨、不怒、不卑”，长守泰然自若的心态。当事业趋向波峰时又不自傲，善待他人，包括对自己有嫉妒情绪的人，艺术地化解一切对立情绪。魏书生这种“顺时儆省、逆时从容”的人生境界，时时刻刻感染着、教育着与他接触的每一个人。也正是这种人生艺术魅力，使得他 20 年演讲、1 300 多场报告次次受欢迎，场场有反响。

魏书生的教育艺术给人以启迪，他在教育教学工作中善于运用各种手段和方法。比如，他善于激发学生的非智力因素，如动机、兴趣、意志等来培养学生智力因素，如观察力、思维力、注意力、想象力等，并取得了实效。他教育学生制订四部分计划：一是终生奋斗目标；二是十年奋斗目标；三是一年奋斗目标；四是一天工作学习目标。这种计划使学生的长计划与短安排相结合，既培养了学生远大的理想，又培养了学生从现在做起的求实精神和良好习惯。魏书生在学生教育上还有一个特点，即从小事抓起，他任教委主任后在盘锦市推行“五个一”活动：做一分钟家务，写一分钟日记，唱一分钟军歌，昂首挺胸踏步一分钟，搞一分钟记忆力比赛。这“五个一”看似小事，实则是大事，是促进学生德、智、体、美、劳全面发展，加强自我教育的大事。

魏书生讲求教学艺术，使得他成为全国乃至亚洲语文教育知名的专家。他的成功是有目共睹的。学生们的自学意识和自学能力增强，而这种意识和能力恰恰也是“教是为了不教”所要求的。学生们的学习习惯得到改善，学习效率大大提高，“三闲”（闲话、闲事、闲思）现象得到有效控制。这种习惯和效率还会对他们日后的工作和学习带来长远的影响，许多学生将会终身受益。学生们学习方法得到改进，学习成绩得到提高。以魏书生 1981 年带过的初三毕业班为例，全班有 82 名学生，毕业时有 28 人达到了重点高中的录取分数线，31 人达到一般高中录取分数线，还有 8 人考入职业高中，3 人考入中专，升学率达到 93%。在全县 40 所中学里，初中升高中的考分超过 300 分的学生共有 72 人，而魏书生这个班就占了 19 人。因此，魏书生的教学艺术不论是以现代教育评价标准来衡量，还是以传统教育评价标准来衡量都不能说不是令人叹服的。①

记得毛志成先生在一篇文章中提到教师应具有五个层次：一是大教师，二是教书匠，三是以教谋生者，四是因教误人者，五是恶教师。大教师实乃教师中的大者，是可歌可颂可褒可扬的教育家。

魏书生正是这样的大教师，他是教育的骄傲，也是时代的骄傲，倘若我们的教育园地里多一些魏书生这样的教师，则教育幸甚、国家幸甚、未来幸甚。

---

① 陈自鹏. 解读魏书生 [J]. 教育双周刊，2006 (6)：56.

第二节　师者模范

扬雄说："师者，人之模范也。"每逢教师节，我都会忆起自己的老师，忆起老师对自己的教诲，每每忆起，都会感动非常。记得2005年教师节，我深情地写下这样一段文字：

又是一年教师节。记得在学校当老师的时候，每逢教师节或新年是我最高兴的日子，因为此时总能收到来自祖国四面八方的学生写满祝福和谢意的各式各样的贺卡。这些贺卡饱蘸着老师殷殷的教诲之情和学生拳拳感激之情。

我从21岁当老师，那还是一个乳臭未干的年龄，却也沾了祖师爷的光有了一个"老"字。中国学校原是养老、藏米之所，只有老人才能担当起教育后代的任务，大概正是因为如此，做教师的无论年长、年幼都一律称作"老师"。"老师"有多重含义：有德行、有威严、有知识、有经验，应"学为人师、行为世范"。作为学生，我有着非常特殊的求学经历，在校学习只有八年半时间，却靠自学挤入了中国学术的象牙塔，这其中浸透着数位老师无私的关爱和扶携之情。每每忆起，不能释怀。

记得1988年，我与一位叫张鹏的考生成为天津市高等教育自学考试最早仅有的两名英语本科毕业生。当时天津外国语学院指定朱怀沛教授任我的论文指导教师。我当时做了一篇题为《论语言音义之间的关系》的英语论文，文章3万字左右，先生对我要求很严，引文出处检查得一丝不苟。我从另一本书上引了《罗密欧与朱丽叶》一幕上的内容，先生当场指出我引错了。我说："这是二手引文。"先生说："我带你去图书馆，你查一查原文就知道了。"我去图书馆一查，果然是那本书引错了，我又以讹传讹。先生对于英国文学的精熟程度令我钦佩不已，先生对我说："事情不做是不做，做就要做好。"在他的指导下，我的论文后来得到了答辩组的一致高度评价。外语系系主任看了论文激动地说：

“这个专业天津市如果只授一个学位也会授给你！”其实那时候，我还不知道什么学术规范，朱教授把我引进了学术的大门。

2000年经过三年的硕士课程的学习和严格的国家考试，我得到了梦寐以求的硕士学位的授予资格。当时天津师范大学指定甄德山教授做我的指导教师。甄先生思维敏捷、为人直率，我当时做了一篇有关教学整体优化的论文，论文有6万多字，先生改了五稿，字斟句酌，从文章立意到篇章布局再到遣词造句，一处也不放过。每当想起老师那种严谨治学的精神，我便肃然起敬。甄先生对我极好，在学术方面也对我多有褒奖，我每发表一篇文章，先生都要找来看上一看，并评点一番。他每谈及自己的学生在学术上的造诣时都会很兴奋，脸上都会溢出幸福之情。他的硕士生小白考上华东师范大学一位知名教授的博士生时他高兴，当我考上北京师范大学著名教育史学家王炳照先生的博士生时他更高兴。他让我懂得老师就是这样的无私，他们把学生的进步看作是自己学术和生命的延续。

考入北京师范大学攻读博士学位，是我以前想都不敢想的事情。我不过是一个基层普通的教育管理干部，王炳照先生却如此公平地给了我求学的机会。于是在接到北京师范大学红彤彤的博士录取通知书时，我很世俗地给先生家拨了一个电话，意在表示感激之情。先生当时未在家，师母接的电话，听清了原委后，她对我说：“你不用客气，先生教学生天经地义、义不容辞。你选先生，先生也在选你，你工作这么多年，还能考出这样的成绩，我很钦佩你！要报答老师的话，你只要好好读书就是了。”撂下电话，我的心情久久不能平静。老师的责任是“传道、授业、解惑”，教书育人是天职，除此之外，老师别无他求呀！是王先生让我真正懂得了老师既是经师也是人师的道理。

在我谈起我的几位老师时，我的一位工作上小有成就的同学也谈起老师对她的关爱。这位同学师范学校已毕业18年。18年里，老师仍然对她关爱有加、鼓励不断，并像当年批改作业一样为我的同学亲自审阅、编辑出版了一本专集。老先生已70岁高龄，还激情满怀地写了一首诗诠释师生之情。先生的诗作热情洋溢、意蕴深长，读来令人遐思、令人动容。

师生之情/是怎样一种情/亲情/稍重/友情/嫌轻/似海如山/太俗/天高地厚/生硬/师生之情呀/该怎样形容/它存在于李太白笔下之潭水/俞伯牙手上之琴声/毛泽东的书信里/ 江泽民的拜访中/教科书的字里行间/作文本上的点蓝圈红/眼前黑板/耳边电铃/头上雪飞/鬓角霜凌/操场上厉吼/走廊里柔声/星星落/太阳升/白粉笔/红烛影/批卷时的对号/走路时的弓形/论语中之循循/校门口之挺挺/拿起电话时那一声亲切/拆开信封那一段关情/老师/学生/天底下最好的搭档/人世间最美的名称/为师不悔/耗尽膏血/为师无愧/献爱心给祖国/寄希望于学生/师生之情呀/就该这般形容。

作为从事基础教育几十年的教育工作者，我也常常思考这样一个看似简单实则非常难以回答的问题：什么样的教师才是中小学生最满意的教师?

带着这个问题，我曾经分别在天铁集团一所小学的两个班和一所高中校的两个班做了开放式问卷。问卷结果表明，小学生和中学生眼中的最满意的教师是有所不同的。小学生更感性一些，侧重情感；中学生更理性一些，侧重学术。不过，学生问卷也表明，学生最满意的教师也有很多共同特征。按照从感性到理性的顺序，其共同特征分述如下。

1. 和蔼可亲

和蔼可亲的教师对学生亲和、宽容、友善。他们亲和，能够亲近学生，爱护学生，热心、耐心地帮助每一个学生进步。他们宽容，对于学生一时的木讷，一时的落后，一时的过错，一时的失误，能够给予理解和容忍，能够给予学生以引导、指导和疏导，能够给学生机会让他们补救和改正过错和失误。他们友善，不敌视、不歧视、不讽刺、不挖苦学生，深得学生的信任和爱戴。

当然，和蔼可亲的教师应该是和而不纵，亲而不溺的。他们和蔼，但对学生不纵容，不袒护，不娇惯，学生知礼而行，知错则改。他们可亲但不溺爱学生，对学生教育有要求，有规则，有标准，有方向，有目标，能够让学生在教师亲切的关怀下茁壮成长。

2. 才华出众

才华出众的人做自己的教师是学生的幸运。才华出众的教师或歌美，舞美，画美，或能够书一笔遒劲有力的大字，写一手华美漂亮的文章，吟一首意蕴深长的诗篇。他们常常以自己的才华，吸引着、鼓舞着、影响着自己的学生。

才华是学生所追捧和仰慕且希望自己具备的，因此才华出众的教师更能得到学生的敬佩和欢迎。一个才华出众的教师，如果能够把自己的才华与课堂教学工作以及课外教学活动有机地结合起来，一定会取得更好的教育教学效果。

3. 个性突出

在学校里，我们见到的教师是性格、气质、爱好、成长背景各异的。比如，有的教师脾气直爽，有的教师谈吐幽默，有的教师讲究仪表，有的教师注重涵养，有的教师活力四射，有的教师魅力飞扬，有的教师思维逻辑严密，有的教师教学语言生动，有的教师工作严肃认真、毫末不放，有的教师善于启发、自觉引领课堂等，这些都构成了不同教师不同的生活个性和工作个性。

教育是个体社会化、社会个性化的过程。我们的传统教育是社会化有余而个性化不足的。学校的教育缺少应有的个性，因此学生的创新精神不足。教师个性突出，顺应学生身心发展特点，就能够得到学生情感上的共鸣和支持，就能够培养出一批具有鲜活个性、富有创造力的国家建设和发展需要的新人。

4. 学识渊博

教师应该努力读书，终身学习，成为一个博学的人。我们认为，作为教师，应该学好本体性知识、实践性知识、条件性知识和相关学科知识。

学识渊博的教师，能够在教育教学工作中愉快胜任。他们能够在工作中游刃有余，并且带领学生在知识的海洋里自由自在、快快乐乐地吸取自身发展所需的营养。一个学识渊博的教师，会使学生受到学术的熏陶，受到知识的滋润，受到终生的影响。

5. 方法独到

教师以教书育人为己任，三尺讲台是教师发展的平台和生命的舞台。在课堂上，学生心目中的好教师是什么样子呢？就课堂教学而言，顾明远先生对教师的分类可以帮助我们找到答案。他说教师在教学上可以分为四类人：浅入浅出者，浅入深出者，深入深出者，深入浅出者。分析起来看，浅入浅出者，人还算老实。专业知识肤浅，课堂上知道多少讲多少，学生还算听得明白。浅入深出者，最要不得。专业知识肤浅，课堂上故弄玄虚，讲得云山雾罩，学生不知所云，教学效果奇差。深入深出者，专业知识很好，但讲授不得要领，教学效果大打折扣。深入浅出者，专业知识很好，讲授通俗易懂，教学效果非常好。

深入浅出者，是智慧教师，是理想教师，是最受学生欢迎的教师，当然也是学生最满意的教师。我们在开展问卷调查时，很多学生都表示：我们最满意的教师是那些把很难的问题能够讲得很容易的教师，是那些能够把很枯燥的知识讲得很有意思的教师。这需要方法，需要智慧，需要修炼，需要提升。课堂教学如此，学生教育更是如此。教育学生时，我们应该能够把深奥的道理讲给学生，让他们理解，让他们明白，让他们振作，让他们奋发，让他们把伟大的理想主动地、自觉地变为自己的行动。

6. 境界高远

教师不仅是经师，更是人师。他不仅是知识的传播者，更是学生的人生引路人。怎样才能做好人师，怎样才能做好人生的引路人？我们认为，提升自己的人生境界是成为真正的人师、真正的人生引路人首先应该做到的。人生境界实际上就是精神觉悟应该达到的高度。有什么样人生境界的教师，就会教出什么样人生境界的学生，这关乎着教育质量高低、教育层次高低，甚至还关乎着教育的最终成败。

冯友兰先生认为，人生境界有自然境界、功利境界、道德境界和天地境界。自然境界和功利境界是指我们现在通常的境界，而道德境界和天地境界是我们通过努力才能达到的境界。就教育而言，我们教师教书育人需要忠诚，需要淡泊，需要责任，需要努力，需要奉献，需要付出，同时也需要教育我们的学生志存高远，心系大众，奉献社会，建功立业。教师要教育自己和学生，努力达到天人合一、人人合一、身心合一的崇高的人生境界。

其实，中小学生最满意的教师有多个维度的标准，一两篇文章恐怕难以探讨穷尽。但无论怎样，和蔼可亲、才华出众、个性突出、学识渊博、方法独到、境界高远的教师都会普遍受到学生的欢迎，他们更是人之师表，人之模范，师之追求，师之理想。

第三节　三项修炼

做教师、校长、教委主任若干年，我逐步悟出一个道理：无论是做教师，还是做校长，甚或是做教育局长，三项专业修炼恐怕是必不可少的。

我们先看教师的三项专业修炼。我认为，教师以教书育人为己任，需要师德素养、专业素养、身体素养。课堂是教师向学生传授知识的主渠道，是教师自身专业发展的主阵地。那么，从课堂教学的角度来考量，教师专业素养中最主要的内容是什么？魏书生朴素的几句话说出了其中的基本内涵，他提出，在课堂上，我们做教师的就是在黑板上写几个字儿，跟学生说几个事儿。我再加上一句：还要帮学生解几个闷儿。

可以这样认为，写字儿、说事儿、解闷儿应该是教师专业修炼的三项主要内容。

1. 写字儿

第一，教师要写出条理。何谓条理？条理就是对事物有规律地进行组织与安排。课堂上，教师应该合理地安排教学内容，板书主要的教学内容提要。首先，板书要清楚工整；其次，要展示教学步骤；最后，也是最重要的，要反映学生的认识过程。

第二，教师要写出道理。课堂上，教师通过板书，一要揭示规律，摆明事理。二要阐释情理，说明理由。三要告知路径，指明方法。板书写出道理需要教师有意识地进行修炼。多年前，我们曾经听过一个老教师的语文课，当讲到“白色恐怖时期，反动派是要杀人”时，她不假思索地就在黑板上板书了“杀人”两个字。看着这板书，听课的几个老师直摇头：莫名其妙，没有道理。

第三，教师要写出哲理。课堂上，教师不仅要板书出知识，还要板书出自己的思考，板书出自己的智慧，板书出自己的创见。一个优秀的教师，心中要有学科经典，还要有自己对这个学科的认识和见解。我们知道，对于自然和人生的认识和见解便是哲理。写出哲理是对教师的较高要求。

2. 说事儿

首先，教师要说得清。课堂上，教师传道、授业，靠的是说和讲。基本要求是要说得清。这涉及陈述性知识和程序性知识两类知识的传授。教师一方面要给学生说清是什么，为什么；另一方面要说清做什么，怎么做。说得清，需要教师锤炼口头语言表达力和口头语言表现力。

其次，教师要说得通。对于陈述性知识，主要是要描述我们所知道的事物、事件状况。对有关事物、事件中涉及的人物、对象、发生或产生的时间、地点、发展过程以及最终结果，都能讲得天衣无缝，令人信服。而对于与陈述性知识相对的程序性知识，我们往往要从认知策略、心智技能和动作技能入手，把怎样开始做事，怎么完成事情讲得准确无误、前后贯通。

最后，教师要说得精。什么是说得精？从课堂教学角度来看，应该做到深入浅出。要达到深入浅出的效果，讲得精是关键。讲得精需要教师专业精、方法精，最为重要的是语言艺术精。

3. 解闷儿

从学理上讲，给学生解闷儿就是给学生释疑、解惑的过程。

首先，教师要对学生进行指导。指导是指教师在课堂上要发挥主导作用。我到山东一个地区讲学时，一位局长跟我讨论课堂上需不需要教师的主导作用，我认为，那是毋庸置疑的，不然还要我们学校做什么，要我们师长做什么？教师的指导在给学生释疑、解惑的过程中起着非常关键的作用，可以避免学生走弯路、入歧途、犯错误。

其次，教师要对学生进行引导。引导学生正确认识自然，认识社会，认识人类，认识自己，要让他们理解自然发展之道，社会发展之道，人类发展之道，自身发展之道，这不仅有利于他们现在的发展，也有利于他们未来的发展，这也是教育的最终诉求。

最后，教师要对学生进行疏导。平时学生不仅会有很多困扰、很多疑惑，他们还会有各种各样的心理烦恼、学习烦恼、社会交往烦恼，以致在课堂上会有不合常理的行为表现。在这个时候，教师应该适当进行思想和行为疏导。要注意导而不牵，导而不抑，导而不纵，让学生在可控的课堂环境中，提高觉悟，完善认识，获得进步，得到发展。

接下来，我们再看校长的三项专业修炼。

校长是学校的首长，校长是教师的榜样，有什么样的校长就有什么样的学校，校长的作用和影响很大。做校长要抓队伍建设，抓设施建设，抓机制建设，在这几个建设中，校长如何完善自己，丰富自己，提高自己，发展自己呢？我认为，三项专业修炼是必需的。

一位企业家说得好：当管理干部的，应该坐下来能写，站起来能讲，走下去能干。我想这也适宜于校长，也是校长必备的三项专业修炼。

（1）坐下来能写。

校长要写出愿景。要为师生描绘出学校发展目标、发展远景、发展蓝图，让大家为了一个共同的理想和目标而努力，而拼搏，而奋斗。心中有愿景，行动有动力，发展有方向，学校有希望。

校长要写出方法。实现愿景，需要实施的方案、实施的路径，关键是实施的方法。方法科学，事半功倍；方法不科学，则事倍功半。方法选择要集思广益，方法制订要科学合理。

校长要写出思想。校长是教育实际工作者，养成不断总结、不断反思、不断提升的习惯尤为重要。一个成熟的校长是在实践、思考、再实践、再思考中逐步成熟起来的，能够写出自己的教育教学以及管理思想是校长进步和成熟的标志。

校长要写出影响。校长办学有实践，有思考，有创见，有成就，把得失写出来可以提高自己，启发他人。很多知名校长都是写作高手，他们形成了写作的习惯，也形成了自己写作的风格。他们能够及时地把自己的教育实践和理论提升的成果推介出去，在本地区乃至全国形成影响，这是一项重要的修炼。

（2）站起来能讲。

校长要讲出号召力。校长讲话要晓之以理，动之以情，励之以行。讲话能够鼓动人，鼓舞人，激励人。这样，学校布置的每项工作都能毫无阻碍地推动下去。

校长要讲出想象力。校长讲话要富有激情，满怀憧憬，充满想象。讲话能够使师生看到目标，看到未来，看到希望，看到辉煌。可以这样讲，有无想象力是工作有无创新力的一个重要标志。

校长要讲出凝聚力。校长讲话要凝聚人气，倡导和谐，鼓励同心。讲话能够让干部和师生员工心往一处想，劲往一处使，汗往一处流，团结一致，协同奋进。

校长要讲出发展力。校长讲话要目的明确，目标明确，指向发展。讲话能够让大家始终瞄着一个目标、为着一个目的——一切为学校发展、教师发展、学生发展服务，这也是学校办学的终极追求和努力方向。

（3）走下去能干。

校长要肯干。肯干是一种态度。肯干要求校长勤政，校长要忠于职守，认真地履行自己的职责，认真地贯彻党和国家的教育方针，认真地推进素质教育。

校长要会干。会干是一种能力。会干要求校长智政，即应该进行科学管理。会干的校长不忙不乱，不会干的校长又忙且乱。会干需要学习，需要思考，需要不断改进领导和管理方式方法。

校长要干好。干好是一种理想。干好要求校长善政，即讲求管理工作的最佳效果。干好需要一种态度，需要一种能力，更需要一种效率，尤其需要一种精益求精的精神。

校长还要干净。干净是一种境界。干净要求校长廉政。学校是教书育人的场所，校长肯干事，会干事，干成事，并且能够抵御来自于社会方方面面的各种诱惑做到不出事，这是一种素质，也是校长该有的崇高的精神境界。

总之，现代教育的发展对校长的要求是较高的。能写、能说、能干是现代校长应该具备的能力和修炼。①

最后，我们看教育局长的三项专业修炼。

有人说，当好区县教育局局长需要搞好关系，争取各方面支持。有人说，当好区县教育局局长应能跑来资金，学校发展不难。有人说，当好区县教育局局长应抓好升学指标，扩大社会影响。我以为，这些都有必要。但是教育局长只是抓这些还很不够，还应该抓抓自己的专业修炼。

我曾经跟外地一位做了多年教育局长的朋友聊起教育规律问题。他说："你是阳春白雪，我们是下里巴人，我们这些人整天就知道喊喊喊，转转转，干干干，办办办，哪里有什么时间考虑规律不规律，我们是二杆子种地，人家咋干咱咋干。"

听了这话，我愕然。他不尴尬，我尴尬。难怪他干得那么辛苦，那么费力，那么低效，那么受累不讨好！

① 陈自鹏. 校长的三项专业修炼［N］. 天津教育报，2011-09-14.

我认为，教育局长首先应该研究教育教学及改革发展规律，遵循教育教学及改革发展规律，运用教育教学及改革发展规律，这是局长专业发展必备的三项修炼。

第一，局长应该研究、遵循和运用诸如受约律、适应律和协调律这些基本的教育规律，只有这样，在区域教育管理工作中才能使教育更好地为政治经济文化建设服务，才能适应青少年身心发展的需求，促进学生全面发展，才能协调好学校与社会、家庭的关系，促进学生和谐健康发展。

第二，局长应该研究、遵循和运用教学的基本规律，比如教学认识活动的主体性、领导性、间接性、教育性、目的性，以便在区域教学管理中科学地指导学生的认识活动，发挥学生的主体作用，发挥教师的主导作用，高效地进行知识和技能训练，发挥课堂的素质教育主渠道作用，按照教学计划和培养方案，帮助校长、教师和学生不断提升认知水平，不断得到进步，不断得到发展。

第三，教育局长还要研究、遵循和运用教育改革和发展的规律，以便在改革发展中不致入歧途、走弯路。

首先，应该关注社会改革和发展，认真研究公平与效率的关系问题。与社会改革和发展一样，教育改革和发展一般涉及两个问题：是注重公平，还是注重效率。如果注重公平，要在区域教育改革中注意起点公平、过程公平、结果公平；如果注重效率，要在改革和发展中注意部分和整体、投入和产出的问题。

其次，要学点教育史，认真吸取世界教育发展过程中的经验与教训。比如，应该研究实质主义与形式主义，主知主义与行动主义，科学主义和人本主义。这是世界教育史上的著名的思想论争，对于指导我们今天的教育教学以及管理实践有着重要的意义。

教育局长的三项专业修炼是一本万利的事。专业修炼好了，你的管理工作会变得轻松，变得快乐，变得成功，变得富有成效。

第四节　人性观瞻

我们为什么而教育？这是我们教育工作者应该思考的一个问题。研读教育史以后，我发现人性论是我国古代教育家教育思想中一个非常重要的命题。

我们知道，人性是指人的本性。研究人性，把握人性，实际上是抓住了教育的逻辑起点，因为人性是教育的基础和依据，不了解人性，就无法制定教育目的和教育目标，也就无法确立科学的教育发展观。

认真研读我国古代教育著作，可以看出古代教育家对人性的看法基本上归于善与恶两个方面，我认为，大致可以用“四说”或“四分”法来解读。

一、零分法，即认为人性不分善恶

春秋时期，伟大的教育家孔子持此学说。《论语·阳货》说：“性相近也，习相远也。”在孔子看来，人的本性是存在的，但并不分善或恶。他的观点是：人的本性是相近的，但“习”即教育却使得人与人之间有了较大的差异。孔子十分重视教育对人的影响作用。

二、一分法，即把人性分为性善或性恶，非此即彼

战国时期伟大的教育家——“亚圣”孟子是著名的性善论者。《孟子·尽心上》说：“人之所不学而能者，其良能也；所不虑而知者，其良知也。”在孟子看来，人性本善，有不学而能之良能，有不虑而知之良知。由于“良能”“良知”的存在，人的发展是自动的、主动的。他的性善论思想在《孟子·离娄下》中表现得更充分。他说：“人之所以异于禽兽者几希，庶民去之，君子存之。”他认为，人性是善的，君子与庶人的不同就在于保存或丧失这种善性。而同属战国时期的荀子则与孟子的观点截然相反，他反对孟子的“性善论”，成为著名的“性恶论”者。《荀子·性恶》说：“今人之性，生而有好利焉，顺是，故争夺生而辞让亡焉；生而有疾恶焉，顺是，故残贼生而忠信亡焉；生而有耳目之

欲，有好声色焉，顺是，故淫乱生而礼义文理亡焉。”在荀子的认识中，人生来就有好利、疾恶、耳目欲望之心，于是出现了争夺，毁掉了辞让；出现了残贼，毁掉了忠信；出现了淫乱，毁掉了礼义文理。于是他提出：“人之性恶，其善者伪也。”意思是说，人的本性是恶的，他之所以行善为善，是后天学习、教育、努力的结果。

三、二分法，即认为人性有善有恶

汉代的大儒董仲舒以其在贤良对策中提出的三大文教政策而闻名于世。众所周知，他曾提出过“性三品”说。他把人性分为“圣人之性”“中民之性”“斗筲之性”。在他看来，具圣人之性的人不用教育就能成才，具斗筲之性的人再教育也不成。具中民之性的人“有善质而未能善”，通过教育可以为善，他把教育影响的希望放在具中民之性的人身上。“性三品”说只说明了本性的品第，其实他的善恶观是典型的“二分法”。他在《玉杯》中说：“人受命于天，有善善恶恶之性。”意思是说，人性是受命于天的，有善也有恶。可见，他认为人的本性可以一分为二，不是单纯的善，也不是纯粹的恶。

四、三分法，即认为人性有善有恶、无善无恶或善恶交加

东汉唯物主义教育家王充是三分法者。王充把人性分为三种：有生来就善的人，有生来就恶的人，有无善无恶或善恶混的人。王充重视环境对人的影响和教育的作用。他在《率性》中说：“蓬生麻间，不扶自直；白纱入缁，不练自黑。”我认为，在这个比喻中，蓬、纱为人的本性，麻、缁为环境，环境的影响使得人产生分化，变善或变恶。可见，王充是环境论者，他重视遗传、环境、教育三因素中环境的影响作用。

人性的讨论和考量对于教育具有十分重要的意义，它决定着我们在教育中有什么样的教育目的、教育目标和发展观。

人性的定位是制定教育目的、教育目标的理论依据。性善论者认为，人性是善的，性善需要通过教育，保持善端、发扬善端，使人变得更善；性恶论者认为，人性是恶的，性恶需要通过教育，转恶为善，去掉恶端，使人从善。而善恶混论者认为，人性之中有善有恶，需要通过

教育抑恶扬善，使恶者受到抑制，善者得到张扬，这是我们的教育目的、教育目标所在。

制定教育目的、教育目标归根结底是要确立科学的发展观，而人性观也是树立科学的发展观的理论依据。树立科学的发展观需要师生共同发挥作用，学生的自主发展与教师的引导发展的统一是贯穿其中的，且与人性论关系甚大。

现代教育论告诉我们，促进学生发展是我们教育教学的出发点和归宿。发展论中的学生自主发展和教师引导发展是广大教育工作者比较关注的，也是教育改革中争论较多的焦点问题之一。

自主发展是学生的主动发展，它以性善论为理论基础，认定学生本性为善，通过孟子所说的“内省”“存养”就能够得到很好的发展，自主发展强调学生自我教育、自我约束，这种教育发展观有其合理的一面，也有其局限的一面。其实，学生本性完全的、纯粹的善是不存在的。更重要的是，当我们的学生没有或尚不具备价值选择能力的时候，我们应该帮助他们树立正确的价值观，使他们健康发展。

引导发展是以性恶论为理论依据的。它认定学生本性为恶，通过荀子所说的“积渐”“外铄”才能促进学生发展。引导发展强调教师引导和纪律约束。这种教育发展观有其合理的一面，也有其局限的一面。学生本性中完全的、纯粹的恶也是不存在的。完全的引导发展，会强化教师的权威，弱化学生的自我教育能力，更有甚者，会扼杀学生的主动创造精神和创造能力。

科学的发展观要求我们既要重视学生的自主发展，也要重视教师的引导发展。在教育实践中，我们一方面要发挥学生的主体作用，另一方面又要发挥教师的主导作用。主体作用和主导作用的统一，是内因和外因相互作用的统一。内因是变化的根据，外因是变化的条件，外因通过内因而起作用。内因是一种或然，一种可能性，人是否能够发展和变化，必须要具备一定条件以后才能够实现。

然而，在我们的课改过程中，有人只是强调学生的自主发展，而放弃了教师的引导发展；在教育教学过程中，忽视了正确思想观念的灌输，良好习惯的培养，认为学生会自然而然地通过所谓“试误”，产生正确的思想观念、价值观念，会自然而然地汲取学习和生活中的经验和教训，产生正确的习惯行为。应该承认，提倡学生自主发展是教育理念和教学理念上的一种进步，但片面地强调学生自主发展是违背教育规律的。可以说，忽视了教师和家长的教育作用和引导作用，学生和孩子的发展有可能走很多弯路，甚至会走上歧途，这是我们需要高度警惕的。

树立科学的发展观，要求我们应坚持自主发展和引导发展的统一。只要我们在教育实际工作中既注重发挥学生的主观能动作用，又注重发挥教师的引领指导作用，我们就能够使得学生的发展更科学、更健康、更高效。

第五节　止于至善

《大学》说：“大学之道在明明德，在亲民，在止于至善。”古人把止于至善作为教育的最高准则和最终目的。具体到学校教育，止于至善要求我们自己并教育学生要做到五善，即善待社会，善待他人，善待学习，善待自己，善待自然。五善并举才能快乐做人，才能幸福长远。

一、善待社会

善待社会，要多看社会的光明面，少看社会的阴暗面。以乐观的心态对待社会。

目前，我们社会上金钱崇拜、物质崇拜等的现象严重，于是就产生了很多不满的声音、指责的声音、批评的声音，怎么看待这些现象？根据马克思主义学说，人类社会有三个发展阶段：一是人的依赖阶段；二是物的依赖阶段；三是人的个性的自由发展阶段。我们现在所处的这个阶段恰恰是物的依赖阶段，是回避不掉的。但这个阶段要比人的依赖阶段进步多了，当然最理想的应该是人的个性的自由发展阶段。

认真思考一下，物欲追求总要比人身依附进步得多。实际上，人的依赖阶段是历史上最黑暗的阶段。它鼓励个人权威、个人迷信、个人独裁、个人专制。中国的奴隶社会和封建社会是这个样子，现在个别的国家仍然处于这样的阶段，这是很可怕的。

幸运的是，我们已经超越了这个阶段。政治清明，经济振兴，文化繁荣，尽管我们还有这样或那样的困难和问题，我们有理由相信未来的祖国将会更加强大，更加美好。

善待社会，理性生活才会积极一生。

二、*善待他人*

善待他人，要多想别人的好处，少想别人的坏处。要以感恩的心态对待他人。

魏书生曾经对“人”这个字有过解释。他说“人”字一长一短，说明人有长处有短处，需要相互学习。“人”字一上一下，说明人生有高潮，有低谷，需要常守泰然自若的心态。“人”字两笔相互交叉，说明人需要相互支撑。

国学大师季羡林先生心地善良，他关心民众，体恤民众，是我们的楷模。有一次，他的学生陪他去看季荷。望着那绿油油的一湖荷叶，学生说：“季老，您看这季荷长得多好啊！”季老若有所思地说：“好是好啊，可做人不能这样，自己活，也得让别人活啊！”原来荷叶长得茂盛的地方，一切杂草都不能生存。作为新时代的学子，我们应该有季老这样的人文情怀。不然，我们就是学高八斗，满腹经纶，于社会，于国家，于黎民又有何用？

俞敏洪自己说他从小学习不很出色，但劳动态度很好。他天天给教室做卫生，上了大学后天天给宿舍里的同学打热水。假使有一次他不打水，宿舍里的人就会说：“俞敏洪，怎么还不去打水啊？”这水一打就是四年！在常人看来，这四年水算是白打了！俞敏洪的新东方办到一定规模时，他想起了自己的同学们。于是拿着大把钱到美国、加拿大请他的同学们回国创业。他是想让他的同学们看看，在咱们中国也能赚大钱。同学们最后回来跟他办了新东方，但是至于他们为什么回来帮他却给了他一个不是理由的理由："俞敏洪，我们回来全是冲着你给我们打了四年水啊！我们知道，你这人不自私，将来你有干的吃，绝对不会让我们喝稀粥！"

善待他人，感恩他人才会幸福一生。

三、善待学习

善待学习，就要多想学习的乐趣，少想学习的烦恼。要以积极的心态对待学习。

学习为了求知，知识可以改变命运。

培根曾在他的《论读书》中说："读书足以怡情，足以博彩，足以长才。其怡情也，最见于独处幽居之时；其博彩也，最见于高谈阔论之中；其长才也，最见于处事判事之际。"说得何等的精辟！这显然超出了读书求知的范畴。

知识可以改变命运。无数事实证明，一个人没有知识是不能够在这个社会上立足的，没有知识是不能在这个社会上有什么发展的，没有知识也不可能有什么能力来服务这个社会。

善待学习，读书向上才会进步一生。

四、善待自己

善待自己，就要多想自己的成功，少想自己的挫败。要以平和的心态对待自己。

魏书生说，人不要埋怨境遇。命运把你放在皇家花园，你应该长成参天大树。命运把你放在千山的石头缝中，你应该紧紧抓住大地，让自己生机勃勃，郁郁葱葱。

我平时喜欢看大家的作品、大家的访谈，因为那样可以站在巨人的肩膀上看得更远些。大家当中，我尤为喜欢语言学家周有光先生。

周有光先生原是复旦大学教授，20 世纪 50 年代就是一个很有名的经济学家了。除了研究经济，他对语言研究也很有兴趣。有一次，他参加一个语言研究的会议，会上发了一个言。领导一眼看中了他，说："周有光，留下来研究语言吧。"周有光先生说："语言研究仅是我的业余爱好，这哪行？”领导说：“业余爱好水平不低，留下来吧！”没想到，一句话让他研究了一辈子语言。

周先生研究语言很有成就。老先生幽默豁达，感人至深。

有一次周先生到某大学参加学术活动，老先生笑眯眯地说：“我还可以回答两个问题啊！”于是，一个年轻人就问他：“周老，您长寿的秘诀是什么？”周先生说：“哪有什么秘诀啊？老天爷糊涂了，把我的名字忘了勾了，所以我当了漏网之鱼。其实，50年代我遁入空门研究语言，也曾得到过意想不到的好处。我的那些研究经济的同行们，政治运动一来，抓的抓，关的关，我便逃过一劫。你看我，当了两次漏网之鱼，还不长寿吗？”

周有光先生不怨天尤人，不意志消沉，做到了干一行，爱一行，专一行，精一行，成一行，在研究工作中不断享受着成长、成功、成就的快乐！

善待自己，内心悠闲才会自由一生。

五、善待自然

善待自然，就要多想怎么保护自然，少想怎么去破坏自然。要以建设的心态对待自然。

善待自然，我们会得到丰厚的回报。

看电视访谈节目，有一位企业家的经历让我思考良久。

这位企业家办企业很有思路，也很成功，赚了很多的钱。大家知道，当一个人赚了太多钱的时候，钱就只是个数字了，完全失去了它的功利意义和世俗意义。所以很多富豪，都把钱投在慈善事业和教育事业上。这位企业家赚到钱后想：我赚这么多钱应该干一件有意义的事情。于是决定把企业关掉，把钱用到西部防沙工程上，不求回报，为民造福，落个欣慰，落个心静。他说干就干，几亿元投进去了，防沙工程成功了。绿油油的沙地灌木一片片长出来了，可问题出现了。原来，长得郁郁葱葱的灌木像毛竹一样，必须每年砍下来才能长得更快。问题是，砍下来这么多灌木怎么运走呢？运到哪里去呢？后来经过研究，有了重大发现：这种灌木的热值比煤要高很多倍，完全可以用来生物发电。于是，一座相当规模的生物发电厂诞生了！

企业家又赚了更多的钱！保护自然竟有了意外的回报！

善待自然，天人合一就会收获一生。

第六节　技巧十点

长期的教学和管理实践告诉我，教学工作是学校一切工作的中心，而课堂教学是教学工作的中心，因此，提高学校教育教学质量必须抓好课堂教学，必须发挥好教师的主导作用，必须下力气抓好教师的课堂教学基本功的训练和提高。

我认为，教师课堂教学基本功是教师在教与学的实践中获得的基本素质和基本能力，它至少应包括谋、说、读、写、画、演、问、评、导、控十个方面的技巧。

一、谋

谋是指教师对课堂教学思路、方法和目的的谋划，要求做到：全面分析，优化方案，注意效益。教师要分析教材、分析学生，只有全面分析，才能知己知彼、有的放矢，才能扬长避短、长善救失。在全面分析的基础上，可能做出几种可供选择的方案，但采用哪种方案才能取得最佳效果则需要对比和选择，只有选择最优方案，课堂教学才能以较少的投入获得较多的产出。

确定方案要以效益为中心，因而在课堂教学各环节中都要紧紧牵住“效益”这个牛鼻子，高效务实，千方百计提高课上45分钟的效益。

二、说

说是教师在课堂教学中述说、讲解、论述等方面的能力。众所周知，在课堂教学中，教学内容大多是靠讲述传授给学生的，因而教师说的能力是非常重要的。讲述时应力求做到：吐字清楚、讲解正确、条理清晰。教师讲述时吐字要清楚，注意音高音量，使每一位学生都听得见，听得清。讲解过程中，讲述的内容要正确，应允许学生质疑，不可掩饰错误、误人子弟。讲述时语言要生动有趣，要讲求逻辑，条理要明晰，以培养学生的思维能力。

三、读

读是指课堂教学中教师读的能力。不论是文科教师，还是理科教师，读的能力都是不可缺的。这里所说的读是指朗读，朗读时要做到：语音正确、语调自然、语速适当。教师朗读时要使用普通话。语音要符合读音规范，要让学生掌握正确的读音标准，不可因自己的语音异化影响学生。教师朗读时应注意自己的语调要亲切自然，要有抑扬顿挫。教师朗读时应保持合适的语速，不可过快，也不可过慢，要对学生的朗读起到示范作用。

四、写

写是指教师的板书能力。教师在讲课过程中，要把课题的重点、难点书写在黑板上。好的板书能够唤起学生的注意，能够起到概括、归纳的作用，为此，板书的要求是：书写工整、逻辑严密、布局合理。板书时，要按标准的书写方式、方法书写讲解的重点内容，字迹要工整清楚、要给学生做出表率，以利学生养成良好的书写习惯。板书时，要力求严密，克服随意。注重前后知识的联系，重视事物发展规律和认识发展规律。板书时，要有繁有简，应注意合理布局、繁简适当。

五、画

画是指教师的板画能力。教学过程中，教师要板画图表、图示。板画时要做到：操作熟练、画法规范、标准美观。板画使用的教具事先应备齐。板画时，应熟练准确地运用教具，平时应加强训练。板画要注意画法规范。下笔正确、走笔流畅、收笔自然。有些图形，教师应边画边讲，学生边看边学，以掌握画法技巧和有关图形定义。教师板画图形应标准、醒目、美观、线条清晰、比例适当、给人以美感。

六、演

演是指教师在课堂教学中的演艺技巧。课堂犹如舞台，教师则是演员。站在三尺讲台上，教师得通过自己的表演和角色塑造完成“传道、授业、解惑”的任务，因而应讲求风度、突出特色、学会应变。教师在课堂上应以良好的形象和品格影响感染学生，讲课时应不急不躁、稳重大方、注重形体语言的运用，良好的教态不仅能使学生在宽松和谐的课堂气氛中学习知识、掌握知识，而且有利于学生良好品格的形成。

教师个人经历不同，年龄心理等特征各异，有的开朗直率、有的内向诙谐，因而课堂上应发挥优势、克服劣势，不可为表演而表演，以免弄巧成拙，事与愿违。

课堂教学虽有精心设计，但意外情况总会发生，比如，教师自身失误、环境意外干扰、学生情绪变化等都会使教师处于难以应付的境地。为此，教师必须具备临危不乱、处变不惊的能力，要沉着应变，巧妙地、艺术地从困境中走出来。

七、问

问是指教师在课堂教学中的发问技巧。为了及时获得反馈，课堂教学中，教师需要就某一问题向学生提问。提问时应做到：目的明确、适时适地、灵活机动。

提问要有明确的目的，通过提问应掌握哪些信息，应解决哪些问题，都要做到心中有数。提问要讲究时间和机会，比如检测性的提问应在某学段内容讲完以后进行，导入性的提问则应在某学段内容讲解之前进行。

提问可以不拘一格，多形式、多角度、多途径进行。比如可以采取口头提问法、书面问卷法，也可以采取课前提问法、课中提问法、课末提问法，还可以采取讲解性提问法，复习性提问法、验收性提问法等。

八、评

评是指教师对学生课堂口头作业或书面作业质量的评价能力，也包括对学生课堂表现的评价能力。评价要求教师做到：紧扣主题、力求客观、有评有判。

评价要围绕主题进行，不可画蛇添足、横生枝蔓、顾此失彼。评价要实事求是，不可因自己的好恶而不顾标准、故意拔高、故意贬低，造成褒贬失度。评价不仅要有议论，还要指出优点，找出缺点，做出明确的裁断，不可空发议论、避重就轻、蜻蜓点水、不谈实质。

九、导

导是指教师在课堂教学中的引导、疏导和指导能力。具体要求是：用心引导、耐心疏导、精心指导。

课堂上对学生的引导要用心。一方面，要做好思想的引导，在如何做人方面动之以情、晓之以理、导之以行；另一方面，要循循善诱，诱导学生一步一步迈好知识和能力的台阶，不断提高学习质量和学习水平。

课堂上对学生的疏导要耐心。比如，有的班级课堂活跃，有的班级课堂沉闷，遇到这样的情况，不能采取压制、批评的方式，而应采取疏导的方式，顺其自然、因势利导，充分调动学生。

课堂上对学生的指导要精心。教师不仅要让学生学习知识，发展能力，还要授之以学习方法，要指导学生掌握预习的方法、听课的方法、复习的方法、答题的方法等。

十、控

控是指教师在课堂上的驾驭控制能力。上好一堂课，需要教师驾驭教材、驾驭学生、驾驭课堂。具体要求是：审时度势、有放有收、方法多样。

课堂上教师要勤于观察、勤于思索，判断哪些是有利因素，哪些是不利因素，以便适时采取适当对策。

课堂教学中发挥好教师的主导作用很重要，发挥好学生的主体作用更重要。因此，调动学生应有放有收，放得开，也收得住。

课堂教学中的控制方法是多种多样的。比如，有教学进度控制法和教学效果控制法，有教材内容控制法、学生活动控制法以及课堂气氛调控法等。

课堂教学基本功是教师教学基本能力的综合体现，是教师搞好课堂教学不可缺少的条件，重视并加强课堂教学基本功，课堂教学才会取得理想的效果。

第七节　访游闻见

我做教育工作几十年，访学机会很多，所见所闻引起我深入的思考。参加完中美文化交流项目学习，从我国台湾访学归来，我写了两篇文章：一篇是《意识忧思录》，收入《最难忘的一课》一书中；另一篇是《台湾教育掠影》，刊登在《天津教育报》上。

《意识忧思录》一文节选如下：

1991年暑期，作为一位普通的中学英语教师，我来到风景如画的内蒙古，参加中美文化交流项目——暑期英语教师培训班学习。在短短的四十多天里与来自大洋彼岸的美国教师们朝夕相处，彼此学习，建立了深厚的友情。但有几件往事一直萦绕在我的脑际，挥之难去。

往事之一：布置教室。来自美国南部佛罗里达州的Weaver女士在开课前一天布置教室时，首先想到的是把她从美国本土带来的一只垃圾袋挂在教室前黑板右侧墙上。那东西灰不溜秋，在白色墙壁的衬托下显得异常醒目。说也奇怪，一开学，那只小小的袋子就使得班里欲随手弃物的学员感到十二分的不自在。

往事之二：工作约会。美国领队Jacobson约几位班长协助她做语言实践的准备工作。她要求大家下午1：30准时到场。可到了1：45分，有的班长才揉着睡意未消的眼睛来到指定地点。性情急躁的博士一反常态，没有发火，咧嘴笑了笑，揶揄说："Typical Chinese!"（典型的中国人哪!）听到这话，迟到者个个感到无地自容。

往事之三：交涉安排。这个学习班按原定日程需42天完成学习内容。中方应学员要求想让外教利用周六和周日时间赶一赶课，以便让大家提前几天回单位。谁知刚一谈此事，美方便大为恼火，他们说："每周五个工作日是我们的权利。周六和周日是法定休息时间，谁也无权破例。”一个“小”问题，老外们上升到“法”的高度来认识，几乎引起大风波，着实令许多国人吃惊。

往事之四：毕业会餐。看着桌上重重叠叠的美味佳肴，中国学员镇定自若，声色不动。美国教师则紧锁眉头，忧心忡忡：“这些菜吃不了怎么办?”他们竟显得“小里小气”。

往事之五：娱乐活动。周末晚上，几位中国学员与外教打扑克，中国学员沉着冷静，不紧不慢，一张一张抓着牌。外教沉不住气了，说那样抓牌太慢，坚持讲求效率，起身给大家分牌。

往事之六：课堂提问。一位中国学员在回答外教问题时，因对答案持有异议没有按现成答案作答。其他学员大概觉得这有些“大逆不道”，于是有人议论，有人窃笑，而外教却满脸庄重，耐心地听他把想法说完，最后竟出人意外地给予了高度评价和热情鼓励。

往事之七：博士讲座。Jacobson 博士在给学员讲授美国概况，首先她肯定了美国的现代物质文明，然后又直言不讳地讲到了美国难以解决的各类社会问题，如失业、通货膨胀、暴力犯罪、吸毒、离婚率居高不下等。她的表情是那样严肃，口气是那样沉重。美国人在对他们拥有的社会文明感到无比自豪时，并没有夜郎自大、高枕无忧。

我不是民族虚无主义者，选取的几个例子也无意贬低国人，为他人歌功颂德。七件“小”事，有的也许出于偶然，但它们却一直像小山一样压在我的心头，由此产生的忧思使我寝食不安、欲笑不能。我感到自己在看到我们中华民族吃苦耐劳、智慧超群的优势的同时，也感到我们身上似乎缺少点什么。

缺什么呢？是科技的落后？还是经济的落伍？我觉得这些都并不可怕，最可怕的却莫过于某些国人精神的不振和意识的麻木。短短的四十多天里，两个民族两种文化的碰撞，使我们看到了自己与西方人在某些方面存在的差距，深刻感受到了我们在意识与观念上的缺憾。“人是要有一点精神的”，何况国乎？倘若我们不改变陈旧的观念，不能睁开双眼看世界，没有西方人那样强的环保意识、时间意识、法规意识、节俭意识、效率意识、创新意识、忧患意识以及凡此种种意识，还何谈四化伟业？何谈民族的振兴？

中国人站起来了，但还需要清醒，需要奋发精神，我相信，一个具有悠久历史的优秀民族，会依靠自己的努力立于世界强大民族之林的。

《台湾教育掠影》一文节录如下：

2013年5月13—20日，作为天津市人民政府兼职督学，我有幸随市教育督导委员会专家组就天津市义务教育质量监测工作对我国台湾地区小学学力检测情况进行访问交流。所见所闻，令我感触很深。

13日晚，我们乘坐的飞机抵达台北。第二天一大早，我们一行13人就马不停蹄地展开了访学交流工作。我们利用几天时间先是在台北教师研修中心聆听数位专家讲解台北小学学力检测的理念、程序、方法，然后又重点对台北大龙小学、天母小学、文化小学、新生小学等学校进行了访问。虽然脚步匆匆，只能浮光掠影，但窥斑知豹，也是深得其妙。我国台湾地区的教育，有很多值得我们认真思考、学习与借鉴的地方。

一、教育目标中的三位一体：特色要求、专长要求和公平要求合一

台北市原教育局局长吴清山在地方任职时提出“111教育理念”，主要包括三个重点。(1) 一校一特色：每所学校都能经营成一所有效能学校，而且至少发展学校一项特色。(2) 一生一专长：每一位学生至少发展一项艺术或运动专长。(3) 一个都不少：把每一位孩子带上来，而且带好每一位孩子。从实践的情况看，取得了明显的效果。

1. 一校一特色

我们知道学校特色是指一个学校区别于其他学校的个性风格和文化表现。我国台湾同人指出，一所学校具有良好自然生态环境和自然景观，可以经营具有生态特色的学校；一所学校具有足够的资讯设备，又有一批愿意无私投入的资讯人才，亦可经营具有资讯特色的学校；其他学校亦可经营具有艺术、语文、科学、运动、人文特色的学校。学校经营有特色，才能看出学校的绩效和价值。

2. 一生一专长

美国哈佛大学教育研究所教授霍华德·加德纳（Howard Gardner）提出多元智能理论，将人类的智能分为八种智能，包括语言智能、逻辑—数学智能、空间智能、肢体—动作智能、音乐智能、人际智能、内省智能和自然观察智能。吴清山指出，每个孩子在八种智能中互有高低，有些孩子的语言和逻辑—数学智能很高，但音乐智能可能很低，所以教育很难达到让孩子八种智能都完全具备。因此，教育的重点就是发掘孩子八种智能中的优势，施予适切的教育方式，以有效开启孩子的学习潜能。事实上，每位孩子都有不同的兴趣、性向和潜能，教育依孩子潜能加以开展，将会使孩子未来有最好的成就。有些孩子具有艺术潜能，我们就要鼓励孩子往艺术方面发展；有些孩子具有运动潜能，我们就要鼓励孩子往运动方面发展；有些孩子对读书不感兴趣，但对敲敲打打方面有兴趣，我们就要鼓励孩子往技能方面发展。这样的教育方式，才能造就孩子的未来。

3. 一个不能少

“一个不能少”基于孩子学习权理念。我国台湾同人认为，每个孩子生来都有平等接受教育的权利，教育工作者没有放弃孩子的权利，只有教导孩子的责任。每个孩子不管贫富怎样，健康与否，都有自己的发展空间，不要否定孩子，不要放弃孩子，不要过早轻率断言孩子的未来。教育的最伟大之处在于具有化腐朽为神奇的力量，这种力量源自于“永不放弃任何一位孩子”的核心价值。这种理念能够转化为实际运动，就会彰显教育的价值与光芒。

二、教育方法中的三位一体：学校教育、社会教育和家庭教育合一

我国台湾中小学学校教育目标明确，过程扎实，方法多样，关键是做到了充分利用社会教育资源和家庭教育资源为我所用。我们曾到天母小学学访，学校特别重视整合社会和家庭教育资源。比如，实施方案中有如下规定。(1) 推展图书馆利用教育，培养自学能力；组织爱心妈妈群，协助指导图书馆利用教育及“书香满校园”系列活动。(2) 实施

“教训辅三合一建立学生辅导新体制”实验方案，建立有效辅导体制，增进组织功能，结合社区辅导网络，协助学生适性发展，培育学生健全人格……（6）充分利用社区资源，结合社区人力资源组成多项爱心家长团体，协助学校实施图书馆教学、导护、环保、认辅等工作，充分发挥亲师合作之功能。

我国台湾学校在利用社会和家庭资源方面做得确实出色。学校设有家长委员会。其权力很大，作用也很大。家长委员会不是摆设，而是实实在在地参与学校的建设和管理工作。学校凡重要会议，家长委员会会长要和校长坐在主席台上，有重要客人来校，会长要和校长一起站在校门口迎接。到各个学校参观图书馆，都可以看到有很多家长志愿者协助学校开展读书和展示活动。更有意思的是，我们到一所小学参观时，正好碰见几个孕妇妈妈志愿者，我们问她们身体如此，怎么还来做志愿者？她们笑呵呵地说，这样好啊，正好和怀中的宝宝一起接受书香熏陶，一起成长啊！看到她们那种快乐幸福的样子，每个人都会受到感染。

三、教育内容中的三位一体：生活教育、生命教育和生态教育合一

我们知道，生活教育的理论是陶行知的教育主张。陶行知的教育理论主要包括生活即教育、社会即学校、教学做合一三个方面。主张教育同实际生活相联系，反对死读书，注重培养儿童的创造性和独立工作能力。我国台湾很注重生活教育，比如英语教科书的词汇中生活词汇比重很大，学生参加大量的社会实践活动和手工制作活动，目的是让学生在学校能够了解社会、适应社会，逐步实现个体的社会化，这无疑也是教育的最终目的。

我国台湾注重生命教育，是开展生命教育较早的地区之一。生命教育有广义与狭义两种。狭义的生命教育，指的是对生命本身的关注，包括个人与他人的生命，进而扩展到一切自然生命。广义的生命教育是一种全人的教育，它不仅包括对生命的关注，而且包括对生存能力的培养和生命价值的提升。我国台湾同人提出进行生命教育，目的就是要教师

帮助学生认识生命，珍爱生命，尊重生命，绽放生命。

我国台湾注重生态教育：一是自然生态，二是教育生态。整个台湾岛的绿化覆盖率达到65%以上，树木葱茏，柳绿花红。学校、家庭、社会重视学生的环保教育。学校强调教育生态。即遵循教育的自然规律和受教育者的身心发展规律，通过建设清新、高雅的生态文化，实施科学、人文的生态管理，倡导灵活、扎实的生态德育，开展朴素、自然的生态阅读，开发生动、丰富的生态课程，构建幸福、快乐的生态课堂，使每一个生命个体都能得到积极主动、健康和谐、全面均衡的发展。

我国台湾三生教育有特色。其学校教育以“爱”为主轴，在“三生”教育内容（生活、生命、生态）下，形塑“六零”学习环境：零体罚、零霸凌、零拒绝、零歧视、零障碍、零污染，使学生能安心学习，发展其专长能力。

四、教育评价中的三位一体：知识水平、技能水平和能力水平合一

我们用相当的时间听取了台北市教师研习中心主任吴金盛、大龙小学陈清义校长、天母小学王慧珠校长、文化小学邹彩完校长、新生小学邢小萍校长等的介绍，启发不小，收获很大。

我国台湾教育十分注重教育评价。除参加国际PISA质量评价外，“台湾教育研究院”还组织TASA（Taiwan Assessment of Student Achievement）评价，主要是针对中小学学生在语文、数学、社会、自然和英语等学习成就进行评量，并建立常态性资料库，以作为研订课程与教学政策之重要参据。另外，地方上比如台北市还进行较大规模的学生学力检测。检测在六年级进行，外语学科为抽测，其余学科为普测。其目的有三个：一是了解本市小学六年级学生语文、数学、英语学习成就及趋势；二是依据测验结果，提供教学反馈，以增进学生学习成效；三是依据检测结果，提供教育行政部门研订教育政策之参考。我们主要考察学力检测情况。

我们注意到台北市的学力检测不仅注重评价学生的知识水平，还注重评价学生的技能水平，关键是注重评价学生的能力水平。

语文检测的命题依据为九年一贯制课程纲要的语文能力指标，评量重点是语文内容向度含字音、字形、字词义、句型、文法修辞、阅读理解和语言表达七大部分。

语文命题方向上，以语文领域基础知能与日常生活相结合，强调学以致用，凸显学生在学习过程中的主体地位，并充分反映语文课程实践性的特点。命题要求，编制的题型能与语文领域实际教学活动相对应；运用灵活生动的语言情境，清楚的题干，概念明确的题目，以及合理的诱答力设计，以保证检测的准确性；注重考察学生的记忆、了解、应用、分析等认知能力。命题设计，依难度分为难、中、易三种等级，就学生能力区分为基础级、精熟级与进阶级三类。其中，基础级达成状况包括：对字音、字形、词语、句型的正确理解；对句意、段意、文意的归纳与概括；对有效讯息的筛选与把握；对全文内容和主旨的分析与归纳。精熟级达成状况包括：辨识字音、词义、词语搭配；辨识完整句子、病句、复句；文章表达方法以及表达效果。进阶级达成状况包括：对相关语文知能进行整合、加工、提炼；判断成语的运用、词汇的丰富性、词语的恰当性、句子表达的精确性、相关文化知识。

台北市教育局为了解全市小六学生数学学习成效与成就趋势，自2006年起办理数学基本学力检测，以选择题形态命题，对全市小六学生进行施测。施测四大主题为数与量、几何、统计与概率、代数，主要考察学生程序知识、概念了解、应用解题等数学能力。评价等级分为未达基础级、基础级、中级（精熟级）、高级（进阶级）。实施几年后发现，在数学学习方面，不同学年度学生出现的问题大致相近。在数学教学方面，需要加强数学基本概念的了解；需要加强程序运算的过程概念；需要加强具体操作与抽象符号的关系；需要加强透过实做以建立几何概念；需要加强量的实做活动与培养量感。

为进一步了解学生对数学内容理解的程度，以及透过问题解决展现学生数学解题、沟通、推理、表征等能力，台北市从2007年起加考建构反应题。建构反应题不仅要求建构学生自己的反应，而且提供机会表达他们的想法及展示他们的深层了解。建构反应题的命题理念强调了解学生解题的思维及其历程。在命题内容方面，为顾及数学纲要的四大主题及不同的概念内容，命题内容分布在不同主题范畴上让学生解题；在试题难度方面，为呼应数学学力检测，了解学生基本学习能力的宗旨，命题采中难度试题为主；在解题表达方面，命题除包括操作作图说明之外，还尽可能要求学生写出其解题的想法和做法，目的在于了解学生不同的解题历程与错误类型；在试题类型方面，为了解数学掌握的综合性能力以及对数学有整体性的感觉，试题类型以强调概念性理解与应用性解题的试题类型有关。命题时研发团队要考虑的问题是，有哪些数学学习成效是选择题无法考察出来的？学生实际获得的数学概念是怎样的？在一些基础且重要的数学概念方面，学生的习得情形如何？学生在数学学习方面，常见的错误是什么？如何透过建构反应题的设计来检查，以掌握实际学习情形？有哪一些重要的数学程序性知识是必须考察的等。

英语学力检测目标是，推动全市英语教师教学成长，并协助指导英语命题技巧；透过英语命题种子教师研习，提供命题教学回馈；分析英语基本学力检测试题表现，提供命题改进依据。英语检测命题架构英语内容规定为字母拼读法、英文字母、基本英语字词、生活用语、简易句型/对话、阅读图表/短文。从 2011 年增加书写试题。英语评价分为基础级、中级（精熟级）、高级（进阶级）。其中基础级要求，能正确地听出、认出英文字母；能听懂、读懂台北市小学基本应用字词；能听懂、读懂台北市小学基本生活用语；能应用基本的字母拼读法规则。中级（精熟级）要求，能根据听到、看到的基本生活用语，正确回答问题；能听懂、读懂简易英语对话、短文、并正确回答问题；能看懂简易的英文图表，并正确回答问题。高级（进阶级）要求，能理解台北市小学基本应用字词的语意，并做出正确分析和判断；能依据上下文提示，就所听到、看到的英文句子，仔细判断后做出适当的回应。

英语属于抽测方式，从 2012 年检测情况看，学生达到高级的占 31.71%，中级占 24.75%，基础级占 22.34%，未达基础级占 21.20%。

从台北市学力检测情况看，我国台湾学力检测的特点有两个：一是在知识、技能评价基础上，坚持以能力立意；二是检测之后实行学困生救助，有关部门拨大量经费用于学生补习、提高。我国台湾同人们认为，每个孩子都有平等接受教育、平等追求进步的权利，他们也是我国台湾的希望和未来。我国台湾同人这种人文主义情怀和以生为本的精神给我们留下深刻的印象。

当然，我国台湾教育也有很多痼疾，屡遭世人指责和诟病。比如，文凭主义和升学主义依然很严重，要考取如台湾大学、政治大学等知名大学竞争也是异常惨烈；补习成风，师生负担不轻。特别是中学课后补习占学生大量课余时间。我们在晚8点以后仍然看到一拨一拨学生不知从什么地方涌出来，可见课业负担还是很重的。这些需要通过未来的教育改革去解决。

两岸一家亲。在我国台湾逗留的8天里，我们受到无微不至的关怀，我们每一位团员都深为感动。同时，我国台湾教育同人的敬业、专业和精业也是我们深切感受到的。我在台湾的所见所闻可能会以偏概全，叙述也可能挂一漏万，但我认为，认识并实践这几个三位一体不是一件容易的事情，可能还需要做大量的探索。不论如何，我国台湾教育目前所取得的这些成绩确是我国台湾同行对中国教育的贡献，也应是我们大陆教育工作者需要虚心借鉴的。①

第八节　妙叩两端

学校管理需要遵循教育教学和管理规律，需要讲求管理策略和管理方法。其中管理策略引发了我长时期系统的思考。

学校管理策略是指学校管理所奉行的行动方针。它是学校管理规律

① 陈自鹏. 台湾教育掠影［N］. 天津教育报，2013-05-31，2013-06-05.

和管理思想的集中体现。根据学校管理活动的共性和个性规律，按照中庸“叩两端”的哲学思想，我提出十条管理策略。

一、首尾相顾

学校工作的目的性、计划性都比较强，这就要求管理者的工作要有计划、有安排、有落实、有检查、有评价，必须慎重开端，注重结尾。在实际工作中，要反对三种倾向。第一，虎头蛇尾。计划制订得很好，但制订计划时轰轰烈烈，实施计划时无声无息，遇有困难时很快偃旗息鼓，自消自灭。第二，忽略过程。学校的教育管理工作和教学管理工作，都是计划、过程、效果的统一体，其中过程是最为关键的，没有过程的落实，要达到预期的管理效果是不可能的，忽略过程便是忽略了管理的关键环节。第三，忽视效果。一项工作在计划中有所体现，在过程中得到实施，但是否就能达到预期的效果呢？回答是：不一定。因为工作要达到预期的效果与多种因素有关，比如计划是否可行，方法是否科学，过程是否抓实等。不重效果或不重绩效评价，对学校的管理是不利的。假使每项工作只是有个计划，有个布置，而不看效果，那学校的管理水平和质量一定会大打折扣。

二、教育结合

许慎在《说文解字》中，对教育的解释是“教，上所施下所效；育，养子使作善也”。德国著名教育家赫尔巴特也说过：“我不相信有什么没有教育性的教学。”这说明，教育是教和育两个方面构成的。教师是经师和人师的结合，是教书和育人的有机统一。

我们知道，教师承担着“传道、授业、解惑”的任务。教师既要完成教的任务，即教知识、教技能，更要完成育的任务，即教育学生做人，做正直的人、善良的人、向上的人、能够面向现代化、面向世界、面向未来的人。在现实生活中，我们往往是重教轻育的、重教轻学的，以致我们的学生尽管“ABC说得好，数理化题解得高”，但在社会生活中却往往缺乏真、善、美，缺乏生活的乐趣，缺乏人生真谛的追求。所以学校管理中一定要做到亦教亦育，既要重智育，又要重德育，重体育，重心育，使学生真正做到全面发展。为此要做到：第一，以德育为保障。德育在人的发展中起着方向保障作用，比如一个人要取得成就，需要树立正确的世界观、人生观、价值观。德育对其他诸育不仅具有方向保障作用，更有动机作用和习惯与方法上的支持作用。道德知识、道德情感、道德意志、道德行动互为因果、相辅相成，使得一个人从知到行，能够方向正确、行有动力。第二，以智育为基础。智育是以智力发展为最终目的的。没有智力的发展，一个人的任何发展都是一句空话。从自然人到理性人的发展离不开智育，从理性人到社会人的发展也离不开智育。难以想象一个没有掌握自然科学知识、社会科学知识、人文科学知识的人能够最终成为一个社会人。忽视智育，“零分加豺狼”的人多了，我们这个社会便又会回到“文化大革命”十年那不堪回首的镜像中去，这是我们无论如何也应该记取的历史教训。第三，以体育为条件。德、智、体“二加一等于三，三减一等于零”，没有体作为条件，作为支撑，作为物质载体，德和智的教育是无论怎样努力都不能达到的。在某种程度上讲，体育是人的和谐发展中必不可少的首要因素。第四，以心育为关键。心育是指心理健康教育。在市场经济的今天，国内、国际竞争日益激烈，没有一个良好的心理素质，我们培养的学生是不能面对当今社会的。良好的心理素质不仅是学生未来发展的必需，更是学生能否享受工作、生活、学习乐趣的关键因素，还是学生能否成为一个身心健康的社会人的关键因素。

一位教育家说，一个学校不抓智育会出次品，不抓体育会出废品，不抓德育会出危险品，因此我们有理由说，一个学校如果不抓心理教育，要出残缺产品。只有认真贯彻全面发展的教育方针，学校才能培养出理想的完美产品。

三、远近相兼

要管理好一所学校，需要站得高、看得远，此外，管理者还需要有“千里之行，始于足下”的务实精神。远与近是相对而言的，要处理好这一对关系，学校管理工作中就要注意制定好远期规划和近期目标，而制定规划和目标都要以学校发展、学生发展、教师发展为目的。

首先，要制定好学校的远期发展规划，规划应根据上级教育主管部门要求、学校的性质任务以及学校教师、学生特点而制定。要详细制定学校队伍建设、设施建设、机制建设质量水平应达到的标准，并有评价的方法。其中，队伍建设包括学校干部队伍建设、党员队伍建设、教师队伍建设、学生队伍建设；设施建设包括传统设施建设和现代化设施建设，特别是现代信息技术设施建设。对于设施建设，要强调经济、实用、现代、高效，一靠投入、二靠管理，要通过合理配置，发挥其最大效能。机制建设包括三项制度建设，即劳动、用工、分配制度。要通过机制建设，使得学校干部能上能下，教工能进能出，收入能多能少。一所学校若只有好的队伍、设施，而没有一个好的机制，队伍、设施很难发挥出好的效能，这是被长期的教育管理实践证明了的。我们常说，一个好校长，就是一所好学校。除了校长个人的素质和魅力外，他全身心地投入到队伍、设施和机制建设上是最为重要的原因。

其次，要制定出学校近期应达到的目标。学校的长远发展规划是以学校的一个个近期目标达成为前提的，因此要重视近期目标的制定和达成。学校的近期工作目标比如学期工作目标、学年工作目标等是现实可以触及、短期可以实现的。学校管理工作头绪繁多，没有经验的校长往往“眉毛胡子一把抓”，还常常“捡了芝麻丢了西瓜”。其实，认真地思考一下，学校工作按大类分无非是德育、教学、教研、服务四个基本岗位。制定近期工作目标时就要充分考虑德育（重点是班级工作）、教学（重点是课堂教学工作）、教研（重点是校本教科研活动）、服务（重点是围绕教学中心工作而进行的管理活动）应达到的目标，并提出评价、验收的具体办法。制定和落实近期工作目标时要注意落实到人。制定和落实近期工作目标时还要注意不留死角，以免学校工作出现管理盲区，因顾及不到而使总体工作或中心工作受损。

学校长远发展规划和近期工作目标是一事两物，长远发展规划是学校发展的走向和参照，近期工作目标是学校发展的途径和路标，学校管理者绝不能顾此失彼，只抓一个，而忽略另一个。

四、大小抓好

学校是教育人的专门场所，教育的对象大多是未成年人，个体差异又非常大。教育的主体——教师虽然是成年人，也由于教育背景、家庭背景、成长背景不同而千差万别。教育无小事，但实际工作又琐碎繁细。因此管理工作应该做到大处着眼，小处入手。

先看从大处着眼。笔者以为，学校不仅要有大楼、大师，还要有大气。我们常常会看到这样的情况，有的学校大楼伟岸雄姿、富丽堂皇，但其中的人却目光短浅，胸无远志。有的学校有几位大师级的教师，但学校只是把他们作为学校的招牌、点缀，并没有把大师的思想发扬光大，以引后人。学校有大楼、大师固然可喜，但真正可贵的，对学校发展起作用的却是大气。“大气者，大气魄，大气概，大境界也。”校长和教师的大气魄、大气概、大境界会使学生也具有大气魄、大气概、大境界，他们在耳濡目染、言传身教中会立大志、谋大事、为大众，这是教育的任务之一。

然而，“一屋不扫，何以扫天下?”大是由小组成的，要做好大，必先做好小。学校管理中小中见大的事是很多的。比如，一位教育局长到学校调研，他不听校长的大报告、教师的大座谈，而只是逛逛楼道、厕所、实验室，看看垃圾箱，他认为这几个小地方看一看就足够了，完全能够看出一所学校的管理水平如何。他的理由是一所垃圾遍地、脚印满墙、便池肮脏、物品乱放的学校，其管理水平高不到哪儿去。可见，这小是不能忽视的。

重视小就要教育师生从身边的小事做起。教师要认真对待工作中的每一件看似很小的事。要认真处理好每一件小事，解决好哪怕每一个小问题。学生要认真约束自己的言行，“勿以恶小而为之”。从小事做起，提升自己的道德水准和精神境界，从而不舍毫末，成其为大。

我们在这里谈到的大是指精神而言，而小是就身边的具体事情而言。在实际工作中，既要抓好大，更要抓好小，只有这样，管理工作才能站得高、望得远、做得实、效果显。

五、内外相连

学校是社会的一部分，它与社会有着千丝万缕的联系。但学校又不同于社会，它承担着教书育人的任务。鉴于此，学校一方面要做好自己承担的专门工作，另一个方面又要做好与家庭和社会的联系。

首先，认真履行教育职责。学校以育人为己任，对学生教育不仅有道义上的责任，更有社会分工的责任，因此教师要认真履行自己的教育职责。教师要树立职业责任感，通过提高自己的专业知识水平和教育教学工作水平，来促进专业研究水平和专业服务水平的提高，从而提高教育教学质量。认真履行教育职责是国家和人民赋予人民教师的权利和义务，这一职责是否履行得好，教育教学任务是否圆满完成是要靠学校内部管理来实现的。办学质量高的学校是认真履行教育责任的结果，是牢记教育使命、加强学校管理的结果。

其次，要加强与家庭和社会的联系。教育虽是学校分内的事，但家庭和社会在一个孩子的成长过程中也有着不可替代的教育作用。在个别家庭和社会教育环境不好的地方，教育上“5＋1＝0”的现象值得我们注意。“5＋1＝0”说的是学生在学校接受了五天正规的教育，而在家里或社会上待上一天，则五天的教育效果全部抵消。这说明我们应该注意家庭教育、社会教育对学校教育的重要影响。要保持并加强学校与家庭、社会（社区）的联系，共同营造儿童健康成长的环境，促使儿童茁壮成长。学校领导和教师不仅要研究学校教育理论，更要拿出一部分精力和时间研究家庭教育理论和社会教育理论，并在有条件实施的地方开办家庭教育、社会教育讲座，要采取不同方式、运用不同方法、利用不同渠道对家庭教育、社会教育给予指导，施加影响。

学校管理中要重内，也要重外。要内抓管理，外求和谐，使得多方教育力量形成影响学生发展的合力。

六、严宽有度

学校管理是严和宽的统一。没有严，管理便不能生威，学校一盘散沙，政令不通，有令不行，学校管理便难以取得应有的效果。但如果一味严，没有宽，忽视人文，不讲情感，学校气氛紧张，人人自危，职工工作的主动性就会大受影响，因而把握好宽和严的尺度十分重要。

首先，干部和教师要严于律己，宽以待人。作为教育者，干部和教师要内强素质，外树形象，模范地遵守教师职业道德，全心全意地为学生服务。要严格自律，要求别人和学生不做的自己首先不做，并能做到"吾日三省吾身"，时时刻刻注意修正自己的错误，完善自己的人格。对待他人要像春天般温暖，学会感激、学会合作，能够容忍别人的过失、失误，真心实意、以诚相待。不拿自己的长处去比别人的短处，注重向比自己优秀的人学习，取长补短，不断提高自己各方面的素质。

其次，学校管理要严于制度，宽于环境。制度必须严格。制定制度要严格，执行制度也要严格，要公平、公正、一丝不苟，不徇私情。在实际工作中，我们看到有的学校基本上没有制度，根本也谈不到严不严的问题。工作没有制度，没有规矩，不成方圆，教师做无方向，干无标准，对教师绩效评价也没有方案，干好干坏一个样，干多干少一个样，其结果是学校领导"做一天和尚撞一天钟"，师生也懒懒散散，没有干劲。还有的学校是制度制定得很全面，但缺乏有效的监督执行，或者执行不彻底、不严格，或者干脆就不去执行，使得学校很好的制度成了表面文章，成了一无他用的摆设，其结果是学校领导整天忙得焦头烂额，工作不得要领，抓不住主要矛盾，本来能够在管理中发挥关键作用的各项制度不仅没有发挥应有的作用，还常常使师生由于学校领导没有严格执行制度而对其诚信心生疑虑，久而久之便会对其权威形成威胁。

学校严于制度是必要的，而宽于环境也是必需的。环境在此指物质环境和人际环境。学校要积极地创造条件改善师生的物质环境。要提高教师的工作效率、学生的学习效率，一个宽松、舒适的物质环境是必不可少的。物质环境包括自然环境和工作环境。绿树成荫、空气清新的自然环境使人神清气爽，往往会让人忘记工作、学习的疲劳。设施完备、宽松有序的工作环境使人愉快轻松，往往会让人投入其中，废寝忘食。

此外，宽松和谐的人际环境也十分重要。一位学者曾说过，良好的人际关系是生产力。建立起一个良好的人际环境，大家互帮互助，有问题相互倾诉，有成果共同分享，在这样的大家庭里，大家自然会心往一处想、劲往一处使、汗往一处流，他们会为了一个共同的工作目标而竭智尽力。严和宽把握起来并不困难，严要宽，宽要严，该严时严，该宽时宽，宽严适度，注重和谐，这样，师生的积极性、主动性就会被充分地调动起来。

七、庄谐相济

学校管理是一件严肃的事，层级管理、制度管理、科学管理等需要认真严肃。但在工作中，适时适地地运用一些诙谐有趣的工作方法，有时会产生意想不到的管理效果。

先说严肃。严肃的管理方法主要是正面教育。正面教育在学校管理中是非常重要的。正面教育包括思想教育、制度约束、行政干预、学术引导等。正面教育对学校旗帜鲜明地宣称自己提倡什么、反对什么，营造优良的教风、学风、校风乃至促进师生的行为养成都有重要意义。我听说过这么一件事，有一所学校一段时间以来迟到早退的职工比较多。校长在了解了这一情况以后，认真分析了这些违纪职工的思想动态，认为大多数人还是由于没有把工作当作自己的职责看待，职业责任感比较差。于是在一位身体还非常健康的外语教师要退休时，校长召集了由很多职工包括违纪职工参加的座谈会。校长充分肯定了这位教师的工作业绩，并语重心长地对大家说："大家要珍惜自己的工作机会啊。人其实有效工作的时间并不长，工作 30 年，其实也就是 1 万天，睡觉睡掉一半还有 5 000 天，放一半假还有 2 500 天。要珍惜每一天的时光。工作不光是每个人的责任，更是每个人的权利呀！"一番话说得那些违纪职工面红耳赤。这次会议后，学校迟到早退的人没有了，一次正面说教解决了学校的一个难题。

再说谐趣。平时工作非常紧张，一本正经、严肃刻板之中也需要一些幽默、一点诙谐。幽默诙谐不只是智慧的迸发，更是学校工作中不可缺少的调味剂。诙谐的工作方法用得好，有时效果会奇好。这种方法可以用以表扬，也可以用以批评。用于表扬使受表扬者身心愉悦，更增荣誉感；用于批评使被批评者乐于接受，更增愧疚感。

比如用于表扬。一所区重点中学学生生源很差，有一年本科上线率达到了90%，超过了省市平均上线率30%，教委主任高兴地发了一条短信勉励校长：×校长啊真能干/本科上线已过半/谁敢说咱水平低/有胆过来比比看/师生拼搏努把力/将来胜过市重点/若要到了那一日/锣鼓敲上三十天。一条短信鼓舞了校长和师生的斗志。

再如用于批评。一所小学刚刚上任的校长、书记因为不了解学校情况，评优时教研组里出现了抓阄儿确定人选的事儿。校长、书记非常愧疚，向主管主任汇报了这件事并承认了错误，主管主任并没有给他们讲大道理，只是在一次学校的例行调研中，以玩笑的方式使其加深了对此失误的认识。那天这位主任到学校门口，恰遇校长、书记，他们对主任说："您来啦!"主任诙谐地说："啊，来了，来看一看能不能抓个先进什么的。"校长、书记低头而笑，他们会更深刻地反思评优一事，可以肯定抓阄儿评优的事儿自此再也不会在这所学校发生了。

八、实虚并行

学校的工作分为实和虚两部分。有的时候要务实，有的时候要务虚。务实很重要，务虚也很重要。实际上，管理工作是实中有虚，虚中有实，虚实结合，相得益彰。

怎么才能务实？务实就要干实事，想实招，出实力，有实绩。首先是干实事。要为社会、为家庭、为教师、为学生多做实事，创造优质教育，使学生受益。其次是想实招。要研究和探索切合实际的招法，以不断改进管理，提升管理水平。再次，工作环节要抓实，真抓实干，提高管理质量。最后，要围绕工作目标开展管理工作，注重工作绩效，提高工作质量。

怎么做好务虚？学校的工作是具体的，但有些工作是需要务虚的。比如出台一项政策前，先要做一些舆论上的准备，思想上的发动和某种程度的宣传，这些工作看起来是务虚的，但却是非常必要的。因为务虚的过程也是务实的过程，它是务实的先声。通过这样的务虚活动，大家明确了出台政策的目的，思想统一了，对政策有了更深的了解，易于接受，政策也会易于推行。

在工作中，我们的管理务实是应该的，但不注重务虚是不对的。如我们目前正在进行的课改，一些地方务虚不够，表现在理论研究不足，干部教师观念转变不够，对社会的宣传不到位，使得课改的落实遇到了一定难度。首先，我们对本土课改理论研究没有到位，比如对课程的功能、结构、内容、实施、评价、管理等如何结合我国教育的实际情况研究没有到位，致使实际工作者没有一个清楚的认识。其次，有些干部教师没有完全接受课改理念，仍然在高考的指挥棒下日复一日、年复一年地从事着应试教学活动。再次，对社会的宣传不够，致使学校的课改活动得不到社会最广泛的支持。由此可以看出，务虚本身也是务实，没有更好地务虚，务实也很难做好，很难取得应有的成效。

九、收放自如

学校管理工作是闭合与开放的统一。学校是按着一定的目的将种种关系整合起来的一个有组织的整体，它是一个有序的系统。系统内部要有循环，因而是闭合的。比如一个学校管理成效是由管理思想、管理过程、管理方法、管理评价等要素整合程度决定的，此管理思想、过程、方法产生此管理成效，而不应该产生彼管理成效。但学校又是与社会密切相关的。没有任何一所学校可以独立于社会而存在，因而学校又必须是开放的，其管理也应是开放的。实际上，学校管理在很大程度上不仅是学校发展到一定阶段的产物，更是从企业管理或其他社会机构管理中吸取了更多的思想和方法营养。比如它吸取了科层管理、科学管理、人本主义管理等思想和方法。那么学校怎样才能做到闭合与开放的统一呢？

首先，宏观要收，系统可控。学校在办学方向、办学目标上要统一集中。我们的学校要坚持社会主义办学方向，按照国家的教育方针和素质教育要求，坚定不移地把培养具有创新精神和实践能力的“四有”新人作为办学目标。在这方面，一要做到可控，即不要偏离方向和目标；二要做到可调，即能够随时矫正办学中方向和目标方面的过失。为此，必须加强学习，学习好管理理论和知识；提高驾驭学校全局的能力，加强领导，改进领导方法，提高决策和领导水平；明确职责，人人都肩负起管理的责任，层层都担负起管理的任务，大家为着一个共同的工作目标而努力；注重反馈，通过各种渠道和方式对学校办学方向、目标执行情况做出评价，以便及时进行调整或加强。

其次，微观要放，措施灵活。学校在办学措施上要集思广益，应做到三个放开。一是放开思路。仁者见仁，智者见智，只要是有利于学校发展、有利于教师发展、有利于学生发展的思路都可采纳。要注重向其他先进地区、先进学校学习，不要自我封闭。另外，要在学校内部广泛征求广大教职工和学生的意见，以便改进学校管理的措施。二是要放开方法。要充分调动大家民主办学的积极性，要在工作中坚持民主决策、民主参与、民主管理、民主监督。要认真总结和推广广大教职工和管理干部在办学中好的经验和做法。三是要放开手脚。办学中一旦形成了好的思路，有了好的办法，要鼓励大家大胆探索，要及时给予肯定，万不可畏首畏尾，束手束脚。

收与放是一对矛盾。收放自如、收放得体，学校就会有条不紊、秩序井然，也不会一收就死、一放就乱。

十、奖罚适宜

学校是文化的传播场所。它本身也是文化的载体。学校文化是由教师文化、学生文化构成的，它含有物质文化、精神文化和制度文化。其中制度文化建设起着非常重要的作用，而制度文化中奖和罚对于形成学校文化的作用不可低估。

首先，要做到奖罚结合。学校工作中要做好评价工作。应评有标准、评有鼓励、评有鞭策，定性评价和定量评价相结合，在科学评价的基础上有奖有罚，奖罚结合。有功则奖，有过则罚，树立正气、压制邪气。

其次，奖罚分明。该奖则奖，该罚则罚。如果表现优秀的得不到鼓励，表现很差的得不到鞭策，长此以往，教职工的工作积极性就会被抑制乃至挫伤，学校发展就会受到影响。

再次，奖罚有度。奖和罚要讲究方法，要注意程度适宜。奖励方面应做到“大功大奖，小功小奖，无功不奖”，惩罚方面应做到“大过大罚，小过小罚，无过不罚”，此外要把精神鼓励和物质鼓励相结合，并做好思想引导工作，使得奖罚措施发挥应有的效能。

奖罚是对一个人思想、工作、学习表现的肯定或否定，是非常复杂的一件事情，也是颇有难度的一件事情。有的校长对此要么不想去做，要么难字当头，不敢去做，要么草率处之，不认真去做，其结果是学校的师生员工不能行有方向、干有目标、做有动力，学校不仅不能形成健康向上的校园文化，而且对于学校队伍建设、机制建设都会产生不利影响。

首与尾、教与育、远与近、大与小、内与外、严与宽、庄与谐、实与虚、收与放、奖与罚是在学校管理工作中不可回避的矛盾，辩证地处理好这十个方面的关系，解决好这些问题，学校工作就会取得应有的成效。

第四章　深研细磨道术间

教师是集专业学习、专业服务、专业研究于一身的职业。教师是实际工作者，而教师要成为名优教师，教育研究是必由之路。对教师成长而言，专业学习是前提，专业服务是关键，专业研究是条件。专业研究使得教师能够理论上天，实践入地，能够上达天庭，下接地气。作为教师，我不仅研究教育教学管理的规律，也研究教育教学管理的方法和艺术，因此能够在教育教学和管理中享受着研究的快乐和幸福。

第一节　应试弊乱

20世纪90年代末，针对全国范围内“应试教育”向素质教育转轨引发的争论，按照教育教学的基本规律，我对“应试教育”的弊端进行了一些系统的研究，提出了自己的观点。

我在研究中指出，“应试教育”向素质教育转轨是我国教育领域内的一场变革。为什么要变“应试教育”为素质教育呢？这是因为“应试教育”背离了国家的教育方针和教育教学规律。一方面，它不符合社会发展的需要；另一方面，它不符合人的发展的需要。“应试教育”是对我国教育领域内存在的弊端的概括。在教学中，“应试教育”的弊端表现在如下十个方面。

一、*教学思想的片面性*

“应试教育”是一种教育模式。在这种模式中，教学以考试为中心，将考试作为教学的出发点和归宿。因而，教学不能完全起到培养思想品德、传授知识和技能、发展智力和能力的作用。学生片面发展，重智育轻其他，完全变成了知识的容器和考试的机器。由于考试在教学中起着主导和统治的作用，因此，选拔作用增强，教育作用削弱。教学中不能做到面向全体学生，一部分学科成绩较好的学生受到偏爱，而大部分学科成绩不好或暂时落后的学生受到冷落，致使相当数量的学生尽管其他方面的素质较好，但因学科成绩不好而失去对学业追求的兴趣。他们带着失败的心态和失落的情感走入社会，离开学校时不仅没能学到真正、全面、彻底的知识，同时，学业受挫的阴影还会长期影响其接受继续教育的信心和求得事业发展的愿望。

二、*教学环境的封闭性*

教学活动是在一定的教学环境中进行的。对教学成效构成影响的不仅有教师、学生、教材、方法、手段等，还有其他环境因素。各种环境因素会对教学产生有利或不利的影响。学校教育必须是封闭性和开放性的有机结合，而在“应试教育”的模式中，封闭有余，开放不足，学生“两耳不闻窗外事，一心只读圣贤书”，学科知识与家庭生活、社会生活的实际相割离，低一级教育与高一级教育相割离，智育与其他诸育相割离，校园里死气沉沉，一潭死水，失去了应有的活力。

三、教学目标的短近性

一般说来，按教学活动的周期长短划分，教学目标有近期目标和短期目标；按教学活动对人的影响程度划分，有现实发展目标和可持续发展目标。“应试教育”是单纯以应试为目的的教育，因此，教学目标的确定只是“立足当前”，却未“兼顾长远”，教学目标的功利性、实用性比较突出，只强调近期目标，而忽略长远目标；强调现实发展目标，而忽略可持续发展目标。具体到教学活动中，只注重应试目标，而忽略人文目标，即忽略教学对人的道德、兴趣、动机、意志、个性、气质等的重大影响。教学目标的短近性，不仅影响了人才培养的显性质量，更重要的是影响了人才培养的隐性质量。

四、教学内容的偏狭性

教学内容在教学活动中起着举足轻重的作用。许多国家的教育改革实践表明，不改革教学内容，教育改革难以取得成效。教学内容的确定应以人的身心发展和社会发展的需要为依据。然而，在“应试教育”中，教学内容的确定却是以考试为中心，基本表现为：考什么，教什么，学什么，不考的学科和内容统统甩掉，考的学科和内容增加课时。教学内容的偏狭导致学生发展畸形，学生自身和谐发展受到影响，进而影响学生不能很好地适应社会发展的需要。

五、教学环节的呆板性

教学环节是教学目标、教学内容落实给学生的过程，教学环节的安排应遵循学生的认识规律和教学的一般规律。由于教学目标、教学内容、教学对象不同，教学环节的安排也应有一定的灵活性。然而，受“应试教育”的影响，课堂上常见的教学环节基本上是“教—考”两点一线，而且是几年，十几年，几十年如一日，墨守成规，一成不变。在这种情形下，教师教得机械，学生学得呆板，教学中教师没能做到“教导结合”，学生没能做到“学思结合”，因而，生动活泼、积极主动学习的局面难以形成。

六、教学方法的单一性

在教学中，教学方法的选择是以教学内容、教学目标、教学对象、教师自身的特点为依据的。“教学有法，但无定法”，说的是教学方法要有一定的针对性、多样性和灵活性。然而在“应试教育”中，教师往往只是采用“填鸭式”“灌输式”教学方法，学生只是消极被动地接受知识。教师不鼓励学生创新、创造，学生机械模仿、死记硬背，久而久之，形成了一种不良的学习定势。这不仅影响学生的现实发展能力，也影响学生的可持续发展的能力。人们常说，一个没有创新意识、创造能力的民族是一个没有希望的民族。应该看到，教学中教学方法的优劣事关教育质量，事关民族振兴。

七、教学媒体的原始性

教学媒体是师生教与学活动的媒介，是教与学信息传递的重要渠道。教学媒体分为传统媒体和现代媒体，传统媒体如黑板、课本、粉笔等，现代媒体如听觉媒体录音机，视觉媒体幻灯机、投影仪，视听觉媒体电视机、计算机多媒体等。教学中正确的做法是，利用好传统媒体，努力开发现代媒体。但在“应试教育”中，教师和学生一切围绕考试的指挥棒转，现代教学媒体弃置不用，而是恪守“一张篇子一支笔”的传统媒体观念，采用题海战术，学生疲于应付，没有“教育要面向现代化”的思想。由于教学媒体的原始性和落后性，师生现代教育意识淡薄，教学负担较重，教学效率不高，教学质量也大受影响。

八、教学反馈的单向性

反馈是馈体通过一定的信道将信息传递给受体的过程。在教学中，教师的教学行为通过一定的方式作用于学生，而学生又通过一定的方式将效果反馈给教师。教学反馈有直接反馈和间接反馈、书面反馈和口头反馈、内馈和外馈之分。完整、理想的教学反馈应是二者的结合。然而，在“应试教育”中，教学反馈不是多向的。一般只是重视直接反馈、课堂反馈及书面反馈（即书面答题情况的反馈），而忽视间接反馈、课外反馈及口头反馈，因而信息相对说来不很通畅，影响了教学分析的深入、教学措施的制订、教学方法的选择和教学质量的提高。

九、教学评价的唯一性

教学是一个系统工程，它涉及教学思想、教学环境、教学目标、教学内容、教学环节、教学方法、教学技术手段、教学反馈、教学研究、教学效果等诸多要素，因此，教学评价应是多层次、全方位的。但在“应试教育”中，评价对象却只有一个，那就是分数。一考论成败、一卷定终身。分数高，一切都好；分数低，一切皆差。分数成了师生追逐的唯一目标。教学中的“传道、授业、解惑”的任务，学生德、智、体、美、劳全面发展的任务，在一把尺子的衡量下全成了题外话，其结果是使教学走上了畸形发展的道路。

十、教学研究的肤浅性

教学研究十分重要。通过教学研究，教师可以探索教学规律，找出师生在教与学的过程中的成败得失，有利于总结经验、吸取教训、改进工作。然而，在“应试教育”中，教学研究只限于研究学生如何做才能取得高分，怎样解题才能趋近考试的标准答案。殊不知，我们只有认真研究教学中的深层问题，如智力因素与非智力因素，教材的知识逻辑特点与学生认知发展特点等，才能提高教学水平。“应试教育”中，教学研究的肤浅性及表面化，使得教学组织与实施无法深入，也阻碍了教育事业的发展。

“应试教育”的弊端还不止以上这些。我们实施素质教育就是为了革除这些弊端，全面地提高教育教学质量，更好地培育 21 世纪所需要的高素质人才。

第二节 素质领先

1999年6月，《中共中央国务院关于深化教育改革全面推进素质教育的决定》（以下简称《决定》）颁布。我认为，《决定》无疑是我国当前和未来教育工作的指南，将卓有成效地指导我国各级各类学校素质教育的实践。但我们应该看到，在全面推进素质教育的过程中，人们在教育教学思想、教育教学实践方面，不可避免地存在着这样或那样的不适、不安甚至不解。如何坚持素质教育领先？我提出应处理好以下十个方面的关系。

一、传统教育观与现代教育观的关系

传统教育观认为，教学中应重视教师的主导作用，重视教材，重视课堂教学，重视知识传授。而现代教育观则认为，教学中应重视学生的主体作用，重视实践，重视社会经验，重视能力培养和发展。我们认为，传统教育观与现代教育观都是教育发展到一定历史阶段的产物，两种教育观各有侧重，各有优点，自然也各有不足，在教育教学中如果采取非此即彼的态度，则失之辩证，甚至会导致错误的实践，这一点从教育发展史上可以看得很清楚。比如，凯洛夫是传统教育观的代表，而杜威则是现代教育观的代表。众所周知，他们对教育理论实践都做出了一定的贡献，但由于失之片面，或者固执己见，因此也对教育的发展产生过不好的影响。如今在推进素质教育的过程中，有人只是看到了我们教育中的优点，因而消极保守，不思改革，难以有所建树。有人则只是看到了我们教育中的弊端，因而前卫激进，否定一切，也容易走入歧途。对于这两种教育观，我们应取其长，克其短，既看到二者对立的一面，又看到其统一的一面，在肯定传统教育观注重知识、传授优点的同时，应吸取现代教育观注重能力和个性培养的优点，把教育教学工作稳步向前推进。

二、学校教育与家庭教育、社会教育的关系

素质教育是个系统工程，需要学校、家庭和社会共同努力。要为素质教育的实施创造良好的内部环境和外部环境，就必须搞好学校教育、家庭教育和社会教育的整体优化。要以育人目标为导向，以学校教育为核心，家庭教育为助力，社会教育为补充，构建一个优化的育人体系。学校教育要发挥优势，家庭教育要因势利导，社会教育要择善而行。除对学生进行文化科学知识教育外，特别应加强对青少年学生进行爱国主义、集体主义、社会主义的思想教育，帮助他们树立正确的世界观、人生观、价值观。要教育学生正确认识世界、认识人生、认识自我，要辨是非、知善恶、懂美丑。在这方面，学校、家庭、社会应协同一致，形成教育的合力。

三、智育和其他诸育的关系

智育是学校教育教学工作的基本任务之一，而且是一项非常重要的任务。“应试教育”把智育看作教育教学工作的全部，是出发点，也是归宿，于是走向了“智育至尊”“分数至上”的极端，因而遭到社会各界的关注和批评。素质教育是全面的教育。在这种教育模式中，智育是基础，德育是保证，体育是条件。一方面，智育不是可有可无，而是要高度重视的；另一方面，不只是单纯地抓好智育，而是要德、智、体、美、劳诸育一齐抓，学生要学会做人，学会求知，学会健体，学会审美，学会劳动，学会办事，学会合作，学会生存。没有智育的教育不是真正的教育，只有智育的教育不是完美的教育。21 世纪对人的素质的要求是全面的，我们培养的人必须是有理想、有道德、有文化、有纪律、有个性、有创造的人。为此，就必须处理好智育与其他诸育的关系。

四、课堂教学与其他教学活动的关系

课堂教学占据着学校绝大部分教育活动时间，尽管对课堂教学的地位和作用历史上曾有过这样或那样的评价，但至少在一点上人们是取得

共识的：课堂教学是培育人才的主阵地、主渠道。教育实践表明，重视课堂教学，教学质量就有保证；不重视课堂教学，教学质量就会下降，这也是人们对历史的反思所得出的结论。然而，要促进学生全面素质的提高，只有课堂教学还是不够的，还应注意其他教学活动，比如组织学生到工厂、农场实习，搞社会调查，参加技术攻关，从事专题研究等，这些都是非常重要、非常有效的教学活动。这些活动是课堂教学活动的继续和延伸，它们对于培养学生的社会责任意识和实际工作能力都是必不可少的。

五、学科课程与其他课程的关系

目前，我国中小学课程主要分为学科课程与活动课程两大类。普通高中在原活动课程的基础上，又形成了包含研究性学习、劳动技术教育、社区服务、社会实践在内的综合实践活动课程。学科课程大都是考试课程，往往受到各方面的重视。教育行政部门对其教学质量要实施一定的重点监测，学校将其作为重点工作内容来把握，教师则因教学质量优劣与自身荣辱攸关，更不敢有丝毫的怠慢。活动课程目前没有固定的设置标准，难以考核，因而在大多数学校看来是“软任务”，表现有三点。第一，极不重视。课表上没有体现，实际上更没有安排。第二，摆花架子。课表上有体现，但实际上并没有落实。第三，设置不科学。只重形式，不重效果，造成人力、物力、财力的浪费。为处理好学科课程与活动课程的关系，我们应避免走入三个误区：一是本末倒置，即抛开学科课程，只抓活动课程；二是以偏概全，即只抓学科课程，忽略活动课程；三是孤立联系，即学科课程与活动课程互不对话，互不照应，不能达到有机统一。

六、面向全体与因材施教的关系

面向全体与因材施教是一对矛盾，这对矛盾是我们无法回避而又必须解决好的。应该说，面向全体的教育是教育机会均等的教育，是体现公平教育思想的理想模式。而因材施教的教育无疑是世界上最佳的教育，它是教育追求效益最大化的理想模式。在实际工作中，既面向全体，又因材施教是很困难的。我们必须正视这一矛盾，在解决矛盾的过程中推动教育教学质量和水平的提高。为此，一要关心、爱护、帮助每一位学生，不歧视任何在学习、思想等方面相对落后或暂时落后的学生。二要做好分类指导工作。我们所说的因材施教，绝不是只指那些落后生，对于优秀生也有因材施教的任务。要对各类层次的学生提出不同的要求，以使得他们各自获得发展，我们的教育既要面向大众，又要着力发展学生的个性，培养社会发展所需要的各类人才和精英。

七、教学与考试的关系

通常，教学为基础，考试为手段。教学应以培养学生全面发展为目标，不可“以考定标”“以考定教”，要防止两种倾向：一是过度重视考试，二是无端鄙视考试。过度重视考试，导致考试过多过滥，加重学校、教师、学生甚至家长的负担，使得“应试教育”思想泛滥。无端鄙视考试则使得教学失去必要的激励、验收、反馈、评价、矫正功能，教学质量难以有所保证。我们一方面应做到科学施教，另一方面要研究考试、改革考试，使其更好地为教育教学服务。

八、减负与增效的关系

减负是教育界一个非常棘手的问题。减轻学生过重的课业负担是为了更好地推进素质教育。但必须明确的是，减负是手段，而不是目的，有人把减负简单地理解为减少课时、减少题目、减少考试乃至取消考试、取消作业，于是上午九点上课，下午三点放学，以为这样就完成了减负的任务。实际上，我们所谈的减负，应该是摒弃粗放的教育理念，而采取精致的教育理念，要减去的是那些过度重复性、机械性、低效性、无效性、惩罚性的课业负担。要建立一个优化的教学体系，优化教学思想、教学环境、教学目标、教学内容、教学环节、教学方法、教学手段、教学反馈、教学评价、教学研究。要通过优化，力争以较少的必要教学时间取得尽可能大的教学效益，要通过减负，达到增效的目的。

九、素质教育与教育教学质量的关系

“应试教育”必须向素质教育转轨，是因为“应试教育”不利于人

的全面发展。有人说“应试教育”重视教学质量，素质教育淡化教学质量，这是不对的。我认为教学质量的含义是广泛的，它不仅指教学成绩，即分数，还包括德育、体育、美育、心育等效果指标。素质教育是全面发展的教育，它对教育者和被教育者都提出了更高的要求，克服“应试教育”的弊端，全面推进素质教育，是为了更全面地提高教育教学质量，促进学生的全面发展，可以肯定地说，忽视教学质量的教育绝不是素质教育。

十、理论与实践的关系

目前我们深切地感受到我们的教育有“理论不上天，实践不入地”的问题。理论上，我们借鉴得多，独创得少；纯理论探讨的多，结合实际的少；一般性探讨的多，理论升华概括的少。在实践上，我们理论指导的少，靠感性做的多；深入总结的少，为做而做的多；教学效率考虑的少，追求形式的多。解决如上问题的方法是：第一，加强理论学习和研究。不仅要学习国外先进的教育教学理论，更要认真研究国内广大教育工作者创造的先进教育教学经验，并适时适地予以推广。第二，抓好三个结合。一是理论与实践的结合，要善于用理论指导实践。二是理论工作者与实际工作者的结合。要改变“为理论而理论”“为实践而实践”的极端化倾向。三是理论指导与实践总结相结合。要通过实践使理论得到检验、完善、深化和升华。

第三节　教育史观

教育家吕型伟先生倡导教师要读点教育史，这对于教师树立科学的教育史观和教育发展观有着重要的意义。

读了教育史专业后，我自己深知教育对个体发展以及对社会发展的重要性。我在一篇文章中指出，纵观中华民族几千年的文明史，教育发展对社会发展起着举足轻重的作用，甚至可以毫不夸张地说，一部教育发展史也是一部文明发展史。

据史料记载，我国的传统教育从滥觞到辉煌，在曲折中前进，主要有以下几个特点。

一、政教合一

西周时提出的“学在官府”“吏师一体”，具有鲜明的政教合一的特点。至春秋战国时期，“天子失官，学在四夷”，诸子蜂起，私学大兴，政教合一表现为教育为政治服务，教育成为社会政治教化的有力手段。比如，孔子认为从政不一定去做官，教育即是政治。墨子主张兼爱、非攻，采取“强说人”的方式去影响政治。孟子则“上说下教”，游说诸侯，以实现“明人伦”的政治目的。及至后来的封建社会，半殖民地半封建社会，甚至到了目前社会主义社会的初级阶段，教育除了为经济发展提供人才支撑外，一直在为宣传政治理想、信仰、立场、观点服务，“政教合一”体现出“政治制约教育，教育反作用并服务于政治”的特点。

二、尊师重道

中国教育强调尊师。《学记》说：“师严然后道尊，道尊然后民知敬学。”荀子把教师与天、地、君、亲放在一起，谓之“天地君亲师”。孔子说：“自行束脩以上，吾未尝未诲焉。”这段话中至少可以反映两层意思，一是孔子主张“有教无类”；二是人要敬师，凡是拜师的人都要行束脩之礼，以示对教师的尊重。到了唐朝，凡是拜师的人行束脩之礼已成定例。这种传统对我国师生关系的形成影响深远，社会上也有“一日为师，终生为父”的说法。

我国教育重道德教育。如《大学》所言：“大学之道，在明明德，在亲民，在止于至善。”《论语》说：“志于道，据于德，依于仁，游于艺。”从孔子到陶行知，都把道德教育放到很重要的位置上，这一点是我们应长期坚持的。

三、重视考试

中国是考试的故乡。汉代重察举，魏曹丕时实行“九品中正制”，由于没有严格的考试，以致察举“枸检者离毁，虚诞者获誉”，九品中正“上品无寒门，下品无势族”，造成社会极大不公。到隋代，教育史上出现了两件大事：一是国家有了第一个管理全国教育的教育机构；二是在隋炀帝大业二年（606年）建立了分科选举的制度即科举制。科举制的建立是中国教育发展史上乃至世界教育发展史的一个创举。一是它延续时间长，尽管时有褒贬，绵延一千三百余年。二是它影响甚广。不仅对中国的古代教育，也对中国的现代教育产生着深远的影响。目前，我们的高考在某种程度上，也还是一种现代分科选举制。考试内容变了，但古代科举的帖经、墨义、口试、诗赋、策问、小楷（书法）等考试方法在今天的考试中也仍有所体现。王炳照先生指出，古代学子把学习、考试、做官联系在一起，这败坏了知识分子的学风。由此，考试时而受到社会的指责。现在大家也清楚地知道“一考定终身”“考考考，老师的法宝”“分分分，学生的命根儿”“考什么，教什么，学什么”隐患无穷，然而在有人拿出比考试更好的办法来评价学生的学业发展之前，这一制度是要不断改进并坚持的，不然会影响教育的发展，甚至造成社会的不公。

四、侧重选拔

中国教育特别是学校教育侧重选拔具有悠久的历史。隋唐以前，学校教育为社会和国家培养了大量的治术人才，有的朝代的学校教育是学校举行严格的考试或施以严明的考核，学生毕了业便直接授官，这是一种选拔方式，也是孔子“学而优则仕”教育目的的一种体现。隋唐以后，科举制度重在为社会和国家培养“格物、致知、诚意、正心、修身、齐家、治国、平天下”的统治人才，从乡试到会试，再到殿试，士人们为了能够“一举成名天下知”，常常被“赚得英雄尽白头”。这种筛子式的教育选拔制度，一方面为平民跻身上流社会提供了一个平台和台阶，在某种程度上维护了社会的公平；但另一方面也对现代教育的发展造成了很多不良影响。比如，“万般皆下品，唯有读书高”思想的形成与教育选拔作用的异化有很大关系。这一点不能被忽略。

五、忽视实践

我国教育在奴隶社会和封建社会重思辨轻实践，重清谈轻实用，重经义轻科学，重脑力轻体力。西周时由于生产力发展水平的制约，根本不重视科学知识和劳动实践知识，一直到孔子时仍是如此。到清代，洋务派代表张之洞主张“中学为体，西学为用”，主张保留中学中的经、史、子、集，学习西史、西艺、西政，维新派则主张废除空疏无用的科举，全面向西方学习，不仅学习其科学技术，而且要学习其研究方法，认为其研究具有两个特点：一是“实”，二是“用”。这在当时都遭到了顽固派的顽强抵抗。我国的教育在与生产劳动结合、与社会实践结合方面还有许多要探讨的问题，如怎样结合，结合什么，注意什么等问题还远没有取得科学的认识。我们教育工作者应该认真加以研究。

中国教育发展与世界其他国家教育发展一样，无不受当时国家的政治、经济、文化制度的制约和影响，体现着具体的显而易见的民族特点。在正确把握传统教育特点的基础上，我们应该从以下几个方面做出努力。

1. 总结经验，吸取教训，把握教育发展方向

几千年的教育发展史，我们有过经验，有过教训；有过辉煌，也有过挫折。我们既不能妄自菲薄，也不能夜郎自大，既要认真总结经验，也要认真吸取教训。要认真总结自己的经验，吸取自己的教训。也要善于从世界教育发展史上借鉴经验和教训，要结合世界范围现代教育的发展特点科学地认识中国传统教育特点，以保证正确的教育发展方向。

2. 以人为本，科学施教，促进学生全面、和谐发展

教育归根到底是促进学生的发展，而学生的发展不应是片面的、孤立的，而应是全面的、和谐的。这要求我们要做到目中有人，以人为本，尊重学生，爱护学生，研究教育教学规律，科学地实施教育，不断提高教育教学的质量，促进学生发展以满足社会发展需要。

3. 立足现实，着眼未来，保证教育可持续发展

我们的教育具有内在价值和外在价值双重属性。前者表现为生成

性，后者表现为功利性。功利性和生成性的综合是现实目标和未来目标的统一。教育既要看到教育的功利性，注重现实目标，又要看到教育的生成性，注重未来目标，要发挥优势，克服劣势，推进改革，坚持创新，保证教育不断吸取发展的动力，有一个成功的现在，更营造一个辉煌的未来。

第四节 人才识辨

我们知道，学校教育是为了培养人才。人才观决定着学校的办学目标、办学方向、办学方式。围绕人才培养和选拔，我对“科举制度建立前后人才选拔方式及标准的演变”这一课题做了深入研究，并于2008年10月将该研究报告提交到中国第四届科举研讨会上交流。

研究人才选拔问题，不得不提到科举。我们知道，科举制度的建立是我国教育发展史上的一件大事。研究科举制度建立前后人才选拔方式及标准的变化，对于我们今天发现人才、选拔人才、培育人才具有特别重要的意义。

一、人才选拔方式的变化

科举制度建立前后，人才选拔方式经历了“养士、举士、选士、育士”几个阶段的变化。

1. 养士阶段

春秋战国时期，“天子失官，学在四夷”。作为“士农工商”之首的士，成为一个特殊的社会阶层。“这些人多能掌握一定的文化知识或有一技之长，他们四处游说，寻求进身之阶，成为社会上异常活跃的一股势力，而且能量极大。在诸侯争霸、七国称雄的时代，各国诸侯和公卿大夫为了壮大自己的势力，扩大自己的影响，都争相养士，于是养士之风大盛。”“春秋前期多由公室养士，贵族或逃亡贵族子弟占士的多数。春秋末期，私门和公室斗争，公室养士，私门也争相养士。到战国时代，公室如秦穆公、魏文侯、齐威王、齐宣王、梁惠王、燕昭王等都曾是文士的集中保护者。著名的齐国稷下之学，就是很典型的代表。私门如四公子（孟尝君、春申君、平原君、信陵君）及秦之吕不韦，都是动辄食客三千。”

养士之风盛行，加之私学大兴，使得“士”得到社会的保护与认同；也使得“士”在社会上有了用武之地；还使得学术风气空前活跃，对当时“诸子蜂起，百家争鸣”起到了推动作用。

2. 举士阶段

察举制和九品中正制两种制度的形成和发展为举士阶段。

察举制始于汉代。汉高祖劝世上贤士应诏，文帝亲自出题策问，武帝一再诏举贤良方正，又接受董仲舒建议，开始举“孝廉”。“汉代的选举科目主要有贤良方正、孝廉和秀才、明经等科。贤良方正科为举荐具有特殊才能的人，秀才科实际是贤良方正的另一名目，其制与举贤良相同。真正的察举制只有孝廉。”

察举制主要参照民间舆论和奏呈事迹，因此，“举秀才，不知书；察孝廉，父别居；寒素清白浊如泥，高第良将怯如鸡”就是不可避免的了。为了使察举制更加科学，东汉顺帝时尚书令左雄建议，规定年到40以上方得察举孝廉，而且要“诸生试家法，文吏课笺奏。副之端门，练其虚实”。这样又增加了考试这一环节。

察举制尽管流弊很多，但乡举里选“士”的荐举方式，其积极意义还是应该肯定的。一是重视人才的德行；二是重视建立一种常规的举贤荐能的制度，对于改变当时“世胄承袭”“纳赀做官”“积久做官”是有意义的；三是重视特殊才能人士的荐选，这对于人的个性发展是有益处的；四是察举制后期的改革为日后科举制度的建立奠定了基础。

魏晋南北朝时期，社会动乱，战争频发，乡举里选为主的“察举制”难以完全实行。于是“曹丕即帝位之后，听从吏部尚书陈群的建议，行‘九品官人法’，承认了世族做官的特权，获得了士族的拥护。”

九品中正制是推举制的另一种形式。按制首先设置州、郡中正官，然后按士人的家世和才德评定等第。等第分为上上、上中、上下、中上、中中、中下、下上、下中、下下九个级别。然后按品授官。

九品中正制实行之初具有一定的公正性，然而随着中正官的不中正，其弊端也暴露无遗：重视门阀，重视世族，重视出身，忽视百姓，忽视下层，忽视教育。因此，社会要求公正选拔的呼声日高。至北齐时，已经开始非常重视考试。“北齐选举，多沿后魏之制。凡州郡皆置中正。其课试之法，中书策秀才，集书策贡士，考功郎中策廉良。天子常服乘舆出，坐于朝堂中楹。秀孝各以班草对，字有脱误者，呼起立席后，书有滥劣者，饮墨水一升；文理孟浪者，夺席脱容刀。”

九品中正制尽管遭到很多批评，但这种制度还是有其积极的作用的。一是重视人才的社会评价；二是上、下结合擢拔人才，注重人才的现实表现。这些对后世人才评价也有相当影响。

3. 选士阶段

经历了察举制和九品中正制以后，人们意识到这两种人才遴取制度的缺点和不足。应人才的社会需求，于隋炀帝大业二年（606 年）建立了我国的科举制度。科举制度从隋开始，其历时之长、影响之大，都令世人叹为观止。

科举制，从本质上说是一种社会选官制度。相对于世胄承袭、纳赀做官、积久做官来说是一种历史进步，相对于不试做官、门荫做官、弄假做官来说更是一种历史进步。

科举制实行初期，隋炀帝曾下诏以十科举人。诏令说：“……夫孝悌有闻，人伦之本。德行敦厚，立身之基。或节义可称，或操履清洁，所以激贪厉俗，有益风化。强毅正直，执宪不挠，学业优敏，文才秀美，并为廊庙之用，实乃瑚琏之资。才堪将略，则拔之以御侮，膂力骁壮，则任之以爪牙。爰及一艺可取，亦宜采录，众善必举，与时无弃。”其中“文才秀美”为进士科。

唐承隋制，全面实行科举取士。士人的出身各异，有学校的学生叫生徒，有州县考送的叫乡贡，还有皇帝自诏的非常之才叫制举。士子考试一般要经乡试、省试和吏部试，考试常设的有秀才、明经、进士、明法、明字、明算等科，主要考试方式有贴经、墨义、口试、策问、诗赋五种，另外吏部试中的“书、判、身、言”的考核方式也让人耳目一新。

宋代以科举取士，且较唐有较大发展，一是取士规模空前；二是设立恩科，鼓励士人读书，以求功名；三是及第者的待遇提高，及第后即刻放官；四是将三年一比立为定制，将考试常规化、制度化；五是考纪要求更为严格，采取糊名誊录方式严防干扰和舞弊。

元代科举仿宋制，但有其特点。一是制定了科举程式。仁宗皇庆二年（1313 年）制定的科举程式异常详细，对明清取士办法颇有影响，后世多以此为修订科举条例的蓝本。二是笼络儒家士人，规定儒人被俘为奴者亦可参加考试。三是有种族歧视，考试中选者，蒙古、色目为一榜，汉人、南人为一榜。得中进士者，委派官职时蒙古、色目人比汉人、南人从优。

明代更加重视科举取士，且只有进士一科。考试步骤仍有三试：乡试、会试（省试）、廷试（殿试）。考试内容以“四书”“五经”为限，只能代圣人立言，不能阐发己意，并且考试应答文体规定只能用“八股”体，考试内容狭窄，考试程式呆板，明代的科举取士方式多遭世人诟病。

清代科举方法比明代更加繁杂而周密。在乡试、会试、殿试之前又增加了童试。童试中试者称为“秀才”。乡试取中者称为“举人”。会试中试者称为“贡士”，并且设有“武科”。殿试经钦定御批，分为三甲，一甲三名赐进士及第，依次称状元、榜眼、探花。二甲赐进士出身，第一名称传胪，三甲赐同进士出身。清代科举与明代相比，并无改进，由于其本身存在的诸多弱点以及社会变革等原因，科举制于 1905 年寿终正寝了。

科举取士尽管遭到不少批评，但它的历史贡献却是毋庸置疑的。其一，科举选士制度调动了知识分子读书的积极性。其二，促进了社会公平，科举选士制度是普通百姓中的读书人进入上流社会的一个阶梯。

"朝为田舍郎，暮登天子堂"，没有科举，是不可能实现的。其三，在一定时期，科举考试促进了学校教育的发展。其四，科举考试对后代考试方式、方法的影响是不可低估的。

4. 育士阶段

科举废除以后，我国的教育进入到育士阶段。高考从本质上说是学校选育制度，它的产生有着深刻的历史和社会根源。我国高考制度的肇始、形成、改革、发展经历了一个曲折的过程。研究发现，现代高考制度正式建立不过几十年的时间。民国初，中国高等教育有了较大的发展。1922—1926 年的短短 5 年间，公、私立大学便由 13 所增至 51 所。政府重视考试指挥棒的作用。早在"五四"时期，人们对考试就给予各种各样的批评，但并没有改变教育考试日渐加强的趋势。"五四"以后，加强考试，提高学生水平的呼声日益高涨，最终导致了 1927 年后教育部对高等和中等学校毕业考试权的收回，高校招生方式进行了改革。高校招生考试权也逐步收回。1927—1932 年，实行高校自主招生；1933—1937 年实行计划招生；1938—1940 年实行统一招生，先是国立高校，后是私立高校，分批分阶段进行；1940—1949 年实行联合招生、委托招生等方式。

新中国成立以后，高等学校经过 1950 年和 1951 年两年大区联考，自 1952 年又开始实行全国统一考试。1966 年春，在团中央、教育部召开的一次座谈会上，有些人把社会主义社会存在的三大差别，特别是脑力劳动和体力劳动的差别，作为产生修正主义、复辟资本主义的根源。1966 年 6 月 12 日，中共中央、国务院通知高等学校招生工作推迟半年。由此，考试被废止了 11 年。直至 1977 年 8 月 8 日邓小平同志在科教工作座谈会上提出：今年就要下决心恢复从高中毕业生直接招考学生，不要再搞群众推荐。自此，高考制度又得以恢复。

1977 年恢复高考是我国教育发展史上的一件大事，11 年没有统一考试，当年报考人数达到 570 多万，可谓盛况空前！中央对这一年的高考格外重视，报名费的数额由中央政治局决定，印刷纸张不够，调来印刷毛选五卷的纸张先用。“忽如一夜春风来，千树万树梨花开。”恢复高考，多少人为之激动，多少人为之彻夜难眠。30 多年过去了，如今每年参加高考的人数已近1 000万。

现代高考制度的建立是社会的巨大进步，虽然社会上对高考助长“应试教育”时有指责，但其对社会政治、经济、文化、教育的积极影响是多个方面的。一是体现国家“我要选什么样的人才”这一意志，具有明显的社会导向；二是为社会选拔了大量德才兼备的后备人才到高校培育深造；三是调动无数学子“为中华之崛起而读书”的积极性，净化了社会空气；四是推动了学校教育质量和办学水平的提升；五是为社会流动和分工提供了一个比较公平的平台；六是为社会各类选拔考试提供了一个良好的范例。

二、人才选拔标准的变化

人才选拔标准决定着所选人才的质量规格，也是学校教育目的奉行的圭臬。从古至今，从养士到育士，很多人对人才标准有过考量。考量的焦点是：我们所养、所举、所选、所育之士应该以什么为标准呢？笔者以为，大致有三条主线可以帮我们做出分析。

1. 以德为主线

儒家办学重“礼”，讲“仁”，劝“孝”，这是“以德取才”的起源。

汉代察举制中的“举孝廉”，是“民中举孝，吏中举廉”，孝与廉在中国传统文化和伦理观念中都属德的范畴。

九品中正制按被品第人物的家世即“品”和才德即“状”评定等第，虽有才的考量，但还是以德为主要评价标准的。中正制注重乡里舆论，注重个人私德，“以致只要私德稍有异议，终身不用”。

唐宋以后，有“韩愈、朱熹为代表的，强调仁义道德的人才观”。韩愈强调先王之教，强调经过这种教育培养出来的人才，往往既能诵习古圣之书，遵守先王之法，又能明乎人伦，本乎人生，有效有序地处理各种事务。朱熹则提出以八条目“格物、致知、诚意、正心、修身、齐家、治国、平天下”作为教育宗旨，要求所培养出来的人才应该具有的道德标准是“父子有亲，君臣有义，夫妇有别，长幼有序，朋友有信”。

2. 以才为主线

如果说儒家强调“德”的话，墨家则更强调“才”。这是“以才取人”的肇始。虽墨子主张尚贤、尚同、节用、薄葬、非乐、非命、天志、明鬼、兼爱、非攻，侠义行世，注重说教，但他更多是“摩顶放踵，利天下为之”，“日夜不休，以自苦为极”。他更重视经世致用人才的培养。

曹操是“唯才是举”的典型代表。魏晋时期的颜之推在揭露士大夫“耻涉农商，羞务工伎，射则不能穿札，笔则才记姓名，饱食醉酒，忽忽无事”等现象的同时，指出教育不能培养清谈家，也不能培养章句博士，而应该培养国之用材。他把国之用材分为政治人才、文化与学术人才、军事人才、内政与外交人才、从事建筑与生产的技术管理人才等类型，并认为教育不要奢望培养“具美于六途”的全才，而应造就精通某一领域的专门人才。

宋代王安石不认为取人之道是世之急务，他强调经世应务。明清之际的颜元主张以经世为宗，培养实用人才。他说：“学须一件做成便有用，便是圣贤一流。”

科举制吸取了察举制、九品中正制的教训，为克服举荐不实、偏重门阀的弊端，采取“一考决高低”的人才选拔办法。科举起初十科取人，后来演变成“进士”一科取人。“道德”“文章”只看文章，这是典型的以才为标准的人才选拔路线，现代高考继承科举制“以才取人”的做法，虽有德、体等考核，但“分数面前、人人平等”，我们目前尚难以找到一条更为科学、公平、合理的办法，这方面还需要做出更多的探索。

3. 以德才兼备为主线

我们探讨选拔人才是以德为主线、以才为主线还是德才兼备为主线，其实是何者更重要，何者为第一性的问题。其实，德才兼备不容易做到，德才兼备的人才不易得到，因而德才兼备变成了人才选拔的一种理想标准和目标诉求。在这方面，中国许多的政治家、军事家、教育家都有过探索和思考。

早在三国时期，诸葛亮就提出过“辨才七法”：问之以是非而观其志，穷之以辞辩而观其变，咨之以计谋而观其识，告之以猖难而观其勇，醉之以酒而观其性，临之以利而观其廉，期之以事而观其信。志、变、识、勇、性、廉、信显然不仅有德的要求，还有才的要求。

蔡元培先生在民国时期提出了军国民教育、实利主义教育、公民道德教育、世界观教育、美感教育的“五育”教育宗旨，这体现了他心中的人才标准应该是和谐发展，德才兼备。

毛泽东在1957年提出：“我们的教育方针，应该使受教育者在德育、智育、体育几方面都得到发展，成为有社会主义觉悟的有文化的劳动者。”全面发展实际上也是德才兼备人才观的体现。

三、问题讨论给我们的启示

围绕科举对人才选拔方式及标准的讨论给我们的启示包括以下几点。

1. 养士、举士、选士应重视育士

育士就要大力发展学校教育，学校教育是人才培养的母机。不重视学校教育，社会就无人才可选，更无高质量的人才可选。历史上，学校教育曾经成为科举的附庸，这一教训是应该汲取的。

2. 人才选拔的标准是德才兼备，德为保证，才为基础，各行各业的人才都应德才兼备

“德”体现统治阶级意志和国家利益，“才”体现社会需求和从业技能要求。有德无才会误事，有才无德会坏事，古今中外，概莫能外。

3. 学校教育不仅要注意学生德智体美全面发展，更要注意学生和谐发展

对学生的教育应该多渠道、多形式、多方法，要努力达到现实和理想的统一，理性和激情的统一，内发和外铄的统一，科学和人文的统

一，智育和他育的统一，共性和个性统一，方法和艺术的统一，继承和创新的统一。

4. 人才选拔需要“一刀切”，更需要“一招鲜”

“一刀切”选拔普通之才，“一招鲜”选非常之才，目前的高考“一刀切”做得很好，但“一招鲜”显然需要加强。高考的改革应能注意解决这一问题。

5. 德才兼备特别是德的要求应该具体化

特别是应该重心下移，少些宏观，多些微观，少些口号，多些实际，要把德的要求具体落实到人的工作、生活、学习实际上，避免评价空乏、失当。

6. 学校、社会协同努力，学术机构、国家机关协同努力，使得人才选拔常规化、制度化

既要重视高考选拔，更要重视社会考试选拔，还要重视组织考察选拔，通过多种形式的选拔，切实做到“朝无倖进，野无遗贤”，使得我们国家人才济济，百业大兴。

第五节　情境连线

作为英语教师，我注意到英语教学中的“费时低效”现象。那么，我们如何才能解决这一问题呢?

结合我自己的英语自学和教学的经验，借鉴国内外关于情境教学的实践探索，我对英语情境教学进行了初步的研究，形成了“英语情境教学法”并取得了不错的教学效果。在2001年天津市召开的全国外语教学方法研讨会上，我的《谈英语学习中的设境与入境》一文做了书面交流。后来，我又对情境英语语法进行了研究，写出了《老师帮你学语法——中学情境英语语法及训练》一书，并获得中国中小学幼儿教师奖励基金会优秀著作奖。

一、英语学习中的设境与入境

语言学研究表明，外语的习得不同于母语的习得。母语的习得特别是口头语言的学习，常常是在具体的语言环境中耳濡目染、不知不觉完成的。而在外语学习过程中，由于缺少学习和使用语言的环境，有意学习占据主导地位，学习者往往感到困难重重。鉴于此，应创设一个有利于外语学习的情境并使自己进入情境，以通过练习达到熟练掌握语言的目的。

（一）设境

一般说来，设境的方式有两种：一是他设情境，二是自设情境。

他设情境是指自然的外语情境。比如，用英语直接与外宾交谈，听以英语为母语的人讲英语等。这种情境对外语学习较为有利，但由于他设情境受客观条件的限制较多，对于多数外语学习者来说是可望而不可即的。

自设情境则是非自然的外语情境，是外语学习者为学好外语而自我创造的一种情境。自设情境方便易行、灵活实用，不受时空条件的限制。自设情境具体方法很多，现介绍以下四种。

1\. 人机对话法

这种方法适宜于听说练习。学习者可事先选读一段英文材料并针对其内容编制问答练习，将问题录音，问题与问题间留有一定间隔，学习者边听录音，边回答问题。例：（选读）

Little truth in advertising

Dear editor:

Recently we often see advertisements in newspapers: “Excellent English learning materials! It will make you grasp English in a few days.”

The most tempting one says that English could be grasped in one night and you would get to the level of students who majored in it at college.

Such advertisements appear not only in local newspapers but in well-known papers around China as well.

After reading them, I often think there was something wrong. One night to grasp one language, who can believe it?

As we know, it is not an easy task to learn, especially master a foreign language. It takes a lot of practice.

We should not neglect the right way or the best materials. Neglecting hard work and just emphasizing the materials will be harm to the readers.

No pain, no gain.

Friends, don't waste your money on one-night-learning materials. Step by step is the best and shortest way to grasp a language.

Remember, no sweat, no harvest.

Gu Chunjun, Hebei

Editor's note: You're right, there is no easy way to grasp a language in a few days. It takes years to practice before you can use it freely.

You can't believe anything you read in advertisements.

（听答问题，简略）

（1） Is ad. in newspapers always true today?

（2） Does the writer think it's easy to learn, especially master a foreign language?

（3） What's the editor's opinion? Does he agree with the writer's?

（4） What's the editor's advice on ad.?

2. 模拟练习法

这种方法适宜于各种练习。比如，英语学习者观看中文电影或电视剧时可以自行翻译，边看画面，边听对白，边译人物之间的对话。一石二鸟，受益匪浅。

3. 实物联想法

这种方法适用于词汇记忆练习。如，我们可以将生活的这个世界假定为一个英语世界。见到火车，马上联想到“train”；见到大楼，立即想到“building”。长此以往，将为用英语思维奠定基础。

4. 主动思维法

这是一种较高层次的要求，它要求学习者具备一定的语音、词汇、语法基础。比如，一位英语学习者在车站等车时，可以根据当时的情境用英文这样想：

I'm waiting for a bus. There are so many people waiting here that I'm afraid I can't get on. Ah，here comes the bus. Oh，my god! It's too crowded. I have to wait for another one.

（二）入境

入境可大致分为三个阶段：一是强迫入境阶段，二是自觉入境阶段，三是自然入境阶段。

1. 强迫入境

也称意识入境，是语言学习的初始阶段。在这一阶段，学习者在强烈的意识支配下，将自己的学习心理指向学习内容，并迫使自己进入学习和运用语言的环境。在这一阶段，学习者应做到以下几点。

（1）聚精会神，专心致志。为了完成学习任务、提高学习的质量，学习者要排除一切无关干扰，强化学习意识。

（2）正确练习，保证质量。在强迫入境阶段，机械练习占据主导地位。对此，学习者应予以足够的重视。为此，要做好模仿练习，加强词汇的记忆、句型的操练，个别文章或片断的记忆和背诵。要在练习的过程中注意练习的正确性、针对性和渐进性。

2. 自觉入境

它是指学习者经过意识入境阶段以后，经过初步的知识积累，在学习上的主动入境阶段。在此阶段，要加强活用练习即对所学语言知识的灵活运用练习。比如：造句、复述、对话、作文等。此外，要注意如下两点。

（1）激发兴趣，保持动力。在学习中，要善于培养和激发自己的学习兴趣，增强学习的目的性、方向性和标定性，使自己的学习始终保持应有的动力。

（2）巩固基础，提高能力。在这一阶段，巩固语言知识（如词汇、语音、语法知识）仍然十分重要。要充分利用概括、归纳、综合等方法，使知识不断得以深化和扩展，并在此基础上，努力提高自己理解语言知识、运用语言知识的能力。

3. 自然入境

它是指学习者在自然的语言学习和运用环境中，自如地、不知不觉地进入语言情境之中。俗语说得好："习惯成自然。"在这一阶段，"习惯"起着十分重要的作用。学习者经过强迫入境阶段、自觉入境阶段，达到自然入境阶段，是学习者知识积累从少至多、能力发展从低级到高级、知能转化由量变到质变的过程。从强迫入境到自然入境，这是学习者应努力达到的境界。在此阶段，学习者由于具备了较高的语言交际及运用水平，因而能够根据情境的需要比较自如地运用语言。为此，应注意如下两点。

（1）防微杜渐，克服随意。由于在这一阶段，习惯起着关键性作用，因此，学习者应努力培养良好的语言习惯，努力摆脱和克服随意的不合语言规范的习惯，要保持语言的纯正和健康。

（2）参照分析，长善救失。为了培养良好的语言习惯，学习者要利用一切可以利用的机会聆听英语语言大师或操纯正英语演讲者的讲座，通过比较分析，努力增强自己的语言优势，弥补自己的语言缺陷，以保证自己的语言"活而有序、活而不乱"。

在英语学习的过程中，积极地创设情境、进入情境是学好语言知识、提高语言运用能力的有效途径。

二、英语情境语法教学

在情境教学法下，我们还研讨了情境语法教学，课堂实践，反响良好。

语法是语言三大要素之一。学习外语不掌握语法等于失去了语言拐杖，那么怎样才能学好语法呢？我们的做法是“点面结合，情境连线”，我们暂且称之为情境语法。情境语法要求语法知识点要准，语法知识面要宽，通过语言情境即有意义的语言片断将语法某些用法连成一体，这种方法特别适合于复习中的归纳、概括和总结。

（一）语法知识点要准

学习语法是一个循序渐进的过程。每个语法项目都是首先以点来呈现的。比如“时态”这个语法项目，学习者要准确了解和掌握每个时态都是由主语加上动词的哪种形式构成的；“句子种类”这个项目中简单句是怎样构成的，并列句是怎样构成的，以及复合句是怎样构成的；英语基本句型中每种句子是怎样构成的；主从复合句都有那些，都需要哪些连接词（连词、关系代词、关系副词）；等等。

（二）语法知识面要宽

学习语法不仅应在点上准确，而且对某个语法项目所涉及的内涵和外延都要有所掌握。只有概念清楚，掌握全面，才能对语法运用乃至语言的运用做到游刃有余。比如“时态”方面，学习者要知道有 16 种时态中，常用的时态有哪些，并且要了解和掌握各种时态的不同语态形式；“句子种类”中要了解和掌握简单句、并列句和复合句用法，并掌握并列主从复合句的用法；“英语基本句型”有五种，每种句型都有哪些特别的意义；各类复合句的意义，连接词（关系代词、关系副词、连词）含义及用法等。

（三）情境语法举隅

这里有一段短文，常用时态、句子种类、基本句型、复合句等基本形式一一链入，一目了然，体现了情境语法“概括、集中”的特点。熟读这段短文，有关语法项目的一些用法便也了然于胸了。

1. 时态：八种常用时态

I like basketball① and my brother likes it, too. Yesterday I asked② my brother to watch a basketball match with me, which was very exciting. On the road we were singing③ as we were walking. When we got there, we heard the news that the basketball teams had already arrived④. We knew one of the teams would win the match⑤, but what we wanted eagerly to know was which team was more lucky. Now we have got to know⑥ who was the winner. We will tell⑦ what was happening in the match to our classmates. Oh, my brother is chatting⑧ with Peter now.

注：①一般现在时 ②一般过去时 ③过去进行时 ④过去完成时
⑤过去将来时 ⑥现在完成时 ⑦一般将来时 ⑧现在进行时

2. 句子类型：简单句、并列句、复合句

I like basketball and my brother likes it, too.① Yesterday I asked my brother to watch a basketball match with me, which was very exciting. On the road we were singing as we were walking. When we got there, we heard the news that the basketball teams had already arrived.② We knew one of the teams would win the match, but what we wanted eagerly to know was which team was more lucky. Now we have got to know who was the winner. We will tell what was happening in the match to our classmates. Oh, my brother is chatting with Peter now.③

注：①并列句 ②复合句 ③简单句

其中，We knew one of the teams would win the match, but what we wanted eagerly to know was which team was more lucky. 一句为并

列复合句。

3. 五种基本句型

I like basketball and my brother likes it，too. Yesterday I asked my brother to watch a basketball match with me①，which was very exciting.② On the road we were singing as we were walking. When we got there，we heard the news that the basketball teams had already arrived. We knew one of the teams would win the match③，but what we wanted eagerly to know was which team was more lucky. Now we have got to know who was the winner. We will tell what was happening in the match to our classmates.④ Oh，my brother is chatting with Peter now.⑤

注：①主语＋vt. ＋宾语＋宾补　②主语＋link v. ＋表

③主语＋vt. ＋宾语　④主语＋vt. ＋直宾＋间宾

⑤主语＋vi.

4. 六种从句

I like basketball and my brother likes it，too. Yesterday I asked my brother to watch a basketball match with me，which was very exciting.① On the road we were singing as we were walking.② When we got there，we heard the news that the basketball teams had already arrived.③ We knew one of the teams would win the match④，but what we wanted eagerly to know⑤ was which team was more lucky.⑥ Now we have got to know who was the winner. We will tell what was happening in the match to our classmates. Oh，my brother is chatting with Peter now.

注：①定语从句　②状语从句（时间）③同位语从句　④宾语从句

⑤主语从句　⑥表语从句（连接词含义及用法略）

情境英语语法有点、有面、有线，复习时可根据需要适当予以联想和扩展。情境英语语法简单、易记、省时、高效，教师不妨指导学生一试。①

第六节 英语百年

早年教英语时，我就很想知道：中国中小学的英语教育起于何时，经历了哪些重要的时期，有哪些经验，有什么教训，我们应该得到哪些启示？后来，我在博士阶段的课题研究以及参与人民教育出版社国家社科基金重大项目“中国百年教科书整理与研究”过程中，得以对这些问题进行了系统梳理和研究。我的博士论文《中国中小学英语课程教材教法百年变革研究》对中小学英语教育做出了历史分期，目的是让同行们了解中小学英语教育的起源、发展和繁荣历程。②

我在博士论文中指出，中国中小学英语教育的发展并不是一帆风顺的。100 多年里，从最初的教会组织和民间组织分散的或自发的教育行为演变成为后来官方和政府组织的集中的或自觉的教育行为，其间发生着或大或小的变革。厘清英语教育变革的时间历史脉络，有助于我们从宏观上把握英语课程、教材、教法的变革。

对于英语教育，可以从时间的角度做出历史分期，如，晚清时期的英语教育，民国时期的英语教育，新中国时期的英语教育；也可以从教学观点和途径的角度进行历史分期，如张正东就把 1862—1999 年的英语教育划分为译学中心期（1862—1921 年），欧法中心期（1922—1949

① 陈自鹏. 老师帮你学语法：中学情境英语语法教与学［M］. 北京：中国传媒大学出版社，2006：4.

② 陈自鹏. 中国中小学英语课程教材教法百年变革研究［M］. 北京：光明日报出版社，2012：8—35.

年)，东西跳动期（1949—1977年)，走向自立期（1978—1999年)。①他的分期，为我们从英语教育变革的角度进行历史分期提供了一条思路。我们认为，从中小学英语教育变革的角度来考量，可以将清末、民国、新中国的英语教育分为滥觞期、启动期、发展期、摇摆期、恢复期、提高期、繁荣期七个历史时期。由此，可以更确切地理解和把握不同时期英语教育的变化特点。

一、滥觞期（1902年以前）

中国的英语教育，特别是非政府、非官方组织的英语教育，起于何时一时还难以考证清楚。不过在1902年以前，中国英语教育开始酝酿并小规模地实施，大致经历了教会学校外语教育、中国早期外语教育和中国近代外语教育三个阶段。其中，第一阶段为外国人主办的外语教育，后两个阶段为中国人主办的外语教育。

1. 教会学校外语教育

16世纪以来，以耶稣会士为主体的西方天主教教士大批来华，被学界称作第一波“西学东渐”。它对一潭死水的中国的思想观念、科学文化、外语教育的冲击和影响是不可忽视的。

16世纪，欧洲兴起了宗教改革运动，由马丁·路德创办的新教迅速传播，引起了罗马教廷和整个天主教世界的恐慌。此时成立了以扶助教皇为宗旨的耶稣会，与新教相抗衡。为争取信徒，耶稣会十分注意培养博学的牧师，并遣教士前往南美洲、非洲和亚洲传教，中国作为亚洲头号大国，自然成为耶稣会的一个重点目标。最早尝试来华传教的是耶稣会的创办人之一沙勿略。“沙勿略于明嘉靖年间在日本传教，深受儒家文化影响的日本人问他：‘如天主教为真教，何以中国人尚未信奉?’于是沙勿略深感中国的重要，决心进入中国传教，先以基督教同化中国人，进而影响整个儒家文化圈。他登上了广东海外的上川岛，这是西洋

① 张正东. 中国外语教学法理论与流派［M］. 北京：科学出版社，2000：2.

教士直接进入中国之始，但明帝国的海禁政策使他无法踏上中国大陆。万历十一年（1583 年），耶稣会士罗明坚、利玛窦二人进入广东肇庆，并建立传教据点。利玛窦的来华使天主教在中国的传播取得了突破性进展，西学东渐也以此为契机大规模地展开。”①

1805 年，英国传教士马礼逊被伦敦布道会派来中国，1807 年 9 月 8 日到达广州，成为开启新一轮西学东渐序幕的第一人。据史料记载，马礼逊牧师毕业于高斯坡神学院，在伦敦时他曾结识过一位叫杨立德的中国青年，他开始学习中文，为其成为伦敦会派往中国开辟新教区的传教士人选打下了基础。1823 年由马礼逊编纂的、收录了 4 万余字的《华英字典》全部出齐。这部字典的出版，为西方传教士掌握汉语提供了极大的便利，也为中国人学习英语提供了一部非常实用的工具书。②

早在 1818 年，为满足传教士学习中文和了解中国文化的需要，马礼逊就在华人聚集的马六甲创办了英华书院，学生人数一般只有一二十名。主要教学内容是英语和汉语。1834 年，马礼逊去世。当时在广州、香港的一批英美传教士于 1835 年发起成立马礼逊教育协会（Morrison Education Society），同时筹办马礼逊纪念学校。马礼逊纪念学校的办学目的在该会发起的通报中写得很清楚：“本教育会的宗旨将是在中国开办和资助学校，在这些学校里，除教授中国少年读中文外，还要教授他们读写英文……如果不是我们自己，那么我们的后世将在不远的日子里，看到中国人不但为了商业、知识和政治目的正在访问欧洲和美国，而且在抛弃了他们的反感、迷信和偶像之后，同基督教国家的大众在一

① 卫道治. 中外教育交流史［M］. 长沙：湖南教育出版社，1998：79—82.

② 田正平. 中外教育交流史［M］. 广州：广东教育出版社，2004：130—131.

起，承认和崇拜真神上帝。”①

同其他的教会学校一样，马礼逊纪念学校的办学目的是为了传播教义，教化大众，但教学内容和教学语言都促进了英语教育的开展。

马礼逊纪念学校于1835年预先招收学生，后来成为留美学生第一人的容闳就是这所学校的第一批两个男学生中的一个。1842年11月，学校由澳门迁至香港，于次年秋季开学，设置了三个班，马六甲的英华书院也于1842年迁至香港。

马礼逊纪念学校只是外国传教士办的众多学校中的一个代表。据卫道治的研究，“19世纪教会学校的发展大致可分为萌芽、初步发展和较大发展三个阶段。其中1840—1860年为萌芽时期。这个时期，美国教会在中国开办的学校仅有几所：1845年美国长老会在宁波创办崇信义塾，1846年美国圣公会惠廉在上海开设一所男塾，1848年美国美以美会在福州开设一所男童学塾，1850年北美长老会在上海开设清心书院，1853年美国公理会在福州创办格致书院，1859年美以美会又在福州开办一所女校。1860—1875年为初步发展期，据统计，到1875年前后，教会学校总数增加到800所左右，学生近2万人。1875—1900年为教会学校较大发展时期，特别是1898年百日维新前后，新学校制度得到清廷确认。”②

教会学校尽管是以传教为本来目的的，但其发展对中国教育特别是外语教育具有重要的意义。

第一，在中国封建主义的铁幕上撕开了一个口子，借助语言媒介，西方的思想观念如宗教的、经济的、政治的、科技的、文化的逐渐渗透进来。

① 顾长声. 传教士与近代中国［M］. 上海：上海人民出版社，1984：40.

② 卫道治. 中外教育交流史［M］. 长沙：湖南教育出版社，1998：182.

第二，开始了女子教育，对中国女子教育包括女子外语教育的开展起到推动作用。

第三，中国的外语教育尤其是英语教育有了可借鉴的方法模式和经验。

2. 中国早期外语教育

中国外语教育严格说来并不是近代才有的，在古代就已经开始了。李振麟认为，我国学习外语（印欧语）的历史应该说是很久远的，从后汉桓帝时（148 年）佛教传入中国，佛教经典著作翻译事业开始后，已经有了萌芽。可是比较正规的、人数众多而有组织的印欧语言（主要是梵文）学习，据文献记载，却是开始于东晋（317 年）。到了隋唐、北宋而臻于极盛。①

1279 年，南宋王朝灭亡。元朝统治者为加强各民族的统治与教化，不得不开设各种学校，包括外国语学校，以“通其字学，宜施于用”，于是在至元二十六年（1289 年）建立了回回国子学。置教官五员，选公卿大夫及“富民”子弟入学，供给禀膳，习“亦思替非”文字，即波斯文。学生学成后，派任译史。延祐元年（1314 年）改称回回国子监。据陈垣考证“汉字用于中国本部，维吾尔字用于葱岭以东，亦思替非文字用于葱岭以西诸国也，亦思替非简称亦思替……亦思替非为波斯古代都名。亦思替非者，波斯文字也。回回国子学者，教习波斯文字者也。”② 众所周知，元人“习汉法”，亦思替非文字当是外国语，回回国子学当是外国语专门学校。如果说，北宋以前的梵文翻译还不是严格意义上的外语教育的话，回回国子学中的教授应该算作是真正的外语教育了。

明朝，中外交流日益频繁，急需翻译及各种外交人才。明初 1368

---

① 张正东. 中国外语教学法理论与流派［M］. 北京：科学出版社，2000：504.

② 陈垣. 元西域人华化考［M］. 上海：上海古籍出版社，2000：96.

年设置了四夷馆，选翰林 38 人进行训练，专门教授外国语言文字，后改四夷馆为四译馆。永乐五年（1407 年）外国朝贡，特设蒙古、女真、西番、西天、回回、百夷、高昌、缅甸八馆，置译学生、通事，通译语言文字。正德（1506—1521 年）中增设八百馆，万历（1573—1620 年）中又增设暹罗馆。所设八馆中，蒙古馆习鞑靼语，女真馆习女真语，西番馆习西藏语，西天馆习印度语，回回馆习波斯语，百夷馆习傣族语，高昌馆习维吾尔语，缅甸馆习缅甸语，八百馆习掸语，暹罗馆习泰语。由此可见，四夷馆或四译馆是以传授少数民族语言文字和邻国语言文字为主的外语教育和翻译机构。到明宣德元年（1426 年）又兼选取官民子弟，派学官教授，开始招收学生并进行教学活动。这时，它又名副其实地成为专门教习外语的学校。

清朝，沙俄帝国不断入侵中国，但多被清军击败，并被迫回到谈判桌上来。中俄交涉，需要翻译人才。康熙四十七年（1708 年），康熙命大学士马齐询问蒙古族人中有无愿学俄文者，马齐不久上奏说有 7 人愿意学习。康熙帝认为人数太少。命令在八旗蒙古、汉军中征募。经努力，马齐征集了 68 名，康熙帝于是颁旨，开始办学并让马齐负责选择教师和校址等事宜。1708 年 3 月 24 日，俄罗斯文馆开学上课。这一文馆历经 154 年，直至 1860 年中俄《北京条约》签订之后，根据总理各国事务衙门之请，它结束了单一语种的教学，开始增设其他外国语文，于 1862 年并入新创办的外国语文学校——京师同文馆。

从以上历史沿革情况看，中国外语教育源远流长，从未间断。它的教育思想、方法等为近代英语教育奠定了基础。

3. 中国近代外语教育

近代以来，对我国教育产生重大影响的首先是洋务运动。洋务派主张办新式学堂，引进学习西史、西艺、西政，并派人出国留学，学习西方的科学技术。在洋务派主张办理的新式学堂中，有一类学堂便是外国语专门学校，如京师同文馆、上海广方言馆、广州同文馆、湖北自强学堂、译学馆等。

(1) 京师同文馆。这是“狗逮猫时代”中国建立的一所外国语学校。张功臣著《洋人旧事——影响近代中国历史的外国人》一书中有这样的记载：这天早晨，议和钦差大臣桂良带着一干人马，把大队洋兵簇拥着的英法公使额尔金、葛罗一直送到西便门外，心里像是落下了一块石头，甚至有点对他们感激不尽的意思。向两个洋人拱了拱手，仍觉得意犹未尽，于是搜肠刮肚，想出了一句：狗逮猫（早上好）！这是他奉旨办理对外交涉、与洋鬼子周旋了几个月以来，学会的唯一一句洋话。两个洋大人居然听懂了，相视一乐，咕哝了句什么，掉转马头，扬长而去了。① 1859 年前后，由于两次鸦片战争，中国被拖到谈判桌上来了，但与外交涉我国翻译人才奇缺。为了办理好外交事务，中国急需培养一大批熟谙外语的翻译人才，于是主管外交事务的恭亲王奕䜣便于 1861 年上奏皇帝。奏折中说“……窃查咸丰十年冬间，臣等于通筹善后章程内，以外国交涉文件，必先识其性情，请饬广东、上海各督抚等分派通解外国语言文字之人，携带各国书籍来京，选取八旗中资质聪慧年在十三四岁以下者，俾资学习。臣等伏思欲悉各国情形，必先谙其言语文字，方不受人欺蒙。各国均以重资聘请中国人讲解文义，而中国迄无熟悉外国语言文字之人，恐无以悉其底蕴。”② 此奏折呈上仅仅七天以后，就得到皇帝批准。经过一年多的筹备，1862 年 7 月 11 日，京师同文馆正式开学。

同文馆初设英文馆，同治二年（1863 年），奕䜣又上书清廷，请求增设满、俄文馆。同治十一年（1872 年）又增设德文馆，光绪二十二年（1896 年）再添设东文馆。同文馆 1901 年并入京师大学堂，同文馆从设立到合并整整 40 年。同文馆是我国近代第一所外国语专门学校，在近代外语教育史上有着非常重要的位置。

① “狗逮猫时代”中国第一所外语学校的筹办[N]. 中国教育报，2008-02-28.

② 筹办夷务始末. 同治朝卷八. 29—35.

（2）上海广方言馆。江苏巡抚李鸿章深感培养外语人才的必要，仿京师同文馆例，上奏皇帝。①

窃臣前准总理衙门来咨，遵议设立学习外国语言文字学馆为同文馆等因。伏惟中国与洋人交接，必先通其志，达其意，周知其虚实诚伪，而后有称物平施之效。互市二十年来，彼酋之习我语言文字者不少，其尤者能读我经史，于朝章、宪典、吏治、民情，言之历历，而我官员绅士中绝少通习外国语言文字之人。各国在沪均设立翻译官两员，遇中外大臣会商之事，皆凭外国翻译官传述，亦难保无偏袒捏架情弊。中国能通洋语者仅恃通事，凡关局军营交涉事务，无非雇通事往来传话，而其人遂为洋务之大害。

京师同文馆之设，实为良法，行之既久，必有正人君子、奇尤异敏之士出乎其中，然后尽得西人之要领，而思所以驾驭之，绥靖边陲之原本，实在于此……臣愚拟请仿照同文馆之例，于上海添设外国语言文字学馆，选近郡年十四岁以下，资禀颖悟、根器端静之文童，聘西人教习，兼内地品学兼优之举贡生员课以经史文义。

夫通商纲领，固在总理衙门；而中外交涉事件，则两口转多，势不能以八旗学生兼顾。惟多途以取之，随地以求之，则习其语言文字者必多；人数既多，人才斯出。

上海广方言馆于同治二年（1863年）成立，初名上海外国语言文字学馆，后名上海学习外国语言文字同文馆，四年后定名为上海广方言馆。光绪三十一年（1905年），该馆改为兵工中学堂，成为五年制的中等工业学堂。值得注意的是，上海广方言馆比京师同文馆有进步，突出表现在招生范围上，不限于八旗子弟，广为招生，普及面要大得多了。

（3）广州同文馆。同治三年六月初十日（1864年7月13日），毛鸿宾奏设教习外国语言文字学馆，本馆是仿上海广方言馆例设立，地址

① 陈学恂．中国近代教育史教学参考资料：上［M］．北京：人民教育出版社，1986：51—53．

在广州大北门内朝天街，亦名广方言馆。馆内章程规定，如能将西洋语言文字翻译成书者，分别派充将军、督抚、监督各衙门翻译官，准其一体乡试。广州同文馆初设学额20名，内旗人16名，汉人4名，招收20岁以下14岁以上向习满汉文字的世家子弟。另设附学生10名，招收20岁以上愿习外语的旗汉举监生员等。本馆除学习西学、西文、汉文外，兼习“清学”“清语”。光绪五年（1879年）增设法文及德文两馆。三馆各设额10名，附学生5名。但从办学情况看，规模及开放程度不如上海广方言馆。

（4）湖北自强学堂。光绪十九年（1893年）湖广总督张之洞奏设于武昌。该学堂前身是一方言商务学堂。该学堂是我国近代早期一所重要的外国语学堂，初设方言、格致、算学、商务四斋。其后将算学归并于两湖书院；格致、商务停开，只留方言一门。方言门设有英、法、德、俄文四馆，每馆学生30名，至光绪二十四年（1898年）又增设日文馆。光绪二十九年（1903年）改为外国文普通学堂。①

（5）译学馆。1901年，京师同文馆并入京师大学堂，于1903年改为大学堂的译学馆，不久，译学馆又改由学部大臣管辖而不隶属于大学堂。译学馆教学以外文为主，要求学生通晓中国文义，学制为五年，课程分为三大类：（1）外文；（2）普通课程；（3）专门学科。该馆至宣统三年（1911年）停办，共招收学生5届，约700余人，毕业仅300余人。

方言学校开了中国近代学校外语的先河，中国近代外语教育对于现代外语教育的发展是一笔不可多得的财富。办学过程中有经验，也有教训。外语教育的开展推动了西学东渐的进程，是洋务运动的主要内容之一，从某种程度上看，是中国近现代化重要的实现途径之一。

---

① 顾明远. 教育大辞典：上［M］. 上海：上海教育出版社，1998：585.

二、启动期（1902—1921年）

经历了京师同文馆等阶段的办学以后，中国的英语教育随着现代学制的建立与改革也开始普及起来。这期间有三件事对中小学英语教育影响较大，一是壬寅、癸卯、壬子癸丑学制颁布或实行；二是庚款兴学；三是教会学校的进一步发展。

1. 三个有影响的学制

（1）壬寅学制。1902年，清政府委任管学大臣张百熙拟定了一个《钦定学堂章程》，因为是年为壬寅年，又称为壬寅学制，这是清末第一个由政府建构并颁布的含有英语教育的学制系统。虽然颁布后由于某种原因并未实行，但其对英语教育的影响作用不可低估。

一是表明政府开始重视英语教育。政府重视英语教育由来已久，以洋务运动中最甚。最高统治者重视英语教育，甚至皇帝本人也开始学习英语，这从史料中都可找到这方面的记载。先看光绪帝学习英语的记载。“四年以前，有两位校友从海外归来，果如董（恂）所言，被派教授光绪帝的英文。光绪为尊崇教师起见，虽然王公觐见都得膝地跪着，却特许他俩就座。这种体态的关系是很重要的。一个剃头匠和修脚匠的辩论把这关系表现得很好。剃头匠说：‘你应该格外尊敬我，因为我是管头的，你是管脚的。’修脚匠说：‘不然，你看见了我应该起身致敬，因为你对任何主顾都得站着，我在皇上面前都是坐着修的。’皇上的带头作用很好，于是学习英文之风一时极盛，亲王大臣都去读书受教。”①再看慈禧对学习英语的态度。“清廷重臣开始延聘洋人或知识分子教授自己学英语。甚至连封建王朝的总头目慈禧太后也竟然同意在中南海开办一个英语学习班。”②

---

① 朱有瓛. 中国近代学制史料第一辑：上［M］. 上海：华东师范大学出版社，1983：181—182.

② 李良佑，等. 中国英语教学史［M］. 上海：上海外语教育出版社，1988：71.

二是首次在近代学制中规定了外国语教师资格以及英语为主要外语课程的要求。壬寅学制规定："以上各科，均由中教习讲授，惟外国文一门必用外国教习，或以中教习之通外国文者副之。将来各学堂通外国文者渐多，中学堂教习即可辍聘西人以省经费。所以外国文以英文为主，法文、日文科任择一国兼习。"

（2）癸卯学制。1903 年张百熙、张之洞、荣庆等又拟定了一个章程，即《奏定学堂章程》，又称癸卯学制，于 1904 年 1 月正式公布。癸卯学制是中国近代教育史上最早施行的全国统一学制，它奠定了中国近代学制的基础。癸卯学制对外国语的作用和英语的地位阐述得更为充分。《奏定学堂章程》第四节（四）"外国语"部分是这样表述的："外国语为中学堂必需而最重之功课，各国学堂皆同。习外国语之要义，在娴习普通之东语、英语及俄法德语，而英语、东语尤为重要；使得临事应用，增进智能。"癸卯学制确立了外语在中学课程中的地位，并明确了英语的地位和重要性。

（3）壬子癸丑学制。该学制系民国政府于 1912—1913 年制定公布的学校系统，因这两年分别称壬子年、癸丑年，所以这一学制称为壬子癸丑学制。这一学制设普通教育、师范教育、实业教育 3 个系统，其中普通教育分 3 段 4 级；初等教育共 7 年，初小 4 年，男女同校，高小 3 年，男女分校。中等教育 4 年，男女分校。这一学制沿用至 1922 年。值得注意的是，在这一学制颁行期间于 1912 年 9 月颁行的《小学校令》第三章教科及编制第十二条第二款规定：视地方情形，农业可以从缺，或改为商业，并可加设英语，遇不得已，手工、唱歌亦暂缺。这是中国教育史上官方文件里首次明确规定小学可以开设英语课之始。

2. 庚款兴学

1900 年，美国参加了八国联军对中国的侵略战争，镇压了反帝爱国的"义和团"运动。翌年 9 月，清政府与各侵略国签订了丧权辱国的《辛丑条约》，条约规定中国要按人口（每人一两）向各侵略国赔偿白银 45 000万两，连同利息共达98 000多万两。这便是史称的"庚子赔款"。

美国从中分得3 200多万两，合2 400多万美元，外加年息四分。1904—1905年，清政府驻美公使梁诚根据美国国务卿约翰·海（John Hay）曾有“美国所收庚子赔款原属过多”的表示，一再向美国政府交涉，要求核减退还，并一面上书朝廷“请将此项赔款归回，以为广设学堂，遣派留学之用”。1908年，根据是年5月25日美国国会参、众两院的联合决议，美国解除了中国按照辛丑和约的条件应付美国的赔款的一大部分。其他一些参战国也仿效美国，相继退还赔款。中国政府用这批退款，兴办了留学预备学校，如清华学堂（后改名为清华学校）。清华学堂曾被称为赔款学校，也有人称其为“国耻纪念碑”，这是因为其是用庚子赔款建起来的。①

“庚款兴学”建立起的学校，因大多是为留学准备的，所以格外重视英语教育，从招生到教学要求均是如此，因此，从某种程度上来看启动了英语教育，发展了英语教育。之后的几次派人留学也对国内的中小学英语教育产生了影响。

1909年6月，清政府在北京设立了游美学务处，由周自齐任总办，另有范源濂（代表学部）、唐国安（代表外务部）两人任会办。

留美学生第一次考试于1909年8月间在学部进行，共有考生630名，初试科目是国文、英文、本国历史、地理，考试合格通过的有68名，经过复试最后录取王世杰等47名同年10月赴美。

留美第二次考试于1910年7月举行，70人被录取，同年8月启程，赵元任、胡适在其中。

留美的第三次考试于1911年6月举行，63人录取，同年7月赴美，此外还选拔了11—12岁的幼年生12人于1914年赴美读中学。②

---

① 陈学恂. 中国近代教育史教学参考资料：下［M］. 北京：人民教育出版社，1987：282.

② 付克. 中国外语教育史［M］. 上海：上海外语教育出版社，1986：117—118.

出国留学推动了我国中学英语教育的发展。留学生学到了国外英语教育的理论和方法，搜集到了第一手的英语教学材料，为他们日后回国从事教学创造了有利的条件，并推动了中小学英语教育的进一步发展。

3. 教会学校的进一步发展

来华传教士在中国开办各级各类学校。第一次鸦片战争后，在不平等条约的保护下，传教据点在五个通商口岸和香港纷纷建立。19 世纪 70 年代后，因洋务运动兴起和外国在华开办企业增多，国内急需懂得西艺、西语人才，西学得到重视。到 19 世纪末 20 世纪初，中国的教育中主要有三种同时并存的办学形式：一是传统的书院及民间私塾；二是清政府官办的或各地士绅兴办的各种新式学堂；三是外国传教士创办并控制的教会学校。“三者之中，发展最快、影响最大、教学效果最好的，可能要数教会学校。”①

经历了两次鸦片战争后，随着传教士的增多，教会学校得到前所未有的发展，根据《剑桥中华民国史》第一部记载，到 1919 年基督教教会学校数、学生数已经达到相当规模（见表 4-1）。

表 4-1　1919 年基督教教会学校及学生数字统计②

类别	学校数	入学人数		总数
		男生	女生	
初小	5 637	103 232	48 350	151 582
高小	962	23 490	9 407	32 899
中学	291	12 644	2 569	15 213

① 李良佑，等. 中国英语教学史［M］. 上海：上海外语教育出版社，1988：79.

② 费正清. 剑桥中华民国史：第一部［M］. 上海：上海人民出版社，1992：186.

续表

类别	学校数	入学人数		总数
		男生	女生	
总计	6 890	139 366	60 326	199 694

教会学校当属外国传教士所办学校，照理说不应在我们的讨论之列，但应该指出的是，教会学校的进一步发展，对于我国西学教育的开展，英语教育的启动，课程、教材、教法的改革与发展都起到了奠基作用。

三、发展期（1922—1949 年）

经历了前两个时期以后，中国中小学英语教育随着新学制的颁行进入到了快速发展的时期。这期间虽然经历了抗日战争和解放战争，中国的英语教育相对于前期的发展，还是取得了很大的进步。在此期间，新学制的颁行、共产党领导下的英语教育和国民党统治区的英语教育都很引人注目。

1. 新学制的颁行

1922 年 11 月 2 日北洋政府颁布了《学校系统改革案》，其中提出的学制系统即为新学制，史称壬戌学制。壬戌学制不同于以往的壬寅、癸卯、壬子癸丑学制，后者是仿日本学制制定的，而壬戌学制则是仿美国学制而制定的。这一学制采用“六三三”制，即小学六年，初中三年，高中三年。中学分为初中、高中（自此开始）。这次学制改革是 1915 年兴起的新文化运动在教育上的成果之一。

新学制规定了设学原则有七条：一是适应社会进化之需要；二是发挥平民教育精神；三是谋个性之发展；四是注意国民经济力；五是注意生活教育；六是使教育易于普及；七是多留各地方伸缩余地。其中适应社会进化之需要和谋个性之发展对英语教育的开展有着特殊意义。

值得注意的是，1923 年由胡宪生起草的《新学制课程标准纲要·初级中学外国语课程纲要》提出“新学制小学校以不教外国语为原则”。

而由朱复起草的《新学制课程标准纲要·高级中学公共必修的外国语课程纲要》中，对授课时间及学分、主旨、教材、方法等都做了非常具体而详细的规定。如，方法中规定教初学者，先宜专重于具体的，循用抽象的教法等，这就使得教师有章可循。

根据1923年颁发的中学课程纲要，中学初中阶段外国语学分为36分，占总学分的1/5，高中分为普通科和职业科，二科学分均为16分，和国语学分相同。这足以说明当时对外语教育的重视。

壬戌学制的颁行稳定了教学秩序，推动了英语教育的发展。这一学制除后来在课程设置、实行学分制等方面有所变动外，一直沿用到新中国成立。实际上，直至今日这个学制依然有很大影响。

2. 共产党领导下的英语教育

从1921年中国共产党成立到1949年中华人民共和国成立，二十多年里中国共产党领导中国人民艰难探索，浴血奋斗，打造了一个新中国。为了加强与国外的联系，早期在英语教育方面也做了一些有益的探索，为新中国成立以后的英语教育奠定了基础。

1920年，中国社会主义青年团就在上海开办了外国语学社。外国语学社的招生广告如下①：

本学社拟分设英、法、德、俄、日本语种，现已成立英、俄、日本语三班。除星期日外，每班每日授课1小时，文法读本由华人教授，读音会话由外国人教授，除英文各班皆从初步教起。每人选习一班者月纳学费2元。日内即行开课，名额无多，有志学习外国语者请速向法界霞飞路新渔阳里6号本社报名。此公。

任弼时、刘少奇、彭湃等都在这个班里。这所学校虽然开设不足一年，但为党积累了创办外国语学校的经验，为日后英语及其他外国语教育的发展创造了条件。

---

① 付克. 中国外语教育史［M］. 上海：上海外语教育出版社，1986：49.

除外国语学社外，中国共产党还创办了上海大学、延安大学、延安外国语学校、东北民主联军总司令部附设外国语学校等，其中对英语和俄语教育较有影响的学校是延安外国语学校。

1941 年，德国法西斯突然向苏联发动大规模进攻。党中央预见到要打垮德、日、意法西斯联盟，就必须掌握外语这个武器，以帮助我们建立反法西斯统一战线。应培养俄文军事干部之需，1941 年 8 月中国人民抗日军政大学之三分校俄文大队在毛泽东、周恩来同志的直接关怀下建立，不久改为军事学院俄文科俄文大队，1942 年 1 月俄文大队划归中央军委领导成为中央军委俄文学校，校长为曾涌泉。1944 年周恩来同志从重庆回到延安，他指出，外语人才（包括英语人才）的培训工作一定要加强，以适应美军观察组来延安工作的需要，并及早为新中国外交干部之需做准备。1944 年 4 月，党中央决定将军委俄文学校改为延安外国语学校。该校的培养目标最初是军事翻译，以后包括了政治、军事、外事三方面的翻译人员的培养。该校英文系有学员 70 余名，分 ABC 三个班，其中 A 班包括于山等 12 人，B 班包括张凛等 30 人，C 班包括梅青等 33 人。

1945 年 8 月延安外国语学校师生兵分两路出发：一路到达张家口，办起了华北联合大学文艺学院外文系，1945 年 12 月 27 日改名为华北联合大学附属外国语专修学校，下设俄文、英文两系。1948 年 12 月，华北联合大学与北方大学合并为华北大学，于是华北联合大学外国语专修学校改名为华北大学二部外文系。1949 年 1 月北京解放后，就在华北大学二部外文系的基础上办起了北京外国语学校，即北京外国语学院的前身。延安外国语学校另一路师生在卢竞如的率领下，行军前往东北，于 1946 年 4 月抵达长春市。中央派卢竞如、谢嘉彬、金毅夫前往哈尔滨筹建外国语专门学校。这所学校于 1946 年 11 月正式建立，1948 年秋改名为哈尔滨外国语专门学校，后与黑龙江大学合并。

新中国成立以前，党领导下建立起来的外国语学校（院）从无到有，从小到大，积累了丰富的教育教学经验，新中国成立后的短时期内外语教育得以迅速发展与这一时期党在外语教育发展中所做的工作有着密切关系。

3. 国民党统治区的英语教育

国民党统治区的英语教育，从 1927 年至 1949 年尽管有战争的影响，一直没有间断，大部分地区还取得了很多令人瞩目的进展。这一点从加强高中英语教育，初、高中英语教育调查，毕业会考与招生考试以及留学考试上可以得出结论。

(1) 加强高中英语教育

壬戌学制规定初中起开设外国语，且初中的课时占了总课时的1/5，这在某种程度上保证了英语学科的教学时间。当然，这样一种安排，引发了一些人士的异议。于是 1929 年 8 月又正式颁布经修订的《中学暂行课程标准》，这一课程标准所规定的初中课程与 1923 年的课程标准纲要相比，明显的一点区别是外国语科的学分由 36 学分减至 20（或 30）学分。下面比较了 1923 年初中必修科目表见表 4-2 和 1929 年初中暂行表（见表 4-3）。

表 4-2　1923 年初中必修科目表

学科	社会科			言文科		算学科	自然科	艺术科			体音科		共计
	公民	历史	地理	国语	外国语			图画	手工	音乐	生理卫生	体育	
学分	6	8	8	32	36	30	16	12			4	12	164

表 4-3　1929 年初中暂行表

科目	党义	国文	外国语	历史	地理	算术	自然	生理卫生	图画	音乐	体育	工艺	职业科目	党童军	总计
学分	6	36	20或30	12	12	30	15	4	6	6	9	9	15或5	不计学分	180

虽然初中外语课学分有所减少，高中的外语课学分却由16学分增至26学分，这一变化实际上是增加了高中外国语教学的分量，对于高中外语教学质量和水平的提高是有利的。

（2）初、高中英语教育调查

这一时期，外语教学界非常重视教材建设和教学研究。有史料记载的大型英语教学情况调查有两次，分别由心理学家、外语教育家艾伟教授等人组织。

1929—1930年调查。艾伟教授重视学科心理研究，对英语教学的研究重点放在英语词汇负担、英语语法学习心理及英语阅读能力上。对这一时期的书面调查涉及英文教学时数、拼字练习与默写读本、预习与教师讲解、教学与翻译练习、英语与国语授课、口头问答与作文等项目。调查的对象是北京、天津、湖北、安徽等地的20所学校的高中和13所学校的初中，学校的性质包括省立、县立、私立和教会学校等。调查方式是拟订题目，书面函发至有关学校，然后根据各校的书面答复整理成报告。①

1931—1937年调查。在此期间，艾伟教授受中华教育文化基金董事会的委托与张士一教授合作从事英语教学研究，并与郭枏、汤鸿翥、朱亚南、费景瑚、谢子清等人合作，对全国9省高中英语阅读水平进行大规模调查。此项调查因交通、纸张等原因，历时7年，才告完成。调查结束，正遇全面抗日战争爆发，整理已不可能。艾伟教授将材料带至我国台湾，于1956年才整理成文，题为《九省高中英语默读测量》，完稿第二天，艾伟教授与世长辞。

此次调查测试地区包括河北、山东、河南、山西、广东、广西、江苏、浙江、安徽九省。参加测试的学校共有9个省的71所中学，184个班级8 277名高一至高三的学生。这些学校包括国立、省立、市县立、

① 李良佑，等. 中国英语教学史［M］. 上海：上海外语教育出版社，1988：146—147.

私立及教会立五种，涵盖面比较广泛。测试题分为三类，每类题各含八篇短文，前五篇较浅、后三篇较深，每篇短文之后有 4—5 个问题，学生多选一，40 分钟完成阅读并回答 50 个问题，到时交卷。

此次调查从高三级报告的成绩看，第一类的平均成绩第一名是教会学校与国立学校，第二类测试第一名是教会学校，第三类测试第一名是教会学校。这说明教会学校的英语教学水平是较高的。

（3）毕业会考、招生考试及留学考试

如果说课程设置反映学科地位，教学调查反映施教水平，那么毕业会考及招生考试则反映学科发展的水平。1932—1947 年，实行了毕业会考，并且大学招生考试进行了一系列的改革，此外，留学考试也推动了英语教育的发展。

1932—1947 年，国民政府教育部组织实施毕业会考，先后持续达 16 年，在中国近现代考试史上乃至整个教育史上都有一定影响。

1932 年 5 月国民政府教育部颁布《中小学生毕业会考规定》。会考科目，小学以国语、算术、社会、自然、体育为主；初中以党义、国文、算学、历史、地理、外国语、体育、自然为主；高中普通科为党义、国文、算学、历史、地理、物理、化学、生物学、外国语、体育。会考科目皆及格，方能毕业。

根据这一暂行规定，1932 年全国共有 18 个省市进行了中小学毕业会考。尽管当时会考存在不少问题，如“标准太高，记分方式不一，小学生压力过大”① 等，但将英语纳入初中、高中会考科目并严格考核，大大地加强了英语学科的教学监控和激励力度，对于英语教育的发展是有利的。

除会考外，高等学校招生考试对于英语教学也有着重要的引导作用。

---

① 杨学为. 中国考试通史：卷四［M］. 北京：首都师范大学出版社，2004：354—355.

早在民国时期，中国高等教育就有了较大的发展。从1922年到1926年的短短5年间，公私立大学便由13所增至51所，增加了近3倍。政府重视考试的指挥棒作用。“五四”时期，人们对考试给予各种各样的批评，但并没有改变教育考试日渐加强的趋势。“五四”以后，加强考试，提高学生水平的呼声日益高涨，最终导致了1927年后教育部对高等和中等学校毕业考试权的收回。高校招生考试权也逐步回收。

1927年国民政府建立后，高等学校招生考试仍是各高校自主招生，这一招生方式延续到1932年，1933—1937年实行计划招生。1937年教育部下令中央大学、武汉大学、浙江大学、北京大学、清华大学等试办联合招生考试。考试科目统一，文科考中国文学、外国文学、哲学、心理学、历史、地理以及考生报考系科的科目。理工科考数学、物理、化学、生物以及考生所考系科的科目，师范生考国语、英语、史地、公民训育、算术、理化、教育等科目。这次联合招生为以后全国统一招生考试创造了条件。于是1938—1940年进入统一招生阶段，共分为两个步骤进行。第一步，1938年实行国立高等学校统一招生，1940年实行公立高等学校统一招生。在此期间教育部1938年颁布《二十七年度国立各院校统一招生命题及评分标准的规定》，对试题和评分标准做了详细的规定。1938年、1939年，新生入学考试分笔试和口试。笔试科目为7门，其中公民、国文、英文（同济大学和中山大学医学院考德文）和本国史地4门为公共必试科目。1940年招生，笔试科目一律定为8门，公民、国文、英文（或德文）生物4门为公共必试科目。1941—1949年，开始实行联合招生、委托招生等方式。据1945年联合招生规定，笔试分初试与再试两部分。初试科目为国文、英文、数学3科，录取入学时根据志愿依照组别，再试其他规定科目，成绩合格者，编入一年级肄业。再试成绩较次者，暂予试读，或派入先修班肄业。

从以上情况看，不论是和平时期，还是战争时期，英语这个学科都没有被忽视，高校招生考试科目设置对英语教育的发展起到了重要作用。

此外，1922—1949年的公费和自费出国留学考试科目设置也刺激了英语学科在中小学的发展。其中，公费留学中，我们以清华大学留美考试和庚款留英考试为例来说明。

1928年，清华学校改为国立清华大学。清华大学每届留学考试由教育部主持，由知名专家、学者命题阅卷。记分方式为：各科成绩共计100分，普通科目占20%（国文8%，英文8%，德文或法文4%）；专门科目（考5科，个别学科考6科或7科，各科成绩平均计算）占70%；研究及服务成绩（毕业论文可作研究及服务成绩）占10%，留美考试共进行六届选送132人。

1922年12月，英国政府仿效美国，宣称以后中国应付庚款，英国预备全部退还，作为发展两国互有利益事业之用。庚款留英考试分普通科目和专门科目两类。普通科目第五届以前考国文和英文2门，从第六届开始增加党义1门。此类考试从1933年至1944年共8届，录选177人，人数虽然不多，但其中涌现出许多著名学者。例如钱钟书、卢嘉锡等都是庚款留英出身。①

四、摇摆期（1949—1976年）

1950—1976年是我国政治、经济、文化、教育大变动时期。此间，学习苏联，加上"文化大革命"，使得形势复杂，变化多端。外语教育语种更替、此消彼长。英语教育时兴时衰，时重时轻，时有时无，时多时少。这些体现在"改、停、废"三次大的摇摆上。

（一）重视俄语发展，忽视英语教学

新中国成立前后，中国共产党曾采取一系列措施，试图与美国建立起一种正常的外交关系，但由于美国方面的原因，这种努力没有达到预

① 杨学为. 中国考试通史：卷四［M］. 北京：首都师范大学出版社，2004：371.

期效果。

1949 年，美国政府公开发表《美中关系白皮书》。该书干涉中国内政，歪曲中国历史和革命性质，大肆挑拨中美关系。于是新中国对美外交的尝试开始陷入僵局。①

鉴于中国共产党与苏联长期的友好关系和中美关系的恶化，中国共产党采取了向苏联“一边倒”的政策。1949 年 7 月 1 日，《人民日报》发表了《论人民民主专政》一文。毛泽东在这篇文章中指出：“苏联共产党就是我们最好的先生，我们必须向他们学习。”

要向苏联学习，首先必须培养一大批懂俄语的人才。于是从 1949 年到 1950 年短短两年间，连同新中国建立前已有的俄文学校（院），共有 19 所高校相继建立俄文系。

1954 年 4 月 3 日，政务院发布的《关于全国俄文教学工作的指示》明确指出：“高等学校应开设俄文课。”“高中和中等技术学校可设俄文课，但由于师资缺乏，目前可先在有条件的学校开设，然后再逐渐普及……”在此之前的 1952 年进行院系调整时，撤销合并了大部分学校的英语系科，全国只剩下 8 个英语教学点，使得中小学英语师资来源匮乏，加上“一边倒”的外语教育政策，大部分英语教师改行教授俄语或其他学科，使得中小学英语遭受不应有的损失。

然而，峰回路转。1956 年 4 月 25 日中共中央召开扩大会议，毛泽东在会上做了《论十大关系》的报告。该报告提出：“一切国家的先进经验都学，要派人到资本主义国家去学技术，不论英国、法国、挪威、瑞士，只要他们要，我们的学生就去学。”

1957 年 3 月 7 日召开全国宣传工作会议，毛泽东在和七个省市教育厅局长谈话时，斥问教育部是苏联教育部还是中国教育部。毛泽东的指责使教育部大为震惊，于是各种教育改革方案纷纷推出。但实际上到

① 田正平. 中外教育交流史［M］. 广州：广东教育出版社，2004：852—857.

1963年，“一边倒”的外语政策的影响仍没有彻底消除。1963年到中学学习外语的学生中，俄语人数仍占2/3。为扭转这种局面，加强英语教学，国务院外事办公室、国务院文教办公室、国家计委、高教部、教育部五部门于1964年10月联合制定了《外语教育七年规划纲要》，该纲要提出：第一，确定英语为第一外语；第二，加强普通中学的外语教育，比例先要求调整为1∶1，1970年以后再逐步做到2∶1；第三，大力发展外国语学校，要求从1964年的14所发展到1970年的40所，在校生3万人。

《外语教育七年规划纲要》是我国英语教育史上的一个重要文件，它虽然因“文化大革命”开始只实行了2年，但却是遵循外语教育规律，正确选择语种，英语教育向正确方向摆动的成果体现。这一文件对于“文化大革命”结束以后的英语教育政策也有着不小的影响。

（二）初中英语叫停，影响波及高中

1954年政务院颁布了《关于全国俄文教学工作的指示》。该指示指出：“初中一般不设外国语，如已设立并办有成绩者，可继续办下去，并应办得更好。”同年4月28日，教育部下发《关于从1954年秋季起中学外国语科设置的通知》，有关内容包括如下方面。

第一，从1954年秋季起，初中不设外国语科；初中二、三年级原已授外国语科的一律停授；外国语科停授后，各校不得任意增加其他学科的授课时数与教材分量。

第二，高中设外国语科，高中一、二、三年级每周授课时数均为4小时；从高中一年级起授俄语，个别地区如缺少俄语师资的可授英语；高中二、三年级原授英语的，可继续授英语，如有俄语师资而学生又愿意改授俄语并对英语教师能做妥善安置者，可改授俄语。

第三，各地在停授初中外国语之前，应做好准备工作，指示各中学行政领导向师生进行思想教育，说明初中停授外国语科的理由。这是为了减轻学生的学习负担，使学生能更好地学习本国语文及其他学科，防止因停授外国语引起师生不必要的思想波动。

第四，初中外国语停授后对外国语教师必须妥善安置。尽管当时教育部讲明初中停授外国语是为了减轻学生学习负担，并就做好学生思想工作和对教师进行妥善安置做了布置，但从停授外国语后造成的影响来看，这一决定是错误的。

其一，初中停授外国语，是为开设俄语让路，这一点从上述的通知中的第二条就看得很清楚。

其二，学生原先的英语基础由于不能继续学习而荒废，直接受影响的就是高中，实际上加大了高中生的学习负担。

其三，造成大批英语教师改作他用，扬短避长。

其四，自此为语种单一和不合理的人才培养结构埋下隐患。

到 1957 年和 1958 年，对初中是否开设外语，中央教育行政部门仍然举棋不定。经过征求各方面的意见，教育部于 1959 年 3 月 26 日下达了《关于在中学加强和开设外国语的通知》。该通知指出："从目前中学外国语教学情况看，从培养高级建设人才和科学研究人才看，在初中开设外国语，在高中加强外国语教学，使学生在中学就打好一种外国语的基础，已经日益深感必要。"为此，决定"今后全日制中学拟分为甲、乙两类……从 1959—1960 学年度起，全日制的甲类中学一定要在初中开设外国语……中学设置各种外国语的比例，大体上可以规定约有三分之一的学校教俄语，三分之二的学校教英语及其他外国语。"同年 4 月 11 日又颁发了《关于在中学加强和开设外国语的补充通知》，通知中指出："初中开设外国语，从一年级开始。"自此，英语教学得到加强，1963 年 7 月，教学计划规定外语课时初、高中为 7—6—6—6—6—5 课时/周，这是自 1921 年以来英语课时最多的一个计划。

经过这次摇摆，英语的主课地位得到恢复，英语教学质量有了一定程度的提高。

（三）"文化大革命"爆发，英语教育受挫

在 1966 年开始的直至 1976 年才告结束的"文化大革命"中，教育受害最深，英语教育受灾最重。

1966年4月6—14日，高教部在北京召开了高等学校招生工作座谈会，北京、上海等部分省市，中宣部、团中央等有关部门，北京大学、清华大学等部分学校，共34人参加。

少数人在“左”倾思想鼓动下，对高等学校招生工作，主要是考试制度，展开了猛烈攻击。座谈会印发了几份批判高考的材料，对招生、考试的攻击和这些材料相呼应，在座谈会上形成了否定招生、考试的系统的观点。会上提出的“政治思想第一，反对分数挂帅，反对中学片面追求升学率，改变录取办法，端正培养目标，向资产阶级专家夺取命题、评卷领导权，彻底改革高考制度和办法的意见及其全部招收劳动知识青年，从工农群众中选拔，通过群众路线的办法选拔新生，哪里来毕业后回到哪里去”的建议在“文化大革命”中得到充分的发挥。

1966年5月4—26日，中共中央召开了政治局扩大会议，5月16日通过了中共中央《通知》，史无前例的“文化大革命”就全面开始了。自此，全国大乱，教育瘫痪。

1966年6月13日，以中共中央、国务院的名义发出通知，决定1966年高等学校招生工作推迟半年举行，以便彻底改革招生考试制度，实际上推迟了整整6年。①

招生考试制度破坏了，学校教育失去了动力，也失去了方向，英语教育地位更为低下。《外语教育发展战略研究》一书对于这一时期的外语教育分析得比较透彻。该书指出②：

第一，由于宣扬如“我是中国人，何必学外文，不学ABC，照样干革命”这样愚昧无知、荒唐可笑的谬论，致使“外语无用论”的思潮泛滥，从根本上取消和破坏了外语教育。

---

① 杨学为．中国考试通史：卷五［M］．北京：首都师范大学出版社，2004：71—75.

② 群懿，等．外语教育发展战略研究［M］．成都：四川教育出版社，1991：61—66.

第二，借口批判“外语特殊论”，从根本上否定教育的特点和规律。

第三，挥舞“崇洋媚外”和“里通外国”等大棒，把一切带“外”字的都说成是反动的，凡是外国的东西都不准接触，不准创造外语学习环境，致使外语教育处于严重的封闭状态。

第四，片面强调教材的政治思想性，强调所谓“要把政治思想性落实到每个词上”“发生什么事情就学什么文章”等。

第五，炮制“两个估计”，给外语教师加上种种罪名，或长期下放农村劳动，或强迫改行，甚至残酷迫害，使外语教师队伍受到严重的摧残。

然而形势的发展却需要英语教育。1970—1972 年多个国家与我国建交，1971 年 10 月中国在联合国合法席位得到恢复；1972 年 2 月美国总统尼克松访华。中国需要世界，中国需要对外交往，中国需要外语教育。

在那样的恶劣政治环境中，广大师生还是积极创造条件自编教材，狠抓课堂质量。周恩来总理顶着压力，于 1970 年 11 月 6—20 日，用五个夜晚同北京外国语学院、北京大学等外语系师生座谈有关外语教育的问题。周总理在谈到新中国成立后 17 年外语教学工作时指出：“对外语教育，要一分为二，不能把合乎毛主席思想、合乎规律的也否定了。”周总理着重讲了培养又红又专的外语人才和练好“三个基本功”的问题。他指出：“基本功包括三个方面：政治思想、语言本身、各种文化知识。”“苦练应当成为原则。要学好语音、语法、词汇，做到能听、能说、能读、能写、能译，这才能适应社会主义革命和社会主义建设的需要。”①

周总理的讲话对于高校外语师生是个鼓舞，对广大中小学教师和学生也是一种激励。他的讲话对于广大师生把握英语教育教学规律，掌握正确的教与学的方法，对于“文革”结束以后的中国中小学英语教育发

① 中国教育事典编委会. 中国教育事典：小学卷［M］. 石家庄：河北教育出版社，1994：53.

展无疑具有重要的作用。

五、恢复期（1977—1984年）

“文化大革命”结束，百废待兴。教育秩序的恢复为英语教育的恢复创造了条件。这一时期主要做的四个方面的工作，对英语教育的全面恢复起到了决定性作用。

（一）恢复高考，引导中小学英语教育

1977年8月8日，邓小平在科教工作座谈会上发表了重要讲话。他以无产阶级革命家、政治家的胆略和气魄，旗帜鲜明地把锋芒指向“两个估计”，尖锐指出：“对全国教育战线17年的工作怎样估计？我看，主导方面是红线。”并且肯定绝大多数知识分子“取得了很大的成绩”。在谈到关于教育制度和教育质量问题时，他谈道：“一个是高等学校招收应届高中毕业生的问题。今年就要下决心恢复从高中毕业生中直接招考学生，不要再搞群众推荐。从高中直接招生，我看可能是早出人才、早出成果的一个好办法。”根据邓小平的指示，教育部于8月13日召开本年度第二次招生工作会议，历时44天，否定了6月29日在山西太原召开的第一次招生会议关于“群众推荐”的意见。11月份全国高校统一招生考试在停考十多年以后再次开考，这一年全国报考人数达到573万，全国中小学学生学习热情空前高涨。① 高考的恢复，给中小学英语教学注入了动力和活力。

（二）领导重视，推动中小学英语教育

1977年5月24日，邓小平在谈“尊重知识、尊重人才”问题时说：“我们要实现现代化，关键是科学技术要跟上去。发展科学技术不抓教育不行……现在看来，同发达国家相比，我们的科学技术和教育整整落后了20年”“抓科技必须同时抓教育。从小学抓起，一直到中学、

① 教育部高校学生司，等. 我的高考［M］. 北京：人民教育出版社，1999：7—9.

大学，我希望从现在做起，5年小见成效，10年中见成效，15年20年大见成效。办教育两条腿走路，既注重普及又注重提高。”①

为了落实邓小平的指示和全国教育工作会议精神，研究如何推进外语教育工作，经国务院批准，教育部于1978年8月28日至9月10日在北京召开了全国外语教学座谈会。全国人大常委会副委员长廖承志和中国社会科学院副院长周扬在会上讲了话。会上总结了28年来办外语教育的经验和教训，研究了加强外语教育、提高外语教育质量的办法和措施。会议确定今后一个时期发展外语教育的方针是：千方百计提高外语教育质量，切实抓好高等学校专业外语和公共外语教育的同时，大力开展多种形式的外语业余教育。会议还提出，要集中精力办好一批重点外语院系，使之成为培养水平较高的外语人才的基地，会议决定编写出版（包括影印）英、日、德、法、俄5个语种的387种教材。

（三）重在建设，中小学外语教育得到恢复

1978年，全国外语教学座谈会后，各地为了尽快恢复和发展中小学外语教育，在师资培训方面做了大量工作。据有关统计，截至1982年，全国仅中学外语师资已达26万多人，其中英语教师25万多人。这为开展中小学英语教学奠定了基础。

1978年1月，教育部颁布十年制中小学教学计划试行草案。小学从三年级始设外语课。中学则从初一到高中毕业止。几年内，外语课的周学时分别是4—4—4—5—4—4—4—4，保证了学习时间和学习的连续性。

早在“文化大革命”前几年，我国外语电教事业就有了很大发展，如录音机、收音机、电唱机、幻灯机、电影放映机等视听设备在学校特别是高校都有配置。“文化大革命”期间，因为外语教育遭到破坏，所以很多学校的电教设备或弃置不用，或损坏严重。1978年3月18日在全国科学大会上，国务院副总理方毅提出：“要逐步实现教育手段的现

---

① 中国教育事典编委会. 中国教育事典：小学卷［M］. 石家庄：河北教育出版社：1994：57.

代化，发展电化教育，充实和改善学校的实验设备。”同年，经国务院批准，教育部成立了电化教育局，建立了中央电化教育馆，并发行《电化教育》这一全国性的刊物，以推动各地电教事业的开展。自此以后，各地外语教学设施大为改善，发达地区的一些学校到20世纪80年代初已经用上了语言实验室等先进的英语教学设备，这对于英语教育现代化，提高英语教学质量起到了积极的作用。

为了做好中小学英语和其他语种的教学研究，1978年以后，北京师范大学的《中小学外语教育》（英语版和俄文版）、华东师范大学的《中小学英语教学与研究》等刊物创刊；1981年11月，中国教育学会外语教学研究会正式成立。这是以中小学外语教学为专题研究对象的群众性团体。这些刊物的创刊，以及中国教育学会外语教学研究会和各省市外语教学研究会的成立，为加强中小学英语教育教学研究，提高中小学英语教学水平起到了一定的保证作用。

（四）落实“意见”，确保中小学外语教学质量

在中小学英语教育恢复阶段，教育部颁发了两个非常重要的“意见”，促进了外语教学的迅速恢复和后续发展。

(1) 1979年3月29日，教育部针对我国当时外语教育中存在的问题印发了《关于加强外语教育的几点意见》。该意见主要包括八个方面的内容：必须加强中小学外语教育，中小学外语课是一门重要的基础课，应当受到充分重视；要大力办好高等学校公共外语教育和各种形式的业余外语教育，培养既懂专业又掌握外语的科技人才；集中精力办好一批重点外语院系，使之成为培养水平较高的外事翻译、高校专业外语师资和外国语言文学研究人才的基地；语种布局要有战略眼光和长远规划，当前主要的任务是大力发展英语，但也要适当注意日、法、俄、德等其他通用语种的教育以及其他非通用语种的开发；大力抓好外语师资队伍的培养和提高；编选出版一批相对稳定的大、中、小学外语教材，每套教材力争配以唱片、录音、幻灯、电影等各种视听教材，以提高教学效果；加强外语教学法和语言科学的研究。不仅要注意引进外国语言

教学的先进理论和方法，还必须大力开展外语语言方面的基础理论和应用科学的研究；尽快把外语电化教学搞上去。根据上述意见，1981 年 4 月，教育部又颁发《全日制六年制重点中学教学计划试行草案》和《全日制五年制中学教学计划试行草案的修订意见》，其中提出把语、数、外三门列为重点科目，要求扎扎实实打好基础。外语课语种是英语或俄语、日语等，一般以英语为主，有条件的学校可适当提高要求，努力做到一种外语基本过关。

（2）1982 年 5 月教育部召开了全国中学外语教育工作会议，制定了《关于加强中小学外语教育的意见》。该意见认为，“中学外语教育应从实际出发，区别要求，讲求实效，积极创造条件，努力提高质量，有计划地逐步发展。”“中学外语教学可以分为条件好的、一般的和不具备条件的三种情况对待；语种设置要有战略眼光和长远打算。中学外语课的语种设置，以英语为主，俄语占一定比例。有合格师资条件的学校，可以根据需要适当开设日语，一经确定，不要轻易变更；建立一支合格的师资队伍；加强教材建设，改进教学方法；积极改善教学条件；切实办好外国语学校。”这些意见是实事求是的，也是非常中肯的。

经过近 8 年的艰苦努力，到 1984 年，我国的中小学英语教学和其他外语语种教学恢复到了一定的水平。其主要的标志是：第一，实现了多语种的教学，全国开设外语语种已达 34 个；第二，建成了规模巨大的多形式、多层次的外语教育网，对于中小学英语教学有积极的影响作用；第三，拥有数以百万计的外语学习者；第四，拥有一支几十万人的外语师资队伍；第五，大量外语毕业生活跃在各条战线上；第六，组成了一支生气勃勃的外语教学科研队伍；第七，建立印刷出版基地，出版了大批外语教材，教学参考书、词典等书籍；第八，外语电化教学蓬勃发展。① 还有一个更为直接的标志是，从 1983 年开始，中考增加了英

---

① 付克. 中国外语教育史［M］. 上海：上海外语教育出版社，1986：95.

语科目，英语成绩开始计入高考总分。这说明，全国的中小学外语教育尽管发展还不平衡，教学条件仍然不尽相同，但英语教学质量通过几年的恢复已达到相当水平。

六、*提高期（1985—1991 年）*

经过“文化大革命”以后若干年的恢复，“至 1985 年，中学的英语教学总的水平已达到‘文化大革命’前的水平，在某些方面甚至超过‘文化大革命’前的水平。”①

之后几年中，我国先后出台了一系列外语教育文件和法规，对于英语师资队伍建设、教材建设、适龄儿童公平地接受教育、提高英语教学质量都起了关键作用。

1985 年 5 月 27 日《中共中央关于教育体制改革的决定》颁布，该决定提出，“教育体制改革的根本目的是提高民族素质，多出人才、出好人才”，“教育必须为社会主义建设服务，社会主义建设必须依靠教育……要造就数以亿计的工业、农业、商业等各行各业有文化、懂技术、业务熟练的劳动者。要造就数以千万计的具有现代科学技术和经营管理知识，具有开拓能力的厂长、经理、工程师、农艺师、经济师、会计师、统计师和其他经济、技术工作人员。还要造就数以千万计的能够适应现代科学文化发展和新技术革命要求的教育工作者、科学工作者、医务工作者、理论工作者、文化工作者、新闻和编辑出版工作者、法律工作者、外事工作者、军事工作者和各方面党政工作者”。加强科技教育、管理知识教育，培养科技工作者、理论工作者、外事工作者，都需要加强外语教育，这为外语教育发展提供了难得的机遇。

在外语教育规模扩大，外语师资紧张的情况下，针对外语师资外流或改行的现状，为确保教师队伍质量和稳定，该决定指出：“师范院校要坚持为初等和中等教育服务的办学思想，毕业生都要分配到学校任

① 李良佑，等. 中国英语教学史［M］. 上海：上海外语教育出版社，1988：331.

教，其他高等学校毕业生也应有一部分分配到学校任教。任何机关、单位不得抽调中小学合格教师改任其他工作。”

1986 年 4 月 12 日，第六届全国人民代表大会第四次会议通过了《义务教育法》。这是新中国第一部实施义务教育的大法，对于促进儿童教育机会平等、提高全民族文化素质都具有划时代的意义。《义务教育法》的颁行，对外语教育的普及是个促进。

1986 年 10 月 7—12 日全国中学外语教学改革座谈会通过了《关于改革和加强中学外语教学的几点意见》。该意见提出目前亟待研究和解决的问题：一是明确中学外语教育的工作方针；二是明确中学外语教学的指导思想；三是加强中学外语师资队伍的建设；四是解决有关非英语语种开设的问题；五是改革外语教材教法；六是加强外语教学科研工作；此外，还对如何办好外国语学校，如何充实必要的电教设备等问题提出了意见和建议。本次座谈会的一个最大的成果是提出在外语教学指导思想方面，应树立正确的教学观，教学不仅传授知识，而且要使学生的认知、情感意志、个性等得到发展。外语教学要激发学生的动机，培养学生的能力应以语言使用作为教学的主要目标。这是教学理念上的一个重大转变。

在这种有利的形势下，各方面配套的工作也紧锣密鼓地开展起来，保证了英语教学质量的提高。

《义务教育法》颁布后，国家教委、国家计委、财政部、劳动人事部四个部委联合拟定了《关于实施义务教育若干问题的意见》。其中规定：“我国九年制义务教育的学制年限实行小学六年、初中三年的‘六·三制’，或小学五年、初中四年的‘五·四’学制或九年一贯制。”统一了学制，保证了教学秩序。

1986 年国家教委颁布了《全日制中学英语教学大纲》，这个大纲既总结了新中国成立后 30 多年来中学外语教学的经验，又吸收了当时国际上有实用价值的外语教学理论，是 1949 年以来制定颁布的中学英语教学大纲中最为完善的一份。① 这个大纲突出了听、说、读、写的训练和交际能力的培养。该大纲于 1990 年进行了修订，词汇量要求有所降低，从 1986 年以前的 2 000—2 500 个，到 1986 年大纲降为 1 800 个，1990 年又降为 1 500 个，但“四会”即听、说、读、写的能力要求提高了。

为了制定更为有效的英语教育政策，搞好英语教学改革，进一步提高英语教学质量，1985 年 4 月至 1986 年 7 月，国家教委组织了全国中学英语教学调查。这次调查的对象是 15 个省市 105 所首批办好的重点中学和 35 所非重点中学，主要了解中学师资队伍和英语教学状况，并通过测试对学生的成绩进行了评估和分析。接受调查的学生57 080人，英语教师1 614人，数百名调研人员经过认真、努力的工作，取得了 245 万多个数据。

调查结果表明，“自 1978 年以来，我国中学英语教学取得了长足的进步。人们不会忘记，中学英语教学作为‘文化大革命’的重灾区，在 1978 年以前处于师资奇缺、教学秩序不稳定和教材与设备匮乏的困境之中。然而时隔 8 年，这一领域已面目一新。各地有条件的中学已使英语教学走上正轨；继 1978 年颁发了《全日制十年制中小学英语教学大纲（试行草案）》后，1987 年又制定了《全日制六年制重点中学英语教学大纲》，并编写和发行了全国通用的英语教材；1985 年中学英语教师的人数比 1978 年几乎增加了一倍，师资质量也有所改进；中学生学习英语的积极性大为提高，水平逐年上升。”“另一方面，测试结果表明，中学生总体英语水平偏低：各类测试的平均答对率中，重点中学未达到 60%，非重点中学未达到 45%。”②

---

① 李良佑，等. 中国英语教学史［M］. 上海：上海外语教育出版社，1988：335.

② 左焕琪. 中学英语教学调查对改革的启示［J］. 中小学英语教学与研究，1987（3）：1—3.

针对外语教学中存在的问题，各地一方面注意加强师资队伍建设，提高师资质量；另一方面加强教材建设和设施建设，并在此基础上，自1986年开始进行英语教育改革。从改革观念入手，不断改进教学方法，完善教育目标和教学目标，到1991年，全国中小学的英语教学质量大大提高。

七、繁荣期（1992—2001年）

中小学英语经过改革开放以后十几年的发展，到20世纪90年代进入到课程、教材、教法的繁荣阶段。在此期间，整个教育也在经历着重大的变革。

1993年2月13日，中共中央、国务院印发《中国教育改革和发展纲要》。该纲要提出了教育面临的形势和任务、教育事业发展的目标、战略和指导方针，对教育体制改革、全面贯彻教育方针、全面提高教育质量、教师队伍建设、教育经费等也提出了要求。尤其是在教材建设方面提出："学校教材要反映中国和世界的优秀文明成果以及当代科学技术文化的最新发展。中小学教材要在统一基本要求的前提下实行多样化。提倡各地编写适应当地农村中小学需要的教材。"这为20世纪90年代教材的多样化提供了政策保障。

此外，该纲要强调了教师队伍的重要性，对教师培养和培训工作也提出了较高要求。该纲要还指出："振兴民族的希望在教育，振兴教育的希望在教师"，"进一步加强师资培养和培训工作。师范教育是培养中小学师资的工作契机，各级政府要努力增加投入，大力办好师范教育，鼓励优秀中学毕业生报考师范院校。进一步扩大师范院校定向招生的比例，建立师范毕业生服务期制度，保证毕业生到中小学任教。其他高等院校也要积极承担培养中小学和职业技术学校师资的任务。要制订教师培训计划，促进教师特别是中青年教师不断进修提高，使绝大多数中小学教师更好地胜任教育教学工作。到20世纪末，通过师资补充和在职培训，绝大多数中小学教师要达到国家规定的合格学历标准，小学和初中教师中具有专科和本科学历者的比重逐年提高。"这抓住了教师引进和培养两个重要环节，使20世纪90年代和21世纪的教师数量和质量得到提高，保证了英语教育的可持续发展。

为了进一步促进教育振兴，教育部于1998年12月24日印发《面向21世纪教育振兴行动计划》。该计划提出实施“跨世纪园丁工程”，“大力提高教师队伍的整体素质，特别要加强师德建设。3年内以不同方式对现有中小学校长和专任教师进行全员培训和继续教育……2010年前后，具备条件的地区力争使小学和初中专任教师的学历分别提升到专科和本科层次，经济发达地区高中专任教师和校长中获硕士学位者应达到一定比例。”“重点加强中小学骨干教师队伍建设。1999—2000年，在全国选培10万名中小学及职业学校骨干教师（其中1万名由教育部组织重点培训）。”另外，“实行教师聘任制和全员聘任制，加强考核，竞争上岗，优化教师队伍。”这些都是教师队伍建设的重大措施。

为进一步深化教育改革，克服我国教育领域内存在的“应试教育”的种种弊端，更好地贯彻党的教育方针，构建一个充满生机的有中国特色的社会主义教育体系，中共中央、国务院于1999年6月13日颁布了《关于深化教育改革全面推进素质教育的决定》。这对英语教育如何为提高人的素质服务提出了更高的要求。

在这样的大背景下，英语教育获得了前所未有的进步。

1. 颁布并修订了初、高中英语教学大纲

1992年颁布《九年义务教育全日制初级中学英语教学大纲（试用）》，2000年修订为《九年义务教育全日制初级中学英语教学大纲（试用修订版）》；1993年颁布《全日制高级中学英语教学大纲（初审稿）》，1996年修订为《全日制普通高级中学英语教学大纲（供试验用）》。该大纲与九年义务教育课程方案相衔接。1997年起，该大纲随同与之配套的人民教育出版社编写的教材在江西、山西、天津两省一市进行了试验。2000年，教育部对试验稿进行了修订，颁发了《全日制普通高级中学英语教学大纲（试验修订版）》。人民教育出版社对教材进行了修订，于秋季扩大到10个省市继续试验。2001年7月，教育部颁发《全日制义务教育普通高级中学英语课程标准（实验稿）》供新课程改革试验使用。这次新颁课程文件将原来沿用几十年的教学大纲改为课程标准，同时对课程目标结构和实施要求做了详细描述。这一课程标准反映了我国中小学英语教学研究和语言理论研究的最新成果。

2. 组织对义务教育完成后初中毕业生教学状况和义务教育实施以后首届高中毕业生教学状况的调查研究

百年来，我国大规模进行英语教学状况调查有五次：一是如前所述艾伟教授在民国时期（1929—1937年）组织的两次，二是1985年国家教委组织的调查，还有1995—1997年由西南—西北地区外语教学法研究会与西南师范大学外语学院牵头，在全国范围内对义务教育首届初中毕业生的教学状况进行的调查研究。鉴于这届学生于1999年高中毕业，对教学状况进行调查，对于改革课程、改进教材、改善教法有着特殊意义。于是从1998—2000年，教育部基础教育司领导并委托西南师范大学外语教育研究中心组织了这次高中毕业生教学状况调查。本次调查选取31个省份的147所中学为样本学校，总共有15 937名学生接受主体性和参照性调查。本次调查表明：中学英语教学成绩确有提高，主要表现为水平普遍提高，校与校之间差距缩小。虽然总体上我们的英语教学效果还未达到优秀水平，但是有较大进步，且是大面积的进步；重点中学之间、非重点中学之间以及重点中学与非重点中学之间的差距缩小了。此外，中学英语教学正在进行着五种转变：从“应试教育”转向素质教育，从教师中心转向学生中心，从知识型教学转向能力型教学，从机械操练为主转向兼用言语活动，教学语言从汉语转向英语。还有，1993年投入使用的中英合编教材通过了检验。最后，英语教学大纲必须更新，原因是存在三个问题：一是对英/外语课程的价值认识太狭隘；

二是英语课程的目标不够合理；三是教学内容的选取存在问题。①

3. 小学普遍开设英语课程

英语在我国的小学课程中大部分时间里是随意科。新中国成立以前，只在条件好的学校或城镇学校开设，但没有统一的大纲、教材，1978年虽然有了统一的中小学英语教学大纲，但对小学英语没有非常明确的要求。经过20余年的发展，2001年教育部颁发了《关于积极推进小学开设英语课程的指导意见》。该意见指出："小学开设英语课程是21世纪初基础教育课程改革的重要内容。"英语进入小学课程体系，是我国教育改革和发展的必然结果，也是中小学英语教育改革与发展的必然结果。

第七节　十优理念

早在1998年，结合教学和管理实践以及硕士阶段的课题要求，我开始着手有效教学的研究。我认为，有效教学的关键是构建教学整体优化体系，使得十个教学要素分别得到优化并逐步达到整体优化。我在分析了国内外有关构建教学整体优化体系情况以后，重点对教学整体优化体系构成要素在系统中的地位、作用与优化对策进行了探讨。这一研究对天铁区域教学整体优化、提高教学效率、提升教学质量起到了重要的作用。

一、国内外有关构建教学整体优化体系研究

构建教学整体优化体系是以系统论、信息论和控制论为基本理论做指导的。系统论、信息论、控制论均产生于20世纪40年代末期的西方国家，其创始人分别是美籍奥地利生物学家贝塔朗菲（他于1947年发表《一般系统论》）和美国数学家、工程师香农（他于1948年发表

① 张正东，等. 英语教学的现状与发展［M］. 北京：人民教育出版社，2001：101—108.

《通信的数学理论》）和美国学者、数学家维纳（N. Wiener）（他于1948年发表《控制论》一书）。系统论是研究一切系统的模式、原理和规律的科学；① 信息论则是研究各种系统中信息的计量、传递、变换、贮存和使用的规律的科学；②控制论则是关于生物系统和机器系统中的控制和通信的科学。③教学体系是一台有着完整、复杂系统的机器。构建教学整体优化体系是从教学系统整体着眼，探索教学双方各种信息的交流、使用及控制的过程。

（一）国外研究情况

虽然对教学整体优化的研究是在“三论”产生之后，但用系统的观点来考察教学整体优化的思想产生是很早的。比如，1632年夸美纽斯在其《大教学论》一书中曾这样写道：“如此阻碍学校的努力，妨碍学校的成功，以致大多数人在整个求学期间竟没有涉猎到科学与艺术的全部领域，其中有些人根本没有入门，到底是什么原因呢？……第一，没有一定的路标作为学生每年每月或每天所应达到的目标，并且完全缺乏系统。第二，没有指出确实可以达到这些目标的途径。第三，天生应该联合的事物没有联合，反而分开了。第四，我们很少把艺术和科学当作一种百科全书式的整体的部分去教过，而是零星地去对付……”④ 从夸美纽斯的论述中，我们可以清楚地看到他已经初步认识到教学效果与教学目标、教学方法的关系，并且一针见血地指出撇开整个系统组织教学的危害性。虽然他的思想并不系统、并不完整，但可以认为，这是构建教学整体优化体系思想的萌芽。

苏联教育家尤·克·巴班斯基从20世纪60年代初在顿河—罗斯托夫地区进行了克服大面积留级现象的实验，创造了先进经验，并在全苏

①②③ 查有梁. 控制论、信息论、系统论与教育科学［M］. 成都：四川省社会科学院出版社，1986：85，56，17.

④ 夸美纽斯. 大教学论［M］. 傅任敢，译. 北京：人民教育出版社，1984：135—136.

范围内大力推广。在此基础上，巴班斯基最早提出了教学过程最优化的系统理论。① 1972 年，巴班斯基试图从探讨预防学生学业不良问题入手，研究教学过程最优化的理论。1972 年以后，他会同俄罗斯联邦教育部中小学教育科学研究所所属的罗斯托夫实验室，在顿河—罗斯托夫市第 1 学校、第 92 学校进行了 4 年的教学实验。在实验的基础上，巴班斯基于 1977 年出版了《教学过程最优化——一般教学论方面》。在该书和以后的有关著作中，巴班斯基进一步提出了“教学过程结构”的概念，试图从分析教学论这一重要概念出发，把教学目的、任务、内容、形式、方法、原则等教学论的主要范畴，置于“系统”形式中加以考察研究，以便进一步探索教学最优化原理。巴班斯基对“教学最优化”的解释是:“最优的”一词来源于拉丁语 optimus（最好的），但“好”还是“不好”，要看是否符合一定的条件和任务。因此，最优化这个词，从广义上说，可以理解为选择解决该条件下任何任务的最好方案。同样，教学最优化可以说是从解决教学任务的有效性和师生时间浪费的合理性着眼，有科学根据地选择和实施该条件下最好的教学方案。② 巴班斯基在《改进课堂教学的若干问题》一文中说：“所谓最优化的教学，就是在教养、教育和学生发展方面保证达到当时条件下尽可能大的成效，而师生用于课堂教学和课外作业的时间又不超过学校卫生所规定的标准。我们认为，最优化的基本标准就是取得尽可能大的成效和师生耗费合理的时间去取得这些成效。”③ 巴班斯基的研究为构建教学整体优化体系奠定了理论基础。

（二）国内研究情况

巴班斯基的“教学最优化”理论问世以后，引起我国教育理论工作

① 闫承利. 教学最优化通论［M］. 北京：教育科学出版社，1992：6.

② 巴班斯基. 教育学［M］. 北京：人民教育出版社，1986：274.

③ 巴班斯基. 论教学过程最优化［M］. 北京：教育科学出版社，1983：67.

者和实践工作者的注意。据不完全统计，20 世纪仅在 80 年代，吴文侃、李建刚等人在 20 余家报刊上发表介绍、研究优化的文章达 30 余篇。这些文章对于介绍巴班斯基的教学最优化理论，以及结合中国的教育教学实际构建具有中国特色的教学整体优化体系无疑都是功不可没的。

在介绍、研究教学最优化理论方面，我国也出版了一些学术著作。值得一提的是山东省的闫承利于 1992 年 5 月所著《教学最优化通论》一书。该书为教学整体优化体系的建立奠定了理论与实践的基础。在他的指导下，山东省济宁市教研室从 1991 年开始，借鉴巴班斯基教学过程最优化理论，着手进行“优化教学过程、大面积提高教学质量”的整体改革试验。① 此外，施良方、朱正义、高文等对“最优化”理论或“优化教学”理论都有不少研究成果。尽管他们的研究侧重点不同，但其探索以及实践都深化了我们对教学整体化的认识。

甄德山等人主持的国家教委“八五”重点研究课题“教学成效相关研究”就教学过程各构成要素对教学效果的影响进行了深入的探讨。其研究丰富了我们对要素优化与教学成效相关的认识。②

为了全面推进素质教育，天津市教育局实施了“六优”工程。这一工程提出的“六优”是：优化教育思想，优化教育环境，优化招生制度，优化教学过程，优化评价体系，优化师资队伍。其中在优化教学过程中，提出要做到优化教学思想、优化教学目标、优化教学内容、优化教学模式、优化教学方法、优化教学手段、优化教学检测、优化教学评

---

① 闫承利. 教学最优化通论［M］. 北京：教育科学出版社，1992：306—307.

② 甄德山，王学兰. 教学成效相关研究［M］. 天津：天津人民出版社，1997：1—2.

价，以求达到教学效果的全面优化。① “六优”工程体现了宏观整体优化的思想，为构建教学整体优化体系提供了一个工作思路。

在“教学最优化”理论的指导下，结合区域性教育教学工作实际，天津铁厂教委自 1997 年开始实施“六优”工程。在我的主持下，自 1998 年开始进行“教学整体优化”的研究。该研究提出优化的内容包括教学思想、教学环境、教学目标、教学内容、教学环节、教学方法、教学媒体、教学反馈、教学评价、教学研究十个方面。通过多年的探索与实践，该研究取得了显著效果。区域性教学整体优化实验从实践上完善和丰富了教学整体优化思想，为构建科学的整体优化体系提供了有利的启发和借鉴。

二、教学整体优化体系构成要素在系统中的地位、作用与优化对策

巴班斯基等中外教育家对“教学最优化”理论和“教学优化”理论的探讨在世界教育史上，特别是教学思想发展史上占据着非常重要的位置，它对推进教学改革和发展曾经发挥过、并将继续发挥十分重要的作用。应该看到，过去的研究对教学系统要素地位、作用研究不足，且多是以传统教学论的思想来研究要素的优化，要素的整合优化研究也比较欠缺，因此，研究需要进一步深化。根据我们的研究，在构建教学整体优化过程中需要解决的问题至少有两个：一是教学整体优化体系各要素在系统中的地位、作用以及优化对策；二是如何搞好要素之间的整合优化。

巴班斯基的教学最优化系统是以系统论、信息论、控制论为依据建立起来的，其示意图如下（见图 4-1）。

---

① 张健昌．学习贯彻学科素质教育指导纲要、大力优化教学过程[J]．天津教研，1999（1）：2—3.

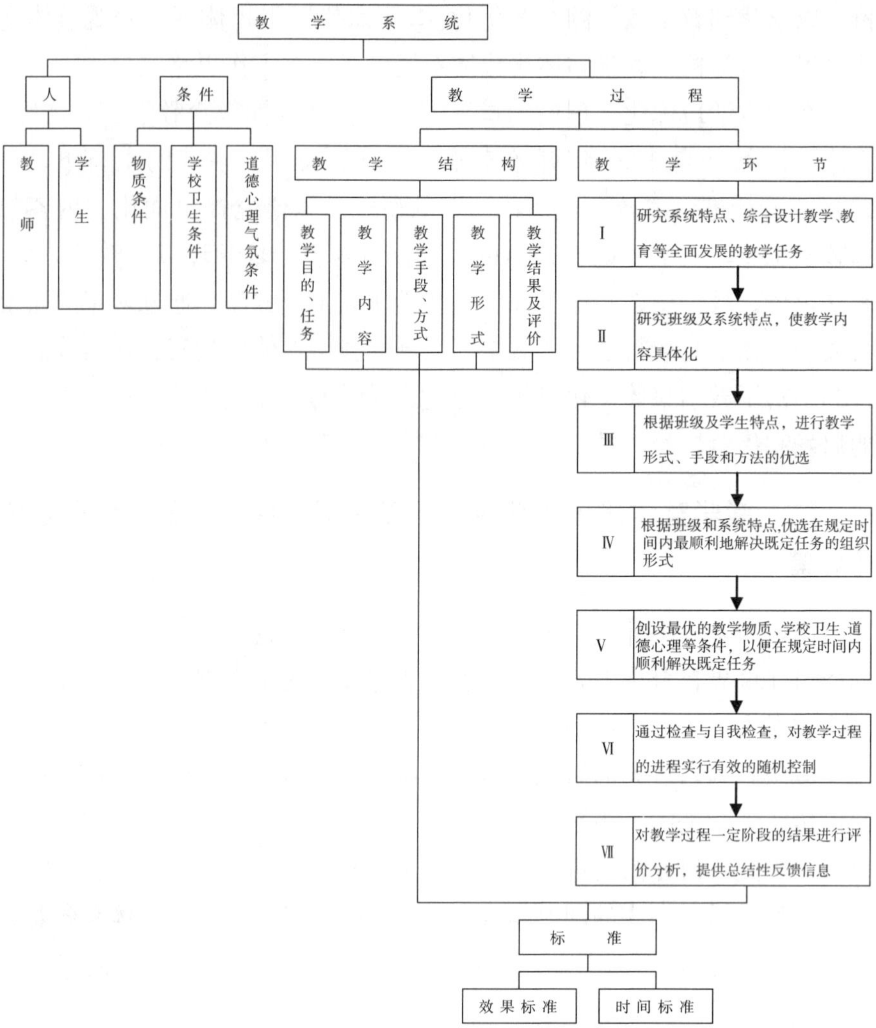

图 4-1　巴班斯基的教学最优化系统

按照图 4-1①，教师与学生是在一定的物质条件、学校卫生条件以及道德心理气氛下，运用教学结构，通过七个教学环节，力争以较少的

---

① 闫承利. 教学最优化通论［M］. 北京：教育科学出版社，1992：10—11.

时间取得较好的教学效果。巴班斯基的系统设计全面，步骤完整，符合实际，尤其是提出了综合设计教学任务，注意教学组织实施，实行过程随机控制以及确定评价基本标准，令人深受启发。但其系统要素分类欠分明，比如，我们认为不仅物质条件、学校卫生条件、道德心理气氛条件是教学系统中的重要条件，师生也是教学重要的条件之一。另外，教学过程中的结构和环节二者相互重叠交叉，要素地位、作用不明。此外，只是以时间耗费量的大小来衡量教学效果似乎不太完整，还应考虑教学过程中的人力、物力、精力的投入，不仅要考虑单位时间完成教学任务的多少即效率，又要考虑投入与产出的比率即效果，总之，应以效能标准来衡量教学的结果。最后，也是最重要的，巴班斯基是以传统教学论的观点为理论依据，以实际的“改变后进生”经验为依托阐释其“最优化理论”的，以现代教学理论为指导，结合我国教学实际，探讨、研究教学整体优化尚有很多工作要做。

在巴班斯基教学最优化理论的基础上，我以动态和静态的教学观点考察教学系统，形成了一个教学整体优化体系各要素地位作用简图（见图 4-2）。

图 4-2 表明了系统中的各要素以及各要素在系统中的地位和作用，以及各要素的运行方式，即教师和学生在一定的教学思想指导下，在一定的教学环境中，借助教学环节、教学方法、教学媒体、教学反馈、教学评价、教学研究，达成教学目标，完成教学内容。在这一系统中，教学思想是灵魂，教学环境是条件，教学目标是方向，教学内容是基础，教学环节是过程，教学媒体是中介，教学方法是手段，教学评价是检验，教学反馈是监控，教学研究是保证。教学评价和教学研究贯穿整个教学工作的始终。

1. 优化教学思想

（1）教学思想概述。教学思想应是教的思想与学的思想的总和，即应包括教师教的思想和学生学的思想。前者是人们在教学实践中产生、

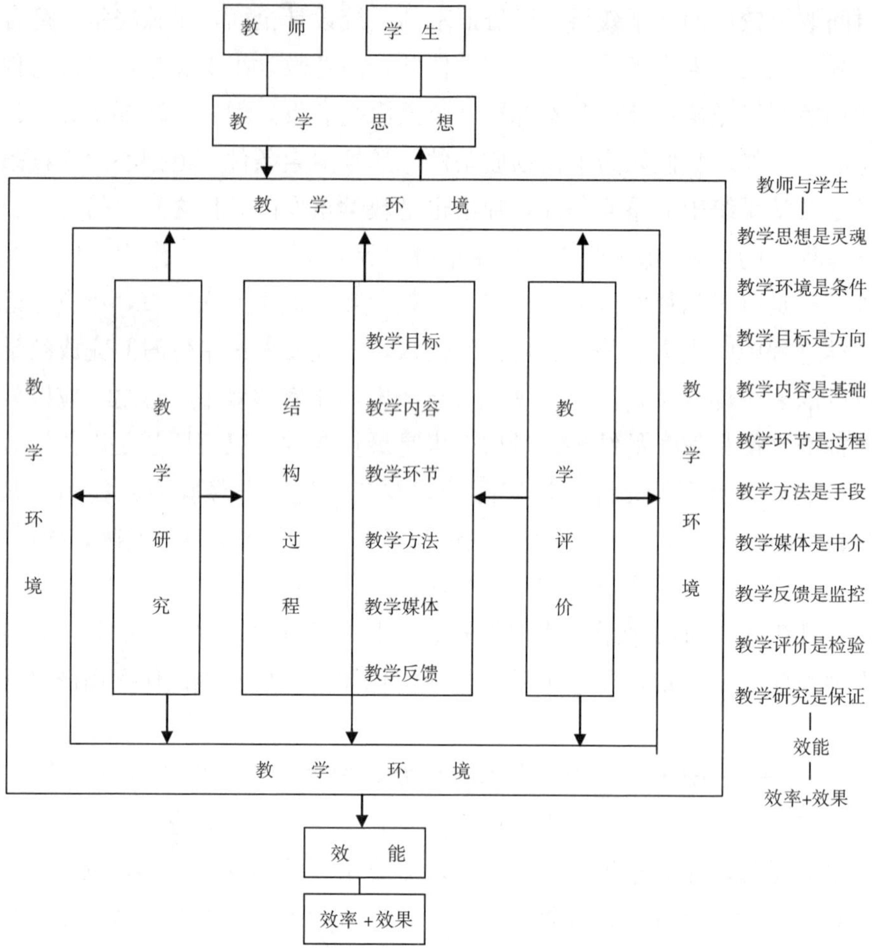

图 4-2　教学整体优化体系各要素地位作用简图

检验、发展并服务于教学实践的系统的理论知识。① 学习思想则是学生在学习实践中产生、检验、发展并服务于学习实践的系统的理论知识。人们常说，有什么样的教学思想，就有什么样的教学行为和教学实践，可见教学思想的重要性。在“应试教育”向素质教育转轨的过程中，树

① 田本娜. 外国教学思想史［M］. 北京：人民教育出版社，1994：1.

立正确的教学思想对于全面推进素质教育、全面提高教学质量是十分重要的。

①公平与平等的思想。早在春秋时期，我国伟大的教育家孔子就提出“有教无类”的主张。我们认为在教学实践中，教师应该坚持“面向全体”的原则，使全体学生都能获得最大限度的发展，绝不能把教学的注意力只放在少数学习成绩优秀的学生身上，而忽视绝大部分学生的发展。反之，也不能只重视学习成绩中等以下的学生，而忽视或牺牲学习成绩优秀的学生。每一位学生都是国家的宝贵财富，都将是国家的建设者和接班人。因此，必须以对社会、国家和事业负责的高度责任感把每一位学生教育好。教学中不能歧视、放弃任何一位学生，尤其是学困生或后进生。公平的思想要求教师平等待人，给学生创造一个好的教育氛围。学生应自尊、自强，努力争取机会，创造佳绩。

②全面与和谐的思想。党的教育方针要求我们把学生培养成德、智、体、美、劳全面发展的社会主义新人。在教学工作中不能顾此失彼或厚此薄彼。德、智、体、美、劳之间是相互联系、相互促进的。比如，在人的发展过程中，德育起着方向保障的作用，智育是人全面发展的基础，体育则是人的发展的物质条件。只有注重全面发展，学生才能成为道德高尚、人格完善、知识牢、能力强、身体好、爱劳动、有一定欣赏美和创造美的能力的社会发展所需要的人才。只有树立全面的思想，才能保证人才培养的规格和质量。34 位高成效教师教学系统相关要素问卷（陈自鹏，1999）表明，重视全面发展的教师占 61.7%，重视能力发展的占 38.24%，单纯重视知识教学的百分比为 0，这说明树立全面的思想对促进学生的发展有着非常积极的作用。应该指出的是，全面发展不是平均发展，它允许学生在全面发展的基础上和谐地发展个性。

③差异与多样的思想。毋庸置疑，人与人之间是有差异的。不仅家庭背景、学习经历、生活环境有差异，智力因素与非智力因素也有差异。承认这些差异才能做好因材施教，促进学生的个性发展。从智力因素方面看，据专家统计，智力超常者只占人类总数的 1%—2%，严重

智力障碍者或智力低下者约占人类总数的1%—3%，这些数据呈现出两头小、中间大的分布趋势，符合正态分布。但大多人的智力相互之间也是有一定差异的。从非智力因素方面看，人的兴趣、动机、意志、性格、气质是各不相同的，这就要求我们在教学工作中要分析和掌握学生智力因素和非智力因素的特点，有的放矢地做好工作。树立差异的思想要求学生有所作为，要善于取人之长，补己之短，发挥特长，因势发展，努力成为一专多能的人才。

④发展与竞优的思想。这里所说的发展有两层含义：一是教学要围绕学生身心发展进行，而不仅仅是围绕考试选拔进行；二是通过教学能够缩小学生之间的差异，促进学生的身心发展。巴班斯基曾以教养、教育、发展来描述教学的功能。也就是说，教学不仅能够使得学生掌握知识和技能，培养良好的品德，而且能够促进学生个性、智力和能力的发展。树立发展的思想，要求教师要以动态的眼光来看待学生，要树立信心，通过教学促进学生不断取得进步。此外，树立发展的思想还要求学生正确对待竞争，增强耐挫力。学习中的竞争是客观存在的，有强强之争、弱弱之争以及强弱之争。学生要善于从成功中取得经验，从失败中汲取教训，要努力使弱者变强，强者更强。

⑤创新与求异的思想。有无创新意识和创造能力是“应试教育”和素质教育之间的分水岭。在“应试教育”中，教师教死书，学生死读书，如我们常见的“满堂灌”“填鸭式”，死记硬背、机械教条，学生的创新意识泯灭，创新能力降低。而在素质教育中，教师可努力改革教法、指导学法，鼓励学生积极思维，敢于发疑、敢于探索、敢于创造。创新意识和创新能力的培养，不仅是素质教育的客观要求，也是教育适应未来社会挑战的客观要求，可以毫不夸张地说，创新意识和创造能力的培养在某种程度上决定着一个民族的竞争素质和能力，因此，在教学中，教师要善于创新，学生要善于求异，要通过创新、求异，使得师生获得更大的发展，以适应未来社会发展的需要。

⑥开放与兼容的思想。学校教育是开放与闭合的统一。传统教育重

视闭合而对开放重视不够。教学中要贯彻开放的思想，要将学校教育与社会教育和家庭教育有机地结合起来。要认真研究和汲取国内外先进的教学思想和教学经验，为我所用，不闭关自守，不夜郎自大，不自以为是，搞好教学研究成果的学习、普及和推广，典型带动、榜样引路，使得教与学的水平不断提高，使得教学活动目标常新、观念常新、效果常新，真正使教学充满生机和活力。

⑦民主与互动的思想。教学中要充分发扬民主，要允许并鼓励学生提出问题、发表见解，给学生以适当的引导，师生互动，教学相长，这不仅是培养学生独立思考及独立解决问题的能力的需要，也是培养学生创新意识、创新能力的需要，更是培养学生积极参与社会主义民主建设的一项预备性和基础性的工作。教学中倡导民主参与，废除“一言堂”教学方式是素质教育中的一项极具深远意义的工作。

⑧辩证与求适的思想。教育教学理论与实践方面的论争大多来自教学思想上的分歧。比如，赫尔巴特、凯洛夫强调教师的主导作用和系统的知识教学，而杜威则强调学生的主体作用和应用能力的培养。从历史角度看，他们的理论和实践各自有合理的成分，有符合教育教学规律的部分，但同时也存在着某些片面的地方。强调这一方面而忽略那一方面是不合适的，甚至是错误的。因此，我们必须辩证地看问题，在教学中要处理好批判与继承的关系，知识与能力的关系，智育与其他几育的关系，身心发展的需要与社会发展的需要之间的关系等，使教学工作不致左右摇摆，忽左忽右。这是从中国和世界教育发展史上得出的经验和教训。

⑨系统与综合的思想。教学是一个包含教师、教材、学生、教学结构、教学环节等诸要素的完整系统，因而在教学中必须树立系统的思想。按照系统论“整体大于部分之和”的思想，从整体着眼，从系统入手，综合考虑，正确对待和处理教学诸要素所遇到的问题，孤立地、零星地去对待和解决问题不但于事无补，还会从系统上损害整体的教学效益。比如，教学内容得以优化，但教学方法不优化，学生也不能有效地学习知识和技能。反之，教学方法得以优化，而教学内容

没有优化，其结果必然是，教学越深入，学生则受害越深，因为学生学到的不是社会所需要的知识。由此可见，系统思想对教学工作是非常重要的。

⑩实践与求实的思想。这里所说的实践有两层意思：一是要重视参加实践；二是要重视实践的检验。毛泽东曾经说过："学习的东西在于应用"。陶行知先生有个著名的教育主张叫"教学做合一"①，即不但要教好、学好，还要做好，并且要将其有机地统一起来共同构成一个完整的认识过程。教学中，教授给学生的大多是人类积累下来的以间接为主的社会和自然知识，学生对这些知识缺少体验，没有直观，有时理解起来困难，因此在条件允许并确有必要时，重视引导学生参加一定量的社会和生产实践，以获得感性知识，丰富理性知识是非常必要的。同时，对教与学的理论不要想当然，凭主观，一定要注意付诸实践并加以检验。对于经实践检验不正确的且有害的理论，要予以摒弃。

（2）教学思想优化的对策和措施。优化教学思想要注意学习和借鉴，要解放思想、更新观念。重点要把握好如下几个问题。

①马克思主义与系统科学。马克思主义是最高的系统论。系统科学是以系统论为基础，包含信息论、控制论的科学体系，它的诞生验证了马克思主义的真理性。优化教学思想必须以马克思主义特别是马克思主义哲学为指导。要认真学习马克思辩证唯物主义和历史唯物主义的基本观点。比如，掌握主观和客观相统一的观点，可以帮助我们一切从实际出发，尊重教育教学规律；掌握实践的观点，可以使我们重视实践并认真地接受实践的检验；掌握辩证的观点，可以使我们辩证地看问题，以免教育思想中的左右摇摆；掌握联系和发展的观点，可以使我们避免主观性和片面性，防止教学思想中的极端化和绝对化等。认真学习马克思主义，掌握其原理并注意与系统科学有机融合是优化教学思想的基础。

① 陶行知. 陶行知教育文选［M］. 北京：教育科学出版社，1981：76.

②教育方针与培养目标。教育方针是国家发展教育的方向性指针，培养目标是其重要的组成部分，也是教育目的的具体体现。一个学校或一个教师，在教学组织和实施过程中要端正教学思想，就必须认真学习教育方针，全面科学地把握培养目标。我国的教育方针提出，在新的历史时期“教育必须为社会主义现代化服务，必须同生产劳动相结合，培养德、智、体全面发展的社会主义建设者和接班人”。这一方针规定了培养目标中的实践性、全面性和政治性等要求，因此教育方针是我们优化教学思想、优化培养目标的重要依据。

③粗放教育理念与精致教育理念。教育从原始走向现代、从无序走向有序、从效益低下走向优质高效，是教育本身逐步摆脱粗放教育理念，趋近精致教育理念的过程。粗放教育理念是落后的非科学的教育观念，在它的指导下，教育实践活动是盲目、无序和低效的。而精致教育理念是先进科学的教育观念，在它的指导下教育实践活动目标明确，过程科学，效益优化。目前，我们教育实践中的“应试教育”思想，学生课业、心理、经济负担过重的现象大多与粗放教育理念有关。粗放教育理念不仅影响了教学过程，也影响了教学效能。我们必须认清并克服其带来的危害，树立正确的精致教育理念，积极推进教学改革，不断提高教学效益。

④教师教学观与学生学习观。教学过程中的教学活动是教与学双方相统一的。然而，传统教学理论给予教师教以足够的重视，对学生的学却重视不够，这是一件非常遗憾的事。现代教学理论，不仅注重教师的教，也重视学生的学，这是教育理论研究的一大进步。学生的学习观与教师的教学观相比较，在一定程度上前者更为重要，因为没有学生的积极参与，教学只能是单边活动，不可能取得理想的效果，这是教学实践反复证明了的。因此，优化教学思想不仅要优化教的思想，更要优化学的思想，要改变学生的学习观。学生要做学习的主人，要不断改革学法，以优化学习的效果。

优化教学思想涉及的问题很多，以马克思主义为指导，遵循党和国家的教育方针，构建精致教育理念，树立科学全面的教学观是非常重要的，我们必须认真地加以研究和探讨。

2. 优化教学环境

（1）教学环境概述。《中国教育百科全书》将教学环境定义为：“影响教学活动的各种条件的总和。”① 李秉德教授认为，教学环境是学校教学活动所必需的诸客观条件的综合。② 由以上两个定义可以看出，教学环境是教学活动须臾不可分离的。

从分类学角度，可以把教学环境划分为广义、中义和狭义三大类。广义的教学环境系指影响教学活动的全部外在条件，包括家庭、学校、社会、国家政治经济“大气候”与“大环境”等。中义的教学环境主要指学校内影响教学活动的各种物质条件和精神条件，包括校地校园、学校建筑和各种附属设施，学校经营规模、学校领导素质和领导行为特征及由此形成的学校组织氛围，学生对学校的态度等。狭义的教学环境主要指班级内影响教学的全部条件，包括班级规模、座位模式、班级气氛、学生对班级的态度等。③ 有学者认为，学校是一个复杂的系统，学校内的一切事物——物质的、社会的、有形的、无形的，几乎都可以说是教学环境的内容。其中，直接作用于教学活动，并对教学活动的效果发生重大影响的环境因素主要有：①空气、温度、光线、声音、颜色、气味；②各种教学设施；③社会信息；④人际关系；⑤校风班风；⑥课堂教学气氛；⑦其他因素。④ 综上，我们可以将教学环境分为学校环境、家庭环境和社区环境，每一种环境中又可分为物质环境、精神环境和信息环境。

① 张念宏. 中国教育百科全书［M］. 北京：海洋出版社，1991：462.

②④ 李秉德. 教学论［M］. 北京：人民教育出版社，1991：294，295—299.

③ 甄德山，王学兰. 教学成效相关研究［M］. 天津：天津人民出版社，1997：261.

（2）环境对教学成效的影响。学生从出生到长大成人，受家庭教育的影响时间最长。父母是孩子的第一任教师，一些研究①和例证②表明，孩子受家长和家庭其他成员的影响是很大的。影响学生学习的家庭教育因素，主要有家庭的经济条件、家长的受教育水平、家庭气氛③以及家庭教育方式。丁瑜曾对450名中学生家长做过调查，将其职业分为知识分子类、干部职员类、工人类三个类别。统计分析的结果表明，在家长职业（不论父方或母方）不同类别的条件下，其子女的学习成绩有极为显著的差异。知识分子类职业的父母，其子女的学习成绩普遍高于干部、职员类职业父母的子女；干部职员类职业父母的子女，其成绩又高于工人（农民）类职业父母的子女。④ 研究表明：家庭极端贫困，经济状况在温饱以下，就不能为其子女提供正常的或必要的学习条件；超过满足其子女正常学习和需求的家庭经济条件在任何幅度上的增长额，对于子女的学习和教育而言就不再产生有意义的影响和积极的作用。⑤黄佳芬对家长的期望水平研究表明，家长对于子女的期望水平越高，则子女对自己学习成就的愿望越强烈，其子女学习成绩也普遍提高。⑥ 各种研究表明，家庭教育对受教育者的影响至少有如下五个方面：体现着家庭群体在受教育者社会化过程中的特殊的价值和作用；在教导社会规范，形成道德、情操方面起着重要作用；在教导生活目标，形成个人理想、志趣方面起重要作用；群体在培养社会角色过程中起独特作用；在形成个人性格特征和个人

---

① 戈登·德莱顿，珍妮特·沃斯. 学习的革命［M］. 顾瑞荣，等，译. 上海：上海三联书店，1997：76.

②③ 姜晓辉. 智力全书［M］. 北京：中国城市出版社，1997：234，128.

④⑤ 鲁洁. 教育社会学［M］. 北京：人民教育出版社，1990：494，500.

⑥ 鲁洁. 家庭与中学生学习的关系［J］. 上海师院学报，1984（2）.

对社会适应的动力特征方面有着不可替代的影响。①

社区环境是指学生生活并能对学生成长直接构成影响的外部社会条件。② 它在学生的发展中起着四个方面的作用或发挥着四个方面的功能，即服务功能、教育功能、宣传功能和经济功能。社区环境涉及政治的、经济的、文化的诸多方面，比较复杂，限于篇幅，本书不进行阐述。

学生一天中有三分之一的时间是在学校中度过，学校的物质环境如房屋建筑、花坛草地、设备设施、经营规模等，精神环境如管理水平、学校传统、学校风气、班级风气、社会影响等，信息环境如政治信息、经济信息、文化信息、研究成果信息等，无不对学校教学产生深刻而久远的影响。而且，这种影响与家庭环境和社区环境的影响相比更为直接、更为有效。在学校环境中，班级环境是最为重要的，因为学生的活动大多是以班级为单位的活动，如上课、自习、班会、实验等。对学生产生直接或间接影响的班级教学环境因素，概括起来至少有如下几个。

①明确的奋斗目标。班级的奋斗目标是包括班主任、科任教师和全体学生在内的班集体的共同努力方向。明确的奋斗目标可以起到导向、激励作用，调动起所有师生的热情和积极性。因此，有经验的班主任在接班以后，做的第一件事就是按学校总的任务要求组织师生共同制定班级奋斗目标。然后，努力做好宣传，抓好落实。

②健全的组织。一个班级要顺利开展教育教学活动，必须健全组织，做到以下几点。一是师资健全。师资要符合专业教学要求，有扎实的本体性知识、条件性知识和相关性知识，有良好的师德。二是班委

---

① 鲁洁. 教育社会学 [M]. 北京：人民教育出版社，1990：477—480.

② 甄德山，孙桂英. 当代教育问题研究 [M]. 天津：天津科学技术出版社，1998：323.

会、团支部组织健全。班干部的选任要充分发扬民主，要选任那些严格自律、组织能力强的学生做班干部，要努力做到职能相称，优势互补。三是教学辅助组织健全。比如，中小学目前普遍实行课代表制度。课代表是教师教学的有利助手，是学生学科学习的服务者。而且课代表往往是那些爱学习、勤思考、乐助人、成绩好的学生，在学科学习中，他们起着模范带头作用。

③融洽的关系。在一个班级中，有各种关系组合。如班主任与科任教师的关系、班主任与学生的关系、科任教师与科任教师的关系、科任教师与学生的关系、学生与学生之间的关系等，这些关系可以简称为三对关系，即师—师，师—生，生—生。不论哪一对关系出了问题，教学活动都会受到影响，其作用便会被削弱。因此，倡导团结互助、师生友爱的精神是班集体建设中不可忽视的一项工作，也是教学取得成效的一个重要条件。

④完善的设施。班级教学活动离不开必要的教学设施，如教室、桌椅、灯具、电源、教具、媒体等。完善教学设施，应做到如下两点。一是教学设施要符合教学卫生的要求，如教室的位置、面积、采光等要符合学生身体健康发育的要求。二是教学设施要满足教学要求。如果学生在一个教室上语音课，这个教室没有电源又没有录音机或语音机等媒体，那就谈不上设施完善。

⑤合理的布局。教室中各种物品的摆放、信息源的处理都应具有教育性，一张桌子、一把椅子、一个条幅或一盆花儿摆放的位置，都具有某种含义。天津市某重点中学为了对学生进行立志发奋的教育，把一些学校早年毕业的现如今已成为院士的校友的巨幅照片和介绍张贴到墙上，这对学生是一种莫大的鼓舞和鞭策。试想，如果在墙上尽贴些米老鼠与唐老鸭之类的卡通图片，教育效果又会如何？

⑥良好的风气。班级教学活动质量的高低与班风的好坏有着直接的关系。好的班风取决于许多因素，如师生健康向上的人生态度，敢于与不良倾向做斗争的勇气，认真负责、严谨治学的求实境界，功过分明、

赏罚有度的严明规章以及不畏艰难、勇于登攀的精神等。树立良好的风气，要善于树立典型、宣传典型、用好典型，使好的精神发扬光大，使不良的思想没有立足之地。只有这样，好的风气才能树立起来，良好的教学秩序也才能建立起来。

⑦有效的控制。班级教学环境的建立应是开放与闭合的统一。开放也好，闭合也好，各种各样的信息，不论有利的、不利的，都会进入到班级教学环境这一系统中。正确的做法是，开放时要尽量汲取那些对教学活动有推动作用的信息；闭合时，要尽量利用那些对教学活动有促进作用的信息，这便是有效控制。在有效控制过程中，思想教育、方向引导、方法改进、奖惩措施等都对教学产生这样或那样的影响。

（3）优化教学环境的对策和措施。要实现教学环境的优化，应努力做到如下几点。

①把握教学环境的三个特点。一是要突出教育性，明确教学环境的教育作用即思想引导作用，不能有悖于它；二是要突出经济性，创建良好的教学环境并不意味着追求豪华的设施和讲究排场，教学环境的建设要在力所能及的经济条件下进行；三是要突出实用性，建设教学环境的主要目的是为了更好地服务于教学，为此一切不符合教学实际需要的、形式主义的环境建设都必须加以制止。①

②遵循教学环境的调节控制原则。即在对教学环境的调节控制过程中，无论学校领导还是教师，都要有全局观念，要从整体上对教学环境的各个方面进行规划调整，以便把各种环境因素有机地协调为一个整体；在调节控制教学环境的过程中，可以通过增强或突出环境的某些特性，有意形成某种特定的环境条件来影响教学活动及师生的行为以达到预期的目的；在教学环境的调节控制过程中，要充分利用学校已有的环境条件，为教学活动创造一个良好的环境；在调节控制教学环境的过程

① 李秉德. 教学论［M］. 北京：人民教育出版社，1991：313.

中，要对存在于教学环境中的各种信息进行一定的选择转化处理，实现信息优控，使信息成为促进学生健康发展的积极因素；不仅教师自己要重视调节控制教学环境，而且要重视学生在调节控制教学环境方面的作用，培养学生自控自理环境的能力，使学生自己学会控制和管理教学环境。

③优化教学管理，完善教学制度，形成约束机制，充分调动各方面的积极性，形成奋发向上，比先争优的良好局面。为了营造这样一种气氛，可以将学校工作分为“教育、教学、教研、服务”四岗来考核，完全量化评分，实行五定，即“人定岗、岗定责、责定绩、绩定分、分定奖”，通过“目标管理、过程管理、考核管理”，最终实现学校工作的“有章、有序、有法、有效”。和谐的工作环境和气氛必然产生良好的教学效益。

④学校、家庭、社区教育形成环境教育的合力，努力创设愉快、合作的学习环境，多彩自主的活动环境，友爱融洽的人际环境，优美、文明的校园环境。为此，学校、家庭、社区应做到：一要统一思想，明确环境对教学工作的促进作用；二要有明确的建设目标并为此而共同努力；三要有步调一致的要求，要相互督促；四要有沟通的渠道，不断改进和完善环境创建工作；五要有资金保障，争取社会各方面的支持，不断使校园环境得到绿化、美化、现代化。

1999年，我编制了高成效教师教学系统要素问卷，调查结果表明，在对学生进行学校教育、社区教育和家庭教育结合的态度方面，64.7%的教师非常重视，35.3%的教师比较重视，没有教师不重视。这说明，我们在优化教学环境方面不仅应重视单一环境的建设，更要重视发挥环境教育的总体结合功能，只有这样，才能发挥环境在提高教学质量方面的重要作用。

3. 优化教学目标

(1) 教学目标概述

教学目标是人们从事教学活动所追求的预期。① 对教学目标，世界上一些著名的教育理论家做了很多研究。苏联的别斯帕利科把教学目标分为四级“掌握水平”：知识水平、复现水平、主观获取新信息水平、客观获取新信息水平。日本的梶田叡一把教学目标分为达到目标和期望目标两大类，前者表示完成教学任务必须达到的最低限度，后者表示取得教学成果的最理想的程度，前者是后者的基础。其中达到目标又分为基础目标、最高目标和体验目标三个层次。② 美国的布卢姆把全部教学目标分为认知、情感和动作技能活动三个领域，并着重进行了认知领域的研究，划分出六级学习水平的目标：识记、理解、应用、分析、综合和评价。依据这一研究，人们进行了目标教学的有益探索和实践。目标教学体系含有四个子系统，即目标系统、操作系统、动力系统和控制系统。目标系统涉及教育观念和目标分类；操作系统涉及教学原理原则和教学模式；动力系统涉及情感动机的激励与维持，主导、主体作用的发挥；控制系统涉及教学评价和教学管理。在此基础上，一些教育工作者将四个子系统修改为整体发展原理、结构优化原理、情感激励原理、反馈调控原理。这一构思具体实在，更加贴近教学实际。其中，整体发展原理包括面向全体学生原则、达标整体性原则、目标导向性原则；结构优化原理包括认识结构优化原则、时空结构优化原则、教学的整—分—合原则；情感激励原理包括强动机浓兴趣原则、自主学习与合作学习相结合原则、主导与主体和谐统一原则；反馈调控原理包括反馈及时、准

---

① 甄德山，王学兰. 教学成效相关研究 [M]. 天津：天津人民出版社，1997：184.

② 闫承利. 教学最优化通论 [M]. 北京：教育科学出版社，1992：84—85.

确性原则，前馈—反馈互补性原则，信息开放与过程封闭统一原则。①

（2）优化教学目标的对策措施

①清晰了解教学目标的功能。优化教学目标，首先要使教学目标功能得到最大限度的发挥。研究表明，教学目标至少有六种功能。一是定向功能。每一课的教学目标都是整个学科目标系统中的一环，它是各科教学的可靠依据，对教学过程起着指引作用，使课堂上的师生活动有共同的指向性，从而避免传统教学中的盲目性。二是强化功能。教学开始前，就向学生明确而具体地陈述教学目标，能激发学生对新的学习任务的期望，激发学生达到学习目标的欲望，从而调动学生学习的积极性、主动性，帮助他们形成正确的学习动势，并通过教学过程中的及时反馈对学生的学习动机和学习定势不断起到强化作用。教学实践也充分证实了这一点。我 1999 年编制了高中生学习活动相关要素问卷。调查结果表明，30 名学习成绩较好的学生对每节课和本学期应达到的教学目标的了解程度明确的分别为 13 人和 11 人，而 30 名学习成绩较差者对每节课和本学期应达到的教学目标的了解程度明确的仅分别为 5 人和 8 人。三是适应功能。学生有了清楚可行的目标，可以知道自己在特定的时间内（比如一堂课、一周或一学期）应完成的学习任务，可以帮助他们根据自己原有的程度及个性差异，安排自己的学习进程，如差生可以做预前学习或课后补偿学习，学有余力的学生可做加深学习，从而使学习活动在某种程度上能适应不同发展水平的学生的学习特点。四是评价功能。教学目标既是学生学习应达到的程度，也是考察学生学习成果的客观尺度。某一科的教学目标应作为评价这一学科教学质量的测评体系的客观依据，教学与评价的标准一致，就能避免教学的主观性、随意

① 冯克诚. 实用课堂教学模式与方法改革全书［M］. 北京：中央编译出版社，1994：124—126.

性，使教学评价科学化。① 五是交流功能。教学目标的制订是否科学，实施是否扎实有效，方法措施是否正确得当，均可以成为人们为改进教学而进行相互切磋、相互借鉴的内容。教学目标的交流功能使得人们取长补短、相互学习成为可能。六是激励功能。教学目标的激励性体现在学习过程之前、之中及之后。学习前，教学目标能激其志；学习中，教学目标能鼓其力；学习后，教学目标能励其行。教学目标能够使学生始终不懈地为完成一个个学习任务而竭智尽力。

②知道当前制定实施教学目标存在的问题，采取对应性纠正措施。目前，在教学目标的制定、实施过程中存在着一系列问题，有的问题还相当严重，这突出表现在以下几个方面。一是只重视教的目标不重视学的目标。教学是教师教、学生学的双边活动，因而制定教学目标不仅要考虑课程的目标要求、教师本身的优势特点，还要充分考虑学生身心发展的特点，要考虑学生智力因素、非智力因素等方面的差异，做到“因材定标”。二是只重视考的目标，不重视发展的目标。教学目的是为了促进学生的心理发展，教学目标应是围绕学生的发展而制定，而绝不能急功近利，考什么，教什么，“以考定标”。三是只重视认知目标，不重视情感目标和动作目标。教学目标的制定应体现全面教育的原则，不仅要有知识、理解、应用、分析、综合、评价方面的要求，还要有培养兴趣、意志、性格、气质等方面的要求，此外又要有培养学生动手能力、实践能力方面的要求。四是只重视知识、技能目标，不重视智力能力目标。制定教学目标时，重视基础知识、基本技能的目标是正确的，但仅仅停留在这个目标上是不够的，还必须充分考虑智力与能力目标。智力与能力是成功地解决某种问题（或完成任务）所表现出的良好适应性的

① 闫承利. 教学最优化通论［M］. 北京：教育科学出版社，1992：84—85.

个性心理特征。① 这种心理特征的核心成分是思维。因而培养学生的思维品质和思维能力应该成为我们教学工作的终极目标之一。五是只重视目标制定，不重视目标验收。缺少验收这一环节，使得教学目标得不到应有的评价，容易流于形式。34 名高成效教师教学系统相关要素问卷调查表明，能够做到经常验收的教师达到 97.1%，这说明目标验收对教学效果有极明显的促进作用。

③建构目标教学优化体系。优化教学目标最主要的对策和措施是：建构目标教学优化体系。目标教学是以目标为核心进行的教学设计与安排。② 在设计教学方案时应做到：一要建构教学目标系统；二要建构达标检测系统；三要建立目标教学的教学模式，即以教师为主导、学生为主体、目标为主线的模式。要明确认知领域、情感领域、动作技能领域的要求，既要抓住双基，又要提高能力、发展智力。教学目标的设计要努力实现社会发展需要、课程目标特点与学生身心发展需要的有机统一，尽管很困难，但也要力争做到。单纯地以课程为中心、以学生为中心或以社会为中心都是有碍教学目标达成的。仅仅以课程为中心，丝毫不考虑学生的兴趣、爱好和社会的需要，教学工作就不能做到高效、经济。仅仅以学生为中心，而不考虑课程特点和社会的需要，培养出来的学生也无法保证应有的素质。仅仅以社会需要为中心，不考虑课程特点和学生身心需要，则无法做到教学的系统性和灵活性。教学目标不能只落在纸上便“束之高阁”，应该围绕目标进行教学，依据目标检测教学并认真评价矫正教学，以最终达到教学目标。

4. 优化教学内容

夸美纽斯说：“教与学彻底是可以做到的，但必须实现假如我们只

① 林崇德. 教育的智慧——写给中小学教师 [M]. 北京：开明出版社，1999：103.

② 甄德山，王学兰. 教学成效相关研究 [M]. 天津：天津人民出版社，1997：192.

教真正有用的学科……”① 教学内容的优化是整体优化的基础，内容不优化，只是搞其他要素的优化，不但达不到教学目标，甚至还会带来一些不良的其他后果。

(1) 广义上的教学内容优化

从广义上讲，教学内容是指课程。对于课程的本质有不同的理解，传统教育学派认为学科是课程；实用主义教育学派认为活动是课程；改造主义教育学派认为围绕社会问题组织的学习是课程。目前，我国中小学课程总体上可以分为两大类。一是学科课程，即按照一定时间和空间关系，将一些教学科目组合起来的课程；二是活动课程，即从儿童的兴趣和需要出发，以儿童的活动为中心、为改造儿童的经验而设计的课程。②

综观我国目前中小学课程的设置和执行情况，虽然取得了一些成绩，但弊端仍然不少，具体地讲，可以用“八重八轻”来概括。一是重学科课程轻活动课程。受传统教育思想的影响，学校及上级教育主管部门对学科课程的设置、实施、测评要重视得多，而对活动课程虽然也强调其重要性，但课时可多可少，课程可上可不上，特别是一些升学压力大的学校，活动课程几乎只是体现在课表上。二是重考试课程轻非考试课程。不论是中考还是高考，总有一些考试科目和非考试科目，对于考试科目，学校往往增加课时，而非考试科目往往被学校减少课时或不安排课时，这样就使得学生全面发展大打折扣。三是重必修课轻选修课。比如，现行高中课程以升学作为课程设置和教材编写的目标；没有切实解决选修科目的设置问题；以文理分科取代选修课的做法是很不科学

① 夸美纽斯. 大教学论［M］. 傅任敢，译. 北京：人民教育出版社，1984：119.

② 廖哲勋. 课程学［M］. 武汉：华中师范大学出版社，1991：155.

的。① 虽然会考在某种程度上解决了必修课的问题，但会考后的高考是每一位高中生追逐的唯一目标，因而选修课名存实亡，学生并无选择的自由。四是重分科课程轻综合课程。杜威认为，在学校里，各门学科的每一门都被归到某一类去，各种事实是从他们经验中原来的地位割裂出来……把事物归了类，并不是儿童经验的事情，事物不是分门别类地呈现出来的。至今，这种情况要比过去严重得多。五是重显性课程轻隐性课程。施良方认为，隐性课程是“学校情景中以间接的、内隐的方式呈现的课程”，显性课程是“学校情景中以直接的、明显的方式呈现的课程”。因而，学校中教学的方式分为间接的、内隐的和直接的、明显的两种，事实上，显性课程受到更多的偏爱，隐性课程的作用发挥不够。六是重讲授课程轻自学课程。学校课程中至今没有见到只供学生自学的内容，尽管各科教学大纲中都提出要“培养学生的自学能力”。即便是有些适合学生自学的内容，但教师怕在以后的考试中涉及而吃亏，往往不敢轻易放手。七是重科学课程轻人文、人格课程。联合国教科文组织曾提出这样一个基本原则，即“教育应促进每个人的全面发展，即身心、智力、敏感性、审美意识、个人责任感、精神价值等方面的发展”。教学工作不仅要使学生掌握科学技术知识，还应使其掌握人文知识，发展其健全的人格。但我们在课程的安排上，往往对科学课程看得重，而对人文、人格课程则相对看得较轻。八是重理论课程轻实践课程。重视理论课程，这本是无可厚非的，然而如果不重视实践课程，不注重培养学生的实践精神和实践能力，则培养出来的学生只能纸上谈兵，不能适应社会发展的需要。广义的教学内容与课程优化目标就是有效地克服上述“八重八轻”现象，加速课程改革。

现在课程设置和执行中的“八重八轻”现象已经或多或少地被关注，彻底改变其状况的改革措施是：提倡课程类型的多元化；重视基础

① 廖哲勋. 课程学 [M]. 武汉：华中师范大学出版社，1991：126—128.

知识教育课；增加反映新科学技术成就和开发智力的课；倡导课程综合内容的综合化；强化道德教育课程；重视生活实用课程；普通教育和职业教育课程并重；必修课和选修课并重；重视未来教育课程；课程改革统一性与灵活性相结合。

课程改革不是随心所欲的，而是遵循着教育发展的规律，适应社会发展的要求。课程改革要体现针对性原则、实用性原则、可接受性原则、未来性原则。①

（2）狭义上的教学内容的优化

从狭义的角度理解，教学内容即课堂教学学生应掌握的东西。它是课堂教学最根本最主要的组成部分，也是完成教学目标的主要依附体和重要保证。从微观角度如何实现教学内容最优化呢？巴班斯基提出的对教学内容最优处理的六条原则和标准对我们很有启示。他提出的六条原则和标准是：完整性；科学性；要符合所教年级学生的可能性；课的安排必须符合规定给该教材的课时数；考虑教学内容的国际水平；在考虑近期内教学物质基础的发展前景的前提下，内容必须符合学校现有的教学方法和物质基础。

此外，巴班斯基提出教学内容最优处理的基本程序也是非常实用的。包括：分析教科书的内容，挖掘其内容的能体现全面完成该课的教养、教育和发展任务的内容所在；反复钻研教材，区分出其中主要的和基本的东西，选择能对学生起举一反三、触类旁通作用的基本概念、基本原理和规律性的东西作为突破口，给学生讲深讲透；选择最合理的逻辑形式和教学方法来阐明课题，以便让学生易于掌握；对于比较重要而又比较难懂的问题，教师在课堂上应做详细讲解，难点分散，以及让学生既掌握重点，抓住关键，又能排除不易排除的障碍，帮助他们学通教材；要围绕既定的教学目标，紧扣教学内容，有选择地补充讲解一些有关的、必要的、新的科学知识、时事政治及乡土教材中的事实、事例，

① 廖隐邨. 校长手册［M］. 北京：红旗出版社，1996：866—867.

以充实课题内容；注意科际协调，提高教学效率；按照大纲所规定给该课题的内容来安排课堂教学的内容；作业应遵守最优化的时间标准严格控制作业总量。①

巴班斯基的八程序处理法揭示了教学内容的全面性、典型性、方法性、主次性、扩展性、综合性、规定性和效益性。不过，如何从学生学的角度来优化教学内容，需要做进一步的研究和探讨。

（3）优化教学内容还应考虑的问题

①坚持“三个面向”“三个统一”。即教学内容的制订和落实要“面向现代化，面向世界，面向未来”，要坚持内容目标体现社会要求与学生个体需要的统一，体现学校的性质与任务的统一，体现学生原有的发展水平与新的发展水平的统一。② 在课程价值观上，既要考虑国家利益，又要照顾个体发展；既要培养精英，又要面向大多数。

②处理好科学体系的内在逻辑和学生心理发展程度的关系，力争达到二者的最佳结合。

③强调加强基础知识、基本技能与提高能力、发展智力并重。具体到学习方式上，应记忆模仿与理解创造并重，书本知识与实践活动并重，间接经验与直接经验并重，听讲接受与自主探索并重。

④注意教学内容中要有教法和学法的因素。在教学内容的处理上，不同的教法和学法会产生不同的效果。34 名高成效教师教学系统相关要素问卷调查结果表明，处理教学内容时“主次有别”的教师占85.29%、“面面俱到”的占8.82%，“只抓重点”的占5.88%。这说明“主次有别”优于“面面俱到”，“面面俱到”优于“只抓重点”。

⑤在传授知识时要注意因材施教，特别是要注意调动中、差生学习

① 闫承利. 教学最优化通论［M］. 北京：教育科学出版社，1992：106—114.

② 廖哲勋. 课程学［M］. 武汉：华中师范大学出版社，1991：86—95.

的积极性。有关调查表明，学习成绩好的学生和学习成绩差的学生在遇到困难时的态度是不同的。比如，我对 60 名高中生学习活动相关要素问卷调查表明，对于课上没有听懂或没有掌握的内容，30 名成绩好的学生中有 14 人请教老师，而 30 名成绩较差者则只有 2 人请教老师。这说明，学习成绩较差的学生在遇到需要解决的问题时，其主动性要比学习成绩好的学生差得多。

5. 优化教学环节

（1）教学环节概述

教学环节是教学过程的具体体现，有人称之为教学过程，有人称之为教学步骤，其实教学环节应介于二者之间，比教学过程微观，比教学步骤宏观。教学环节从教的角度是指备课、授课、布置批改作业、辅导学生、考核学生学业成绩等环节；从学的角度是指预习、听课、练习、接受辅导、接受检测等环节。教与学环节对应，落实得好，教学质量就会提高；落实得差，教学质量就会下降。

优化教学环节，从总体上应处理好知识与能力、智育与他育、个别与一般、部分与整体、主导与主体、新知与旧知等关系，环环相扣、步步深入、围绕中心、提高效益。

（2）教师教的环节优化

教师教的环节优化包括备课、授课、辅导、布置与批改作业、考核五个环节的优化。

①备课。备课是教师上课前的准备，是上好课的前提，是发挥教师主导作用的保证。对如何备课，林崇德在《教育的智慧》一书中，提出备课要备出教学大纲的目的，单元或章节的目的，课时的目的。要突出重点，讲好难点，说明疑点。要从教材实际出发，从社会发展实际出发、从学生实际出发。要抓住基本知识和概念，基本技能和技巧。灵活地发展智力和能力。要注意一门学科的上下联系、年级之间的联系，各

学科也要彼此照顾。① 王义智在《实用教学艺术》一书中，提出备课时应搞好八项设计，即“结构设计、过程设计、问题设计、板书设计、育人设计、头尾设计、手段设计、应用设计”② 并指出要克服教师备课心理障碍，即“自我中心倾向、优生中心倾向、知识第一倾向、思维定势倾向、角色冲突心理、显示自己心理、目的偏颇心理、迷信名家心理、认识偏差心理、形式主义倾向”等。③他们的研究是很有见地的。我认为，备课应以目标为导向、以内容为中心、以方法为重点、以效果为目的。

②授课。授课是指教师指导学生培养品德、掌握知识、发展能力、形成个性的活动。授课时要做到如下几个方面。一要巧妙导入。可以以旧引新——连贯性导入；适时开导——点拨性导入；立疑激趣——悬念性导入；析题解意——释题性导入；开门见山——直接性导入；演示操作——实践性导入；鼓动褒奖——激励性导入；比较分析——对比性导入；巧设疑难——问答式导入；错中识真——逆反式导入。④ 二要精当讲解。要讲在知识的“引发点”上；讲在知识的“衔接点”上；讲在学生的“疑难点”上；讲在知识的“关键点”上；讲在知识的“薄弱点”上；讲在知识的“特色点”上；讲在知识的“浓缩点”上；讲在德智的“交汇点”上。⑤ 三要走出误区。应该走出简单地以“满堂问”代替“满堂灌”的误区；走出以“少讲少练”代替“精讲精练”的误区；走出以教参代替教案的误区；走出以教法代替学法的误区；走出以结论代替过程的误区。授课是教学活动的中心环节，34 位高成效教师教学系统相关要素问卷调查结果表明，有 20.58%的教师重视备课环节，有 76.47%的教师重视授课环节，有 2.95%的教师重视辅导环节。这说明，授课质量是提高教学质量的一个最重要的条件。

---

① 林崇德. 教育的智慧 [M]. 北京：开明出版社，1999：56—61.

②③④⑤ 王义智. 实用教学艺术 [M]. 天津：天津科学技术出版社，1995：32，40，61—65，65—67.

③辅导。辅导是课堂教学之后由教师帮助、指导学生学习的一种教学形式。它是课堂教学的补充、延续和深入，是因材施教原则的具体体现。它对于了解教学效果、培养优秀生、转化学困生起着积极作用。要提高辅导效果，应做到：确定辅导对象；确定辅导内容；合理安排辅导时间；做好辅导协调；及时检查辅导效果。此外，要掌握点化艺术。如，可以直观点化、情境点化、类比点化、趣味点化、旁敲点化、示范点化、联想点化、诱导点化等。

④布置与批改作业。布置与批改作业也是教学过程中的一个重要的环节。教学成功与否与作业质量不无关系。作业设计要遵循启发性、趣味性、层次性、多样性、典型性、针对性等原则；作业布置要认真克服重讲轻练、讲练分离、为练而练、题海战术、内容雷同五个问题，要避免给学生布置过度机械性、重复性、无效性、低效性或惩罚性作业，努力减轻学生过重的课业负担；教师要抓好学生的基本练习、变式练习、比较练习、改错练习、操作练习、发展练习、综合练习和创造练习；最后，要认真批改，写出鼓励性和鞭策性评语，以促进学生不断取得进步。

⑤考核。考核是教师用一定的标准对学生学业成绩进行的检查与评定，分平时考核与阶段考核两种。考核应注意目的性、客观性、全面性、激励性和反馈性。无论是平时考核还是阶段考核，都应教育学生严肃对待，通过考核对学生进行刻苦治学、严谨治学、遵规守纪、奋发拼搏的教育。

（3）学生学的环节优化

学生学的环节优化，包括预习、听课、练习、接受辅导、接受检测五个主要环节的优化。

教学成效的取得不仅与教师有关，也与学生有关。学生在教学过程中的积极程度和思想行为方式对学习成绩产生着重大的影响。

①预习。预习是学生听课前对学习内容的自学活动，它起着心理准备、知识准备、问题准备的作用。学生预习完要学习的课程以后，产生

一种心理指向、一种欲望和动机，对要学习的知识有了大概的了解，并且能够带着问题和思考去听课。提高预习的效果，必须加强预习的目的性、计划性、针对性和渐进性。

②听课。听课是学生学习活动中最重要的环节之一。60 名高中生学习活动相关要素问卷调查结果表明，30 名学习成绩较好者有 22 人重视听课环节，30 名学习成绩较差者有 16 人重视听课环节。这说明听课对提高学习成绩的作用是不可低估的。为了提高听课效果，教师必须加强听课指导，使学生听课时集中精力、排除干扰、专心向学，善抓重点、善破难点、善除疑点，注重基础、积极思考、重视联系，分析综合、概括归纳、建立网络。

③练习。练习是学生巩固所学知识、培养技能技巧、提高能力的学习活动。要通过练习切实起到夯实双基、提高分析和解决问题能力的目的，必须做到：一要做到练而有向，即应遵循教学目标的要求安排好练习，不能胡乱练习；二要练而有度，即应认真分析自己的长处和薄弱点，对掌握得好的知识点可适当练习，对自己掌握不好的知识点则应侧重巩固；三要练而有法，即在练习中应掌握科学的方法，注意总结经验和教训；四要练而有新，即通过练习要对所学知识有新的理解，能够做到灵活运用；五要练而有效，即练习应讲求效率，力争取得好的效果。

④接受辅导。接受辅导是学生巩固知识、查漏补缺、深化知识、提高能力的重要一环。要改进辅导的效果，学生必须做到：虚心求教，勤学好问；取人之长，补己之短；认真总结，注重思考；循序渐进，不断提高。对学习效果的研究表明，学生学习误差的积累是造成学生成绩差异的主要原因。学生接受辅导时的态度，以及接受辅导以后矫正误差的努力，在某种程度上对学生的学业成绩有决定性影响。这一点必须引起注意。

⑤接受检测。接受检测是教师检测评价、学生自检自评教学质量和水平的非常重要的环节，也是教学活动必不可少的重要组成部分之一。学生应掌握考试技巧和方法，做到沉着冷静、审题严谨、作答准确、讲

求速度、发挥优势、克服劣势。此外，学生考后要在教师的指导下做出恰如其分的分析，订出可行的查漏补缺的措施，明确今后学习应努力的方向。

教学环节的落实，要求教师不断提高专业知识水平和教学业务水平，同时也要求学生在各环节中注意提高学习能力和水平。

6. 优化教学方法

（1）教学方法概述

对教学方法，人们给予了各种各样的阐述和界定。张燕镜主编的《教育学》认为，教学方法是教师和学生为了实现共同的教学目的，完成共同的教学任务，在教学过程中所采用的手段和方式的总称。①《中国教育百科全书》认为，教学方法是在教学过程中，教师和学生为完成一定的教学任务，所采用的工作方法和学习方法。② 尽管上述概念表述有所不同，但有一点是共同的，那就是二者都认为教学方法是教师教的方法和学生学的方法的统一。

教学方法非常重要。方法得当，事半功倍；方法不当，事倍功半。60 名高中生学习活动相关要素问卷调查结果表明，30 名学习成绩好的学生对自己学习方法评价“较好”的有 22 人，而 30 名学习成绩不好的学生对自己学习方法评价“不好”的有 22 人，这说明教学方法对教学质量起着关键性的作用。

（2）教学方法的优化

优化教学方法需要做的工作有很多。

①要对教学方法体系有个正确的分类。只有这样，才能科学地认识教学方法，才能在教学中正确地运用和选择教学方法。在教学论专著中有各种各样的分类。李秉德主编的《教学论》一书介绍了四种传统的分

① 张燕镜. 教育学［M］. 北京：北京师范学院出版社，1991：258.

② 张念宏. 中国教育百科全书［M］. 北京：海洋出版社，1991：72.

类方法。① 一是按照教师教的方法和学生学的方法分类。这种方法分类比较简单，但把教与学截然分开，有失片面。二是按照知识的来源分类。这种分类法将教学方法分为直观的方法（演示、图示、参观），语言的方法（讲授、谈话、阅读书籍），实践的方法（练习、创造性作业、实习作业等）。这种分类法比较全面，但对揭示学生活动的内部过程注意不够。三是依据学生认识积极性和独立性的程度分类。这种分类把教学方法分为图例讲解法、复现法、问题性讲述法、局部探索法、研究法。这种分类法着眼于发展学生的创造才能和方法结构中的研究因素，是比较现代的分类，但与教学方法的外部特征结合不足。四是按照教学活动的过程分类。这是由巴班斯基提出的。他把教学方法分为三大类，每一大类又分为几个小类。第一大类是组织认识活动的方法（知觉方法、逻辑方法、认识方法、控制学习的方法）。第二大类是刺激和形成学习动机的方法（刺激学习兴趣的方法、刺激学习责任感的方法）。第三大类是检查和自我检查的方法（口述检查的方法、书面检查的方法、实际操作检查法）。这种分类比较系统，但分类过细，不易把握。苏联有人对巴班斯基提出批评，“把教学论发展的各个时期中被认为是教学方法的所有概念都归入教学方法范畴，而不顾它们在分类原则和理论论证上的本质区别，也就是说，他是朝着把建立在不同根据上的教学方法的概念加以联合或一体化的方向进行的。”② 李秉德认为，按照教学方法的外部形态和这种形态下学生认识活动的特点，可把我国中小学比较常用的教学方法分类为以语言传递信息为主的方法，以直接感知为主的方法，以实际训练为主的方法，以欣赏活动为主的方法和以引导探究为主的方法。③王策三在其《教学论稿》中也介绍了诸多分类方法，并且

①③ 李秉德. 教学论［M］. 北京：人民教育出版社，1991：200—201，201.

② 马赫穆托夫. 现代苏联教学论的发展趋势［M］. 杜殿坤，译. 外国教育资料，1983（6）：11.

提出：教学方法的分类最好是从多角度分析或进行综合分析，包括信息媒体是什么？师生怎样相互作用的？认识的性质和水平如何？它有何种性能或功能？它适用的范围怎样？它的运用需要哪些条件？① 每一种教学方法都是一个综合体，不能强行归属于某一类，分类只是相对的。②我同意李秉德和王策三两位先生的观点。根据师生双方参与教学活动的程度、水平和方式，可将教学方法分为讲授式、启发式和发现式三大类。讲授式教学方法主要用于教学描述性、概念性、规则性、系统性的知识，启发式教学方法主要解决原理性知识教学问题，发现式教学方法主要用于教学联系性、发展性知识。讲授式以教师讲授、学生接受为主要教学方式，强调要发挥教师的主导作用。启发式需教学双方都积极开展活动，教师和学生围绕共同的教学目标进行教学活动，学生为主体，教师为主导。发现式则以学生自我探索为主，教师处于一种间接的指导地位。这种教学方法分类的最大好处是把教学方法与教学模式联系起来。从一定意义上讲，教学方法的大类划分最终以教学模式体现出来。还应指出的是，三种方法大类各有优点、各有缺点，教学中使用哪种方法，应依据具体情况而定。另外，在教学实践中，也有综合使用两种或两种以上方法的情况，这是需要引起注意并认真加以研究的。

②要了解中外成功的教学方法，并做到为我所用。中外成功的教学方法是教学实践中的精华，它也是世界文明成果的重要组成部分之一，了解、认识这些教学方法并在实践中创造性地加以运用是提高教学效率和水平不可或缺的。几十年来，正是一些成功的教学方法推动了课堂教学理论的发展。据我目之所及，有如下数种教学方法可以为我们提供启发和借鉴。如布卢姆的掌握学习教学法，布鲁纳的发现教学法，斯金纳的程序教学法，洛扎诺夫的暗示教学法，瓦·根舍因的范例式教学法，沙塔洛夫的“纲要信号”图表教学法，詹姆斯·布洛克的全优教学法，

①② 王策三. 教学论稿［M］. 北京：人民教育出版社，1985：252，252.

赞科夫的发展教学法，以及我国上海师范大学附中的引导发现法，中国科学院心理所卢仲衡的自学辅导法，北京景山学校的知识结构单元教学法，李吉林的情境教学法，上海育才中学的读议练讲教学法，黎世法的“六课型”单元教学法，魏书生的六步课堂教学法，邱学华的尝试教学法等。在教学实践中，结合我国国情应给予启发式教学法以足够的重视，以培养学生的思维能力。启发的方法多种多样，如比喻启发、故事启发、直观启发、表情动作启发、设疑启发、类比启发、图示启发、点拨启发，等等。①

③要对教学方法进行优选，优选的标准可按巴班斯基的最优化理论归纳为六条。② 即必须符合教学原则，符合教学目的和任务，符合该专题的内容，符合学生学习可能性，符合现有条件和所规定的教学时间，符合教师本身的可能性。

④要掌握教学方法的改革动态，不断丰富和改进教学方法，以适应教育飞速发展的要求。研究表明，教学方法的改革呈如下十种趋势：重视培养学生的自学能力和创造能力；由注入式的教学方法转移到启发式的教学方法；强调教学过程的情感化，让学生在欢乐中学习；教学方法由单一向多样化发展；教育学和心理学的研究成果已成为现代教学方法发展的重要基础和前提；现代化教学技术手段的广泛应用，为教学方法改革开辟了更广阔的天地；教学方法从强调以教为主或以学为主，转到研究教和学的辩证统一；教学方法的改革与教学实验紧密结合，并将此作为实现教学方法科学化的重要途径；教学方法改革朝着“三个强调、五个有利于”的方向发展。“三个强调”是：强调提高效率，强调学生的学法，强调多种途径活动，让学生认识世界。“五个有利于”是：有

① 冯克诚. 教师教学基本功全书 [M]. 北京：中国三峡出版社，1997：39—41.

② 闫承利. 教学最优化通论 [M]. 北京：教育科学出版社，1992：151—152.

利于调动学生积极性，有利于培养学生兴趣和求知欲，有利于学生生动活泼地学习，有利于培养学生独立思考、刻苦钻研精神，有利于提高教育教学质量；教师正在成为教学方法改革的主力军。① 教学方法改革的十大趋势与素质教育的要求是完全吻合的，因此，我们应审时度势、把握时机、解放思想、推进改革。

⑤要认真研究教学组织形式的优化。教学组织形式是指教学活动中师生相互作用的结构形式，属于方法论的范畴。其含义有两个：一是师生相互交往或作用的方式；二是教学活动的组织结构方式。概括起来讲，师生相互交往或作用的方式有直接和间接两种，教学组织结构方式有个别教学、小组教学和全班授课三种。教学组织形式是教学目标、教学内容、教学环节、教学方法、教学媒体等得以落实，教学思想得以体现的重要因素。对它的历史沿革和优化进行探讨是有着重要意义的。

第一，教学组织形式的历史沿革。从教学组织形式的发展时间顺序看，它大致经历了个别教授、集体教授、班级授课三个阶段。班级授课制实行以来，虽历经改革，但它仍是我国及世界各国采用最多的教学组织形式。

人类最初的教育活动主要是采取个别教授的方式进行。儿童模仿成人，成人逐一向儿童传授有关的生活和社会经验及生产知识技能。学校产生以后，由于教育权垄断在统治阶级手中，受教育的人数较少，因而仍是采取一对一（或二）的个别教授方式。我国商、周至隋唐时期的各级官学和私学，古希腊、古罗马时代的各类学校以及中世纪的教会学校和宫廷教育等，由于受当时低下的生产力水平和科学技术水平的制约，均采取个别形式教学。这种形式的教学活动带有“师徒相授”的特点，缺点很多：一是教学不系统；二是教学没有固定的程序；三是不能大面积培养人才，教学效率很低。

古代各国普遍采用个别教授的教学组织形式，但在班级授课制产生

① 廖隐邨. 校长手册［M］. 北京：红旗出版社，1996：227—228.

以前，间或采用集体教学的组织形式，这是从个别教授到班级授课过渡的一种教学形式。如对欧洲中世纪以及我国宋、元、明、清各代书院教学和各类官学教学情况的研究表明，集体教学确实存在于当时的学校教学中。集体教学与个别教授不同的是，教师所教的学生数量大大增加，不再是一两个人，而是几十个人；教师的数量增多，一个教师主讲，若干教师辅助讲授；不仅有教师讲授，还有学生相互切磋。集体教学与班级授课最大的不同是：学生的年龄、程度、修业年限及学习进度参差不齐。在这种教学组织形式中，已经孕育了班级授课制的某些特点，为班级授课制的产生奠定了基础。

资本主义商业的发展和科学技术的进步，要求扩大教育对象，增设课程门类，提高教学效率，于是 16 世纪西欧古典中学、17 世纪初白俄罗斯和乌克兰的兄弟会学校都进行了班级教学的尝试。1632 年夸美纽斯对班级授课制最早给予了理论概括和肯定。经赫尔巴特以教学过程的形式阶段的理论加以完善，班级授课制基本定型。19 世纪中叶，班级授课制被西方国家普遍采用。我国最早采用班级授课形式进行教学的是京师同文馆，后经“癸卯学制”（1904 年）加以肯定并在全国范围推行。

班级授课制的产生是教育史上的一件大事，它是教育进步和发展的表现。从不同角度看，班级授课制的优点是很多的。第一，规模性。在班级授课这一教学组织形式中，教师不再是一对一地教授学生，因而扩大了教学规模，能够取得一定的教学规模效应。第二，系统性。班级授课是有组织、有目的的教学活动，因而能够保证教学内容的系统性。第三，主导性。由于教师“闻道在先”“术业有专攻”，因而知识渊博、经验丰富，在教学中发挥着主导作用，在知识的传授上可以帮助学生在认知上少走弯路。第四，渐进性。教学是以“课”和“时”为单位进行的，教学中，环环相扣，循序渐进。第五，统一性。教学目标是统一的，因而教学要求、教学评价相对统一。第六，集体性。教学是以“班”为单位组织活动，因而学生可以拥有许多集体教育资源。第七，全面性。班级授课涉及德、智、体、美、劳等各个方面，学生可以受到全面和谐发展的教育。

然而，班级授课制也有明显的缺点。一是课上学生的主体性发挥不够。二是课堂结构相对固定，缺少应有的灵活性。三是学生动手实践机会少，不利于培养学生的实践能力。四是容易形成“一言堂”，民主气氛欠缺，不利于培养创新能力。五是以“课”为单位组织教学，知识的整体性容易受到破坏。六是难以照顾到学生的个别差异，不易做到“因材施教”。鉴于以上缺点，班级授课制自产生以来受到了人们的批评，并且为了克服班级授课制的缺点和不足，甚至为了彻底否定班级授课制，人们进行了教学组织形式的改革实践。如 19 世纪末 20 世纪初，美国学校在实用主义教学理论指导下，出现以课题为中心的“设计教学法”和实验室作业的“道尔顿制”，取消班级授课，倡导个人自学。20 世纪 30 年代，英国出现开放教学。50 年代初，英、美等国家又提出了“协作教学”。在此期间，美国教育学教授特朗普又创立了“特朗普制”，又名“灵活的课程表”，这种教学组织形式是将大班上课（占时 40%）、小班讨论（占时 20%）和个人独立研究（占时 40%）结合在一起。实际上这是一种综合化了的教学组织形式。此外，欧美一些国家流行的“开放课堂”教学组织形式。我国及其他一些国家出现了以远距离教学为特征的学生个别学习形式、能力分组（包括内部分组和外部分组）、不分级制、选科制、活动课时制等教学组织形式。教育实践已经证明，班级授课制有着明显的优点，但也有明显的缺点。一方面，它有优点，所以凡是否定班级授课制的往往不能取得好的教学效果。另一方面，班级授课制的缺点和不足促使人们思考、探索和实践，这些思考、探索和实践对于丰富和完善教学组织形式的理论有着重要作用。比如“特朗普制”显然是一种发展了的教学组织形式，它既体现个别教学，又体现小组教学，还体现了班级教学的特点，实际上是一种综合化的教学组织形式。

第二，教学组织形式的优化。教学组织形式的优化要考虑很多的因素，至少应有如下三个方面的考虑。

考虑学情。考虑学情是指应从学生学习的实际情况出发确定教学组织形式。一般地讲，学情至少应包括学习内容，学生的知能差异，学生的主体意识等。当学习内容相对容易，学生的知能差异不大，学生的主体意识尚还薄弱时，可以采取全班授课的教学组织形式，没有必要进行能力分组、个别教学等形式的教学，但当学习内容难度相对较大，学生的知能差异较大，学生的主体意识较强时，应该改变教学组织形式，搞好因材施教，促进个性发展。

考虑教情。考虑教情是指应从教师教学的实际情况出发确定教学组织形式。一般地讲，教情至少应包括教学内容，教师的教学法水平，教师对学情的了解程度等。当教学内容比较容易，教师的教学法水平较低，教师对学情不甚了解（比如教师无经验、新接课等）时，应以全班授课为宜。但当教学内容比较难，教师的教法水平较高，教师对学情了如指掌时，则宜采取全班授课、分组教学、个别自学辅导相结合的形式组织教学。

考虑校情。考虑校情是指应从学校的实际情况出发确定适宜的教学组织形式。与教学组织形式有关的校情包括学校类型、师资结构、设备状况、研究水平等。一个以理论知识传授为主的学校（非应用型学校），若年轻教师居多，教学经验缺乏，学校办学条件较差，比如必要的教学设施都不完备，学校教学研究水平不高，采取分组教学、个别自学形式就很困难，只能选择全班授课这种教学组织形式。

优化教学组织形式是优化教学方法的一个很重要的方面。班级授课制这种教学组织形式在未来的教育实践中，随着教育技术的进步以及教育事业的发展将会有所完善和改进。可以设想，将来学生教学以外的教育活动可仍以班级为主，建立局域网、互联网，由高成效教师授课，学生通过网络个别自学，在疑难时通过网站接受辅导，这样学生既可以接受传统意义上的集体教育资源的影响，又可利用现代意义上的“因材施教”，这种教学组织形式将为教学质量的提高提供广阔的发展前景。

7. 优化教学媒体

(1) 教学媒体概述

教学媒体，是指贮存和传递教学信息的载体①，它是教学过程中教师、教材与学生间的中介。教学媒体主要分为两大类：一类是传统教学媒体，又称常规教学媒体；另一类是现代教学媒体。两类教学媒体在教学中共同发挥作用，共同构成教学媒体体系。

教学媒体的作用是巨大的。首先，它可以提高教学质量。正确运用现代教学媒体，可以起到帮助学生分清是非、辨别美丑，培养道德情感和意志的能力；充分利用现代媒体对学生进行知能教育，能够激发学生的学习兴趣和内部动机，适应学生个性，促进学生知能发展的过程，提高学生掌握知识和能力的质量；采用现代教学媒体进行教学，可以视听结合，形式多样，因此，能使学生在比较轻松愉快的情境中学习，减轻学习负担，增进身体健康。其次，它可以提高教学效率。人们的学习，对知识的掌握是通过多种感官（眼、耳、鼻、舌、身）把外界信息传递给大脑中枢而形成的。这些感官的功能各异，其中数眼最灵，耳次之。在学习中，运用现代教学媒体，可以使眼、耳、脑的功能得到充分发挥，因而可以提高学习效率。而且，多种感官并用，学习效率也最高。再次，可以扩大教学规模，采用现代教学媒体进行教学，可以扩大教学信息的传递范围和增殖率。过去以个别教学方式传授知识，信息只能一比一地增殖；用传统的班级授课的方式，信息的增殖率可增加到几十倍、上百倍；用现代教学媒体进行教学，信息的增殖率可以扩大到几万倍，甚至几十万倍。② 再次，它可以提高教师的现代化教学能力。教师利用现代化教学媒体进行教学，必须具备相关的电声类、电光类、影视类、计算机类媒体知识和操作技术，只有这样才能在教学中应付自如，

① 冯克诚. 教师教学基本功全书［M］. 北京：中国三峡出版社，1997：899.

② 李秉德. 教学论［M］. 北京：人民教育出版社，1991：277.

为此，他必须努力学习、深入钻研、提高素质。最后，它可以提高学生现代化教学设备的使用能力。学生在接受现代化教学媒体的教育时，就要按教学要求使用有关的教学设备，如计算机、语言机、录音机等。这样自然而然地提高了他们自身的应用能力，而且这种能力大多是他们在日后的社会生活中不可缺少的。因此，对学生素质的提高其影响是深远的。教学媒体对教学的促进作用在60名高中生学习活动相关要素问卷调查结果中也得到了证实。30名学习成绩好的学生和30名学习成绩差的学生各有28人和29人认为，教学媒体对教学效果的促进作用明显。

（2）教学媒体设计及选择优化

教学媒体的优化，首先是指教学媒体设计和选择的优化。李秉德认为，现代教学媒体的设计和选择的一般要求是：教学上实用、内容上正确、形式上美观、制作上经济、手法上创新，简称实用、正确、美观、经济、创新。① 他还提出现代教学媒体设计和选择的基本原则：最小代价原则，在设计和选择教学媒体时，要根据能得到的效能和付出的代价来做决定，力求做到以最小的代价，得到最大的收获；共同经验原则，在设计和选择的教学媒体时，它所传输的知识经验，同学生已有的经验，必须有若干共同的地方，否则学生难以理解和掌握；多重刺激原则，在设计和选择教学媒体时，应注意从不同角度、侧面，去表现事物的本质特征；抽象层次原则，在设计和选择的教学媒体时，它所提供的信息的具体和抽象程度，要根据学生的实际状况（年龄、水平、知能状况），分为不同等级、层次。② 如上四项原则要求我们在教学媒体的设计和选择上做到讲求效益、考虑基础、灵活多样、因材施教。

（3）教学媒体使用优化

教学媒体的优化还包括教学媒体使用的优化。教学媒体在教学中主

①② 李秉德. 教学论［M］. 北京：人民教育出版社，1991：278，279—281.

要用于示范教学、训练教学、情境教学、帮助自学。① 其使用方法有积累资料法、充实内容法、再现过程法、快速展示法、激发兴趣法、创设情境法、推陈出新法、拓展形式法、理清文路法、启迪思考法、强化重点法、点化难点法、直观演示法、视听结合法等。②查有梁提出现代教育技术的使用应遵循简单与可靠相统一的原则、经济与有效相统一的原则、需要与可行相统一的原则。③ 冯克诚认为，教学媒体使用的原则有明确服务性原则、强调针对性原则、坚持多样性原则、加强指导性原则、注意适度性原则以及克服随意性原则。这些原则是我们在工作中应该注意的。

教学媒体的优化要注意纠正各种错误观念，实现教学媒体的现代化。目前在教学实际工作中存在着忽视教学媒体使用的情况。34 位高成效教师教学系统要素问卷调查结果表明，这些高成效教师课上经常使用辅助教具的只占 38.24%，那么，其他教师教具使用情况可想而知。造成这种情况与人们的思想认识有关。概括起来有这样几种想法。一是使用与否无所谓。现在很少见到有学校硬性规定应使用哪些教学媒体，于是挂图、小黑板等都很少进入课堂。二是传统媒体与现代媒体无差别。部分教师有一种懒惰或抵触心理，对现代媒体敬而远之，看不到其对教学的推动潜力，因而仍然一支粉笔、一本书、一张嘴，年复一年，日复一日，循环往复，周而复始。三是教学现代化不一定非得教学媒体现代化。持这种观点的人看不到教育与经济、教育与社会的关系，看不到教学媒体现代化是教学现代化的必要条件之一。

总之，我们在教学媒体的优化方面还有大量的工作要做。要不断转变观念，树立现代教育观，排除各种干扰，创造条件，在完善传统媒体

---

①② 冯克诚. 教师教学基本功全书［M］. 北京：中国三峡出版社，1997：907，901—905.

③ 查有梁. 控制论、系统论、信息论与教育科学［M］. 成都：四川社会科学院出版社，1986：160.

的基础上，努力建立和完善现代教学媒体，利用远程教育和多媒体网络技术的诸多优势，提高教育教学效益。

8. 优化教学反馈

（1）教学反馈概述

教学反馈是指教学中信息作用于被控制对象后产生的结果再输送回原系统，并对信息的再输出发生影响的过程。①

教学反馈是对教学实施控制的重要途径。离开了这一途径，系统将名存实亡，教学活动将“耳不聪，目不明”，教学质量的提高将难以实现。

教学反馈的形式是多种多样的，至少有如下八种：课堂提问反馈、课堂练习反馈、作业训练反馈、考试考查反馈、师生座谈反馈、问卷调查反馈、同行评议反馈、领导评议反馈。

（2）教学反馈的优化

优化教学反馈，应做到：一要抓好优化教学反馈的四个要素；二要掌握信息的最优处理方法。

①优化教学反馈的要素包括目标的明确性、时机的选择性、对象的广泛性和方式的灵活性。

第一，目标的明确性。教学反馈要以教学目的为指南，以落实教学目标，完成教学任务为宗旨。从目的性看，有了解学情的反馈，有了解教情的反馈。无论是何种反馈，都要依据教学目标而设计，不能漫无目的。

第二，时机的选择性。在教学过程中，获取反馈信息要注意选择“最佳时机”。一般说来，当教学到达教材的关键处时，当教学到达教材的疑难处时，当教材到达精辟处时，当教材到达深奥处时，当教材内容与学生“亲身感受”相矛盾时，当学生新学知识与原有知识相冲突时，

---

① 张念宏. 中国教育百科全书［M］. 北京：海洋出版社，1991：707—708.

教师要根据具体情况和实际需要选择反馈的形式。

第三，对象的广泛性。教学中要坚持“面向全体、因材施教、分类指导、全面提高”，就必须注意各层次学生的信息反馈，了解各层次学生的心理发展状况和心理需求状况。

第四，方式的灵活性。教学反馈的多样性决定着教学反馈方式选择的灵活性。只有反馈方式灵活，反馈渠道才会通畅，反馈效果才能改善。34位高成效教师教学系统相关要素问卷调查结果表明，只通过考试进行教学反馈的占20.59%，通过多渠道进行教学反馈的占79.4%，这说明大部分教师了解教学效果的方式是多样灵活的。此外，60名高中生学习活动相关要素问卷调查结果也证明了这一点。

②要掌握信息处理的方法。教学中信息是教学反馈的载体，因而，信息处理的方法非常重要。

第一，利用好教学中的主信息回路和两条副信息回路。教师是教学系统中的施控系统。教学过程中，教师既输出知识信息，又输出控制信息。一方面，教师从信息源吸收知识信息，经过思维加工后再向学生输出教学信息；另一方面，为了调控学生的学习活动，教师又要输出指令性控制信息。这两种信息往往交织在一起。学生对这些信息所做出的反应，通过回答问题、解习题、完成实验操作、显示学习结果等外显的形式反馈给教师，这是主信息回路。主信息回路所提供的信息是教师控制教学过程的主要信息，它较为系统地反映了教学进行的情况。教师应通过这种反馈信息检查教学系统的进行状态（如教学进度、教学质量、学生掌握知识的程度等），进而调整和改进教学进程和教学方法，保证教学系统的活动正常进行。① 两条副信息回路，一条是教师的自我反馈，另一条是学生的自我反馈。教师自身也是一个信息加工系统。教师接受信息知识和学生的反馈信息以及其他信息对之进行加工处理，以教学信息和控制信息的形式输出。在这个信息变换过程中，教师自身也在进行

① 李秉德. 教学论［M］. 北京：人民教育出版社，1991：101—102.

自我反馈。教师通过这种自我反馈可以检查自己语言是否准确，推理是否严密，讲授进度是否适当，板书是否清楚等，从而修正教学设计，调整教学进程。同样，作为教学系统中的受控系统，学生也并不是消极地、被动地、机械地接受教师输出的信息，而是主动地接受信息，主动地进行自我反馈。这种反馈，一方面通过教师对学生学习方法和学习结果的评价；另一方面通过学生自我意识、自我检查和自我评价来获得。学生的自我反馈有助于学生实现自控，使学习效果得到进一步的强化。①

第二，增加有效信息输入，提高活动效率。要尽最大可能为学生筛选、提供有效信息；要尽力排除各种无效信息对学生的干扰；要努力提高教学活动的效率，增大有效信息的输出量。

第三，采取最优输入方法，注意教学艺术。其具体做法包括：掌握时机，及时点拨；消除信息输入障碍，打开通道；保证信息覆盖全体；指导学生掌握信息的方法；多路通道同时输入，强化信息。魏书生曾提出："课堂教学以在教师指导下活动为主，需要教师讲授时，我便尽可能用变换音量、音调、说话速度、感情的方法激发学生的兴趣，想方设法让学生用听、视、触、嗅等多种感觉器官感知文章内容。"这便是多路通道同时输入、强化信息的例子。

第四，开放课堂教学系统，促进信息交流。为此，要让学生的学习成为开放系统，吸取有益信息，完善学习结构；要让学生有充足的时间思考，使其大脑成为一个开放的系统；开放第二课堂，积极开展有益的课外活动，课内外相互补益，使整个教学系统成为开放系统。

第五，及时准确掌握和分析反馈信息，实行优化控制。首先，利用直接和间接反馈进行调控。课堂教学反馈有直接和间接之分。所谓直接反馈，是指教师从学生回答问题、提出问题、板演板绘、考试考查、实验操作等方面发现自己教学中存在的问题，这是教师在课堂上获得反馈

① 李秉德. 教学论［M］. 北京：人民教育出版社，1991：102.

信息最常用的方法。这种方法取得的信息比较直接，也比较可靠。但由于种种条件的限制，直接反馈信息的取得毕竟有限，这就要求教师搜集一些间接反馈信息作为补充。所谓间接反馈，是指教师从学生听课的表情、姿态、动作或音容笑貌中，或者从他人的反映情况中发现自己教学中存在的问题，因而教师在教学中应善于“察言观色”，及时捕捉反馈信息，进行教学调控。其次，利用正负反馈进行调控。所谓正反馈，是指后输出的信息与原输出的信息起着相同的作用，使总的输入增大的反馈调节。所谓负反馈，是指后输出的信息与原输出的信息起相反的作用，使总输出减少的反馈调节。依据控制论、信息论所揭示的正负反馈的调控原理，教师在课堂教学中，一方面要抓好正反馈调控，当了解到学生对所讲的内容能够理解和接受时，说明教学的量度、速度、方法等还可以，这时，教师可按原计划讲下去，并根据需要适当提高速度。另一方面也要抓好负反馈调控，如果学生对所讲的内容不能理解和接受，说明教学的量度、速度、方法等有偏差，这时教师要及时调整，减少量度，或放慢速度，或改变方法。从某种意义上说，负反馈调控是控制得以实现的重要保证，在课堂教学控制中尤为重要，因而教师要努力抓好负反馈。只有这样，教师才能克服备课与学生实际不符，讲授与学生水平不协调，教学方法不得当等缺点，从而尽快纠正偏差，提高课堂教学效率。①

9. 优化教学评价

（1）教学评价概述

布卢姆曾提出，评价是判明作为特定的学习经验的结果在学生身上起的变化的范围，是用那些学习经验的有效性的概念说明学生所发生的

① 闫承利. 教学最优化通论［M］. 北京：教育科学出版社，1992：206—212.

变化。① 这一定义强调的是评价的范围以及评价的对象。《中国教育百科全书》认为，"教学评价是指依据教学目标，根据教育学和心理学的理论，对教学效果、教学任务完成情况以及学生学习的质量和发展水平做出科学的判定。"这一定义不仅指明了评价的范围和对象，而且对教与学双方都提出了评价要求，即要对教师完成教的任务、学生完成学的任务，以及通过教学促进学生素质提高及身心发展和情况做出科学评价。

教学评价按用途可分为安置性评价、形成性评价、诊断性评价、终结性评价。安置性评价，即对学生智力因素、非智力因素、现有学力、潜在学力的一种输入性评价；形成性评价，即在教学过程中对教学成败的连续性、反馈性、改进性的评价；诊断性评价，即重在寻找症结、原因的评价；终结性评价，即主要关心活动结果，意在做出鉴别、区分等级的评价。教学评价按对象又可分为学生评价、教师评价、领导评价、学校评价。学生评价，即对学生德、智、体、美、劳全面发展质量的评价，包括学力评价、智力评价和品德评价；教师评价，即对教师素质、教师履行职责情况以及教学效果的评价；领导评价，即对学校领导教学管理素质、教学管理状况以及教学管理效果的评价；学校评价，即对学校办学条件、办学水平、办学效果的评价。

教学评价具有诸多功能，如鉴定功能、导向功能、反馈功能、强化功能、矫正功能、沟通功能、激励功能。鉴定功能，即通过评价能够区分优劣、甄别高低；导向功能，即通过评价可以向人们明示提倡什么、重视什么，因而能够引导人们的思想和行为；反馈功能，即通过评价能够将教学中的成败得失反馈给评价对象，使其了解教学活动的效果；强化功能，即对于反馈中了解到的成功的做法能够进一步坚持下去，使得正确的教学行为得以强化；矫正功能，即对反馈中了解到的失败的做法

---

① 杨金梅，等. 教育评价理论技术与实践［M］. 北京：海洋出版社，1997：2.

给予调整、纠正和补救，以取得好的教学绩效；沟通功能，即通过评价让大家能够相互学习、取长补短、改进工作；激励功能，即通过教学评价使得优者更优、差者变优，这是教学评价独有的作用。评价是一种价值判定，每一个人都想实现自己在社会中的价值，因而评价起着价值判定和动力激发的作用。

(2) 教学评价的优化

优化教学评价应做到：一要遵循评价原则；二要掌握评价方法；三要达到四个统一。

①优化教学评价应掌握如下几个原则。一是方向性原则。教学活动是围绕一定的教学目的进行的，因而一定要做到评有目的、评有目标、评有方向。二是全面性原则。要一元评价与多元评价相结合，他人评价与自我评价相结合，结果评价与过程评价相结合。柳斌指出，我们在评价方面的问题是：单纯智育评价代替了德、智、体、美、劳五育的全面评价，在智育评价中，考试分数评价又代替了基础知识、基本技能、动手动脑能力、自学能力等方面的综合评价。① 为改变这种局面，教学评价必须做到客观全面，而不能以偏概全。三是整体性原则。教学系统是一个完整的教学整体，因而教学评价必须从教学的整体着眼，从系统出发，建立一套完整的评价指标体系，以对影响教学效果的所有因素做出分析和评价。四是科学性原则。教学评价从指标体系的制定、评价的实施以及结果的分析和报告必须是真实可信、科学有据的。比如考试的方法和内容不科学也会影响教学评价的结果。五是可行性原则。教学评价必须具有可操作性，不能模棱两可，难以实施。六是指导性原则。教学评价的着眼点不是仅仅局限于表扬与批评上，而应通过评价，进一步指导教学活动，使得教学目标更好地予以实现。34 位高成效教师教学系统相关要素问卷调查结果表明，有 41.18％的教师对学生的学习成绩的

① 柳斌. 柳斌谈素质教育 [M]. 北京：北京师范大学出版社，1998：255.

评价方法是侧重表扬，有58.82%的教师对学生学习成绩的评价方法是侧重指导，无一人对学生学习成绩评价侧重批评。这说明在教学评价中，侧重指导效果最佳，侧重表扬效果次之，侧重批评效果最差。七是促进性原则。教学评价的着眼点“不是仅仅局限于鉴定、选拔的功能上，而是放在改进的功能上，使通过评价的结果为教育管理部门对学校进行客观控制的手段，成为被评对象自我调控、自我提高、自我教育的一种有效工具”①。总之，应以评价促进教学为最终目的。

②优化教学评价要掌握方法。首先，应掌握制定教学评价指标的方法。根据教学过程最优化的两项基本标准即效果和时间，巴班斯基论述了教学效果的评价问题。关于效果的标准有三层意思：评价效果要全面，即从教养、教育和发展三个方面来衡量，而不是单从学习成绩一个方面来衡量；评价效果应以国家提出的任务为依据，如以国家颁布的教学大纲为依据评价学习效果；评价效果要看具体条件和实际可能，即要按照每个学校、班、教师、学生的具体情况而定。② 巴班斯基对教学评价指标的把握具有全面性、标定性和差异性等特点，具体标准是效果和时间。但认真研究一下，这一标准还不能揭示教学评价指标的全部内涵。有人曾提出教育评价指标结构的概念③，给我们教学评价指标的制定提供了思路。制定教学评价指标时，可采用结果指标（效能指标，包括效果指标和效率指标，其中效果指标＝成效/投入，效率指标＝成效/时间）、过程指标（又称职责指标，是指对教学过程中每个工作环节提出的职责和质量需要所确定的指标）和条件指标（又称素质指标，是指从评价对象在承担一定职责、完成一定任务、实现相应功能时，应具备的基础和条件这个角度出发提出的指标）的方法，来作为对教学评价

①③ 杨金梅，等. 教育评价理论、技术与实践［M］. 北京：海洋出版社，1997：152—153，36—38.

② 闫承利. 教学最优化通论［M］. 北京：教育科学出版社，1992：165.

指标范围的界定。

其次，应掌握收集教学评价信息的方法，如可以采取测验法、文献资料法、观察法、访谈法、问卷法等。

再次，应掌握教学评价的具体方法。① 从不同角度分，包括如下几种方法。相对评价法，指在对评价对象的集合元素中选择一个或若干个作为基础标准，然后把各个评价对象与基础进行比较，或用某种方法把评价对象排成先后顺序；绝对评价法，指在对被评价对象的集合以外，确定一个客观标准，在进行评价时，把评价对象与标准相比较，它的特点是不照顾被评价对象集合的整体性；个体内差异的评价法，指用评价对象的过去与现在相比较，或以其某个侧面与另一侧面相比较，这种方法充分考虑到评价对象的个体差异性；数量化方法，方式多种多样，有时用数字对教学活动进行描述，有时用数字对教学现象进行分析，有时用数据表示评价结果，有时用数字作为评价标准，有时综合运用如上方法；非数量化方法，如等级法、评定法等；分析评价法，指预先根据评价观点，将评价内容分成若干项目，分别进行评定；综合评价法，指对教学评价内容整体性的评价；自我评价法，指评价主体本身也是评价对象，自己对自己做出的评价，这种评价简单易行，但易失之客观；他人评价法，指主体以外的评价，这种评价比较客观，但费时费力，难度较大；优选评价法，指评价主体根据评价需要，从上述方法中优选一种或多种方法进行评价。

③优化教学评价应实现四个统一。要优化教学评价，掌握一定的评价原则和方法非常重要，然而这些原则和方法的选择应该以什么作为依据呢？也就是说，优化教学评价的原则和方法应该有所遵循才是。根据我们的研究，至少应达到四个统一。

首先，评价应达到目的、过程和效果的统一。教学目的是教学活动

① 杨金梅，等．教育评价理论、技术与实践［M］．北京：海洋出版社，1997：72—90.

的出发点，然而并不是每一个教学目的都能取得预期的效果，这在某种程度上要看过程实施的质量。过程实施质量高，目的有可能实现得好，效果自然也好。过程实施质量不高，目的有可能实现得差，效果自然也差。我们对教学评价时，不仅要看教学目的，也要看教学过程，还要看教学效果，而绝不能单打一。

其次，评价应达到主导、主体、主线的统一。理想的教学评价大多是以教师为主导、学生为主体、目标为主线的。而未达到优化的教学评价往往是只看主导作用，或只看主体作用发挥得如何，还有的时候，完全撇开了教学目标只对教学主导和教学主体进行评价，这些都是十分片面的。我们的教学评价应该是既看教师表现得如何，又看学生表现得如何，还看教学目标实现得如何，非如此，教学效果就无从谈起，并会对教学产生不良的引导作用。

再次，评价要达到个体、全体、全面的统一。教学中个体与全体、全体与全面的关系把握问题一直是一个非常棘手的问题。常见的是，有的教师顾了这头，忘了那头；照顾了全体，又忘了全面。能否达到个体、全体、全面的有机统一，是衡量一所学校、一位教师水平高低的一个重要标准。因为，抓好个体，才能体现因材施教；抓好全体，是学校整体工作的需要；抓好全面，是国家教育方针对学生德、智、体、美全面发展的要求。教学评价必须综合考虑，不仅要看个体发展如何，还要看全体发展怎样，同时还要对每一位学生是否都获得了全面发展做出评价。

最后，评价要达到学生现实发展、中期发展和长远发展的统一。学生的发展尤其是能力发展，大致可分为近期、中期、远期三个阶段。教学评价不仅要注重学生现实的发展能力，还要注重其在不远的将来，以及在相对较长时间的未来的发展能力，即应对其潜在的学习能力做出预测和引导。比如，目前我们在全国普通高校招生统一考试部分科目中实行的根据新材料、新情境利用旧知识解决新问题的一些做法，就是对学生现实、中期、远期知识水平和发展潜能的评价。由于这种评价角度新颖，特别是在评价一个人现实发展、中期发展和远期发展的统一方面具有创新性，因而得到了师生的广泛赞誉和欢迎。这种评价方法应该在科学论证和研讨的基础上得以倡导和推广。

10. 优化教学研究

（1）教学研究概述

教学研究贯穿整个教学过程的始终，它是对教学工作各个环节或涉及的问题有意识、有目的的科学研讨和探索。教学研究是教学系统的要素之一，它对教学质量起着保证的作用。教师从事的是专门化的社会服务工作，集专业学习、专业服务、专业研究于一身，教学研究应是教师应尽的职责。学生为提高学习水平、学习质量、学习效益也有研究的任务。

然而，教学研究长期以来在某些地区、某些学校、某些教师中并没有引起足够的重视，并且目前在绝大多数中小学做得比较差，突出表现在如下几个方面。一是研究意识不强。多数教师并没有认识到教学研究对提高教学质量的重要性，甚至认为教学研究是科研人员的事，与自己无关。作为学生，特别是学习成绩较差的学生，则更缺乏这方面的意识，通常是教师怎样教，自己怎样学，对学习中的经验教训缺乏必要的研究和剖析。60 名高中生学习活动相关要素问卷调查结果表明，30 名学习成绩较好的学生对自己学习过程中经验和教训研究深入和比较深入的有 27 人，占 90%，而差生相比则只有 17 人，占 56.7%。这说明学生的研究意识，特别是学习较差学生的研究意识需要加强。二是研究风气不浓。由于学校引导不够，措施没有到位，因而教师搞不搞研究、有没有成果一个样，于是，有些学校除了对考试成绩分析研究，走走形式以外，没有任何有计划的研究。34 位高成效教师教学系统相关要素问卷调查结果表明，有 21 位教师（占 61.76%）教学研究工作处于一般状态。高成效教师尚且如此，一般教师做得更差。这种情况在很多地区特别是农村地区是不鲜见的，这无疑与学校的教学研究风气是有关系的。三是研究目的不明。教学研究的目的是什么，有不少学校、不少教师搞不清楚，有的教师认为教学研究无非是在一起多碰几次头、多开几次会，有的教师认为教学研究是多发几篇文章、多出几本集子，没有看到教学研究与教学的本质联系，因而往往带有某种功利目的去搞教学研究，什么最现成就搞什么，什么最容易搞就搞什么，这种教学研究对实际工作的促进作用不大。我曾对某区 6 所小学、4 所中学做过调查，发现这 10 所学校在 1988—1997 年近 10 年间竟没有一所学校承担过区级以上的教研课题，这种情况在全国不是个别现象。四是研究能力欠缺。教学研究需要学校领导、教师和教学研究工作者掌握一定的教育学、心理学、教学法和其他相关学科知识，但由于理论工作者（如教研员）和实际工作者（如教师）不能做到相互结合、优势互补以及我们对学习强调不够，相当部分的教育工作者缺乏这方面的系统知识。师范院校毕业后从教的，把原先学过的教育学、心理学、教学法及其他相关学科知识逐步淡忘了，非师范院校毕业的，由于在学校里就没有学过相关课程，从教后又不注重学习，因而“先天不足、后天贫瘠”。相关知识不具备，研究能力低下，从事研究工作困难重重，教学研究成果也就无从谈起了。我曾对某区包括职大、高中、中专、技校、初中、小学的 13 所学校的校长中的论文发表情况做过调查和统计，发现 13 位校长中只有 2 人在省、市或国家级报刊上发表过论文，占现职校长总数的 15.5%，有的地区甚至低于这个数字。① 五是研究方法不当。教育是最需要科学的领域，育人的过程不科学，受教育者就只能收获痛苦。② 我认为，教学研究最需要科学，教学研究的方法不科学，最终只能收获谬误。教师缺乏研究方法方面的知识，容易造成“受累不讨

① 甄德山，孙桂英. 当代教育问题研究［M］. 天津：天津科学技术出版社，1998：359.

② 林崇德. 教育的智慧——写给中小学教师［M］. 北京：开明出版社，1999：292.

好”的结果。假使一位教育工作者不懂得什么可以搞试验研究，什么可以搞相关研究，或不掌握研究中的自变量、因变量、控制变量，他费尽千辛万苦搞出来的成果就十有八九会出现方法论方面的错误。六是研究成果没有得到推广。在过去一段时期，我国教育实际工作者中教学研究成果数量虽少，但有一些成果很有推广的价值。比如张思中老师的“十六字”外语教学法得到了专家首肯以后，时任国务院副总理李岚清专门撰文建议全国研究推广。但时至今日，在外语教师中能够完整陈述这一教学法内涵的寥寥无几，因为人们在强调“教学有法，但无定法”的同时，往往忽略了“教无定法，但要得法”，研究成果推广的滞后性也是制约教学改革深入发展的重要因素之一。

开展教学研究对于中小学教师来说是必要的。中小学教师参与教研的必要性表现在如下几个方面：一是帮助教师探讨教学规律，提高教学理论水平，更好地指导教学工作的需要；二是促进教师遵循教学规律，提高教学质量、水平和效益的需要；三是使教师明确教学改革方向，可以积极推进改革，并为深化教育教学改革做出贡献的需要；四是教学研究能够强化教师的研究意识，转变教师的角色。

(2) 教学研究的优化

要优化教学研究，应注意如下几个方面的问题。

①要掌握教学研究的几个原则。一是客观性原则，即要求我们在实际研究中，必须坚持实事求是，一切从实际出发。二是系统性原则，即要对课题做整体研究，获得较全面的科学结论。三是优化性原则，即教科研的目的在于提高教育质量和效益，一切不符合以教育为目的、不利于提高教育质量和效益的研究措施都应该杜绝。四是不平衡性原则，即承认各种差异，考虑问题解决过程中存在的不平衡性，使研究设计更完善、更合理，使获得的研究结果更可靠、更富于代表性。五是需要性原则，即研究课题必须是教学工作所需要、所亟待解决的问题，这些问题解决之后将会带来直接或间接的教学效益。六是科学性原则，即要遵循

规律，采取科学的研究方法从事教育教学研究以获得科学的研究结论。七是针对性原则，教学研究应有明确的目的和计划，要针对一些热点问题、难点问题、疑点问题进行研究。八是量力性原则，教学研究要充分考虑已有的实验研究基础和条件，如人员素质、相关设备等。对于不能驾驭的实验和研究要待时机成熟、条件具备时再具体实施。九是创造性原则，创新性和创造性是教学研究工作的灵魂，在教学研究中要体现“你无我有”“你有我新”“你新我优”的工作思路，只有这样才能不断提高质量，提高水平。①

②要掌握科学的研究方法。教学研究的方法有很多，如观察法、经验总结法、调查法、个案研究法、教学实验研究法、教育统计法、教育测量法等。每一种研究方法中都有一定的具体实施方法或操作方法，如调查法可以有如下几种类型：按目的划分为常模调查和比较调查，按内容划分为事实调查和态度调查，按对象划分为全面调查和抽样调查，按范围划分为综合调查和专题调查。其具体方法有访问调查法、问卷调查法、个案调查法和文献调查法等。

③要建立一套完善的教学研究评议、奖励和推广机制。对于优秀的教研成果的评定，要由专门机构或专门人员来负责实施，要像对待教学成绩那样对待教研成果，要摆到教育行政和教学管理的议事日程并给予高度的重视。教学研究成果的奖励要与科学技术成果的奖励放在同一天平上，要实现从人人必须搞教学研究到人人自觉搞教学研究的过渡。除思想引导之外，必须有激励引导机制，以调动广大教师和其他教育工作者的积极性。因为，教学研究成果的及时推广不仅可以推动教学改革、促进质量，对于成果持有人也是一种莫大的鼓舞，因此成果推广应纳入学校和教育主管部门的教学研究管理之中。

① 林崇德. 教育的智慧——写给中小学教师·序［M］. 北京：开明出版社，1999：298—301.

三、对教学要素之间整合优化的几点思考

虽然教学相关要素自身优化是教学整体优化的基础，但显而易见，各个要素的独自优化并不意味着教学的整体优化。要取得较高或最好的教学成效，我们还需找到一个要素整合的办法，即采取什么办法将各个要素合为一个优化的整体。毋庸讳言，这是一个比较困难的问题。构建一个比较完整的优化的教学体系，至少应有四个方面的基本要素，即正确的教学思想、全面的教学目标、有效的课堂教学和科学的教学评价，这四个要素可以形成一个能够自行调节的教学系统。① 在这个系统中，教学思想居于主导地位，它指导着教学目标、教学和评价，同时教学思想又要通过它们来体现。而目标、教学和评价之间既相互依存、相辅相成，又相互作用、彼此促进。即目标引导教学，教学实践又检验着目标；教学效果需要评价，经过评价又推动了教学，又对评价标准深化了认识，评价需要依据目标，目标需要通过评价不断完善，这就构成了能够进行良性循环的教学系统。应该说，这一阐述对教学系统四个主要因素的把握是精当的，对其相互关系的解析是正确的，能够给要素整合优化提供有益的启示。其不足之处在于：一是要素不够全面，比如忽视了教学环境和教学研究等，有效的教学是难以做到的；二是把教学系统本身的自行调节作为要素整合优化的结合点难以实现，因为教学是有目的、有计划、有意识的活动，教师和学生必须通过一定的方式、方法去影响其进程，才能取得预想的效果。

吴永军在其硕士毕业论文《影响课堂教学因素的社会学分析》中对优化组合教学各个要素即找出理想的“合力点”，做过初步的理论

---

① 中国著名特级教师教学思想录：中学物理卷［M］. 南京：江苏教育出版社，1997：45—46.

说明。① 在论文中，吴永军从社会学角度，将影响课堂教学的因素划分为师生关系、同辈团体、课堂气氛、教学形态等。对这些因素又细分为教师可控与不可控，学生可控与不可控，师生可控与不可控等，并由此构成一个六面体模型。模型中各面的合力点的相交处即课堂教学（A），A点的位置随教学任务、学生年龄、学科特点的改变而改变，如图4-3所示。

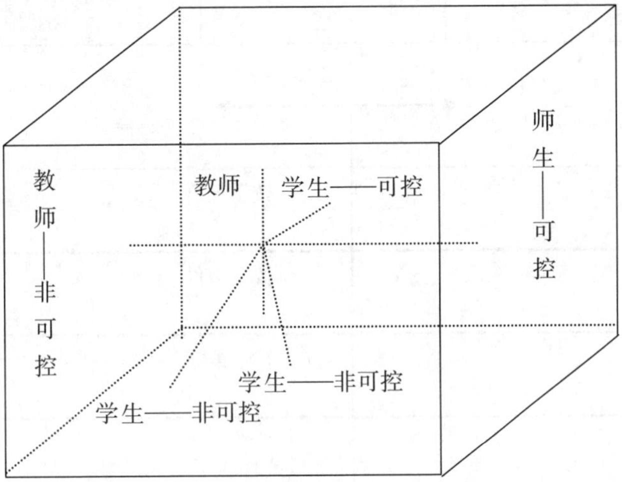

图 4-3　教学过程构成要素相互作用合力模型

从以上研究及分析可见，教学思想、教学环境、教学内容、教学目标、教学方法、教学媒体、教学环节、教学反馈、教学评价、教学研究的整体优化是非常复杂的。吴永军提出的点A的优化结合是什么呢？依我们的意见，应是根据具体情况选用的最佳的教学模式。教学模式是师生在一定的教学理论指导下建立起来的利用现有条件，通过一定的教学监控，完成所提出教学任务的比较稳固的教学程序及其实施方法的策略体系，其要素有理论、任务、条件、策略、主体、程序、监控。教学

① 甄德山，王学兰. 教学成效相关研究［M］. 天津：天津人民出版社，1997：17.

模式建立与选择示意图如图 4-4 所示。

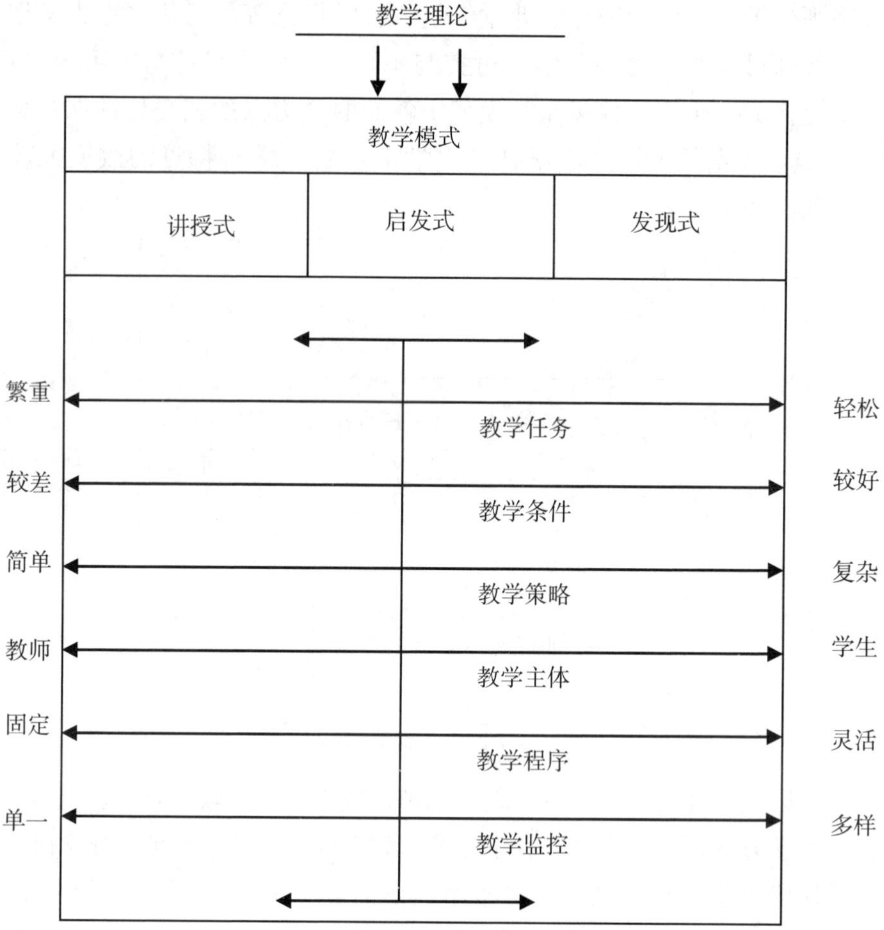

图 4-4　教学模式建立与选择示意图

这是一个按三分法建立和选择教学模式的例子。图 4-4 表明，当教学任务繁重、教学条件比较差时，则教学策略比较简单，以教师活动为主，教学程序相应固定，教学监控形式比较单一。比如，测评大多是以书面测评为主，模式选择倾向于讲授式；当教学任务、教学条件居中时，则要选择启发式；而当教学任务比较轻松、教学条件较好时则应选择发现式。选择线视具体情况左右直移或偏移。

那么，为什么说建立一种合适的教学模式就能达到教学要素的整合优化呢？这是因为建立或选择一定的教学模式，也就从整体上优化了教学系统的相关要素，其相互关系如表 4-4 所示。

表 4-4　教学模式与教学系统的相互关系

<table>
<tr><th>项目名称
模式</th><th>模式要素</th><th colspan="2">教学系统相关要素</th><th>教学效能</th></tr>
<tr><td rowspan="6">教学模式</td><td>教学理论</td><td>教学思想</td><td rowspan="6">教学评价与教学研究</td><td rowspan="6">效率与效果</td></tr>
<tr><td>教学任务</td><td>教学内容、教学目标</td></tr>
<tr><td>教学条件</td><td>教学环境、教学媒体</td></tr>
<tr><td>教学程序</td><td>教学环节</td></tr>
<tr><td>教学策略</td><td>教学方法</td></tr>
<tr><td>教学监控</td><td>教学反馈</td></tr>
</table>

教学模式的分类有多种，有两分法、三分法、五分法，但不论分为几类，尚不能穷尽教学模式的所有类别。如讲授式可以有多种具体教学模式，启发式也可以有多种具体的教学模式，讲授式和启发式之间还可以形成多种教学模式的亚类。教师教学经验越丰富，他头脑中备选的教学模式就越多。要达到教学的整体优化，从课堂功能角度讲，必须与具体教学实际情况相结合，体现独特性、操作性、开放性、针对性、优效性等特点。

据报载①，一位省重点中学的生物教师在他的课上首次推出“自学辅导法”。一上课，他告诉学生，这节课我们学习××内容，请同学们打开书，从×页自学到×页，有问题的可举手提问。这节课下来提问的学

① 王月玲. 从两节教改课的始末想到的[N]. 中国教育报，1999-12-31.

生寥寥无几。第二节课，他用提问的方法巩固复习第一节课的内容，结果知识掌握率只有30%—40%。这位教师想，也许再上一节课学生会适应，于是第三节课仍然采用自学辅导法，结果课堂上许多学生读完教材后没有问题，也不知该干什么，显得焦躁不安。至此，该教师不得不又回到从前教师“主宰”课堂的轨道上，日复一日地教他的书。

从这个事例可以看出，教学改革课的主讲教师是以学生活动为主、教师活动为辅的教学模式来组织教学的，他的教学思想是先进的、现代的、新潮的。然而由于他没有认真考虑教学任务的轻重大小，没有分析这些教学任务适合不适合学生自学，同时对学生现有的水平、习惯等条件考虑不足，因而尽管选择了一定的教学程序、策略，并实施了一定的教学监控，最终也未能取得良好的教学效能。这个教学改革失败的教训是深刻的。我们在选择教学模式时一定要做到具体问题具体分析，要注意教学模式的独特性、针对性、优效性和可操作性，以达到教学要素的有机整合。

《天津教育报》曾在20世纪90年代发表了一篇介绍魏书生做教学改革课的文章。

让学生成为学习的主人

——魏书生在津做课侧记

11月14日下午，天津礼堂爆满。河西区数千名中、小、幼教师在此观摩语文教育家魏书生的示范课。

距开讲还有10分钟，后台上，天津四中的几个初二学生议论着：“听说魏老师今天要给咱们班讲初三的课本，这能行吗?”“第一次给咱们上课，他怎么开场呢?”

出乎人们的意料，回答起立学生的问候后，魏书生对学生们说的第一句话竟然是“不请坐”。望着孩子们疑惑不解的样子，魏老师微笑着解释说：“在正式讲课之前，先请同学们进行口头作文练习。但必须站着讲、连续地讲，不要受他人干扰。预备，开始!”片刻的宁静过后，学生们像一群欢乐的小鸟争先恐后地说了起来。在魏老师的鼓励和调动下，他们的声音越来越大，话语越来越流畅，神态也越来越轻松。了解魏书生教学法的人都知道，课前3分钟的口头作文是魏老师教学的传统项目。多年来，魏书生利用这种方式有效地训练了学生们的注意力和口头表达能力。

这堂课的教学内容是初中语文第五册中吕叔湘先生的《介绍〈应用文写作知识〉》。上课伊始，魏书生便明确告诉学生："今天的课由你们唱主角。课文要点自己归纳；问题答案自己寻找。"他像是一位运筹帷幄的元帅，有条不紊地指挥着"千军万马"。奇迹出现了，本是两节课的教学内容，40分钟就完成了。

在魏书生的课堂上，每个孩子都找到了自己适合的角色。班上写字好的同学负责板书，朗读棒的孩子为大家读课文。男孩和女孩，在这里忽而是协作伙伴，忽而又是竞争对手。在最后的抢答比赛中，出任裁判的是全班公认最公正的小男孩。在魏书生的棋盘上，每个学生都是不可缺少的棋子。当那个全班最胆小、上课极少发言的孩子，鼓足勇气走到黑板前工工整整地写下问题答案时，谁敢说她今后不会成长为一个勇敢、开朗的姑娘？

学生们在魏老师的调动下，就像一群随时准备冲锋的战士。"请在85秒之内说出应用文与文艺作品的区别。"20秒，第一个学生举起了手。30秒，第五个学生举起了手；60秒，全班同学都举起了手。40分钟过去，学生们惊异地发现，一分钟可以做那么多事，一节课可以学到那么多有用的知识。"定向—自学—讨论—答疑—自测—自结"，魏书生的六步课堂教学法，给听课的老师们留下了深刻的印象。感谢魏老师，是他让我们领悟到：原来可以这样做老师！

这又是一个教学改革的实例，但与上一个不同的是，这是一个成功的例子。魏书生面对的学生是陌生的，同样采取的是"自学辅导"教学模式，却收到了较好的教学效果。原因何在？除魏书生作为教学改革专家具有丰富的教学经验外，其高超的教学艺术不得不让我们信服，魏书生之所以敢于给以前从未谋面、"完全不了解"的学生上教学改革课，敢于在众目睽睽之下选择对学生来说是全新的教学模式，主要原因为：一是基于他成熟的教学改革理论。二是基于他对任务和条件的正确分析。任务是明确的，对学生虽然不熟悉，但众所周知四中的学生有良好的知识基础和技能基础，有一定的自学能力，这增添了魏书生上好这节课的信心。三是基于他对教学策略、程序和监控的科学把握。魏书生这节教学改革课的成功归根到底是由于他在课堂功能方面体现了独特性、操作性、开放性、针对性、优效性所取得的。

以教学要素的整合优化选取教学模式，并将其作为突破口是一种思路，一种尝试，但由于其复杂性，我们只能说这还仅仅是初步的思考。相信随着研究和实践的不断深入，要素整合优化问题一定会得到更理想的解决。

建立教学整体优化体系，涉及教学系统要素的分类，要素地位和作用的确立，要素的自身优化和要素的整合优化。只要我们端正教学思想，抓好改革，通过教学整体优化体系的建立和完善，就一定能够做到有效教学，就一定能把素质教育全面推向深入。

第八节　大道至简

长期的英语教育教学和研究实践，深化和升华了我对英语语言规律和教学规律的认识。什么是规律呢？一般来讲，规律是事物之间本质的必然的联系。规律是有线索可寻的，按照线索，循着规律进行语言教学，英语教和学就变得简便了。我把英语语言规律和教学规律简化为“一二三四五六七八”36点，曾在北京师范大学等地英语骨干教师培训班上与大家交流，得到同行共鸣。

一、明确一个目的：为交际

英语教学是有目的性的认识活动。中小学英语教学原则体现着不同的目的观，依据百年课程标准或教学大纲，大致有知识观、技能观、智能观、交际观等。

知识观认为，英语教学是以传授知识为主的，主要侧重英语语音、词汇、语法知识。1902年《钦定中学堂章程》规定，中学堂四年的课程分年表为：第一年读法、习字；第二年读法、习字、讲解；第三年讲解、文法、翻译；第四年讲解、文法、翻译。1904年《奏定中学堂章程》规定，中学堂五年的外国语课程均为读法、讲解、会话、文法、作文、习字。可见这两个章程中规定的外语课程是以语音、词汇、语法为主的。时隔半个世纪，1956年《高级中学英语教学大纲（草案）》说明指出："为了达到这个目的，在高中三年内必须使学生学会发音、拼写、朗读等方面的基本技巧，学会1 500个单词，获得必要的语法知识，并能应用这些知识，进行造句、问答、翻译等练习"，"三年里面，依次以语音、语法、词汇为重点。"① 在此后的很长一段时间里，大纲或课程标准教学内容的编排都是以语音、词汇、语法为主线的。由此可见，知识目的观在英语教学中占据着非常重要的地位，在某种程度上也正确地反映了英语语言学习的规律：知识为基础，能力为归宿。

技能观认为，英语教学不仅应传授知识，更应训练听、说、读、写甚至译的技能，应该说，这是英语目的观的历史进步，它更科学地反映了语言学习的规律。技能观也是在我国中小学英语教学中长期占主导地位的目的观之一，只不过经历了从不自觉到自觉的这样一个过程。自1929年《初级中学英语暂行课程标准》开始，直至1948年《修订高级中学英语课程标准》颁行，几乎所有的大纲或课程标准均在时间支配一项规定：每周上课不得分某几个小时专属读本等，某几个小时专属语法等。实际上，这是防止英语课上只传授知识特别是防止语法知识与课文学习相互分离的一项有效的规定。1963年《全日制中学英语教学大纲（草案）》对在教学中应该注意的几点中提出，英语是一门工具课。英语教学的目的在于使学生确实掌握英语，作为学习文化科学知识和进行

① 课程教材研究所. 20世纪中国中小学课程标准·教学大纲汇编：外国语卷　英语[M]. 北京：人民教育出版社，2001：89.

国际交往的工具。为此，英语教学必须重视基本训练。基本训练就是指导学生听音和发音，写字，掌握单词和惯用词组，合乎语法、合乎习惯地造句等训练。英语教学的任务就是要通过基本训练的途径来培养阅读、会话和作文的能力。教学的一切活动，包括课堂教学和课外指导，都要服从这个任务。词汇和语音、语法知识的讲解，课文语音和内容的讲解，课内和课外的练习作业，都要从这个任务出发。只有切切实实地抓紧基本训练，培养好各项能力，才是完满地达到了英语教学的目的。

智能观认为，英语教学的目的不仅在于传授知识、学习技能，更在于促进人的智能的发展。人的智能主要是指智力因素，包括观察能力、记忆能力、想象能力、思维能力等，核心是思维能力。语言是思维的载体，人的一切思维活动都是以语言为媒介进行的。确切地说，认识到英语学习可以促进人的智能的发展是在 20 世纪 90 年代。1904 年《奏定中学堂章程》提出“习外国语要义在使得临事应用，增进智能”，1912 年《〈中学校令〉施行规则》提出“外国语要旨在通解外国普通语言文字，具运用之能力，并增进智识”。“智能”“智识”两词显然与我们现在所说的“智能”尚有很大距离。明确提出英语教学可以增进学生的智能发展，最早体现在三个课程文件中。第一个是 1992 年颁布的《九年义务教育全日制初级中学英语教学大纲（试用）》。该大纲明确提出，外国语教学有助于对学生进行思想情感教育，有助于学生发展智力，开阔视野和提高文化素养。第二个是 1993 年颁布的《全日制高级中学英语教学大纲（初审稿）》，该大纲提出，全日制高级中学英语教学的目的，是在义务教育初中英语教学的基础上，巩固、扩大学生的基础知识，发展听、说、读、写的基本技能……发展智力，提高思维、观察、注意、记忆、想象、联想等能力。第三个是 2001 年 7 月颁发的《全日制义务教育普通高级中学英语课程标准（实验稿）》，该课程标准提出，英语课程的学习既是学生通过英语学习和实践活动，逐步掌握英语知识和技能，提高语言实际运用能力的过程；又是他们磨砺意志、陶冶情操、拓展视野、丰富生活经历、开发思维能力、发展个性和提高人文素养的过程。可见，智能观是对语言教学规律更全面的认识。

交际观认为，英语教学的目的既要传授知识、学习技能、发展智能，更要培养交际能力，交际是根本。交际观是对语言教学规律最本质的认识。交际观是对知识观、技能观、智能观的发展，也是思想认识的飞跃。从本质上讲，我们教是为了交际，学也是为了交际，失去了交际的目的和作用，语言学习也就失去了其本来的社会意义。交际观的形成是经历了较长一段时间的摸索和思考的。尽管交际能力的培养目前还有这样或那样的困难和问题，但其价值和作用是毋庸置疑的。从历史上看，交际能力培养的提出经历了实用阶段、语训阶段和社会交际阶段。中小学英语教育发展的滥觞期和启动期即1922年以前，中小学英语教育是以实用为主的教育，这些从1904年《奏定学堂章程》，1912年《小学校教则及课程表》《〈中学校令〉施行规则》，1916年《〈高等小学校令〉施行细则》等课程文件中都有阐述，在此不一一赘述。1922年以后，中小学英语教育进入发展期，后又进入摇摆期，直至“文革”结束以前，这段时间中小学英语教育是强调语言训练的时期，为语言而语言，虽有“直接法”的影响，但文学课程、语法课程、翻译课程仍占很大比重。重视听、说、读、写、译的训练，但仍是虚拟的语言训练。1978年以后，我国的中小学英语教育相继进入恢复期、提高期和繁荣期，实际运用英语能力的培养引起重视。1978年《全日制十年制中小学英语教学大纲（试行草案）》提出：中小学英语教学的目的是培养学生一定的听、说、读、写、译的能力，教师不可满足于向学生讲解语言知识而忽视实际运用英语能力的培养。1986年《全日制中学英语教学大纲》明确规定，要精讲语言基础知识，着重培养学生运用语言进行交际的能力。2000年颁布的《全日制普通高级中学英语教学大纲（试验修订版）》也再次强调交际能力的培养。培养学生运用语言进行交际的能力是语言教学理论和实践上的突破。从某种程度上看，这既抓住了语言教学的要害，也抓住了语言作用的本质——为交际而学习语言。更为关键的是，它在注意语言实用功能的同时，还注意了语言交际功能的社会性，在一定程度上说，这对于促进学生社会化是有益处的。

毋庸讳言，学习英语是为了掌握知识，熟习技能，发展智力，但归根到底还是为了交际。为交际而学习语言应该是教学的最终目的。

二、发挥两个作用：工具性与人文性

2001 年，英语课程标准研制组制定了《全日制义务教育普通高级中学英语课程标准（实验稿）》，提出了在学好语言知识和技能的基础上提高人文素养的要求。2012 年修订的《义务教育英语课程标准》进一步强化了英语的工具性和人文性及其有机统一。

有学者提出，就工具性而言，英语课程承担着培养学生基本英语素养和发展学生思维能力的任务，即学生通过英语课程掌握基本的英语语言知识，发展基本的英语听、说、读、写技能，初步形成用英语与他人交流的能力，进一步促进思维能力的发展，为今后继续学习英语和用英语学习其他相关科学文化知识奠定基础。就人文性而言，英语课程承担着提高学生综合人文素养的任务，即学生能够通过英语课程开阔视野，丰富生活经历，形成跨文化意识，增强爱国主义精神，发展创新能力，形成良好的品格和正确的人生观与价值观。工具性和人文性统一的英语课程，有利于为学生的终身发展奠定基础。

工具性和人文性的统一，有赖于综合语言运用能力的形成。我们知道，综合语言运用能力包括语言技能、语言知识、情感态度、学习策略、文化意识。语言技能是语言运用能力的重要组成部分，主要包括听、说、读、写等方面的技能以及这些技能的综合运用；语言知识包括语音、词汇、语法以及用语表达常见话题和功能的语言形式等；情感态度是指兴趣、动机、自信、意志和合作精神等影响学生学习过程和学习效果的相关因素，以及在学习过程中逐渐形成的祖国意识和国际视野；学习策略指学生为了有效学习和使用英语而采取的各种行动和步骤，以及指导这些行动和步骤的信念；文化意识是指学生在学习过程中要了解所学语言国家的历史地理、风土人情、传统习俗、生活方式、行为规范、文学艺术、价值观念等。

语言技能、语言知识、情感态度、学习策略、文化意识这几个方面共同构成英语课程总目标，既体现了英语学习的工具性，也体现了其人文性。

三、关注三条路子：结构、功能及综合

（一）曲折交替

从宏观上看，外语教学法受社会经济、政治、文化、科技甚至军事的影响；从微观上看，外语教学法又受语言学研究、心理学研究、教育学研究等诸多因素的影响。这些影响使得教学路子或教学法呈现出曲折、交替前进的状态。国外教学法变革是如此，国内教学法变革也是如此。

我们知道，在国外外语教学法中，有不同的教学路子。翻译法是最早出现的，后又出现了直接法、听说法等不同的教学法。认真分析一下，这些教法产生是有其多方面原因的，比如直接法是克服翻译法的弊端产生的，听说法又是应战争之需为培养四处作战的士兵口语而产生的。自觉对比法其实是翻译法的一种或是翻译法的发展，而自觉实践法又反其道而行之，倡导的是直接法的理念。认知法是翻译法特别是语法翻译法的近亲，而功能法强调交际又是对直接法的改进。总的看来，呈现出一种曲折发展的趋势。然而，谁也消灭不了谁，因而随着理论和实践研究的深入，还是得以交替出现，使得教法不断丰富，不断完善。

我国中小学英语教法受国外外语教学法的影响比较大。清末京师同文馆的学生往往以翻译条子、照会为作业，之后的学校也大都采用传统而古老的语法翻译法，这一传统保持了很长一段时间，至今也没有销声匿迹。但教会学校是由外教执教，由于语言的关系，直接法开始借鉴过来，并在我国其他学校开始采用。又由于我国学者如张士一等的倡导和介绍，并亲身实验，加上教学大纲或课程标准修订时将直接法列入教学法指导思想。因此，直接法从 20 世纪 20 年代开始在我国中小学占据了主要地位。这是第一次曲折。然而，新中国成立以后学习苏联，政治、经济、文化、教育“一面倒”的政策也使得英语教学法发生了变化。先

是学习并采用“自觉对比法”，这是第二次曲折。之后的60年代又开始试行“自觉实践法”，这是第三次曲折。60年代初试行的句型为纲的听说法，这是第四次曲折。1976年后，视听法、情景法相继传入，这是第五次曲折。之后，认知法开始以克服听说法的弊端为名而出现，这是第六次曲折。随后的70年代末80年代初引进了影响至今的交际法（功能法/意念法），这是第七次曲折。七次曲折使得各类教法交替出现，使人眼花缭乱。然而仔细分析起来，却也是万变不离其宗：或强调知识，或强调技能；或强调听说，或强调读写；或强调结构，或强调功能。如此众多的教法交替出现丰富了我国的英语教学法。我国独立探索的教学法是在这些教法基础上的改良、创新、创造，使得我国英语教学法进入一个繁荣的发展时期。

（二）逐渐综合

中小学英语教学法的不断丰富以及曲折交替，使得教法之间不断相互借鉴、相互补充、相互结合、相互完善，到20世纪90年代出现了逐渐综合的趋势。而综合的表现形式有多种，如改良型教法中的华式结构功能法，就是结构法与功能法的综合。

人民教育出版社相关同志在改革开放以后，经过十多年的努力，先是引入听说法/结构法，后又在总结经验的基础上，引入结构功能法，并加以改造，形成了华式结构功能法。华式结构功能法不同于国外的结构功能法，其不同之处在于：从中国外语教学的实际出发，继承中国引入的不同外语教学法的经验，兼重语言结构与语言功能。① 结构—功能大纲的英语教学理念是符合规律的。为此，有学者对这个问题进行过独到的研究。如胡春洞认为，英语既是交际工具也是认识工具。② 既然英

① 张正东. 中国外语教学法理论与流派［M］. 北京：科学出版社，2000：218.

② 胡春洞. 重视语言观，完善教学法［J］. 中小学外语教学，1997（8）：1.

语是交际工具，就应强调它的功能性。既然英语是认识工具，就不应忽视它的结构性。作为交际工具，英语就应注重听、说、读、写能力的培养和实际运用语言能力的培养。作为认识工具，英语就应注重语音、词汇、语法知识的学习，并在知识学习过程中培养学生概括、推理、归纳、演绎、分析、综合、分类、对比等认知能力。结构与功能，知识与能力，语音、词汇、语法与听、说、读、写相辅相成、相得益彰，共同构成了英语学习的全过程。

结构—功能大纲符合我国国情。英语在我国教学是作为外语而存在的。国情是学生的语言知识基础为母语，外语环境不很理想，教师语言能力尚有欠缺，完全的功能（交际）法效果是不好的。然而完全采取结构法，只是注重操练句型，学生实际运用语言的能力和真实的交际能力又不可能培养起来。采取结构与功能相结合的路子适合我国国情，也切合师生实际。

结构功能的统一和实现，实际上也有赖于综合语言运用能力的形成。综合语言运用能力包括语言技能、语言知识、情感态度、学习策略、文化意识等。

教学有法，但无定法，重在得法。英语教学有多种教学路子可以选择，并无一定的规定性。根据以往的经验，结构法、功能法和结构功能法，是需要特别关注的三条教学路子或方法。

四、培养四个意识：搭配组合意识、时间分析意识、逻辑判断意识、反复实践意识

英语具有四个显著特点：组合性、时间性、逻辑性和实用性。因而在学法改革过程中，努力培养学生语言的搭配组合意识、时间分析意识、逻辑判断意识和反复实践意识，对于发展语言能力、提高学习水平是十分重要的。

（一）搭配组合意识

我们平时阅读的英语片断是由一个个句子组成的，句子又是由一个

个短语组成的，而短语则是由单词组成的。

在英语学习的过程中，我发现英语任何级别层次上的搭配组合都有规律可循。大体上看，组合方式有如下三种。

1. 结构组合

- 英语片段
  - 简单句
    - 主语＋link v. ＋表语
    - 主语＋vi.
    - 主语＋vt. ＋宾语
    - 主语＋vt. ＋间宾＋直宾
    - 主语＋vt. ＋宾语＋宾补
  - 并列句
    - 简单句 1＋并列词＋简单句 2
      - 短语
        - 名词短语
        - 介词短语
        - 动词短语
        - 副词短语、形容词短语
          - 单词
        - 现在分词短语
        - 过去分词短语
        - 不定式短语
        - 动名词短语
        - ……
  - 复合句
    - 定语从句
    - 状语从句
    - 主语从句
    - 表语从句
    - 宾语从句
    - 同位语从句

图 4-5

2. 约定组合

a. 常用习语，如：set aside，set off，set down。

b. 固定句型，如：①There be 句型。There are 365 days in a year. ②强调句型。即“It is（was）＋被强调部分＋that（who）＋其他成

分。” It was Mr Smith who murdered that millionaire. ③其他句型。No sooner had he sat down than the meeting began. Hardly had he sat down when the meeting began. Scarcely had he sat down when the meeting began.

3. 关系组合

a. 性，如：The actor has spoken out his mind.

b. 数，如：The police are after the thief.

c. 格，She fixed her eyes on him.

上述三种组合，多数情况下相互渗透、相互包含、你中有我、我中有你，需要逐一认识，全面把握。

（二）时间分析意识

时间性是英语的突出特点。任何一个英文句子都要有时间表示，不做时间分析，就难以正确表达。培养时间分析意识，要从如下几方面入手。

1. 学会确定时间基点和过程状态

对于任何一个句子，都要从两个方面进行考察：一是时间基点，主要有现在、过去、将来和过去将来；二是过程状态，主要有一般、进行、完成、完成进行四种。“时间基点＋过程状态”即为时态。如：

他现在正在树下读一本叫《西行漫记》的书。

“现在”为本句的时间基点，“正在读”为过程状态，因此应用“现在进行时态”来表达。译文如下：He is reading a book entitled *Red Star Over China* under a tree.

2. 掌握各种时态表示方法

英语时态有 16 种，这些时态中的绝大部分在听、说、读、写、译中是常用的，因此，应熟练掌握。以 do 为例，将英语 16 种时态列表如下（见表 4-5）。

表 4-5 英语 16 种时态

过程状态 时间基点	一般	进行	完成	完成进行
现在	do does	is doing am doing are doing	have done has done	have been doing has been doing
过去	did	was doing were doing	had done	had been doing
将来	shall do will do	shall be doing will be doing	shall have done will have done	shall have been doing will have been doing
过去将来	should do would do	should be doing would be doing	should have done would have done	should have been doing would have been doing

3. 综合分析，全面考虑

有时，一个篇章中可能有一个时间基点，也可能有两个甚至更多时间基点，如下文所示。

In or out?

Our dog, Rex, used to sit outside our front gate and bark. Every time he wanted to come into the garden, he would bark until someone opened the gate. As the neighbors complained of the noise, my husband spent weeks training him to open the gate by himself. Rex soon did well in opening the gate. However, when I was going out shopping last week, I noticed him in the garden near the gate. This time he was barking so that someone would let him out. Since then it has had another bad habit. As soon as he opens the gate from the outside, he comes into the garden and waits until someone lets him out. After this he immediately lets himself in and begins barking again. Yesterday my husband removed the gate and Rex seemed to be unhappy, for it couldn't play the "game" again.

这篇幽默小文描述了 our dog 的"过去习惯""现在习惯""昨天趣事",对于这样的篇章就需要细致分析,综合考虑了。

(三)逻辑判断意识

英语的语言逻辑性很强,因此,学习使用该语言时需要判定逻辑关系。

1. 掌握主动和被动语态

英语的语态有主动和被动之分,采用主动语态还是被动语态取决于主语和谓语动词的逻辑关系。一般说来,主谓关系用主动,动宾关系则用被动。如:

He told me how to operate the machine.(主动)

He was told how to operate the machine.(被动)

2. 掌握非谓语动词与其相关成分的逻辑关系

非谓语动词包括动词不定式、动名词和分词,而及物动词的非谓语动词多数又都有主动形式和被动形式,以 speak 为例列表如下(见表4-6)。

表 4-6　非谓语动词与其相关成分的逻辑关系

相应形式非谓语动词		主动形式	被动形式
动词不定式		to speak	to be spoken
		to be speaking	/
		to have spoken	to have been spoken
		to have been speaking	/
动名词		speaking	being spoken
		having spoken	having been spoken
分词	现在分词	speaking	being spoken
		having spoken	having been spoken
	过去分词	/	spoken

采用主动形式还是被动形式，这要取决于该非谓语动词与其相关成分的逻辑关系。请比较下面几组句子：

They seemed to have completed the task.

The task seemed to have been completed.

Would you mind my closing the window?

Would you mind the window being closed?

He entered the classroom, following some teachers.

He entered the classroom, followed by some teachers.

3. 掌握个别词的习惯用法

英语中有个别词可以用主动态形式表示被动态意思，这些词需个别记忆。

如：The magazine sells well.

The cloth washes well.

Cakes cut easily.

（四）反复实践意识

英语是实践性很强的学科，俗语说："Practice makes perfect"，没有大量的训练，要掌握它是很困难的。学习英语必须培养实践意识。需要注意如下几点。

1. 注重强化

语言学习的实践表明，掌握语音、语法、词汇，提高听、说、读、写、译的能力，强化训练的效果是非常显著的。强化训练要注意三个结合：一是机械训练与灵活训练相结合；二是记忆训练与运用训练相结合；三是专项训练与综合训练相结合。

2. 珍惜机会

生活在一个对外开放的社会环境中，学习英语的机会并不局限于书中，我们随时随地都可能有接触、运用英语的机会。充分利用这些机会，有时会产生意想不到的效果。比如，街头广告、产品说明、电台广播、电视节目、外宾邂逅等都可用到英语，只要留心，就能提高我们实际运用语言的能力。

3. 善于总结

培养实践意识还应注意总结能力的提高。要善于在语言实践中概括、归纳英语的语言特点，分析和探索语言学习的规律和方法，以提高学习的效果。

4. 不断提高

语言学习实践是一个从知到能、从能到熟，循序渐进的过程。外语学习缺少使用语言的环境，因而，"不进则退"。所以在学习过程中，应不断进取、目标常新。要把语言知识和能力水平扎实、稳步推向一个又一个高度。

在英语学习过程中，注意培养语言意识，才能逐步扎实语言功底，最终达到学好、用好这种语言的目的。

五、掌握五个技巧：巧记、常读、勤思、善用、多练

学英语的技巧可简要地概括为十个字：巧记、常读、勤思、善用、多练。

（一）巧记

任何一个学习过程都离不开记忆，记忆需要狠下苦功，记忆又有规律可循。记忆得法则会事半功倍。在英语学习的过程中，有很多内容需要记忆，主要是记住词汇、语法、句型、精彩的英语语篇。词汇、语法、句型、语篇应该多途径、多渠道、多手段、多方法进行记忆。

1. 构词记忆法

英语单词的构成有一定的规律，这在语法学里，称为构词法。英语构词法有三种：合成（如，break ＋ through ＝ breakthrough 突破）、派生（如，care→less→ness→carelessness 粗心大意）和转化（如，hand n. 手→hand v. 传递）。在学习英语单词时，我充分运用了构词法知识。这样，机械识记变成了理解性识记，记过的单词印象深刻、经久不忘。

2. 联想记忆法

联想记忆是指由一个英语单词或短语联想到另一个或更多的意义相近或意义相关的词或短语。比如，在学习“vegetable”（蔬菜）时，我便联想到“cabbage”（洋白菜），“turnip”（萝卜）等词；在学习“abridge”（v. 节略）一词时，我便联想到“bridge”（v. 架桥）是为了“shorten the distance”（缩短距离，免使人们绕路）。这样，“abridge”一词就毫不费力地记住了。联想记忆能够激发记忆积极性，从而收到良好的记忆效果。

3. 对照记忆法

对照记忆是指将两个具有对比意义的词或短语加以对照然后进行记

忆。对照记忆可以多种途径或方式进行。如，反义词对照记忆。反义词是意义相反的词，因此，对照记忆能使记忆对象更加鲜明突出，增强记忆效果。再如，形近义异词对照记忆。英语中有大量的形近义异词，有时可把一个词用作记住另一个词的参照系。如 flagrant（臭名昭著的）和 fragrant（香的），两词中间只差一个字母，但其语义却大相径庭。记住其中的一个，另一个自然就记住了。

4. 趣味记忆法

许多人认为，记忆英语单词极为枯燥乏味。其实不然，只要留心，其中亦有无穷乐趣。如“setup”一词，意思是“方案、计划”，但颠倒两个语素，变成“upset”，其语义也颠倒过来了，意为“推翻”。英语中有不少词和短语可以用趣味法记忆。

5. 语境记忆法

语境记忆是指根据一定的语言环境即文章的上下文来记忆词汇。从特定的语境中记忆词或短语比从词汇表中进行记忆效果要好得多。因为，处在一定语境中的每个词或短语与同一语境中的其他词或短语，具有一定的语音、语法和语义的联系。正是由于这种联系，使得每一个词或短语的语音、语法、语义形式更明确、更具体、更完整。因此，记忆起来，难度小，遗忘率也大大降低。①

（二）常读

学习英语涉及听、说、读、写、译五个方面，其中读十分重要，因为词汇的扩大，句型的掌握，书面语言理解能力的掌握，口头、书面表达能力的提高都要通过读来完成。读有成效非一日之功，只有坚持经常阅读才行。一方面，要做好精读。为此，以英语教材作为精读课本，精读过程中，对于一些精彩的句子、段落或篇章要反复朗读和背诵，以培

① 陈自鹏. 老师帮你记单词［M］. 北京：中国文史出版社，2003：8.

养英语辨音能力和口语表达能力，同时也为日后的英语写作积累必要的语言素材。另一方面，要做好泛读。用作泛读的文章，体裁要广泛，难度要适中。泛读过程中，注意速读理解能力的培养。

（三）勤思

学习外语与学习母语是不同的。前者没有语言环境，后者有语言环境。因而，学习英语过程中需要勤思多想。至少要在两方面努力。一方面，要给自己创造一个英语学习的环境，逐步培养用英语思考、用英语做事的习惯和能力。有些英语学习卓有成效的人不一定到过国外或师从外教，原因就在于他们善于给自己创造学习英语的环境，能够在汉语的环境里想着如何用英语更有效地表达，这种环境表面上看是不利于外语学习的，然而跨文化交际中又是不可缺少的，只要勤思，又可变为有利的因素。另一方面，要在学习过程中学会概括、归纳、分析、综合等思维方法。语音、词汇、语法有自身的规律或规则，这些规律或规则需要通过学习来认识和掌握。只有勤于思考、勤于总结，才能掌握语言规律和规则。这在语言学习中非常重要。凡是英语学有所成的人，都是会思考、勤思考的人，只靠简单模仿是学不好语言的。

（四）善用

善用是指在学习英语的过程中善于利用时间、环境和条件。一方面，学好英语需要时间的积累。要满负荷利用学习时间。学习时，排除干扰，专心致志，改进方法，提高效率。要充分利用零散时间，如饭前饭后、课间小憩、候车乘车、入睡之前的零散时间可充分利用；充分利用体力劳动时的脑力劳动“空当”时间。另一方面，学习英语的环境和条件也需要充分利用。比如电视英语节目、教学软件、网上英语资源、教师的课堂用语、学校的英语广播、英语板报、英语冬令营、夏令营、英语兴趣小组、英语课外活动、英语角、英语桥、英语笔友交流等都可以为学生提供良好的英语学习环境和条件。

（五）多练

如前所述，操练是提高英语听、说、读、写技能的必由之路。教师在教学过程中起主导作用，而学生在教学过程中则起着主体作用。学好英语必须经过大量的练习和实践。练习要注意的问题是：在正确的前提下多练。学习的语音知识、词汇知识、语法知识要准确无误，在此基础上通过多练达到熟巧。不然越练越糟糕，形成了不好的习惯还难以改掉；多练也要注意方法，不断改进练习的效率。要根据心理学中前摄抑制和后摄抑制的原理，练习的内容有所区别。根据记忆的内容前快后慢的原理，练习的频度有所控制。

六、突破六个关口：玄奥关，胆怯关，懒惰关，高原关，持续关，应用关

学习英语会遇到很多困难，需要过好几个关口。

（一）玄奥关

英语是一种外国语。很多学生在学习前就产生一种心理，认为英语很神秘，很玄奥，这种心理会影响学习效果。因此，教师应该帮助学生克服这种玄奥心理，告诉他们，英语就是一种方言，其实我们汉语言也有很多方言，比如中国分为七大方言区：北方方言、吴方言、闽方言、粤方言、客家方言、赣方言、湘方言。各个方言又分为不同的次方言。英语并不玄奥，如同学习中国方言一样，只要下功夫就能学好。

（二）胆怯关

一般学生都在学习过程中表现出一种胆怯心理，听时心慌意乱，说时战战兢兢，读时小心翼翼，写时如履薄冰。为了帮助学生克服这种心理，教师应该鼓励学生多听、多说、多读、多写，多进行语言实践。学生语言实践的过程也是增添勇气、提升自信的过程，更是学生超越自我的过程。

（三）懒惰关

学习英语意味着艰苦的劳动。学好英语没有任何捷径可走。没有时间投入，没有精力投入，要想学好英语是不可能的。英语是个实践性很

强的科目，老师英语讲得再好，写得再好，学生懒于动口，懒于动笔，漂亮的口语出不来，漂亮的文章出不来。所以，懒惰是学习外语的大敌。教师要激励学生主动学习，积极学习，从学习的成功、成就中不断获得动力。

（四）高原关

心理学中有一个现象叫“高原现象”，也叫“天花板现象”，说的是在学习的过程中达到一个学习高度时，看似已经达到了高原，或顶到了天花板，并且也很难再获得突破。怎么办？这个时候，我们就要帮助学生找到突破口：一要鼓足勇气，二要更新目标，三要改进方法，四要优化手段。

（五）持续关

学好英语是一个连续不断的过程。没有持续的努力，“东一榔头西一棒子”“一曝十寒”是绝对学不好语言的。要保证学习上的持续，需要做到：目标上持续，过程上持续，方法上持续，时间上持续，努力上持续。

（六）应用关

学习的目的在于应用。学好英语的目的在于交际。而现实情况是我们缺乏英语交际的真实情境，因此容易造成英语知识、技能与应用、交际的脱节。笔者曾经见过一个教了一辈子英语的优秀英语教师说“给你”这句话时竟然用了“Give you.”这样的“中国式英语”，你说怪不怪？问题出在哪里？就是理论与实践相脱节，没有过应用关造成的。所以要帮助学生通过任务型教学方式过好应用关，提供真实的任务情境，使学生学到真实的英语。

七、做实七个环节：了解、理解、领会、模仿、活用、系统、内化

（一）了解

“了解”指学习者知道“是什么”，对学习者而言，是对知识的初步

认识。了解对学习外语很重要。貌似不求甚解，实际必不可少。比如，英语有 16 种时态，学习初期，学生只要了解就可以了。随着学习的深入，学生自然而然地就会超越这个认识层面，逐步会对时态有新的更全面的认识。而对于一些常用的固定短语，如 brush up，look up，pull your socks up 等起初知道“是什么”就可以了，知其然就足够了。

（二）理解

“理解”指学习者懂得“为什么”，理解是在了解的基础上的升华认识，是对知识点来源的考究。理解对于记忆知识、巩固知识非常重要。学习进一步深入，没有理解，不知知识之所以然，学习的质量和水平就会大打折扣，学习进步的速度、效度就会受到影响。比如记忆“seacucumber”，“pineapple”这样的词汇时，起初我们可能是了解的水平，但知道了 sea，cucumber，pine，apple 以后，我们记忆的水平可以提升一步。理解以后，知识记忆会变得容易，记忆也会更牢固。

（三）领会

领会是指学习者在了解、理解的基础上开始悟到知识的道理，知道某些知识将来“能做什么”。领会是一种悟道，是一种更高层次的理解。学习英语时，我们需要“了解”，即知其然，还需要“理解”，即知其所以然，更需要向前迈进一步，还要做到“领会”，即知道其在实际的语言交际中有什么意义、功能、用途和限定。这个层次的学习水平虽然还是知识层面的，但已经向前跨进了一大步，是知识学习和技能培养之间的纽带和桥梁。没有领会的学习，是低层次的学习。因此学习英语的过程中，要激发学生的领悟能力，这也是培养学生思维能力的关键一环。

（四）模仿

模仿是指个体自觉或不自觉地重复他人的行为的过程。模仿在语言学习的过程中很重要。如果说了解、理解、领会还处于语言知识的学习阶段的话，那么模仿就已经进入到实际的语言技能训练阶段了。模仿是语言学习中必不可少的一个环节。学习者要模仿教师或他人口语表达和书面表达的方式。从模仿语音、语调、语流、语速开始，到模仿谋篇布局、遣词造句，使学习者在替换练习和复述练习等虚拟的语言练习中获得语言知识和语言技能。

（五）活用

活用是指能够把习得和学得的语言知识和语言技能做到灵活使用。活用是语言能力培养的一个较高阶段。如果说模仿是鹦鹉学舌、纸上谈兵，仍是虚拟语言训练的话，活用则是语言在不同语境中的应用。活用是一种方法、一种途径，也是学生语言学习从知到能，从能到熟，从熟到用的必经阶段。语言活用要注意三点：一是活而有方向，二是活而有目标，三是活而有方法。做到“瞄准目的语，一切为交际，灵活见效益”。

（六）系统

这里所说的系统是指系统化，即采用概括、归纳、对比、比较等方式对已经学过的语言知识进行归类、整理或加工，形成一个有序的整体的认知结构的过程。经过了解、理解、领会、模仿、活用几个阶段后，学生的语言学习从感性认识逐步上升到理性认识，这时适当进行各类语言知识的归类、整理和加工，对于学生学习水平的进一步提升大有益处。语言系统化的过程，不仅是语言知识和语言技能增进的过程，也是学生思维能力培养的过程、智力水平提升的过程。通过语言知识的系统化，还能够发现知识缺陷，以便随时矫正，查漏补缺，不断完善认知结构。

（七）内化

内化是指在语言学习时，学习者在与教师和他人的语言交际中，掌握了一定的知识、技能、经验、能力，并在头脑中以观念的方式形成一个相对稳定的认知结构。一般来讲，内化要通过同化与顺应两个机制来完成。人的认知结构是一个能动的系统，它是发展变化的，有着自我调节、自我完善的能力，它可以不断地接触新事物、接纳新事物、解决新问题、适应新环境。心理学家皮亚杰认为，认知结构的建构是通过同化和顺应两种方式进行的。同化是指主体认知结构对外部刺激进行过滤或改变而把它接纳到认知结构中来，而认知结构在同化外部刺激的过程中，自身结构也发生相应的改变，即顺应。同化和顺应实质上是心理过程的两个方面，对语言知识和技能形成语言认知结构起着重要作用。内化是语言学习的最高境界。

八、理清八个关系：母语与外语，教师与质量，习得与学得，听说与读写，知识与能力，智力因素与非智力因素，语言与文化，主导与主体

（一）母语与外语的关系

母语在外语教学中的影响和作用，以及与外语的关系问题，一直是外语界争论的问题之一。有人赞成依靠母语，要用母语作为教学的拐杖；有人主张甩开母语，要着力培养学生用外语思维的能力。

母语与外语的关系问题是个很复杂的问题，成为“新中国成立以来外语教学界的两大争端”问题之一。① 我们注意到，依靠本族语的提法与实行翻译教学法有关。甩开母语，培养学生用外语思维的能力与实行直接法有关。在外语教育发展史上，有过几次反复，最后意见趋向折中。

“依赖本族语”的观点认为，外语学习通常是在学生已经掌握了本族语的条件下进行的，虽然本族语有负迁移的一面，但也有正迁移的一面，翻译和比较是进行外语教学的重要形式，它们都离不开本族语。②

① 蒋楠，等. 建国以来外语教学界的两大争端［J］. 中小学英语教学与研究，1989（5）：1.

② 应云天. 谈外语教学中依靠本族语问题［J］. 外语教学与翻译，1959（9）：11.

这一观点的提出始自20世纪50年代末60年代初，80年代以来，吕良德等再次提出这一问题，主张依赖母语进行外语教学，这当然遭到了“甩开本族语”一派的反对。

“甩开本族语”的观点认为，不能否定外语思维的存在或可能①。外语教学的目的是对学生进行听、说、读、写的训练，培养运用外语的能力，语言实践是最为重要的教学内容。教学方式的选择要有利于加强语言实践，有利于学生摆脱本族语，有利于外语思维的形成。强调依靠本族语，强调对比和翻译，虽然对培养学生的语法分析和阅读能力有一定的效果，但对全面培养语言技能的运用则不相适应。它还会把外语实践课变成知识课，妨碍语言运用能力的发展。在教学中经常使用本族语和翻译会助长学生的心译习惯，既妨碍学生形成运用外语所要求的正常速度，说出的外语也较难纯正、流畅。此外，由于任何两种语言在词义和用法上都不存在简单的对等关系，对比和翻译都不宜作为贯穿教学全过程的基本方法。②

“依赖本族语”还是“甩开本族语”，双方争论不下。这一争论延续了几十年，一直到今天也难以有个明确的结论。但是有几点是肯定的：一是母语是一种客观存在，回避不了；二是母语对外语教学既有不利的一面，也有有利的一面；三是教学中如何利用有利的因素，克服不利的因素是应该注意的。

从我国中小学英语教育发展情况看，在编制课程标准时尽管有摇摆，但已经充分注意到了这个问题，并且折中了双方的观点。

从1902年到1922年，课程教学重视翻译法，翻译既作为教学目标又作为教学手段。从1923年开始受直接法影响，开始重视听说和外语

① 戚国伟. 外语教学必须通过本族语进行吗？［J］. 中小学英语教学与研究，1986（5）：1.

② 张汉勋. 本族语与外语教学［J］. 中小学英语教学与研究，1987（2）：23.

思维能力培养。1929 年《初级中学英语暂行课程标准》就明确规定：新材料的意义，除不能不用国语来解释的以外，一概采用其他的表示方法，使可以学得比较纯粹的英语，并且可以早些达到用英语思想的地步。然而 1951 年《普通中学英语科课程标准草案》却规定：简单的翻译，以英译汉为主，汉译英为辅。不但重翻译，而且重母语的地位和作用。1963 年《全日制中学英语教学大纲（草案）》对高中阶段的要求是：要求继续掌握2 000个左右的单词和一定数量的惯用词组，进一步的语法知识，具有借助词典初步阅读英语书籍的能力，就日常生活方面的题材进行简单会话和作文的能力，以及初步的翻译能力。翻译在此课程标准中定格为教学目标之一。1978 年《全日制十年制中小学英语教学大纲（施行草案）》规定：英语课从小学三年级起开设。通过八个学年的学习，要求学生掌握基本语音和语法，掌握2 800个左右单词和一定数量的惯用词组，能借助词典阅读一般题材的中等难度的读物，具有一定的听、说、写和译的能力。教学方法还特别提出，教师还可将课文中某些句子或段落译成规范的汉语，向学生进行两种语言的对比，翻译的方法还可用来检查学生对课文的理解。这样，苏联的自觉对比法思想又得以充分体现。翻译、母语运用、双语对比不仅是教学目标，又成为教学手段。到 1986 年，《全日制中学英语教学大纲》颁布，教学原则中规定要尽量使用英语，适当利用母语，在教学中要尽量使用英语组织课堂教学，并用英语进行讲解。有人指出，在入门阶段，使用直观教具和表演等方法，少用或基本上不用母语，是完全可能的。随着学生英语知识和能力的提高，用英语组织课堂教学和用英语解释英语的可能性就越来越大。但是初中以上的学生，母语习惯已相当牢固，在英语教学中，要绝对排除母语的影响是不可能的。问题在于如何适当利用母语。如果处理得当，通过英语和母语的适时、适度的比较，则有利于学好英语。如果处理不当，过多地使用母语，不适当地进行比较，则母语对学习英语会起很大的干扰作用。①

“尽量使用英语，适当利用母语”的提法自此进入课程标准，20 世纪 80 年代后期，整个 90 年代以及 2000 年颁发的课程标准也都沿用了这一原则。应该说“尽量使用英语，适当利用母语”是英语教学规律的体现，实践已经证明，这种提法是辩证的、科学的，也是正确的。

（二）教师与质量的关系

教师质量决定着教学的质量。联合国教科文组织在一份文件中对外语教学质量提出了“5 个因素”和“1 个公式”。“5 个因素”是：（1）国家对外语教学的政策；（2）学生的来源和素质；（3）教材的质量；（4）教学环境的条件；（5）教师的素质。在“5 个因素”中，前 4 个因素是可变因素，第 5 个因素即教师的素质是决定因素。“1 个公式”是：教学质量＝［学生（1 分）＋教材（2 分）＋环境（4 分）＋教法（3 分）］×教师。这个公式中括号内四者相加是 10 分，而教师素质分值越大，乘积越大，教学质量就越高。从中可见教师的重要性。②

我国是外语教育大国。外语教师特别是英语教师素质一直是制约我国外语教育的瓶颈。远在同文馆时期，教师素质就不是很高。据有关史料记载，当时同文馆总教习有个英国人，名叫欧里斐，人极神气，极骄傲，可是不但够不上学者，而且几乎是不通文的。他给学生改英文试卷，但凡看着不好的地方，不假思索，一笔就涂了去……可是他改的时候，就费了事了，改一改涂了去，再改一改又涂了去，半天才算改完。按彼时学生洋文程度，不过相当于现在大学一年级。他改着已经这样吃力，则他的英文程度可想而知。而且据英文馆同学们说，他改得并不十

① 课程教材研究所. 20 世纪中国中小学课程标准·教学大纲汇编：外国语卷　英语［M］. 北京：人民教育出版社，2001：17—163.

② 戴军熔. 中学英语师资的问题与思考［J］. 中小学外语教学，1998（5）：4.

分通顺。他是个总教习，位置在所有教习之上，其水平不过如此。①

新中国成立以后，外语教育规模扩大，外语教师数量和质量都遇到了挑战。1962年前后，由于缺少外语师资，全国65%的全日制初中未开外语课。据统计，全国中等学校和高等学校共需外语教师1万名以上。教育部党组、内务部党组联合发出的《解决学校外文师资的意见》提出，一方面，要提高现有外文师资的政治、业务水平，另一方面要适当扩大高等院校外语系的招生名额，争取今后每年有一定数量的外语系毕业生做外文教师，另外还需从现有的外文翻译干部中调整一部分做外文师资。

改革开放以后，我国中小学师资数量有了大规模的增加，但教师队伍质量的提高成了一项刻不容缓的急迫任务。

提高教师队伍质量要做的工作有很多，其中主要包括教师的自我角色认同和自我教育。

自我角色认同是一个人做好工作的前提。有了自我角色认同，一个人工作起来才会有目标、有兴趣、有动力、有成就。英语教师在教学中应该是什么样的角色呢？有教师提出，英语教师特别是现代英语教师应该是教学过程的设计者，教学活动的组织者，学习知识的指导者，学习过程的促进者，学生情感的支持者，信息的咨询者，学习过程的评价者，学生心理的保健者，问题情境的创设者，教学过程的反思者，教育科学的研究者。②

自我教育是教师专业发展的重要内容之一。自我教育包括理论学习、实践探索、能力培养等方面。

英语教师应学好理论，包括本专业知识、相关专业知识、教育学、

---

① 陈学恂. 中国近代教育史教学参考资料：上［M］. 北京：人民教育出版社，1986：46.

② 赵晓娟. 从《英语课程标准》看现代教师角色［J］. 中小学英语教学与研究，2002（11）：1—3.

心理学、学科教学论知识，不断坚持自修，不断提高专业知识水平和语言理论水平。①

英语教师还应通过理论学习、教学实践，提高自己的自学能力、听说读写译能力、讲授能力、指导能力、辅导能力、答疑能力、评价能力、电教设备使用能力、计算机辅助教学能力和研究能力。

（三）习得与学得的关系

英语学习中有习得和学得之争。习得是指学生在自然的语言环境中自然而然地掌握语言的过程，一般是指母语学习。学得则是指学生在非自然语言环境中，通过努力学习掌握语言的过程，一般是指外语学习。习得的语言需要进一步学习，也是学得的过程。对于中国人学习外语是习得还是学得，大家意见不一。

夏谷鸣 2000 年曾撰文说："今年 4 月，我曾教过的一个学生带着她 3 岁的孩子来看望我。她的孩子是中英混血儿，现在一家人定居以色列。令我惊讶的是这孩子能讲四种语言。她用汉语和母亲交谈，用英语同父亲交流，用希伯来语与她的以色列小伙伴交往，用俄语跟周围邻居沟通（她们的邻居大多数是俄罗斯犹太移民）。这件事一直萦绕在我的脑海里。近日，结合语言习得理论细想此事，并对目前外语教学做了反思，略有心得：第一，儿童习得语言有得天独厚的内部因素，即'语言习得机制'；第二，他所习得的内容往往是他自己所能理解的；第三，他们具有为生存而习得语言的强烈动机。"② 我们知道，斯金纳等行为主义理论认为，语言学习是习惯形成的过程，强调刺激—反应，强调语言学习过程中的模仿—强化—成形等必经阶段。而 1957 年，乔姆斯基却提出了与行为主义完全相反的理论，他们认为，人的大脑中有一种适

---

① 罗晓杰. 关于"中学生喜欢的英语教师"的调查分析 [J]. 中小学英语教学与研究，2002 (9)：1—5.

② 夏谷鸣. 母语习得与外语教学——从一个案反思外语教学 [J]. 中小学外语教学，2000 (10)：9.

于人类学习语言的内部习得机制（Language Acquisition Device，简称LAD），斯金纳主张学得，乔姆斯基强调习得。夏谷鸣显然是赞成后者的观点的。

然而也有学者认为，习得论是有条件限制的，或是有阶段性的。比如，黄国斌认为，在母语习得过程中，孩子从降生到能说“妈”“（吃）奶”“门门（出门玩儿）”等非常简单的话，大约需要将近一年的时间。之后，有一个突变，大量的生活用语都会讲了。这表明，孩子经过近一年听的输入和积累，具备了向说的质的飞跃的基础，包括口腔运动的生理技能基本成熟。这个过程就是习得的过程。孩子到2—3岁时，什么话都会讲了，很多话连大人听了都惊讶。这表明，孩子的母语（听说）习得大约只需2—3年的时间。这个事实也说明，听说训练需要一个相对集中的时间进行，没必要小学、中学、大学、十几年时间练个没完。但是，这里所说的母语习得从听说的内容和范围来看，只是日常生活方面的，扩大到日常生活语言之外就听不懂、说不出了……这说明，进入成人以后，每个人都是社会人、科学人、政治人、职业人，而小孩子的母语习得则属于自然人。可见，母语习得只是指自然人。社会人、政治人、职业人的听说大多不能靠母语环境来习得；文字语言而要靠后天学得。……母语习得仅仅是指口语听说的习得，指有声语言的习得；文字语言则要靠学得，而不是靠习得。①

其实，习得与学得还要取决于学习者的年龄和学习者所处的环境。徐烈炯撰文说：“当代的心理学家告诉我们：婴儿学母语类似学走路，基本上是一种生理现象。不论学习环境好不好，不论努力不努力，也不论聪明不聪明，儿童都能在两三年内学会母语。一旦过了适当年龄，就再也不能彻底学会一种语言，就像妇女过了一定的年龄再也不能生育……进中国的大学英文系，英语学得和英美人一样地道，这样的先例

① 宁新. 黄国斌对“母语习得论”提出质疑［N］. 英语周报，2007-04-11.

是没有的。如果不信，可以设计一套题目来测试语感，一定很容易发现我们在重音、结构和理解方面和英美人的语感是有差距的，语言应用方面也有差距。我在香港的大学里工作近十年，整天用英语教课、演说、发表学术论文、主持会议、撰写公文，书面语言还能应付，口语听说方面却始终有很大局限性，如果要用英语与人吵架骂街，我想我一定不行。听电视中 Jay Leno 或 David Letterman 讲笑话时，好多话我都听不懂，当然除了语言之外，还有文化背景知识的问题。我有个女儿，十几岁去美国，她每晚要听 Jay Leno 的节目，每句话都听得懂，边听边笑。她说英语时一般人不容易察觉她不是美国人，这是习得和学得的不同。"①

尽管大家对语言的习得和学得尚存在分歧意见，但有两点是共同的：一是习得和学得是语言学习中客观存在的；二是习得和学得在语言学习中的重要性都不可忽视。特别是随着改革开放的深入和中国国际化步伐的加快，我们的语言环境逐步复杂化了，有汉语环境，也有英语环境，因而习得的因素也增加了。在教学中如何利用好这些习得的有利条件，使得习得与学得相统一，提高外语教学的质量和效益是我们应该研究的课题之一。

（四）听说与读写的关系

听、说、读、写是英语教学中的四项基本技能。在教学的处理上，有个何者为先的问题，是"听说领先"还是"读写领先"，众说纷纭，也成为"新中国成立以来外语教学界的两大争端"问题之一。②

从中小学英语教学的发展历史上看，听说和读写在不同的历史时期随教法变化而有不同的地位。总的来看，运用直接法、听说法、视听

① 束定芳. 外语教育往事谈——外语名家与外语学习［M］. 上海：上海外语教育出版社，2005：246—247.

② 蒋楠，等. 建国以来外语教学界的两大争端［J］. 中小学英语教学与研究，1989（5）：1.

法、交际法时，应是听说领先；运用翻译法、认知法时，应是读写领先；而综合教学法、折中教学法、整体教学法则是主张“综合训练、阶段侧重”或“四会并举、阶段侧重”的。

1959 年上海召开“中等学校教师外语教学座谈会”，会上产生两种观点：一是中学只应培养“一会”即外译汉的能力；二是把听、说、读、写都作为培养方向。①

1978 年颁布的《全日制十年制中小学英语教学大纲》提出：中小学英语教学的目的，是着重培养学生的阅读和自学英语的能力，并培养一定的听、说、写、译的能力。②

1986 年颁布的《全日制中学英语教学大纲》教学原则规定要“综合训练、阶段侧重”：学习外语，听、说、读、写几方面的训练是相辅相成、互相促进的。通过听、说、读、写的综合训练，可以较好较快地培养运用外语进行交际的能力。听、说、读、写训练在不同的教学阶段可以有所侧重。在初级阶段，以听说训练为主，同时进行适当的读写训练。在学生已经具有一定的听说能力和习惯，掌握了一定数量的词汇并学完了大部分的基本语法之后，在继续进行听、说、写训练的同时，侧重培养阅读理解能力。③这一原则一直延续到 2000 年颁行的中学教学大纲或课程标准中。

从主张“一会”，到主张“四会”，再到主张“四会并举、阶段侧重”是学生能力培养的必然要求，在此期间，对于“听说领先”还是“读写领先”，专家们争论不休。

“听说领先法”在上海外国语大学曾经进行过试验，大家对“听说领先法”进行了反思和分析，专家们围绕这一问题提出的意见对于最后

---

① 章兼中. 上海中等学校教师举行外语教学座谈会［J］. 外语教学与翻译，1959（4）：41.

②③ 课程教材研究所. 20 世纪中国中小学课程标准·教学大纲汇编：外国语卷　英语［M］. 北京：人民教育出版社，2001：120，163.

形成“综合训练、阶段侧重”这一教学原则有着多方面的贡献。

20世纪70年代末80年代初，英语教学界对中小学英语教学的目的进行了热烈的讨论，甚至激烈的争论。代正南撰文介绍说，1979年《中小学外语教学》杂志组织了中小学英语教学大纲所提出的目的要求的讨论。在讨论中，我们发现有两种意见。第一种意见认为，学生课程多、负担重、时间紧，教师的业务水平又不高，语言环境也很差……结论是目前大纲提出的要求是达不到的，应当改变。另一种意见同样也承认现在条件是差的，困难是大的，但是他们认为：我们应该看到大好形势，对于前进中的困难，我们只有加倍努力去克服它，绝不可因噎废食，削足适履。其结论是“五会”的要求是完全可能的。因此也有人提出，在教学目的要求问题上，我们反对“四会”（听、说、读、写）并进的提法，基本上同意培养阅读能力为主的意见，但是我们还认为，除阅读外，还应进行一定程度的听力训练，这不但是必要的，而且也是可能的。① 实际上这是一种“读写领先，听说跟上”的意见。通过读写培养学生语言能力是否可行呢？很多专家都有自己的理论根据。

李观仪认为，在语言环境和师资条件不具备的情况下，不一定非要听说先行，完全可以读写为前提……仅仅学会说几十句甚至几百句英语而不去学书面语，那最多是学了些语言的皮毛，成不了大器。② 要提高英语水平，必须依靠不间断的大量阅读，而阅读又必须做到精泛结合，默读与朗读相结合，有了扎实的读与写的基础，听说跟上是不难的。③

胡文仲认为，对于初、中级英语学习者我特别推荐英语简易读物，读的材料要浅易，故事性要强，读的速度尽可能快一些，读得越多越好。这是学好英语屡试不爽的一个好办法。④

---

① 代正南. 也谈中小学英语教学的目的 [J]. 中小学外语教学，1981（4）：1—2.

②③④ 束定芳. 外语教育往事谈——外语名家与外语学习 [M]. 上海：上海外语教育出版社，2005：24—25，35，35.

何其莘认为，用英语思维是许多英语学习者都希望达到的一种境界。从自己学习英语的经历中，我体会到坚持大量阅读是实现这一目标最有效的途径之一。①

赵世开对于“听说领先”提出了自己的意见。他说，外语教学中书面语（读写）和口语（听说）的关系问题一直是有争论的。1975 年在日本就曾有过一场关于英语教育的论战。大致可以说，平泉涉偏重口语，渡部什一偏重书面语。近年来，美国以 TG（转换—生成）语法理论为基础的认知法（cognitive approach）和以结构主义理论为基础的听说法（audio-visual approach）之间的争论，我认为也涉及书面语和口语的关系问题……我想强调的是，“听、说、读、写”并不是外语教学的目的，它只是一种手段。通过“听、说、读、写”的训练达到培养语言能力的目的。掌握某种语言的能力主要是掌握该语言的规则系统（包括语音、语法和语义）。“听、说、读、写”是语言能力的具体运用。②在几篇论文里，我强调了书面语在学习外语中的重要性，目的是纠正当前流行的一种不太正确的观点，即过分重视口语学习，似乎只要是能说外语就是学好了外语，实际上这只是看到了语言行为的一个方面，即口语。什么是外语学习？从语言学的理论来说，外语学习是语言能力的开发和运用。美国语言学家 N. Chomsky 区分了语言能力和语言行为。语言教学要把着眼处放在能力上而不是行为上。③

究竟是“听说领先”还是“读写领先”，两派观点似乎都有依据，都有道理。我们的思考是，听说领先还是读写领先，一是取决于培养目标；二是取决于所用教法；三是取决于所教内容或材料；四是取决于教师的专业水平。学好外语，只是听说是不行的，只是读写也是不行的，

①③ 束定芳. 外语教育往事谈——外语名家与外语学习 [M]. 上海：上海外语教育出版社，2005：35，42—43.

② 瞿葆奎. 教育学文集 · 教学：下 [M]. 北京：人民教育出版社，1990：308.

这是被外语教与学的实践所证明了的。

吴阶平曾经撰文指出，1948 年有个美国人对他讲中国话，那语言听上去怪得很。后来知道他的话是从《水浒传》里学来的，语言脱离了时代，听起来就很别扭。所以他建议教师们要用一些时间听外语广播，看外文报刊、小说、传记等。①

胡壮麟回忆他在北京大学学习期间的一件事，提到当时班上有两位同学吵架。一位曾在北平美童公学（相当于今天的国际学校）学习过，讲英语好似以英语为本族语一样地道，但他的作文在班上并不领先。另一位同学来自上海，成绩中上。前者利用自己的优势，喜欢和后者用英语争论，后者不甘示弱，也答之以英语，你来我往，双方不分胜负。事后，胡壮麟问那位上海同学为什么吵架时英语讲得那么顺溜？后者说是被逼出来的，坚决不让前者的英语压倒他。看来，这位上海同学较强的书面语在关键时刻居然能转化成口语。基础扎实确实重要。所以胡壮麟认为，究竟是“听说领先，读写跟上”，还是“读写领先，听说跟上”似乎是个“鸡生蛋，蛋生鸡”的问题。语言既然教形、音、义三个层次，听、说、读、写是互补的，不宜切分过细。②

李庭芗对于“综合训练、阶段侧重”理论的形成做出了贡献。他认为，在中学英语教学里强调对听、说、读、写能力的全面培养，从教学的角度看是有许多原因的，听、说、读、写能力是紧密联系、相辅相成的。不能认为，在中学里进行听、说、读、写四种训练，培养听、说、读、写四种能力是分散学生的学习精力和时间，不如集中精力和时间专

① 吴阶平. 为四化培养合格的外语人才［J］. 中小学外语教学，1981（1）：3—4.

② 束定芳. 外语教育往事谈——外语名家与外语学习［M］. 上海：上海外语教育出版社，2005：153.

搞阅读。① 李庭芗的主张是辩证的，也是全面的。

（五）知识与能力的关系

英语学科的教学实际上是英语素质或素养的形成过程。有人认为，外语学科的素质包括语言基础知识，有语音知识、语法知识、词汇知识和语篇知识等；语言的基本技能，有听、说、读、写等；学习能力，有认知能力、元认知能力和社交能力等；品德与科学文化素养；思维品质；情感因素，有学习动机、学习态度、学习兴趣、性格、自信心、意志等。② 有人认为可以把学生的外语素质规范为外语知识与经验、外语学习的内部智力、外语思维能力、外语语言基本能力、外语交际能力、非智力因素六个方面。其中，外语知识与经验包含语音、词汇、语法知识，语用知识以及策略知识；外语学习的内部智力，指与学生外语学习效率有关的一般的潜在的认知能力，其基本成分有语言敏感性和流畅性等；外语思维能力指直接运用外语进行思维的能力，它既是外语学习的结果，同时又是影响外语学习的过程变量；外语语言基本能力含听、说、读、写的能力；外语交际能力，是在外语学习的内部智力、外语知识、外语思维能力、外语语言基本能力的基础上形成和发展起来的用外语进行交际的能力，它是一个人外语素质的综合表现或最高形态，也是外语学习的根本目标；非智力因素指需要、动机、兴趣、信念、情感、意志和性格等。③

英语语言知识与交际能力应该是学生外语素质的最重要的方面，也可以称为核心素质。不掌握语言知识，就不会有交际能力。语言知识和

---

① 李庭芗．学习重点中学英语教学大纲的体会［J］．中小学外语教学，1982（6）：1—3.

② 王蔷，等．基础教育阶段外语学科素质教育问题初探：下［J］．中小学外语教学，1999（11）：1—3.

③ 宋专茂．面向21世纪学生外语素质的构成与培养［J］．中小学英语教学与研究，1999（3）：1—3.

交际能力都很重要，知识是基础，能力是目的，真正的语言教学是知识和能力的统一。教师既应传授语音、词汇、语法知识，又要培养学生听、说、读、写技能以及交际能力，既重视听、读输入训练，又要重视说、写输出训练。我们要注意克服两种倾向：一是忽视语言知识传授，使得语言技能和能力基础不牢，产生大量的“英语文盲”；二是忽视英语能力的培养，使得语言知识成为无的之矢，产生大量的不会听、不会说、不能读、不能写的“英语残疾”。①

然而，就英语语言知识和交际能力何者为先的问题始终有比较大的分歧。比如，英语语言知识中主要分歧点集中在语法知识上。章振邦撰文指出，在我国英语教学改革中，人们常常谈到语法问题。中国人学英语到底要不要学点语法？多数人主张要学。他们认为中国人学英语，特别是中国的成年人在本国的环境里学英语，不学语法是不行的。还有一部分人主张不要学语法，认为我国的英语水平不高，坏就坏在语法学得太多了，不要语法，照样可以掌握英语，而且还可以更好地掌握。前者是从语法的本质看问题，语法是语言的组织规律，要学习一门外语，不管承认还是不承认，都逃避不了语法规律的支配，要“淡化”语法都淡化不了；要甩掉语法，语法无处不在，不接触走近它，它都找你，那么习得一点语法知识，自觉地掌握一点支配所学语言的规律，有什么可反对的呢？但是，持反对意见者也不无理由：他们是从我国外语教学方法落后的现状出发，认为语言教学之目的应是培养语言技能和交际能力，而不应把灌输语法知识视为教学目的本身，过去学生就塞进大量的语法知识，忽略了语言技能的操练，到头来听不懂、讲不出、写不好，语言作为一种交际工具并没有真正学到手。因此，章振邦提出改革语法教学：一是要与词汇糅合起来；二是要与修辞联系起来。由于语言本身就是一种音义结合的语法和词汇体系，语法如果脱离了词汇就会变成干枯

① 陈自鹏. 谈中小学英语教育教学中应处理好的几个关系［J］. 天津教育，2007（8）：40.

的、没有血肉的条文，容易脱离实际，难以致用，又由于语法只能解决句子结构是否正确的问题，而修辞则是要解决句子在一定的语境和语体中用得是否恰当的问题，因此要学以致用，就必须联系语篇和语体来讲解语法。①

要处理好这对关系，胡春洞介绍的思路给人以启发。他说，根据语言学的基本观点，语言既具有交际属性，也具有认知属性。语言学还确认，语言既是一套行为习惯，也是一套结构模式；语言既是功能意念系统，又是规则和知识系统；语言既是模仿性的，又是创造性的。无数语言学家经过长期努力而研究出的语音、词汇、语法系统知识，对于语言教学具有不可替代的作用。语音、词汇和语法教学，在任何时候、任何阶段、任何情况下都不能淡化，包括三者所包含的系统语言规则或语言知识。

胡春洞提出，可以采取认知交际法（结构功能法）来解决这一问题。认知交际法具有广泛而久远的实践基础。古代中国人学习梵文，一方面系统学习语法，大量学习词汇；另一方面系统学习佛教文化，大量进行阅读和学术探讨。这样认知学习和应用学习就形成了一体。到了近现代，中国人学外语仍然很成功。以 20 世纪 20 年代和 30 年代为例，那时的中学学制只有 4 年，学生学 4 年英语后上大学预科。除国文（语文课）外，其他课都用英文教材并用英语授课，而只学过 4 年英语的学生却能够接受，当时使用的教材有读本、读物（例如，《泰西 50 轶事》等）、作文和文法（语法）；采用的活动主要是听教师用英语授课、熟读背诵、多读快读、用语法知识分析所读材料以及作文和口头表述等。50 年代，我国外语教学的主要语种由英语改为俄语，教学法接受了苏联的对比法。该时期的教学过分强调本族语和语法的作用，原因是俄语和汉语差异大，俄语语法比英语语法复杂。针对过分重视语法的情况，60

---

① 束定芳. 外语教育往事谈——外语名家与外语学习［M］. 上海：上海外语教育出版社，2005：16—17.

年代初，外语教学改革提出了“破语法框框”的口号，教材编排以思想内容为纲，同时英语开始受重视，但教学效果不理想。经过调整，又逐渐向实践应用与规则认知相结合的途径靠拢。当时由张志公先生主持编写的英语教材基本体现了这种思路。

改革开放以后，全国掀起了外语教学改革的热潮。效果比较好的教学法，都在一定程度上遵循了认知与交际相结合的原则。例如，结构和功能相结合，集中和分散相结合等。认知交际法在中国有实践基础，在世界其他地方也有实践基础。大规模的成功经验在日本有帕默英语教学，该方法实行口语和句型相结合，动作和句型相结合，词汇和句型相结合。①

（六）智力因素与非智力因素的关系

学好英语需要智力因素的参与，也需要非智力因素的参与。智力因素包括观察能力、想象能力、记忆能力、思维能力等，对英语学习极为重要。难以想象一个没有记忆能力、思维能力的人能够学好英语。在教学中，教师一方面要培养和锻炼学生的观察能力、想象能力、记忆能力，另一方面还要培养和锻炼学生的思维能力，学会概括、归纳、演绎、判断、分析、综合等思维方法，这不仅能够对英语学习有所促进，也对学生一般智力有所促进。在此基础上，着力提高学生用英语思维，用英语交际的能力，这是英语教学的终极目的之一。

学好英语只靠智力因素是远远不够的。大家不难达成的一点共识是：学好英语，非智力因素如兴趣、意志等也相当重要，有时甚至决定着一个人学业的成败。许多外语名家对此也有阐述。

赵世开回忆说：“70 年前，我刚开始接触英语。那是在上海念小学，同学中传诵着‘one，two，three，four，来叫 come 去叫 go，24 叫 twenty-four’的顺口溜，还有骂人的话‘damn fool’（傻蛋）等。为了试验‘damn fool’灵不灵，有一次，我看到一个外国人，就冲他喊了

---

① 胡春洞．再论认知教学法［J］．中小学外语教学，2002（4）：1—3．

一句，他转身要打我，我吓得就跑，知道这句话还灵。”① 英语的灵（实用性）让赵世开对英语开始感兴趣。

陈用仪回忆说：“真想不到，1944 年在广东西北山区一个小县城的中小学一次简单的英语课测验，成了使我从对外语兴趣不浓、所知不多、浑浑噩噩，转而为对外语入迷、废寝忘食、开步入门的一个转折点。当时我们念林语堂的《开明英语读本》，有一篇课文取自希腊神话，说的是一对夫妻如何变成了鸟。课文中有一句说，女的十分美丽（…was as beautiful as a summer morning）。学完了课文测验时，老师出了个汉译英的题目：‘他同他哥哥一样聪明。’同学们都没有联想到课文有‘as … as’的句型，都围绕着‘一样’这个词上打转转，找出英语与对应的形容词 same，拿来造句。但是汉语的‘一样’是个修饰形容词的程度副词，而英语的形容词 same 是无法直接再修饰形容词 clever 的。我一开始也在 same 上打转转，但句子造来造去都造不出来。不知怎的灵机一动，想起了课文上的 as…as…，马上猜出了老师出这道测验题的用意，恍然大悟，豁然开朗，造出了‘He is as clever as his brother’。测验结果出来后，全班只我一个人做对了。现在回头看，那次成功又算得了什么？这样简单的习题，今天的学生有谁不懂得呢？可是，这件看来不足挂齿的小事，却决定了我今后努力的方向。老师以为我的英语真的不错，夸奖了一番。我顿时信心百倍，对英语的兴趣也大大提高。而且，既被看作全班英语最好的学生，受自尊心的驱使，也感到了压力，不甘再落后，只好拼命向前。自此以后，我的英文成绩在班上一直保持名列前茅。前后相比，判若两人。”②

一件偶然的小事决定了一个人一生发展的方向。这种兴趣的激发使

① 束定芳. 外语教育往事谈——外语名家与外语学习［M］. 上海：上海外语教育出版社，2005：39.

② 季羡林，等. 外语教育往事谈——教授们的回忆［M］. 上海：上海外语教育出版社，1988：345—346.

得陈用仪不但精通了英语，而且精通了俄语、西班牙语、葡萄牙语和德语，成为一位著名的翻译工作者。

如果说兴趣是最好的老师，那么意志则是学好外语的保障。学好英语意味着艰苦的劳动，学好英语意味着不断攀行、学无止境，这些都需要有坚强的意志做保障。

季羡林撰文指出，“真正的有识之士都会知道，对于一种语言的掌握，从来也不会达到绝对好的程度，水平都是相对的。据说莎士比亚作品里就有不少的语法错误，我们中国过去的文学家、哲学家、史学家、诗人、词人等，又有哪一个没有病句呢？现当代的著名文人，又有哪一个写的文章经得起语法、词汇方面的过细的推敲呢？因此，谁要是自吹自擂，说对语言文字的掌握已经达到炉火纯青的程度，这个人不是一个疯子，就是一个骗子。我讲的全是实话，并不是危言耸听。我自己常常想到，学习外语，在漫长的学习过程中，到了一定的时期，一定的程度，眼前就有一条界线，一个关口，一条鸿沟，一个龙门。至于是哪一个时期，这就因语言而异，因人而异。语言的难易不同，而且差别很大，个人的勤惰不同，差别也很大。这两个条件决定了这一个龙门的远近，有的三四年，有的五六年，一般人学习外语，走到这个龙门前面，并不难，只要泡上几年，总能走到。可是要跳过这龙门，就绝非易事。跳过了龙门呢，则你已经不再是一条鲤鱼，而是一条龙。可是要跳过这个龙门又非常难，并不比鲤鱼跳龙门容易，必须付出极大的劳动，表现出极大的毅力，坚忍不拔，锲而不舍，才有跳过的希望。好多语言，我大概都没有跳过龙门。连那几种有把握的，跳到什么程度，自己心中都没有底。想要对今天学外语的年轻人讲几句经验之谈，想来想去，也只有勤学苦练一句，这真是未免太寒碜了。然而事实就是这个样子，这真叫作没有办法。”①

① 季羡林，等. 外语教育往事谈——教授们的回忆［M］. 上海：上海外语教育出版社，1988：14—15.

外语学习是一辈子的事业，学习是没有止境的。人的精力是有限的，没有坚强的意志，也难以取得大的成就。秦秀白先生的话表达出了广大英语学习者的心声：

学了几十年的英语，也教了几十年的英语。深切感到：要真正掌握英语并且做个与时俱进的英语教师，实在是太难了，也太苦了。即使竭尽全力，我们也只能熟悉跟我们的生活和职业相关的某些方面的英语，也只能在这些方面“教”别人学习英语。社会上有些人，以为我们教外语的什么都知道，什么都会用英语表达，这其实是对我们最大的误解，也是一种冤枉。我们靠语言生活，可是在语言面前，我们永远是无法毕业的学生。和英语打了一辈子的交道，也当了英语教授，但我一直感到我的真实身份还是“an English major”，这种感觉早已升华为一种“情结”，束缚着我的心灵，激励着我不断进取。即使到心脏停止跳动以前的那一刻，也不能说“我毕业了”，而只能说“我终止学习了”。①

（七）语言与文化的关系

语言与文化密不可分，语言具有自然属性，也具有社会属性。在教学中我们往往只注意它的自然属性，而忽略它的社会属性。正如有人指出的那样，我国当前外语教学存在的主要弊端之一，就是把外语学习过程看作语言知识接收与传承的简单过程，视模仿论与强化论为教学法宝。教学中则仅仅重视语言符号识记语法规则记忆、“刺激—反应”的机械式句型操练等。而这种识记性的句型操练几乎排除了对文化因素的任何考虑，学习者在知识内化过程中的文化交际环境和心理特征往往被忽略，这种情况下，很多中国学生虽然学习外语多年，但仍难以用英语进行得体交际。②

---

① 束定芳．外语教育往事谈——外语名家与外语学习［M］．上海：上海外语教育出版社，2005：269．

② 戴军熔．拓宽文化视角，提高跨文化交际能力［J］．中小学英语教学与研究，2000（4）：5．

语言的得体交际取决于学生的跨文化交际能力。培养学生的跨文化交际能力，需要从中外文化差异的比较和认识入手。有人对此有过比较独到的研究。

燕柳芝等从姓名方面分析中西文化差异。文章指出，中国人的姓名多是父母之言，天子之命，极端严肃认真，而西方则不然，如以职业为姓的 Weaver，Miller，Cook，Barber 等。以居住地、出生地或方位词为姓或名。居住地如 Field，Wood，出生地 London，Paris，方位词 North，West。以动物或植物名称为姓或名，如 Lamb，Wolf，Rose，Lily 等。以家庭关系为姓，如 Johnson，Philipson，Williamson 等。以物质名词、货币或建筑物名称为姓或名，如 Stone，Pound，Church 等。以季节、月份、时日或天气名称为姓或名，如 Summer，May，Sunday，Snow 等。以古希腊、罗马神语的神名或与基督教有关的名词为人名，如 Apollo，Adam 等。以颜色、肤色、长相特征或以绰号为姓，如 White，Black，Longman，Sweet 等。此外，王力在其《姓名》一文中，就曾提到英美人的姓名中，有人姓胖，姓大，姓小，姓年轻，姓弯腰，姓竖发，姓棕发，姓蓬头，姓白、姓黑，姓短大腿，姓独眼龙，姓驼背，姓细毛，姓小约翰，姓胖约翰，甚至姓坏蛋，姓拖油瓶。①

王宗宽则从语言与交际两个方面探讨了英汉文化的差异。他指出，在回答提问方面，中国人对别人的问题，总是以肯定或否定对方的话来确定，常用“对”或“不对”，而英语中对别人的问话，总是依据事实结果的肯定或否定，用“Yes”或“No”；亲属称谓，西方人大而化之，以示平等，如 parents 表示父母，uncle 表示叔、伯、舅等，aunt 表示姨、姑、婶等，cousin 表示表姐、表妹、表兄、表弟等，中国人分得很细；在考虑问题的主体方面，中国人喜欢以别人为中心，考虑对方情意，而英语中往往以自我为中心；在问题用语中，中国人打招呼，一般

---

① 燕柳芝，等. 从姓名看中西文化差异 [J]. 中小学英语教学与研究，2002 (10)：34.

都以对方处境或动向为思维出发点，而西方人往往认为这纯属个人私事，不能随便问；面对恭维时，中国人往往谦虚推辞，而西方人则表示感谢，显出自信；在电话用语方面，中国人打电话时的用语与平时讲话用语没有多少差异，英语中打电话与平时用语差别很大，比如西方人一般接到电话都先报自己的号码或工作单位的名称；中国人收到礼物时，一般是放在一旁，确信客人走后，才迫不及待地拆开看，受礼时还连声说“让您破费了”“真不好意思”等话，而西方人收到礼物时，一般当着客人的面马上打开，并连声称好；中国人重视家庭、亲情，为了表示礼貌，往往要以亲疏远近来区分不同的人，西方人对于亲近的人，哪怕长辈也可直呼其名；在西方，向别人提供帮助、关心、同情等的方式和程度是根据接受方愿意接受的程度来定的，而中国人帮起忙来一般是热情洋溢，无微不至；请客吃饭时，中国人招呼客人一般都准备满桌美味佳肴，不断地劝客人享用，自己还谦虚：“没什么菜，吃顿便饭。薄酒一杯，不成敬意”。行动上多以主人为客人夹菜为礼。西方人会对此大惑不解：明明这么多菜，却说没什么菜，不实事求是！而他们请客吃饭，菜肴特别简单，经常以数量不多的蔬菜为可口的上等菜，席间劝客也是由客人自便。①

英汉两种文化的差异和跨文化交际问题，近些年引起了语言教学界的关注，这种关注也反映在英语教学理念和课程标准的变化中。

张俊杰等撰文指出，To be bilingual，one must be bicultural。对英语教学来说，掌握英语国家的文化是至关重要的。中西文化的差异决定了语言的差异，其中包括语法、词汇、表达方式、表达内容、语境、得体性等，自觉的英语学习者应当努力了解并适应这种差异，在用英语进行跨文化交际时，尽量用英语国家的社会文化进行思维。他们提出，一要注意语言的交际场境，选择与所处语境、说话时间和场所相适应的言

① 王宗宽. 英汉最常见的十大文化差异综述［EB/OL］. http：//www. LN90. com/paper/yingyulunwen.

语行为。二要注意交际者之间的关系，根据双方熟悉程度，对方的社会地位和身份，说出合乎自己身份的话语；采用或严肃或随便的交际风格。三要注意或直接或委婉的交际策略，如怎样开始，维持或结束说话，如何转换话题，出现问题如何补救等。四要得体地表达自己的交际意向，如问候、打招呼、打电话、询问、邀请、致谢及道歉等。五要注意交际势能，把握交际信号（即信息意义）的强弱。①

2001 年颁发的《全日制义务教育普通高级中学英语课程标准（实验稿）》提出，基础教育阶段英语课程的总体目标是培养学生的综合语言运用能力。综合运用能力的形成建立在学生语言技能、语言知识、情感态度、学习策略和文化意识等素养整体发展的基础上，并提出，文化意识是得体运用语言的保证。② 该课程标准还规定了小学毕业（二级）、初中毕业（五级）、高中毕业（八级）应达到的文化意识目标。具体目标描述如表 4-7 所示：

表 4-7　2001 年英语课程标准文化意识目标描述③

级别	目标描述
二级	1. 知道英语中最简单的称谓语、问候语和告别语； 2. 对一般的赞扬、请求等做出适当的反应； 3. 知道国际上最重要的文娱和体育活动； 4. 知道英语国家中最常见的饮料和食品的名称； 5. 知道主要英语国家的首都和国旗； 6. 了解世界上主要国家的重要标志物，如英国的大本钟等； 7. 了解英语国家中重要的节假日。

① 张俊杰，等. 中学英语教学与社会文化意识［J］. 中小学英语教学与研究，1998（6）：1—4.

②③ 教育部. 全日制义务教育普通高级中学英语课程标准（实验稿）［M］. 北京：北京师范大学出版社，2001：6，26—27.

续表

级别	目标描述
五级	1. 了解英语交际中常用的体态语，如手势、表情等； 2. 恰当使用英语中不同的称谓语、问候语和告别语； 3. 了解、区别英语中不同性别常用的名字和亲昵的称呼； 4. 了解英语国家中家庭成员之间的称呼习俗； 5. 了解英语国家正式和非正式场合服饰和穿戴习俗； 6. 了解英语国家的饮食习俗； 7. 对别人的赞扬、请求等做出恰当的反应； 8. 用恰当的方式表达赞扬、请求等意义； 9. 初步了解英语国家的地理位置、气候特点、历史等； 10. 了解常见动植物在英语国家中的文化含义； 11. 了解自然现象在英语中可能具有的文化含义； 12. 了解英语国家中传统的文娱和体育活动； 13. 了解英语国家中重要的节假日及主要庆祝方式； 14. 加深对中国文化的理解。
八级	1. 理解英语中常见成语及其文化内涵； 2. 了解英语交际中常用典故或传说； 3. 了解英语国家主要的文学家、艺术家、科学家的经历、成就和贡献； 4. 初步了解主要英语国家的政治、经济等方面的情况； 5. 了解英语国家中主要大众传播媒体的情况； 6. 了解主要英语国家与中国的生活方式的异同； 7. 了解英语国家人们在行为举止、待人接物等方面与中国人的异同； 8. 了解英语国家主要宗教传统； 9. 通过学习英语了解世界文化，培养世界意识； 10. 通过中外文化对比，加深对中国文化的理解。

在语言教学中注重文化意识培养，让学生了解所学语言国家的历史地位、风土人情、传统习俗、传统节日、生活方式、文学艺术、用语习惯、行为规范、价值观念等，有助于学生开阔视野，培养国际意识，培养跨文化交际能力。

（八）主导与主体的关系

在英语教学中，教师和学生的活动质量决定着教学的质量，教学中如何发挥好各自的作用，如何处理好教师与学生的关系，是理论工作者和实际工作者都十分关注的问题。

教师要发挥好主导作用，学生要发挥好主体作用，应努力做到如下几点。

第一，面向全体。教学工作中要做到面向全体，关键是如何对待每个层次学生的问题。在教学系统要素的把握上都应贯彻面向全体的思想，如在教学环境的创设方面，应体现公平的思想，要给予每一位学生平等参与的机会；在教学目标、教学内容的处理方面，应考虑班级中每一位学生的现实知识基础和语言发展潜力；在教学方法、教学手段使用方面，应考虑每一位学生的适应情况；在教学反馈、教学评价、教学研究方面，不能只重视学困生而不顾优秀生，也不能只顾优秀生而不重视学困生。教师应认真分析每一位学生的学习情况，给每一位学生以适当的评价，研究促进每一位学生学业发展的措施，使全体学生取得应有的进步。

第二，因材施教。学生之间是有差异的。承认差异是做好因材施教的前提。学生差异表现在多个方面，比如，有智力因素和非智力因素的差异；在社会成因方面，有成长背景、教育状况等方面的差异；在学习能力方面，有对语言的认知、记忆、理解、运用、分析、综合、概括、归纳、评价等方面的差异；此外，从学习类型上看有视觉型、听觉型和动觉型等的差别。学生成绩不好的原因也有多种。一是基础型。这类学生基础知识、基本技能薄弱。教师对学生应该认真分析，夯实双基。二是能力型。这类学生观察能力、记忆能力、想象能力、分析问题和解决问题的能力都差一些。教师不能歧视、讽刺、挖苦他们，应热情鼓励，让他们通过努力不断进步。三是学风型。这类学生学习习惯不好，不能认真预习、听课、作业、复习和考试。教师应对其加强思想教育，以榜样引路，以任务强化，逐步使其养成良好的学习和思维习惯。四是意志型。这类学生缺少克服困难的勇气和精神，往往是经不起挫折，遇不得困难。教师应鼓励他们勇于面对困难，勇于战胜困难，勇于夺取胜利。五是方法型。这类学生往往是学习很努力，但方法不当，学习效率很低。教师应指导学生研究和改进学习方法，做到高效学习。六是综合型。这类学生是前几类学生的缺点兼而有之。教师应多方入手，综合治理。①

第三，促进发展。促进发展应把促进学生的可持续发展作为教学工作的出发点和归宿。在语言学习中，人们常常提及“学会”与“会学”的问题。“学会”一般是指现实发展能力，而“会学”是指未来发展能力，即可持续发展能力，应该说后者比前者更为重要。因此，教学中应以现实发展能力为基础，着力提高学生的可持续发展能力，要做到现实发展能力和可持续发展能力的统一。学生的可持续发展能力，在语言教学中主要是指学生自学的能力。教师除了要传授基础知识、基本技能以外，还要重视传授给学生自己学习知识、提高能力的方法，比如认知的方法、理解的方法、运用的方法等。自学能力的培养会使学生受益终生。教学中应“立足当前、兼顾长远，打好基础、放眼发展”。

第四，全面提高。全面提高有两层含义：一是学生学科能力的全面提高；二是学生综合素质的全面提高。学生的学科能力表现在，英语教学中有听的能力、说的能力、读的能力、写的能力和译的能力。英语教学必须全面提高学生各方面的能力，而不能偏废任何一方面。应提倡按语言本来的面目和教学自身的规律去组织教学，应杜绝“聋哑英语”，

① 陈自鹏. 心得集（V）[M]. 北京：中国传媒大学出版社，2007：236.

使学生真正做到会听、敢说、能读、善写，课堂教学以传授知识、培养能力为主要任务，然而又应在教学中注重培养学生综合语言运用能力，即不但要让学生掌握语言技能、语言知识，更要注意培养学生的情感态度、学习策略和文化意识，通过综合语言运用能力的培养，提高学生的语言素质和综合素质，促进学生全面进步，全面发展。

第五，倡导民主。在教学工作中倡导民主，一方面要废除“一言堂”“满堂灌”的教学方式，采取讨论式、启发式、参与式和任务型的教学方式；另一方面，要鼓励学生质疑。通过质疑，使得学生对所学知识有所思考，有所梳理，有所深化。要允许学生各抒己见，对于对的意见和方法应及时给予肯定和表扬；对于不对的或有待探讨的意见和方法，忌讽刺挖苦，要注意保护学生的积极性。要适时适地适度地给学生以正确的指导，使其积极思考，情绪高涨，愉快高效地学习语言。倡导教学民主，需要教师努力转变教育教学观念，明确民主施教的重要意义，同时也要求教师努力提高自己的“传道、授业、解惑”的能力，使自己能够在民主气氛浓厚的课堂上应付自如，游刃有余。此外，教师还要提高自己课堂管理的能力，使得课堂教学能够活而有序，活而不乱。

第六，善于创新。英语学科教学中的创新主要表现为方法观念的创新。其一是教法观念的创新，其二是学法观念的创新，其三是考法观念的创新。在教法的创新方面，我们要善于突破引进教法和传统教法的陈规，大胆探索适于我国国情的教法；在学法创新方面，我们要实现学生由被动接受型学习向主动参与型学习的转变，变“要我学”为“我要学”，学生应真正成为学习的主人，而不应是学习的奴隶；在考法创新方面，要加强对考试科学性、激励性和矫正性的研究，通过改革创新，使考试为教学目的服务。通过考试使每一位学生都能看到自己的优点和不足，能够发挥优势，矫正不足，取得新的进步。

第七，灵活开放。教学过程是闭合与开放的统一。在资源利用方面，传统教学闭合有余而开放不足，只重教材、练习册，而对其他教学资源重视不够。正确的做法是：首先，既要重视课内，又要重视课外。

要利用一切可以利用的条件，使得一切有益的教学资源为语言的教与学服务，比如现在的VCD、CD、多媒体教学软件、英语广播、课外书籍、报刊等，都可以为教学实践服务；其次，在本学科内部，既要认真总结自己的教学经验，又要重视吸取他人有益的教学经验；最后，既要重视本学科的教学研究成果，又要重视其他学科的教学研究成果。本学科的研究成果弥足珍贵，对本学科的教学有直接的影响和推动作用，而其他学科的教学研究成果可以给我们以思考和启发，可以对英语学科的教学起到间接的影响和推动作用。

第八，辩证施教。教学过程中要辩证地看问题，辩证地处理各种关系，只有这样，才能使教学工作不至于左右摇摆，才能保证教学工作的正常进行。辩证施教要求教师要有正确的教师观、学生观、语言观、教学观和质量观。教师要在教学过程中处理好师生关系、知能关系、知行关系、知情关系。教师为主导，学生为主体；知识为基础，能力为目的；知识为基础，践行为手段；知识为基础，情感为助力。辩证施教，才能促进学生全面发展，才能培养学生综合运用语言的能力，才能最终培养好学生听、说、读、写的技能和得体的跨文化交际能力。辩证地处理好教学过程中的各种关系不是一件容易的事，但只要我们思路正确，方法对头，会取得一定的效果。

第九，系统完整。英语与其他语言一样，有着完整的知识系统，按构成要素来分，有语音系统、词汇系统和语法系统，这三个系统共同构成完整的英语语言系统。建立一个完整的语言系统，要求教师能够指导学生正确学习。掌握语言要眼、耳、手、口、脑并用，使每一器官都参与到学习的过程中，以在各器官间建立牢固的信号联系，这有助于语言知识、技能的积累和增进。建立一个完整的语言系统，还要求教师指导学生做好知识的分类、归纳和综合工作。教师要指导学生按语音知识、词汇知识、语法知识分门别类建立知识点，然后将各知识点进行科学归纳，连点成线，串线成面，通过综合，使知识实现网络化、立体化、系统化。

第十，重视操练。英语是实践性很强的学科，实践是增进语言技能的主要方法，练习是语言实践的一种形式，有语音、语法、词汇专项练习，有对话、复述、作文、完成交际任务等综合性练习等。练习虽然是一种虚拟的语言实践，但它对于学生学好语言知识、提高语言技能、培养交际能力都是必不可少的，在非目的语的环境中学习是掌握语言的必由之路，因此必须高度重视。要通过练习打下一个比较扎实的语言知识和语言技能基础；应用是语言实践的又一有效形式，它是检验学生语言知识水平以及将所学知识和技能用于实际的语言实践活动。我国已全面对外开放并进入WTO多年，英语环境不断改善，使用英语的机会逐步增多。教师应教育学生能够珍惜这些难得的学习机会，以在真实的语言环境中真正提高运用英语的能力。①

① 陈自鹏. 英语教学思想浅议［N］. 考试报，2002-10-08，2002-10-15.

第五章 传播交流视野宽

独学而无友，则孤陋而寡闻。从事教育教学和教研几十年，我常常和同学、同事、同行们交流，其间常常有新的见解、新的发现、新的惊喜。多年来，我常常被邀到北京、天津、河北、山东等地高校、科研机构和教育局、教育中心、教研室做学术交流。我认为，把自己的想法、做法和说法传播出去，与大家探讨，与大家分享是一件有意义的事情、快乐的事情和幸福的事情。

第一节　班级创建

1983年，我调入天铁第一中学。天铁一中是天铁当时规模最大的中学，是一所完全中学，有初中，也有高中。在一中，我有机会担任了班主任工作，连续做五年班主任，得到很多锻炼。重要的是，在这五年里，我对于如何创建和管理班级有了些许的经验和体会：班级创建管理要重视规律和方法。

我们知道，班主任是班集体的组织者、管理者、领导者和教育者；他是执行校领导教育指令的中坚力量，是教育工作者对学生施教的骨干力量，是凝聚团队和社团组织施教的纽带力量；班主任在学校、家庭和社会三种教育渠道之间起着桥梁作用；他又是学校第一课堂与第二课堂教育的协调者。在学校组织机构中，班级是重要的细胞，而班级的组织者、管理者、领导者和教育者——班主任则起着举足轻重、非同寻常、不可或缺的作用。那么，怎样才能创造性地做好班主任工作呢？

一、遵循班级工作规律

所谓规律，就是事物内部固有的本质的和必然的联系。班主任工作内部固有的本质的和必然的联系就是班级工作的基本规律。班主任工作有三大基本规律，即受约律、适应律和协调律。①

1. 受约律

班主任工作是改造学生主观世界同时又改造学生客观世界的行为，是教育人、培养人的工作，因而受约律也是班主任工作的基本规律。教育受到政治、经济两方面的制约。

首先，班主任工作受到政治方向的制约。我们培养的学生是社会主义社会的建设者，因而，我们在班主任工作中，无论是对学生进行思想

---

① 辛旸．中学班主任实用手册［M］．吉林教育出版社，1986．

教育，还是制定班级工作目标，或是组织班级活动都不能离开这一主线，我们必须坚持社会主义的办学方向，努力把学生培养成为德、智、体、美、劳诸方面都得到发展的“有理想、有道德、有文化、有纪律”的社会主义新人。

其次，班主任工作受到社会主义市场经济发展的制约。在社会主义市场经济条件下，教育如何才能“面向现代化，面向世界，面向未来”是每一个班主任不得不思考、不得不面对的一个新课题。班主任工作必须为社会主义现代化建设服务，必须与社会经济实际相结合。生产力发展水平、经济发展水平制约着班级教育的质量和规格。

2. 适应律

适应律即适应青少年身心发展和社会发展需要的规律。

首先，班主任工作应适应青少年身心的发展。要遵循青少年生理、心理发展的规律，依据青少年的年龄特点、个性特点、智力发展特点施以相应的教育，即搞好因材施教、分类指导，而不能粗暴施教，拔苗助长。

其次，班主任工作应适应社会发展的需要。社会对人的培养目标有一定的规格和标准，我们培养出的人只有适应社会政治、经济、文化等发展的需要，才能够派上用场，发挥应有的作用。因此，班主任的教育思想及制定的教育目标，采取的教育方法，选择的教育内容等都必须适应社会发展的需要。

3. 协调律

协调律是指协调诸教育因素间关系与作用的规律。

首先，班主任要协调学校、家庭、社会三者的关系和作用。班主任要通过自己的努力工作，使得学校、家庭、社会教育能够相互促进、相得益彰。在学校，要坚持正面教育，营造气氛。要把正确的教育主张和教育方法宣传给家长和社会，使家庭和社会理解教育、关心教育、支持教育，使学校、家庭和社会形成教育的合力。

其次，要协调好领导、任课教师和学生之间的关系和作用。要形成一种领导重视、教师支持、学生努力的良好局面和教育氛围，齐抓共管，协调一致，共同把班级教育和管理工作做好。

最后，要协调好遗传、环境和教育之间的关系和作用。重视遗传素质和环境影响，将其作为个性教育实施的依据和起点，改进教育的方法，提高教育的效能。

二、探索班级工作方法

在班级教育和管理工作中，正确的方法可以起到事半功倍的效果，不科学的方法则可能导致班级工作的失败。根据我的实践，大致可以归纳出如下七种工作方法。

1. 计划督促法

计划是活动在时间进度方面的安排。班级计划从不同角度，可分为集体计划和个人计划、长远计划和短期计划、进度计划和效度计划等。制订计划时应注意二者的兼顾，要通过计划的制订明确班级工作任务，并应通过计划的实施落实工作任务，要让学生制订出切实可行的学习计划和活动计划，养成良好的执行计划的习惯，做到“一日事一日毕”。特别是要对学困生提出明确的要求，严格执行计划，认真落实计划，要通过计划教育他们珍惜时间、珍惜机会、敢于探索、敢于成功。

2. 目标激励法

目标是人们的活动所追求的预期。从不同角度划分，班级教育目标可分为集体目标和个人目标、长期目标和短期目标、数量目标和质量目标。目标与计划有联系又有区别。首先，二者都是未来所要完成的；其次，目标强调工作所要达到的标准，计划则强调完成工作任务的时间分配。

制定目标应做到如下几点。一要注意可行性。不论是班级总的奋斗目标还是个人制定的目标都要注意能够实施、能够实行，要充分考虑现有的物质条件和精神条件。二要注意适合性。制定的目标要“蹦一蹦能够得着”，目标定得太高，学生通过努力都完不成就会失去进取的兴趣。

当然也不能定得太低，学生唾手可得，不仅对班级总体工作和学生的发展不利，久而久之，学生还会产生一种厌倦的感觉，失去了新奇感和竞争性、挑战性，也就失去了进取的精神。三要注意服从性，即目标的制定应围绕教育教学这一中心，这是党和国家教育方针的要求，也是培养四有人才的要求。

3. 集体影响法

集体的影响作用是巨大的。要通过集体即班级的互动来营造一个积极向上、严谨治学、遵规守纪、团结友爱的学习环境和人际关系氛围。人的智力因素是有差异的，人的非智力因素也是有差异的，人的遗传素质、环境影响及所受教育也是有很大差异的。通过集体教育和活动，学生相互学习、相互帮助、相互影响、相互提高，将会对他们的学业、品德等产生积极而深远的影响。

运用集体影响法要做好如下两方面的工作。一要认真分析班级情况，明确哪些是有利的教育因素，哪些是不利的教育因素。二要长善救失，要抑制不利的教育因素，利用有利的教育因素，因势利导，使得班级正气上升，形成良好的班风。

4. 典型带动法

每一个学生总是有一些闪光点的。班主任要善于抓住有利时机，树好正面的典型。比如，有的学生思想品德好，乐于帮助别人，我们可以在学生中评选“学雷锋标兵”；有的学生学习态度端正，学习刻苦，学习成绩优秀，我们可以在学生中评选“学习标兵”；有的学生活泼好动，喜爱体育活动，体育成绩优良，我们可以在学生中评选“体育标兵”；有的学生艺术天赋好，有特殊的艺术才能并屡屡在艺术比赛活动中获奖，我们就可以树他为“艺术标兵”。对如上这几类标兵，要给予一定的宣传和物质、精神方面的鼓励，这样不仅能使得这些特长生扬长避短，同时也给其他同学做出表率。

5. 表扬鼓励法

对于青少年学生来说，表扬能够促其“百尺竿头，更进一步”，优者更优。表扬是对一个人工作、学习等付出努力或成效的一种肯定。青少年学生大都争强好胜，一句表扬的话，一个首肯的表示，都会激起其力争上游的勇气和精神。

运用表扬鼓励法要注意如下几点。①适时，即应注意表扬的时机，要在任务圆满完成又需要及时得到正面的强化时给予学生以表扬。②适地，即应注意表扬的场合。当一个学生圆满完成工作目标时，他需要在大庭广众面前得到表扬，班主任就应满足学生这一心理需求，给予及时的肯定。③适度，表扬不是廉价馈赠，只有恰如其分的表扬才能产生良好的效果，不能无中生有，不能夸大其词，更不能“大事化小”。

6. 批评鞭策法

一般说来，对于学生表扬的效果要优于批评的效果。但对不同的学生情况也会有所不同。比如，有的学生自制力较差，有的学生自我估计过高，有的学生存在有这样或那样一些自身难以克服的缺点等，这时就需要得到班主任老师的批评和指导。只有接受批评教育，发现自己的缺点、弱点、过失所在，这些学生才能取得进步。

运用鞭策教育法也要注意适时、适地、适度。比如，一个学生犯了错误以后，是立刻批评，还是延迟批评；是公开批评，还是个别批评；是严厉批评，还是一般批评。这要取决于学生个性、错误程度以及班级情况等。

7. 自我教育法

魏书生在其《班主任工作漫谈》一书中指出，班主任工作成功的秘诀有两点：一是民主，二是科学。这是非常耐人寻味的。首先，要民主管理、民主参与、民主决策、民主监督，使得班主任教育和管理行为扩大到校领导、家长、科任教师，尤其是管理对象——学生身上，使得班级教育和管理成为大家责无旁贷、共同关心的事情，这样就会调动起各方面的积极性，特别是能够调动起学生自我教育、自我约束的自觉性，这是教育所要达到的最理想的境界。其次，要讲究科学，不能心血来潮、随心所欲，而应以科学的态度来对待班级教育这门科学和艺术，要采取科学而有效的方法组织班级教育和班级管理活动，要搞好科学研究，进行科学决策，采用科学的评价手段，不断改进和创新班主任工作，激励学生不断提高自我教育和管理的水平。

第二节 三生育转

在教学以及管理工作中，我们会偶见超常生，常见学困生，也会遭遇问题生。教育实践告诉我们，这是提高我们自身能力，发展我们自己的极好机会，我将其戏称为“三生有幸”。

一、如何对待超常生

超常生是指天资聪颖、智力超群的学生。据专家统计，智力超常者只占人类总数的1%—2%，所以学生人群中超常生为数不多。孟子曾经说过：“父母俱存，兄弟无故，一乐也。仰不愧于天，俯不怍于人，二乐也。得天下英才而教育之，三乐也。”我认为，孟子所说的“英才”当指智力超常的人和未来的国家栋梁之材。

我们在学校教育过程中，偶尔会遇见智力超常的学生。比如，2008年我们区重点校——天铁二中招收了一名学生，小学和初中的校长以及教师一致反映该学生有如下表现。

(1) 幼儿和小学阶段对《十万个为什么》以及部分古典名著能看个大概，有早慧特征。

(2) 上课听10分钟左右就能掌握全课所讲内容，然后就开始玩耍，精力明显过剩。

(3) 每次考试都会早于其他人完成答卷，然后要么睡觉，要么玩钢笔，要么耍手绢，而且从不检查试卷，明显具有个人英雄主义情结。

(4) 与同学自测智商，包括常识、理解、算术、类同、记忆、字词、图像、积木、排列、拼图、符号等11个项目，其智商明显高于其他同学，每次不同量表测试智商均在140以上。

这无疑是个智力超常的学生。这样的学生放在一个区重点校能否培养成才真的成为大家的一个研究课题。怎么对待这样的一个天资聪慧、个性突出的学生呢?

学校采取了这样的态度和方法:一不偏爱,二不抬爱,三不溺爱,制订个性培养方案,因材施教。

不偏爱。大凡智力超常的学生智力水平均超出他的实龄,他们能够早于其他同学理解事物,因而作为成人的教师更有一种偏爱的倾向,久而久之,学生就有了一种优越感。这种优越感会使学生“鹤立鸡群”,孤立于集体之外。为了避免这种情况发生,教师把他看作学生集体中的普通一分子,别人参加的集体活动他必须参加,别人参加的课外活动他必须参加,机会均等,没有特别优待,逐步地,他融入了整个班级的大家庭中。

不“抬爱”。我们常说“承蒙抬爱……”这是自谦用语。超常生自身优秀,常有清高之心,傲慢之举,所以不溢美,不拔高,实事求是评价学生具有特殊意义。“谦虚使人进步,骄傲使人落后”,“三人行,必有我师焉”,不“抬爱”免使学生骄傲,能够使其发现别人的长处,取长补短,有利自己不断取得进步。在特长发展和个别学科学习方面,也常有其他同学超过他,我们就利用这个机会教育他向别人学习,使得他的特长发展和学科学习一直保持强劲的动力。

不溺爱。智力超常的学生因为还处于不断成长的过程中,他们也有一般学生身上所具有的弱点、缺点和不足。对于他们的弱点、缺点和不足,不能只因其学业成绩优异而“一俊遮百丑”“一好代三好”,应做到该批评批评,该表扬表扬,适时加以指导、引导和疏导。因此,教师不因他是超常生就无原则地迁就、放纵他,也不因碍于他的母亲在学校做教师就疏于对他批评和管理,因而学生懂是非,知善恶,辨美丑。

对于超常生,不偏爱是让他做个普通人,不抬爱是让他做个正常人,不溺爱是让他做个正派的人。学校做到了这几点,加上个性培养方案有效实施,这个超常生三年里发展顺利,学业优秀,音乐特长突出,全国学科竞赛荣获多项奖励,并被评为天津市十名优秀中学生之一,

2011 年高考他取得了 698 分的好成绩，被清华大学录取。

二、如何对待学困生

学困生是指学习基础较差、学习经常遇到障碍和困难的学生。天铁二中作为一所区重点校，招录进来的学生中优秀生占一定比例，某些学科的学困生也为数不少。

经过分析，我们发现学困生并不都是智力欠缺造成的，还有一些是由于知识基础欠缺，能力训练不足，学习习惯不好，学习纪律涣散，学习方法不当，综合素养不佳造成的。学困生的转化是提高学校教育质量的关键。因而，我们对学困生采取的态度是：一不忽视，二不轻视，三不歧视。并且采取相应措施进行分类指导，提高学生学习成绩。

不忽视。与超常生不同，学困生是一个群体，忽视他们的存在，后果是严重的。一方面，个别学生的学习成绩难以提高；另一方面，学生总体学习水平也会大受影响。一个优秀的教师，应该重视学困生的转化，应该成为学困生转化的行家里手。天铁二中的教师这方面做得极好，因而学校的教育得到家长和学生的一致信任和好评。

不轻视。学困生学习产生障碍和困难是有着不同的原因的，不能用“不行”一言以蔽之，否定学生可能获得发展的潜质。教育就是一种唤醒，要通过教育，激活学生的学习动机、发展本能和成功欲望。这是一种态度、一种责任，也是一种能力。教师对学生分析在先，然后分类型，定措施，下任务，明责任，转化工作始终成功高效。

不歧视。学困生需要得到教师的指导和帮助。作为教师，不能对学困生另眼相看，更不能让他们放任自流。要对他们取得的每一点进步都给予肯定，给予赞许，给予鼓励。

不忽视，不轻视，不歧视，并且对学困生分型指导，分类推进。我们按“基础型、能力型、学风型、学纪型、学法型、综合型”下大力气做学困生转化工作，促进了学生整体成绩的提高。

三、如何对待问题生

问题生是指由于心理不健康而导致思想和行为出现问题的学生。问题生往往让教师很头疼，但是每个学校都会遇到这样的学生，人数不多，但麻烦不少。由于心理问题成因复杂，难以驾驭，工作起来难度很大。我们不回避对这些学生的教育，一不抛弃，二不放弃，三不毁弃。对于问题严重的，在心理教师和医生的指导下，施以必要的心理干预和药物治疗。

不抛弃。由于家庭的原因、社会的原因和自身的原因，学生会产生严重的心理问题，而心理有问题的学生往往很痛苦，很矛盾，很纠结，有的甚至痛不欲生。面对这样的学生，我们不能当甩手掌柜，把学生抛给家长了事。而应主动施以援手，与家长一道做好学生的思想教育和心理疏导工作。

不放弃。每个学生都是一个鲜活的生命，我们的责任是要帮助他们健康、快乐地成长。当孩子在成长过程中出现问题时，我们要不失时机地采取多种方式给孩子以帮助。家长交给我们一个孩子，我们交给家长一个人才。这个人才必须是人格完善的，内心幸福的，精神快乐的。教师肩上担着一份责任，对于每一个有问题学生的教育都应是永不言败，永不言弃。

不毁弃。心理有问题的学生内心很脆弱，师生、家长、邻里一个不经意的眼神，一句不经意的话，都有可能导致他情绪失控、心理失常甚至精神崩溃，因此教师应该对问题学生百般呵护，千般爱护，万般关爱，把握时机，因势利导，做好工作。

天铁二中的教师曾遇到过一些心理有问题的学生，教师悉心施教，不抛弃，不放弃，不毁弃，在心理教师和心理医生的指导下，配合家长对学生做了深入细致的心理引导工作。他们全部顺利完成学业，全部顺利升学，三年高中，他们的青春成长路上洒满了家长和教师辛勤的汗水。

我们认为，超常生培养得如何是学校教育水平高低的标志，学困生转化得如何是学校教育质量高低的标志，问题生引导得如何是学校教育智慧高低的标志。作为教师，面对超常生、学困生、问题生，应该把这看作一个机会，一方平台，一种幸运。只要我们抓住机遇，迎难而上，积极工作，就能获得发展，取得成功，创造奇迹。

第三节　奋发礼赞

1983—1998 年，我担任高中英语教师工作，后任班主任、教务主任、教学副校长、校长。在学校里，我和我的学生一同走过了共同拼搏的 15 个春秋，我和我的同事们帮助学生通过高考圆了求学梦、发展梦、事业梦。我们见证了他们的努力，他们的拼搏，他们的失败，他们的成功，他们的痛苦，他们的喜悦。我始终认为，一个没有经历过高考的人，实际上是失去了一段宝贵的人生经历。高考不仅仅是一个选拔性的考试，也是一种文化，一个传统，一种希望，一个理想，更重要的是高考体现了一种奋发的精神。《高考承载有几何》表达了我的心声。

高考，牵动中国。

高考这几天，中国绝大部分有考场的地方施工暂停，街道交通管制，考生焦虑，家长焦急，平民期盼，官员期待，这大概是一年中最牵动人心的日子。

高考，也让世界瞩目。

大洋彼岸的美国人就很纳闷，中国竟然有近千万人几乎在同一天同一时间走进考场。这些黑眼睛黄皮肤的人，无论家里发生了什么样的大事，都义无反顾，按时赴考。这到底是为了什么？

原因很复杂，但高考的承载无疑是最重要的原因之一。

高考首先体现着国家的意志。这里归根到底还是人才选拔方式和人才选拔标准的确定。国家要生存，要建设，要发展，要振兴，要强大，不得不通过一定方式选拔足够数量的达到一定规格要求的人才。从春秋战国的养士制到西汉的察举制，又到曹魏时期的九品中正制，再到隋唐及之后的科举制，最后到民国时期及新中国的高考，种种选人方式无不体现着强大的国家意志。怎么选人和选什么样的人，历朝历代，每个政府都有自己的想法、自己的理念、自己的方式、自己的标准。如果说，察举制、九品中正制是以德为标准选人的话，那么科举制和高考制度无疑主要是以才为标准选人的。不管你赞成也好，反对也罢，只要符合我的用人标准，那么你就是人才。尽管每种选人方式特别是高考屡遭世人诟病和指责，比如德才不够兼备，标准不够完善，评价不够多元等。但选人在继续，选人的方式和标准变革也在继续，这便是国家意志的充分体现。

中国的高考折射着中华的文化传统。孔子“学而优则仕”的一句名言使得读书应考有了明显的功利意义。但高考总是以知识为基础、以能力为归宿选拔人才的。知识与能力离开读书是不可能获得的。社会需要知识、技能，然而“两耳不闻窗外事，一心只读圣贤书”显然是不对的。“万般皆下品，唯有读书高”显然更不对。一位著名学者曾调侃说：“两耳不闻窗外事不对，一心只读圣贤书是对的。因为读书需要全神贯注，不能三心二意。万般皆下品不但不对，而且反动，但唯有读书高对于倡导国人读书却是有益的。”不读书，就没有知识、没有感悟、没有理性、没有提升、没有进步，因而，我们尊重知识，尊重人才，应从崇尚读书、崇尚修身开始，这是中华几千年的文化传统。

中国的高考寄托着家庭的希望。父母含辛茹苦、节衣缩食、望子成龙、盼女成凤。十年寒窗，为的是一朝成名天下知。接到大学录取通知书的那一刻，教师、家长、孩子、亲友、邻居无不欣喜若狂，举杯相贺。最高兴的当属父母，因为他们的付出得到了回报。知识改变命运，从此书香溢屋，门风大变。我见到过这么一个女孩子，当接到大学录取通知书时，母亲泪流满面，女儿放声大哭。我不解地问妈妈：“人家接到通知书都高兴地笑，您却悲从中来玩命地哭，这是为什么？”妈妈说，“您有所不知，孩子1岁时，她的父亲离开了家，我也没有工作，每天靠捡垃圾养家度日，我是咬着牙，没有让任何人帮忙把孩子养大成人，送她进入大学校门的。”我动容地说：“伟大的妈妈！孩子就是您家未来的希望！”可以想见的是，她的女儿再也不会靠捡垃圾养家度日了！

中国的高考捍卫着公平的理想。“公平”在社会学词典里是一种理想。真正意义上的公平或者绝对的公平实际上是不存在的，但却是千百代人追求的一种价值。高考看似是一种教育考试制度或招生选拔制度，但实际上它在社会流动、社会稳定中起着巨大的作用。高考是一杆公平秤、明白秤，孰轻孰重，一称即明。高考为平民百姓挤入上层社会提供了一个阶梯，一座桥梁。我曾看过一个地方文体教育局制作的反映一位老教师事迹的片子。一位老农民回忆起这位老教师对他的孩子关爱的往事时，感激万分、激动不已。主持人问他孩子大学毕业后到什么地方工作了，老农民自豪地说：“劳动部!”我又想起我的一位博士师妹的故事。她的父亲是石家庄市一位普通厨师，她聪明过人，勤奋好学，高考后，一路考到了博士。博士毕业后参加最高人民检察院政治部公务员招录考试，在各地报考的600名硕士、博士中考试成绩第一名，成功进入高检，且全国仅此一人。我在想，如果没有高考制度，“朝为田舍郎，暮登天子堂”是绝无可能的，如果没有高考，农民的儿子、厨师的女儿能够进入国家行政机关任职也是不可想象的事情。因此，百姓拥护高考、捍卫高考，其实也是在拥护、捍卫着一个公平的理想。

中国的高考最重要的是注入了奋发的精神。高考是一场激烈的拼搏竞争，需要奋发的精神，高考是一次惨烈的人生磨砺，需要奋发的精神。拼搏竞争，有成有败。人生磨砺，苦乐参半，个中滋味只有参加过高考的人才有体会。高考过后，常常是几家欢乐几家愁，有人金榜题名，有人名落孙山。很多家长、很多孩子都把高考当作一次不可或缺的经历。学了，考了，结果如何，有人在意，有人并不十分在意。如今的社会，条条大路通罗马，成功、成就，立身、立业的道路万千条。但是孩子在高考中培养的优秀品德、规范意识、认真态度、毅力意志、应变能力、奋发精神却是孩子受益终身的。写到这里，我想起我的同学和她的儿子。她的儿子小时候因触电大脑受了重伤。她教儿子爬，教儿子走，教儿子说话，陪儿子学弹钢琴，陪儿子学写字，儿子钢琴过了八级，儿子学会了读书，上了小学，上了初中，上了高中，又走上了高考的考场。儿子报考艺术类，有一门课还取得了相当好的成绩。参加文化课考试时，我的这位同学告诉她的儿子："考场上，会答的答，不会答的空着。遵守考场纪律，千万不能乱动啊!"她说："孩子走到今天已经是个奇迹了，他考成啥样，我都高兴，因为他懂规矩了，知道努力了，学会奋发了。"两天过去了，最后一场考试结束，她自豪地走向自己的儿子，儿子憨憨地说："妈，我没动!"我的同学哭了，我相信任何人看到这儿都会掉下眼泪的。孩子也可能考不出什么结果，但在孩子的身上，我们看到了一种成长，一种成功，这便是奋发。高考带给我们最珍贵的东西就是这种精神。理解了这种精神，我们才会理解为什么那么多人高考中胜不骄、败不馁。这种奋发的精神，将会使更多的人在生活、工作、学习中从失败走向成功，从胜利走向胜利。

高考制度还在不断地变动、改革和完善之中。尽管它有着这样或那样的不足和弊端，但其承载的国家意志、文化传统、家庭希望、公平理想和奋发精神，将会使其在中外教育发展史上大放异彩!

第四节　四力得兼

我经常和同学、同事、同行们谈心。在谈成长时，我常认为一个人的成长往往是取决于"四力"的。

一、智力

我们认为，智力是遗传基础上的后天养成。智力包括注意力、观察力、记忆力、想象力、思维力等。其中，思维能力是智力的核心。

毋庸置疑，人与人之间的差异是很大的。根据专家的研究统计，天才占人群的1%—2%（智商数在140以上），严重智力障碍者占1%—3%（智商数在25以下），中间智商的人相互之间的差异也很大。人与人之间的智力差异是客观存在的。

我从小学读到博士，同学很多。遇到严重智力障碍者不多，也遇到过天才。我在北京师范大学读博士期间遇到一位同学。他原来是个物理教师，后来考入华东师范大学读硕士，然后又考入中国科学院师从国内著名的院士读核磁共振方向的博士，中间因为选题被外国科学家提前攻破转而退学回家写小说，之后成为作家。后又经过若干年，同时考上浙江大学、北京师范大学等五所高校的教育学博士。我作为北京师范大学的教育学博士，知道考上一所学校的博士都不容易，同时考上五所著名大学的博士，那是相当的不容易！他的确是个天才。

应该说，智力是人得以发展的基础。但是智力优秀不一定成才，智力一般不一定不能成才。智力上的差异，往往是可以通过勤奋来弥补的，这便是努力。

二、努力

努力是指工作、生活、学习上的投入以及方法方面的思考和研究。

1. 努力要早

学生正是读书求知的好年龄。“少壮不努力，老大徒伤悲。”我们应该懂得“勤能补拙”的道理。

大家都知道王安石写的《伤仲永》。故事说金溪平民方仲永，世代以种田为业。仲永长到 5 岁时，不曾见过书写工具，忽然哭着要这些东西。父亲对此感到惊异，从邻近人家借来给他，他当即写了四句诗，并且题上自己的名字。这首诗以赡养父母、团结同宗族的人作为内容，传送给全乡的秀才观赏。从此有人指定事物叫他写诗，他能立刻完成，诗的文采和道理都有值得欣赏的地方。同县的人对他感到惊奇，渐渐地请他的父亲去做客，有人用钱财和礼物求仲永写诗。他的父亲认为那样有利可图，每天牵着方仲永四处拜访同县的人，不让他学习。

王安石明道年间，跟随父亲回到家乡，在舅舅家见到方仲永，他已经十二三岁了。叫他写诗，已经不能与从前听说的相称了。再过了 7 年，王安石从扬州回来，又到舅舅家，问起方仲永的情况，舅舅说：“他的才能完全消失，和普通人一样了。”

“泯然众人矣”的方仲永引人深思。

林崇德特别推崇美国心理学会主席斯滕伯格。他撰文介绍说，小学和初中阶段的斯滕伯格的智商都不及格。到高中的时候，不知哪位“快嘴”暴露了斯滕伯格智商偏低的事实，这事在同学中间传播：“我们跟白痴一起上学。”斯滕伯格非常气愤，但正是这种压力增强了他学习的动力。这就是一种创造性人格的体现。他问老师：“哪门学问研究智商?”老师告诉他：“心理学。”斯滕伯格就发誓要学好心理学，他说这辈子如果成功了，他就把自己将来有关智力的理论命名为“成功智力”。高中毕业，他以优异成绩考上耶鲁大学。耶鲁大学太美了，他想要是能在耶鲁大学工作该有多好！可惜，美国的学制不提倡近亲繁殖，提倡的是插花式的发展，任何一所学校的博士研究生都很难留校，除非提了正教授再回来，或者成为美国著名的专家再回来。斯滕伯格又问老师：“在美国，心理学排名第一的是哪个学校?”老师告诉他：“斯坦福大学。”于是，斯滕伯格决心考斯坦福大学的研究生。考上后，他师从元认知的提出者弗拉维尔。在斯坦福大学，他只用了 3 年就拿下了硕士和博士学位，而在美国拿一个硕士和博士学位一般得要 5—6 年或 5—8 年，物理学最短，平均 7.9 年，教育学用时最长，平均 18.2 年。拿到博士学位后，他回到了耶鲁大学，成为一名心理学教师。一般从博士学位获得者到助理教授到副教授再到教授要经过 3×5＝15 年，可是斯滕伯格仅用了 5 年时间就成为正教授。现在，他成为世界著名的心理学家，也是当代美国认知或智力心理学的权威人物，他果真把自己的智力理论称为“成功智力”。

这说明努力是何等的重要！

2. 努力要巧

学习是有方法和技巧的。以我自己为例，我 19 岁才接触“ABC”，学习过程中我找到了治学的思路和方法。有了正确的思路和方法，学习外语就变得容易多了。

三、毅力

毅力是指百折不挠的坚强意志。人的成长有智力因素，也有非智力因素。毅力属于非智力因素范畴。一个有毅力的人会长时期地付诸努力，信念坚定，坚持不懈，不达目的，誓不罢休。

毅力一般包括体力和心力的隐忍和坚持，毅力如何以心力为最终判定标准。谈到毅力，有两个人是我们学习的楷模。

俞敏洪认为自己是个蜗牛似的人，很笨，很慢。但是他说自己有一个很好的品质：坚持不懈。他调侃说："你们 5 年做成的事我用 10 年，你们 10 年做成的事我用 20 年，你们 20 年做成的事我用 40 年，再不行，我保持精神愉快，身体健康，等你们 80 岁了，我把你们都送走，我再接着努力不迟。"

英国首相丘吉尔谈到自己的成功秘诀时说："我的成功秘诀是三句话：一是决不放弃，二是决不决不放弃，三是决不决不决不放弃"(Never give up；Never never give up；Never never never give up)。

有了这种精神，还有什么事情不能做成呢？

四、神力

神力是指机遇。一个人有了智力、努力、毅力，不一定就能成功。机遇对于人也十分重要。有个段子说，人生就是碰碰和。碰对了方向，光彩一辈子；碰对了爱好，充实一辈子；碰对了爱人，幸福一辈子；碰对了朋友，乐呵一辈子；碰对了师长，收获一辈子；碰上了神仙，可能还有下辈子。

机遇面前人人不平等，但机遇面前人人可以求平等，关键看你能不能善于抓住机遇。

还是以俞敏洪为例。俞敏洪认为自己并不是一个天才。他考了三年才考上北京大学，语言没有天赋，却学了英语。他普通话说不好，入学时在班里介绍自己时用普通话说了半天，班长说，俞敏洪你能不能不讲日语？入学后，根据高考成绩他被分配到 A 班，一周后又被调到 C 班，这是个"语音语调听力障碍班"。俞敏洪大学毕业后参加托福考试，考出了很好的成绩，但申请美国多所高校无果。懊恼之中发现外语培训很有市场，很有商机，于是他干起了新东方，于是就有了今天红红火火的事业。

“四力说”表明一个道理，这便是：智力之中有短长，努力之中有良方，毅力之中有志向，神力之中有眼光。说智力，我们要带着心来，说努力，要沉下心来，说毅力，要横下心来，说神力，要留起心来。只有这样，我们才能学有所成，才能成就一番事业。

第五节　四学互联

教师专业成长是我近几年在各地经常与大家分享的一个课题。这个题目贴近教师实际，讲者百说不厌，听者兴趣盎然。我的“对教师专业成长的思考”主要包含如下内容。

教师专业成长的目标是什么？教师专业成长的基本途径是什么？弄清这些问题对教师专业成长具有特殊意义。

教师专业成长是指教师专业知识增进、专业技能提升、专业思想成熟的过程，强调的是教师职业素质。

一、*教师专业成长的目标*

对于教师专业成长的目标，专家学者们从不同角度提出了很有见地的意见。朱永新把教师分为为教育而生存者和为生存而教育者两类人。李金池把教师分为事业型教师、职业型教师和雇佣型教师三类人。顾明远认为教师讲课有深入深出者，深入浅出者，浅入浅出者，浅入深出者。作家毛志成认为教师有大教师、教书匠、以教谋生者、因教误人者、恶教师，其中大教师是“传道、授业、解惑”为人生之乐的教育家。教师成长从人生观意义上说，应以为教育而生存者为目标；从价值观意义上说，应以事业型教师为目标；从教学论意义上说，应以深入浅出为目标；从职业生涯意义上说，应以大教师为目标。我们认为，教师的终生追求应是特级教师境界：师德的表率、育人的模范、教学的专家、教研的能手、教改的先锋。

二、*教师专业成长的基本途径*

我们可能会不断地问自己：怎样才能达到上述目标呢？换句话说，

途径是什么？我认为，从教师个人角度讲，“四学”是基本途径。这里，“四学”指向书本学，向实践学，向他人学，向问题学。

（一）向书本学

向书本学是教师专业学习的主渠道之一。向书本学主要是学知识。教师要学习的知识有很多，叶澜认为，教师应学好科学与人文的基本知识、学科的专门知识、教育学科类知识；① 林崇德认为，教师应学好本体性知识即本专业知识，要学好实践性知识，还要学好条件性知识即教育学、心理学知识、教学法知识。② 就教师专业成长所必备的知识而言，我认为应学好本专业知识、教育学知识、心理学知识、教育史知识、教学论知识、教育哲学知识和相关学科知识。学好本专业知识才能言之有根，学好教育学才能言之有矩，学好心理学才能言之有神，学好教育史才能言之有物，学好教学论才能言之有义，学好教育哲学才能言之有理，学好相关学科知识才能言之有趣。

（二）向实践学

学习的内涵和外延是丰富的。“读书是学习，应用也是学习，而且是更重要的学习。”向实践学主要是学经验。我们向书本学习，理论的东西居多。向实践学习，则是一种最直接、最为有效的学习方式，它需要学习者学会分析、综合、概括、归纳和总结，学会将实践中学到的东西上升到理论来认识，这是一种更具挑战性的、更具实际意义的学习。向实践学习应学会实做、精做、巧做和乐做。

1. 实做就是做实

工作不扎实、不踏实、不落实，难以取得成效，教师专业成长也是一句空话。

（1）要定实目标。制定教育教学工作目标时，要实事求是，不拔苗

① 叶澜. 新世纪教师专业素养初探［J］. 教育研究与实验，1998（1）.

② 林崇德. 教师素质的构成及其培养途径［J］. 中国教育学刊，1996（6）.

助长，也不自甘后进，而是根据实际情况确定目标。比如，教学工作要根据三方面的情况来制定工作目标。一是教情，即教师自身的知识水平、学科优势。要发挥优势、保持中势、克服劣势。二是学情，即学生的知识基础、学习潜能、个体差异等。要巩固基础、挖掘潜能、因材施教。三是考情，即学段结束时应达到的学业标准，如小升初、初升高、会考、高考等都有学段课程评价标准要求，这是教学工作必须要考虑的问题。

（2）要抓实过程。教育、教学、教研、管理工作都是由一个个工作环节构成的，比如每项工作一般都由计划制订、计划实施、检查评价等环节构成，管理工作则要具体协调人、财、物、事、时、空、信息等要素，其中又各包含非常细微的环节，而教学工作则又由备课、上课、辅导学生、批改作业、考核学生成绩等环节组成。工作中抓实过程、抓实环节是非常必要的。有的教师制订计划时轰轰烈烈，计划落实时无声无息，过程没抓实，效果好坏可想而知。

（3）要求得实效。学校工作实效是班级、年级工作绩效的集合体，而班级、年级的工作绩效又分为德、智、体、美、劳等多个方面，我们的工作不仅要关注学生的智育方面，更要关注学生的其他方面的发展。只有这样，我们才可以说工作取得了成效。不然，某方面的畸形发展，不仅会阻碍学生发展，甚至还会损害学生其他方面特别是完善人格的发展，这对学生的长远发展不利。因此，一个成功的教师必须以学生发展为本，立足现在，关注未来，既重科学，又重人文，促进学生全面、可持续发展。

2. 精做就是专业服务要瞄准一流

这里所说的“一流”是个相对概念，是个理想的目标。教师要想在专业上有所成就、有所成长，必须心有理想，精益求精，积极向上。

（1）要立志做一流的教师。要发奋努力，不断提高自己的政治素质、业务素质、身体素质、心理素质。观念上要与时俱进，不断研究新情况、新形势、新问题，不断适应教育、教学、教研、管理工作的新需要。要力争站在学术的前沿，使自己能够在工作中游刃有余、胜任愉快。

（2）要掌握一流的技艺。教育、教学、教研、管理需要教师精湛的技艺。领导、引导、教导、疏导需要技艺，解疑、释疑需要技艺，计划、实施、落实、检查、反馈、矫正也需要技艺。眼睛既要向内，也要向外，善于在工作中不断学习现代教育技能和艺术，通过实践，提升自己的技艺水平。

（3）要创造一流的业绩。一流的教师，用一流的技艺可以创造一流的业绩。创造一流的业绩，应做到以下几点。一需要实力。一流教师的思想观念和精湛的技艺便是实力所在。二需要努力。“不花气力，不能成事”，一流的业绩是教师努力的结果，不努力的教师是不会创造一流业绩的。三需要毅力。要创造一流的业绩就随时准备克服困难，和艰难困苦做斗争，非凡的毅力是创造一流业绩的必备条件之一。

3. 巧做是指思路巧妙、方法巧妙、结果巧妙，巧做重在做事的效率

（1）要有巧妙的思路，要研究规律、探求规律、遵循规律，形成科学的思路。比如，教师要关注学生的全面成长，必须抓好德、智、体的发展。然而，德、智、体究竟应该抓什么、怎么抓，大多数教师处于迷茫状态。我们提出，德育工作应“抓方向、抓品德、抓养成、抓学风、抓学纪、抓学效”，智育工作应“面向全体、因材施教、分类指导、全面提高”，体育工作应“学习知识、熟习技能、磨砺意志、锻炼体魄”。实践表明，这些思路是正确的。

（2）要有巧妙的方法。学校工作要取得实效，需要有恰当的措施和科学的方法。比如，优秀生的培养必须注意培养其身心素质，必须高标准、严要求。学困生转化则要从分析入手，决不能一说学困生就把他们归为智力低下一类，实际上学困生产生的原因是多种多样的，例如，有基础型、能力型、学法型、学风型、学纪型、综合型，这要求我们应多方面入手，采取相应对策，提高学生的学业成绩。

（3）要取得巧妙的结果。不会工作的人事倍功半，会工作的人事半

功倍。学校里常有的现象是，有的人神态自若、悠闲自得，工作成绩显著；有的人则神情紧张、忙个不停，工作成绩一般。为什么会出现这样的情况？通常，人们认为前者能力强，后者能力弱。这有一定道理，但又不完全是。二者的差异是在思路和方法上，后者缺少应有的反思，工作思路和方法十几年、几十年如一日，并非不思进取，而是缺少改进，越干越累，越干成效越低，因此，要想干得好，干得巧，必须既做事，又究理，只有这样，才能取得好成绩。

教师的工作是面对生命的事业，应该是其乐无穷的。然而要做好这一工作，使自己也得到成长，需要克服职业倦怠。克服职业倦怠，需要从生理和心理入手，除劳逸结合外，应努力做好如下几个方面的工作。

首先，教学相长。教师在教学过程中不仅促进了学生的成长，自己也在思想上、业务上获得了进步，这实际上是师生共同进步、共同成长的过程，教师认识到这一点，便少了“春蚕到死丝方尽，蜡炬成灰泪始干”的悲壮，便多了“一日为师、获益良多”的喜悦。

其次，目标常新。教师的工作日复一日，年复一年，周而复始，久而久之，便少了一些挑战性。老生常谈的话题多了，原来的工作标准陈旧了，便容易产生厌倦情绪，所以才会有生理耗竭、情绪衰竭、价值衰落、非人性攻击行为现象的发生。为此，教师必须做到目标常新、追求不断，这样才能健康地成长。

最后，做好教科研。苏霍姆林斯基认为，能使教师的工作增加乐趣的方法是引导他们走到教科研的路子上来。有人说我们的师生“困、累、烦、苦”，这里面有机制的原因，但最关键的是缺少了兴奋点。实际上做好探究性教学、研究性教学，搞好教与学的研究是常抓常新的工作，也应是教师终生感到有乐趣、永远也没有尽头的一项工作。

（三）向他人学

孔子曰：“三人行，必有我师焉。”我们有很多朋友、同事、领导在某一方面或闻道在先，或术业专攻，他们是我们学习的榜样。我们可以向他们学习的地方有很多，比如有的同志奉献在岗、踏实苦干，有的同志奋发向上、追求不断，有的同志不畏艰难、勇于登攀，有的同志勤于研究，成就彰显，这些同志都可以成为我们某一方面奋斗的目标和努力方向。向他人学习，需要克服两种倾向：一是自吹自擂、夜郎自大，老子天下第一，舍我其谁？二是自愧不如、妄自菲薄，不敢超越自我、追求一流。这两种倾向是学习他人的障碍，前者影响人的自我剖析和全面进步，后者影响人的自我评价和主动进步，这两种倾向都是在学习中必须加以克服的。

生活在社会里，我们会有各种各样的诱惑和烦恼，不能拒绝这些诱惑，不能排除这些烦恼，不能做到知足常乐，我们就很难专心致志地做教育，一心一意地求发展。一位老农的话给我们启发：坐飞机的要想着地上还有开汽车的，开汽车的要想着还有骑自行车的，骑自行车的要想着还有步行赶路的，步行赶路的要想着还有挑担的，挑担的要想着还有身心不自由的，身心不自由的要想着还有失去了生命的……知足常乐啊。是啊，做教师尽管还是很辛苦，但党和国家十分重视提高教师的政治地位、经济地位，教师的工作日益受到社会的尊重，作为教师，我们的专业化地位日益巩固，我们的职业幸福指数也在不断提高，这些都为教师的专业成长奠定了坚实的基础。

知足常乐是一种良好的心态，另外最重要的，人是需要有一点精神的，这就是奋发的精神，向上的精神。没有奋发向上的精神，一个人就很难为他生于斯、长于斯的这个社会贡献一点应该贡献的力量。一个教师如果没有奋发向上的精神，他就很难履行好教书育人的职责，也很难开拓进取，改革创新，很难学有所得，做有所成，研有所获，很难成长为一位优秀的人民教师。

（四）向问题学

向问题学，要学方法。工作中，我们会遇到各种矛盾和问题。问题本身是我们学习的原动力，因为遇到了问题就需要解决，解决问题就需要我们正视问题、分析问题、找出解决的办法，在学校里，我们在教育、教学、研究、管理中会有许许多多亟待解决的问题。这是我们长才干，提升能力的重要渠道之一。

教师专业研究的范围是很广泛的，然而，四个方面的问题研究是必不可少的。

第一，研究重点问题。重点问题是指对教育教学工作起着重要作用的问题。如我们从事的教学工作是一种特殊的认识活动，其规律何在?许多人不能回答这一问题。教学是个体的认识活动，是间接的认识活动，是教师领导下的认识活动，是有教育性的认识活动，是有目的性的认识活动，教学的个体性、间接性、领导性、教育性、目的性是我们从事教学、管理以及研究必须把握好的问题。

第二，研究热点问题。热点问题是指业内、业外乃至全社会都非常关注的问题，特别是教育教学改革问题。目前我们正在推进两项改革：一是素质教育，二是课程改革。对此观望者有之，反对者有之，倡导者有之，怀疑者有之，激进者有之。

对于素质教育，我们应采取积极的态度。从中国教育改革的历程看，从奴隶社会、封建社会的德为上，到半殖民地半封建社会的重艺，到新中国成立初期的强调基础知识、基本技能，再到改革开放初期的提倡培养智力、提高能力，又到改革开放中期的提倡非智力因素培养，直到20世纪80年代末提出的素质教育，这样的一个改革路径是符合社会发展和人的发展规律的，是教育发展本性的体现。

教育变革的原因之一是由于知识转型。石中英认为，人类知识从原始知识型开始，经历了三次大的转型，即从原始知识型到古代知识型，从古代知识型到现代知识型，又从现代知识型到后现代知识型。原始知识型是以神话知识为主，古代知识型是以宗教知识为主，现代知识型是以科学知识为主，后现代知识型是以文化知识为主。社会的政治、经济、文化变革了，知识转型了，反映知识内容的课程当然应该改革。不过我们应遵循规律，科学地推进改革的进程。

教师专业成长过程中应关注和研究热点问题，教师如果能够理性地做出分析，把握契机，成长的速度会适当加快。

第三，研究难点问题。难点问题是教育教学工作中不容易解决好的问题。我们在实际工作中有很多难点问题，比如宏观的评价问题。现在有很多人对考试增加学生的课业负担有意见，一些激进的人还主张取消高考。对此，我们应采取谨慎的态度。作为教育工作者，我们应认真研究这一难点问题，为改进和完善中国的考试评价选拔制度建言献策。

教育教学微观方面的难点问题也有不少。如《学记》对教学工作中违反教学原则、不讲究教学方法以及造成的恶果就曾进行过比较全面的总结和概括，提出过尖锐的批评。《学记》说："今之教者，呻其占毕，多其讯言，及于数进，而不顾其安，使人不由其诚，教人不尽其材，其施之也悖，其求之也拂。夫然，故隐其学而疾其师，苦其难而不知其益也。虽终其业，其去之必速。教之不刑，其此之由乎！"两千多年前提出的难点问题，至今在我们的课堂上仍没能解决好，这难道不应该引起我们的反思吗？研究解决这些难点问题的办法，便是一种真正的专业成长。

第四，研究疑点问题。疑点问题是教育教学中大家感到困惑不解的问题。教学方法多种多样，有传统的，有现代的，比如教育学中所提出的讲授法、谈话法、讨论法、实验法、作业法、练习法、参观法、纲要信号法、探究法、发现法、暗示法、非指导教学法、范例教学法等。我们有的教师受过师范教育或教学实践多年，尚且不能熟练运用其中的一种方法。这是为什么呢？实际上，能够运用好其中一种方法，便有了做好一位优秀教师的基础。有了基础，但是还不够，教学效率和效益问题是个需要多方面因素或多个环节起作用的事。我们曾有一位教师，无论是领导评价、同行评价、学生评价、家长评价都很好，被公认为好教师，但这位教师曾因教学成绩不好连续三年未能获得教学奖励，而且是学校里唯一的一位。对此，我们从理论上做出了分析，找出了原因。这位教师业务水平很高，专业知识也没有问题，口才也不错，课讲得清楚。但按照赫尔巴特的理论，教学的兴趣分为四个阶段，即注意、要求、探究、行动；教学也分为四个阶段，即明了、联想、系统、方法。

这位教师只是把该讲的讲明白了，引起了学生的注意，明了了知识，但之后的联想即新旧知识联系，系统即概括、归纳和总结，以及方法即训练、应用、强化却远没有做到位，因此教学效果大打折扣。教育教学工作中，教师不仅要帮助学生“解惑”，更要通过研究为自己“释疑”，这也是教师专业成长的应有之义。

教师只有坚持“四学”，才能够提高自身素质，才能提高工作能力和水平，才能促进自己专业成长。

第六节　成长四段

在对外传播交流中，我常常讲到教师专业成长的标准依据及其意义，并且指出教师专业成长不可能一蹴而就，需要经历几个必不可少的阶段。

为了促进教师专业发展成长，加强中小学和幼儿教师队伍建设，根据《中华人民共和国教师法》《中华人民共和国义务教育法》，教育部制定和颁发了《幼儿园教师专业标准（试行）》《小学教师专业标准（试行）》《中学教师专业标准（试行）》三个文件。这是教育界的一件大事，对我国教育的发展具有重要的意义。

1. 教师职业有了定位

教师是从事教育教学工作的专业人员。其职业的专业化定位经历了一个漫长的过程。在春秋时期之前，“政教合一，以吏为师”，掌管文化教育的主要是官吏和巫师。春秋时期开始，我国先后出现了官学、私学并立，后来又有了书院，教师职业逐渐专门化，但仍有吏师一体的特征。近代以降，出现了专门培养教师的初等师范、中等师范和高等师范，教师职业更趋专业化。国外最早提出教师专业化问题是在 1966 年 10 月国际劳工组织（ILO）和联合国教科文组织（UNESCO）通过的《关于教师地位的建议》中。该建议第 6 条对教师专门职业的性质做了明确的说明：“应该把教育工作视为专门职业。这种职业是一种需要教师必须经过严格而持续不断的学习，才能获得并维持专业知识及专门技能的公共业务。”我国20世纪90年代提出了教师专业化问题。1993年10月31日颁布的《中华人民共和国教师法》第3条规定：“教师是履行教育教学职责的专业人员，承担着教书育人，培养社会主义事业建设者和接班人，提高民族素质的使命。”教师集专业学习、专业服务和专业研究于一身，此次制定教师专业标准，毫无疑问明确地界定了教师职业的专业化地位。

2. 教师培养有了目标

教师承担的是专业化的工作，职前需要进行严格的专业训练，需要对未来从事的教育事业和具体的教育教学工作有正确的认识，需要达到一定的专业知识和专业技能水平，才能取得相应的毕业证书和教师资格证书，之后才能迈入教育的门槛。此外，教师还需要进行严格的职后教育。职后教育往往采取以理论进修和课堂实践为主的继续教育方式进行。教师专业标准制定的基本理念、基本内容以及实施建议，是对合格幼儿教师和中小学教师的基本要求，指明了教师培养的方向。

3. 教师从业有了规范

根据学段特点，教师专业标准分别提出了具体的规范性要求。比如，要求教师应该秉承“幼儿（学生）为本、师德为先、能力为重、终身学习”的基本理念；按照幼儿教师、小学教师、中学教师的分类，对于教师的专业理念与师德，专业知识以及专业技能都分别提出了比较明确、比较具体的要求；每项要求可操作性比较强，不仅对规范教师教育教学理念、规范教师教育教学行为有益处，而且对规范学校办学理念、规范学校办学方向、规范学校办学目标也有益处。

4. 教师管理有了依据

教师专业标准确定幼儿教师要在“职业理解与认识，对幼儿的态度与行为，幼儿保育和教育的态度与行为，个人修养与行为，幼儿发展知识，幼儿保育和教育知识，通识性知识，环境的创设与利用，一日生活的组织与保育，游戏活动的支持与引导，教育活动的计划与实施，激励与评价，沟通与合作，反思与发展”14 个领域应该达到的 62 条要求；确定小学教师要在“职业理解与认识，对小学生的态度与行为，教育教学的态度与行为，个人修养与行为，小学生发展知识，学科知识，教育教学知识，通识性知识，教育教学设计，组织与实施，激励与评价，沟通与合作，反思与发展”13 个领域应该达到的 58 条要求；确定中学教师要在“职业理解与认识，对学生的态度与行为，教育教学的态度与行为，个人修养与行为，教育知识，学科知识，学科教学知识，通识性知识，教学设计，教学实施，教育教学评价，沟通与合作，反思与发展”14 个领域应该达到的 61 条要求。有了这些明确的要求，教师的准入、考核、奖惩、退出等管理工作便有了科学的依据。

5. 教师发展有了准则

教师专业发展是教师专业知识增进、专业技能提升、专业思想成熟的过程。一般而言，教师专业发展以学、做、研为主要途径。教师专业标准规定了教师应该具备的理念、师德、专业知识和专业技能，要达到这些标准，就需要教师在教育教学实际工作中不断地注意专业学习、专业实践和专业研究。有了教师专业标准，教师就会学有动机，做有目标，研有成就。可以说，教师专业标准是广大中小学和幼儿教师教育教学思想和行为修炼的路标和指南。

教师专业标准的出台，将会极大地调动广大教师自我发展、自觉发展、主动发展的积极性，将会极大地推进我国中小学和幼儿教师队伍的建设和发展，也将会极大地促进中小学和幼儿教育质量和水平的提高。

为此，我对教师专业发展方向提出了阶段性期待。

我认为，教师专业成长大概应该经历经师、人师、明师和名师四个阶段。

经师。教师“传道、授业、解惑”靠什么？无疑靠的是心中有经典。这个经典是教师做好教学工作的理论基础。要掌握好本学科知识，如教育学、心理学、教学论、教育史、教育哲学知识。还应掌握相关学科知识。据我观察，凡是在课堂上能够引经据典、纵横捭阖的教师无不是心中有经典的教师。做个经师需要多年的积累和积淀。

人师。教师以教书育人为己任，不仅要教好书，还要育好人，要做学生的人生导师。做人师，要求我们的教师在育人上下功夫，不能满足于心中有经典，还要在言行上以身作则当表率，为人师表做模范。教师要帮学生树立正确的世界观、价值观、人生观，使得学生理想远大，信念坚定，目标明确，动力强劲，自信乐观，内心幸福。做一位人师是全面发展教育和素质教育的本质要求，需要教师不断完善自我，提升自我。

明师。心中有经典，言行做模范，这还称不上教师的特质。教师专业成长特别要求我们的教师要在理论和实践上有自己的创见。创见来自于学习，来自于实践，更来自于思考和研究。有些教师学习上尽心，实践上努力，但就是缺乏对理论和实践的系统思考和研究，工作中缺了一道应有的工序。就是这一道工序，就是这看似不起眼的一小步，使得不少教师与明师失之交臂，这是很可惜的一件事情。做个明师需要教师有思考，有研究，有悟道，有创见。明师阶段是教师专业发展的创新阶段。

名师。心中有经典，言行做模范，研究有创见，要成为名师还要向前走一步，那就是专业影响应该更深远。在学校的教育教学教研和管理中，我们不难发现有这么四种人：有的只喊不干，有的只干不喊，有的又喊又干，有的既不喊也不干。显然，又喊又干为上策，因为只有这样才能凝聚精神，鼓舞人力。不仅如此，又喊又干，还能扩大影响，引人瞩目，启发他人，供人借鉴。为此，学校要善于利用各种渠道和方式做好名师的个人推介和宣传。做名师是教师专业成长的成就阶段。

经师心中有经典，人师言行做模范，明师研究有创见，名师影响更深远，是教师专业成长中应该经历的几个阶段，也应该是对教师专业成长的基本要求。要达到这些要求，不是一蹴而就的事，需要教师长期持续不断的努力。

第七节　辩证五三

因我曾在学校做过副校长、校长多年，所以我到集团公司教育委员会工作后，结合学校的管理工作，对干部提出了“五个三”的要求。我总结为三政、三建、三看、三控和三思。

一、三政

校长是学校的行政首长。那么，校长怎样才能做到正确行政，既要干活，又要干好，还要保持“干净”呢？我认为答案很简单：勤政、廉政、智政。

一是勤政。校长要在其位，谋其政，想实招，求发展，不误事，肯干事。

二是廉政。“其身正，不令而行。其身不正，虽令不从。”“公生明，廉生威。”作为教师的教师，校长应学为人师，行为世范。管理工作中政令要通，人必干净。

三是智政。勤政为民，廉政为公，但要促进学校和谐、健康、可持续发展，则需要科学执政，这便是智政。智政需要集思广益、科学决策。

一个现代的合格的校长，不仅应做到勤政、廉政，更要做到智政。勤政是基础，廉政是保证，智政则是关键。

二、三建

校长的工作千头万绪，重点应该抓什么？我对校长们的建议是：三个建设不能松。

一是队伍建设。全面贯彻教育方针，全面推进素质教育，全面提高教育教学质量，首先取决于一支德才兼备和乐于奉献的干部队伍和教师队伍。在一所学校，事业型的干部和教师多些、职业型和雇佣型的干部和教师少些，这是学校兴旺发达的基础。队伍建设一要抓好引进，二要抓好培养。

二是设施建设。要制订好学校发展规划，积极创造条件改善学校的教育教学设施，不断提升学校的教育教学设施现代化水平，设施建设要经济、实用、现代、高效。设施建设一靠投入，二靠管理，关键是要发挥现有设施的效能。

三是机制建设。有了队伍，有了设施，学校工作不一定就上了水平。有的学校名师不少，大楼高耸，却缺了教育中应有的大气。一所学校要办出水平，需要大师、大楼，更需要大气，这其中机制起着重要的作用。机制是一种文化，是物质文化、精神文化和制度文化相结合的产物。要通过机制建设达到两个目的：一是优者得到激励，二是差者受到鞭策。

三、三看

学校不能独立于社会而存在。一个成功的校长，不仅应是一个教育家，还应该是一个政治家、经济学家、金融学家、社会活动家等。

学校要发展，校长要三看。

一是看上。即要看上级对学校的要求，诸如贯彻教育方针、推进素质教育、坚持全面发展等是学校办学必须全力以赴的，这是国家发展对教育的要求，也是人的发展对教育的要求。

二是看己。即对照上级对学校的要求看自己有什么优势，有什么劣势，要发挥优势，克服劣势，调动一切可以调动的力量，利用一切可以利用的资源，完成上级赋予自己的任务。

三是看下。即要看师生的情绪和需要，要分析形势，因势利导，明确目标，分解任务，“千斤重担大家挑，人人头上有指标”，干群一致，共同完成学校的教育教学工作。

学校管理工作中，不看上会失去方向，不能赢得支持；不看下会失掉群众基础，不能赢得理解；不看己会迷失自我，学校很难办出特色。因此，一个成功的校长在管理工作中应看上、看下、看己。

四、三控

学校管理的对象有人、财、物、事、时间、空间、信息等。管理的方法有思想教育的方法、经济的方法、行政的方法、法律的方法、学术的方法、综合的方法等。管理的过程包含计划、实施、检查、评估、总结等。管理要出成效，需要考虑管理对象、管理方法和管理过程，关键是要做到三控。

一是控首。要做好教育、教学、教研管理的计划，“预则立，不预则废”，“良好的开端是成功的一半”，控首能够保证学校做的有目标，做的有方向。

二是控中。要抓好每个环节的工作，抓好每个工作的细节。环节决定成效，细节决定成败。曾有一位校长担心自己的工作做不好，我告诉他，只要方向对头，过程抓住了，细节没疏忽，效果错不了。

三是控尾。学校工作善始善终是很重要的，因为一个工作过程的结束也是另一个工作过程的开始。管理工作中虎头蛇尾是要不得的，这不仅是一个工作作风问题，更是一个工作方法问题。工作中虎头蛇尾还会造成功亏一篑的不良后果，有的学校或领导为此吃了苦头，因此，一个有经验的校长在管理工作中不仅应做到控首、控中，还要做到控尾。

五、三思

俗语说“三思而后行”。三思，对于学校管理创新尤为重要。三思在这里是指思前、思今、思后。

一是思前。即一个工作过程结束后，要认真思考前一段的工作思路、措施和方法哪些是成功的，哪些是失败的，哪些是应该坚持的，哪些是应该改进的，哪些是应该摒弃的。管理工作既应做事也应究理，这种反思是创新的动力，也是提高学校管理水平必不可少的。

二是思今。管理工作要面对现实。要考虑社情、校情、教情、学情。学校要满足社会需要，制订建设和发展措施，提升教师队伍素质，教育和引导学生的学习积极性，促进学生身心发展，全面提高教育教学质量。思考今天，才能创造佳绩，也才能超越过去。

三是思后。教育是面对现实的事业，更是面对未来的事业。我们谈学校发展、教师发展和学生发展，都是一种未来的或然，一种假定，一种可能。学校、教师、学生可能是这样发展，也可能是那样发展。因此思后显得极为重要。学校要制订近期和远期的发展计划和规划，教师要有可以操作的职业生涯设计，对学生要有切实可行的培养方案。只有这样，学校发展、教师发展和学生发展才能落在实处。

学校管理做到“五个三”，学校才能有实力，有潜力，有发展。做到“五个三”，需要我们十分的投入和百倍的努力。

第八节　和谐发展

在办学过程中，我逐步意识到，学生不仅要全面发展，还要和谐发展。怎么实现和谐发展呢？我认为，和谐发展需要和谐教育。和谐教育是我经常和同行们共同交流的一个话题。

什么是和谐教育？教育学告诉我们，凡是增进人的知识、技能，培养人的思想品德的活动都是教育。那么，和谐教育即是和谐地增进人的知识、技能，培养人的思想品德的活动。和谐教育具有以下特征。

一、和谐教育是现实和理想的统一

教育需要关注现实，具有功利性，这是无须辩驳的事实。功利性即是现实的目标。学校发展要注重现实目标，生源、规模、质量、效益等是不能回避的。然而，教育又需要理想。教育需要理想，是因为教育是培养人的活动，人类赋予了它期待和希望，这种期待和希望是完美的。完美的目标对于人的发展，对于学校的发展，对于社会的发展来说都是非常有意义的。比如学校工作目标中不能回避升学率问题，这是最为现实的目标，但只重升学率的学校不一定是一所好学校。如果学校教育不注重学生全面发展和面向全体，是以牺牲学生的人格完善和学困生的利益为代价的话，这所学校的升学率本身就是一种不道义、不公平，其恶果是现实的成功者会变为未来的失败者，现实的失败者会变成未来社会的落伍者乃至破坏者。这不是耸人听闻，这是被无数教育事实所证明了的。

教育的现实性和理想性的统一，是现实目标及未来目标的统一。教育不仅要关注现在，更要关注未来。只有这样，教育才能根基牢固、长足发展。

二、和谐教育是理性和激情的统一

学校是传播知识和培养技能的场所，理性的培养是学校教学的基本任务之一。《新华词典》对理性的解释是：理性指属于概念、判断和推理阶段的认识，与感性相对。但就人的发展而言，从宗教人到自然人到理性人再到社会人，只有理性还是不够的，还必须培养人的激情，即对人、对事、对社会的一种执着和热烈的情感，因为教育是面对生命的事业。我们的社会需要理性，也需要激情，只有理性而无激情，一个人便只是一架思考的机器；生活循规蹈矩，一生索然无味。只有激情而无理性，一个人便成了脱缰的野马，生活杂乱无序，一生难有成就。

和谐的教育既要培养学生理性，也要培养学生激情。这样，才能使得他们理智地对待工作、生活、学习乃至婚姻、家庭、事业，并在遇到艰难困苦时能够看到成绩、看到光明、鼓足勇气、勇往直前，而不至畏首畏尾，垂头丧气，缺乏斗志，坐失良机。在现实生活中，有的人理性有余，而激情不足。有的人激情有余，而理性不足。我们的教育应该以理性驾驭激情，以激情助飞理性，使得学生在任何时候都能头脑清醒、站位正确，并且能够乐观向上，激情飞扬。

三、和谐教育是内发和外铄的统一

古代教育家在讨论人性时有善恶之论。比如孟子主张性善，荀子主张性恶。孟子的性善强调自省自克即内发，荀子强调闻见知行即外铄。内发是指内心自觉、自我教育，这是一种教育形式。外铄是指外部融入、外部影响，这也是一种教育形式。内发强调的是顺应自然，外铄强调的是环境熏染。

我们的和谐教育既需要内发又需要外铄。“吾日三省吾身”，“行有不得，反求诸己”，注重内发，发挥内因作用，是人发展的根据和基础。同时教育还要注重外部教育、外部灌输，要发挥主流文化的作用、集体影响的作用、社会教化的作用，使得学生始终处于正面教育的氛围和环境之中。我们认为，性善性恶都需要教育，性善则要通过教育发扬善端，防止恶染。性恶则要通过教育去除恶端，转恶为善。防恶、转善要注重内心修养，也要注重外部熏染。在实际工作中，我们往往只重其一，不重其二，只是强调顺应自然，学生盲目自由发展，偏离了社会期待标准，学生很难成为有用之才。另外，只强调外铄，学生失去了自我发展的动力，没了自由发展的空间，其发展也会受到限制。

四、和谐教育是科学和人文的统一

教育是使学生获得科学和人文素养的过程。科学素养内涵和外延是丰富的，不仅包括科学意识、科学态度、科学知识，还包括科学精神。我们正处于信息化社会，“知识爆炸”的时代要求我们应具备科学素养。通过自然科学知识、社会科学知识的教学使学生科学素养得到提高，这是学生在社会上安身立命的基础，也是学生成为社会主义新人即全面发展的人的基本条件。提高学生的科学素养要通过教学来完成，教学要遵循教学的基本规律。教学是教师领导下的认识活动并且是具有教育性的认识活动，因而教育不仅是科学素养教学的过程，也是人文素养形成的过程。人文素养实质上是指社会文化修养，一般指精神领域，如“人文意识、人文态度、人文知识和人文精神”，实际上是对人生及其相关问题的关注和思考，尤其是对人过去、现在和未来生活的关注和思考。

科学教育与人文教育的结合才是完整的教育。当前教育存在的问题是，一方面，科学素养教育尚还做得不够。要赶上世界发达国家的科技发展水平，没有科学素养教育是不行的，我们在这个方面不是做得太好了，而是做得很不够，比如教学内容中的“繁、难、偏、旧”和教学方法中的“少、慢、差、费”现象，还需要若干一段时间才能消除。另一方面，人文教育需要加强。人文教育中真假、善恶、美丑是基本评价标准，但在这方面，我们做得还很差。一个学生的科学素养再好，没有人文素养作为支撑，他很难融入社会进而有效地服务社会。现在我们的大学里不乏学士、硕士、博士，有的“学富五车、才高八斗”，然而在真、善、美的问题上栽跟头的不少，信奉邪教的有之，夺人性命的有之，参与社会丑恶活动的有之，甚至有些人毫无个人责任意识、家庭责任意识和社会责任意识，碰到一点点小事，便毫不负责任地结束自己年轻的生命，给家庭、社会带来无尽的痛苦。因此，只有科学教育和人文教育的结合或整合，才能使得我们的教育更为完整和完善。

五、和谐教育是智育和他育的统一

教育把促进学生的智力发展作为重要的目的之一。然而教育又要促进学生和谐发展。在这个问题上，古今中外不少的思想家、教育家如古希腊的亚里士多德、瑞士的裴斯泰洛齐、法国的卢梭、英国的洛克、中国的蔡元培等人都有过历史贡献。目前我们在推进素质教育过程中，重申了教育方针对学生全面发展的要求，也体现了和谐发展的思想。在学生全面发展方面，德育是保障，智育是基础，体育是条件，心育是关键。

然而在现实工作中，有不少的学校是只抓智育而忽略他育。靠拼教师和学生的时间、体力和精力，侥幸地把成绩抓了上去，牺牲了学生品德、身心的发展，实际上这是得不偿失的。在这方面，有过非常惨痛的教训，应该引起注意和思考。抓好智育是学校的基本任务之一，促进学生的全面发展是学校的根本任务。抓好智育就要认真研究智育规律，遵循智育规律，要通过科学的方法和途径，促进各类各层次学生智慧水平的提高。学校还要抓好德育、体育、心育、美育、劳动技术教育等。要通过教育使得学生积极向上、身心健康、能辨真假、能知善恶、能鉴美丑、热爱劳动，成为社会需要的有用之才。

值得提出的是，有些正在建设中的示范学校应成为促进学生全面发展、提高综合素质的榜样，而不应该只是强调智育或狭义地被人们理解为升学率的示范学校。一所值得社会肯定的示范校，示范的是正确的办学思想、优良的师资队伍、高效的教学设施、科学的管理机制和与之相称的教学质量和水平。重点校生源、师资、设施都很好，高质量、高水平的教学是应该的，低质量、低水平的教学是不应该的。这样的学校除了具有较高的教学质量和水平外，在队伍建设、设施建设和机制建设方面都要堪称表率，成为其他学校的楷模。因此，抓好智育，也要抓好他育，这不仅是一般校面临的问题，也是重点校面临的问题。

六、和谐教育是方法和艺术的统一

教育是科学，也是艺术。说教育是科学，是因为教育必须遵循规律，即遵循人身体成长的规律和人心理发展的规律，遵循规律就要讲究科学的方法，其中包括德育的方法、智育的方法、体育的方法、美育的方法、心育的方法、劳动技术教育的方法等。这些方法是教育长期经验的总结，是理论研究的成果。但是教育不仅应注重方法，更应注重艺术。说教育是艺术，是因为教育是教的艺术、学的艺术、育人的艺术、促进人发展的艺术。在教育实施过程中应讲求艺术，换句话说应艺术地进行教育。只有艺术地进行教育，才能焕发师生的热情、师生的感受力、师生的创造力。单纯地讲求方法会走到技术至上的羊肠小道上去，单纯地讲求艺术会偏离科学育人的轨道，只有坚持方法加艺术，以方法为基础，艺术地实施教育，才能有教育机智、教育能力的形成和提升。

令人遗憾的是，有的教师只是个教书匠，他们匠心可运、匠心可嘉，方法虽多，却未能形成自己的教育风格、教学风格，只会做事，不能究理，只有方法，没有艺术，到头来只是一个方法虽多却无艺术风格的教师，自己的成长受限，也不能为其他教师提供启发和借鉴。然而，我们也欣喜地看到，通过不断学习、不断实践、不断探索、不断努力，有的教师不仅拥有了科学的教育教学方法，还形成了自己的教育教学风格，拥有了行之有效、呈现多样化的教学模式，他们的教育教学思想端正、教育教学方法正确、教育教学手段先进、教育教学实施扎实有效、教育教学水平胜人一筹，教师本人身心愉悦，学生也乐在其中。这其实是教育的艺术加工、艺术创造、艺术成就。一批优秀教师在教育教学实践中积累了很多的方法和经验，他们的教育艺术、教学艺术、管理艺术以及与此相关的研究艺术也令诸多教育工作者为之叹服，成了大家学习和研究的对象。方法加艺术使教育不仅成为一门奥妙无穷的科学，更使教育成为一种魅力无穷的创造。

七、和谐教育是共性和个性的统一

教育是一种复杂的社会实践活动，既有共性要求，又有个性要求。共性要求是指教育的社会本位要求。社会要求学校必须提高教育质量，培养社会建设和发展需要的各方面人才，社会对人才规格的要求特别是对德与才两个方面的要求是相对统一的，比如我们的学校在办学过程中必须坚持贯彻党的教育方针，坚持推进素质教育，这是社会对学校人才培养的基本要求，是共性要求。教育的个性要求是指教育的个体本位要求。受教育者除了遵循社会要求之外，又由于其在气质、性格、智力、意志、情感、兴趣、爱好等方面的差异而呈现出不同的发展要求和趋向。尊重这种要求和趋向是现代教育的重要特征之一。

教育是共性和个性的统一。即是社会本位和个体本位的统一。坚持这种统一，教育就发展，忽视这种统一，教育就会遭受挫折或失败。1957年以前，美国教育坚持个性有余，共性不足，因而在苏联的人造地球卫星上天之时，全国为之震惊，其教育也受到了全国上下的一片指责。我国在“文化大革命”期间也是如此，因“开门办学”，放宽了统一要求，使得教育成为受灾最重的领域。可见，坚持共性和个性的统一是教育的基本要求之一。

坚持共性和个性的统一并非易事。只有坚持社会本位和个体本位的统一，我们才有一大批社会用得上、用得好、有个性、质量高的人才。在实际工作中，我们往往又会顾此失彼，重视了统一要求，但放松了个性发展，或者重视了个性发展，但放松了统一要求，这样的例子并不鲜见。比如，“应试教育”在很大程度上是统一要求有余，而个性发展重视不够，“一卷定终身”“一考比高低”，一把尺子衡量一切人。多元智能成了一元智能，全面发展成了单面发展。因此，教育时而遭到社会的指责。然而，在教学改革过程中，个别地区放松了统一要求，而只是注重学生自由发展个性，结果教学质量一落千丈，于是又不得不回到统一要求的旧路上去。这样，就极容易造成教育的“摇摆”现象，这对教育发展是不利的。

八、和谐教育是继承和创新的统一

教育承继过去，又需要与时俱进、开创未来，因而必须既有继承，又要有创新。在这个问题上，众说纷纭，莫衷一是。有的强调继承，认为传统的都是好的，都应该坚持；有的则强调创新，认为传统的就不是好的，应除旧革新。两种意见各有道理，又各有偏颇。实际上，教育是在过去传统的基础上发展而来的，过去传统既有经验，也有教训，既有成就，也有失误。我们对经验和成就当然应采取继承的态度，不但要继承下来，还要发扬光大。然而对教训和失误，不能采取继承的态度，而应解放思想、实事求是、认真汲取、大胆革新。

继承和创新相辅相成、互为助益。继承中有创新，创新中有继承。只有继承，教育发展才有根基，才有源泉，才有参照，才有方向。只有创新，教育发展才有活力，才有动力，才有创造、才有希望。因而，处理好教育中的继承和创新的关系十分重要。

我们在实际工作中，往往是注重了继承，忽视了创新，或者是注重了创新，而忽视了继承。在推进素质教育的过程中，一说反对“应试教育”，有的学校干脆把严格的学业考核也统统看作“应试教育”了，因而取消了教学的一个重要环节——考核评价，致使系统的知识传授和技能培养大为弱化，考核评价的导向功能、激励功能、诊断功能没有了，教师和学生无所适从，课堂开始混乱，学校管理开始混乱。这其实是忽视了继承，而创新思路也不正确。在我国教育的发展过程中，我们重视教学中的系统知识传授、技能培养和考核评价，这是一个好的传统，是应该坚持的。

教育同其他事物一样，也是一个矛盾统一体，我们只有辩证地、全面地、正确地把握其实质，研究规律，遵循规律，才能推动教育教学改革的深入，才能保证教育的健康可持续发展。

后记

写作此书对我而言是一件幸福的事情。作为学生，我是读着人民教育出版社的书长大的；作为教师，我也是捧着人民教育出版社的书成长起来的。今天我能够把自己的所做所见、所历所闻、所思所想写出来，贡献给人民教育出版社，贡献给众多的教师同行们，实在是一件快乐的事情、幸福的事情。

回顾我几十年的学习生活和教育生涯，多少具有一点传奇色彩。由于“文化大革命”，我曾两度辍学。但是靠自学，我最后考取了博士，走进了中国学术的象牙塔，得以为中小学英语课程教材教法变革史研究做出一点贡献。我没有上过高中，最后却教了高中，并成为天津师范大学教师教育兼职教授和教育管理专业硕士指导教师。“文化大革命”期间，因为家庭出身的原因，我不能做红小兵，也不能当小组长。但参加工作后，我入了党、当选了中共天津市九次党代会代表，并走上了教育管理和领导岗位。我先后担任了班主任、教务主任、副校长、校长、教研室主任、教委副主任、教委主任兼党委书记。我的很多同行们很少有这种全方位提升和锻炼自己的机会，因此我感觉自己是一个很幸运也很幸福的人。

参加工作三十多年来，我坚持走专业化成长之路。我认为，教师专业成长需要做好三件事：学、做、研。学和做，一般教师都做得到。但是对于研究，很多教师是缺失的。我注意到了“这道工序”，因此常常做些理论探索。有人说过，能不能在学和做的基础上进行研究是一般教师和优秀教师的分水岭。我非常赞成这个观点。以我个人的体验来看，教育教学研究给人的成就感和幸福感是其他工作与之无法相比的。

在研究中，我常常是研道多于研术。什么是道？我认为，道就是规律。比如教育规律、教学规律、管理规律等。道是形而上的东西，术则是形而下的东西。在学校教育中，道和术都很重要。识道、循道、用道，登高望远，就会一览众山小，道明，术也就在其中了。研究中有思考，思考中有悟道。充分认识人的发展规律、社会的发展规律、自然的发展规律，遵循并利用这些规律学习、工作、生活、创造、成长、成功、成就，其乐融融，幸福永远。

本书以幸福为关键词。无论是在教学岗位上，还是在教学管理岗位上，我始终是一位普普通通的教师。做了几十年教师，我是真的感觉有幸福常伴。我和爱人都是教师，儿子、儿媳是大学教师，我们家就是个教师之家。我在想，一个人做教师做得幸福，这一生会活得充实、精彩，活得真正有收获、真正有意义。不仅如此，一个人做教师做得幸福，家庭会喜气洋洋，孩子会快乐成长。我庆幸自己是这样一个幸福的人。

难以忘怀的是，多年来天津市教委有关领导对我的成长给予了热情关怀，给予了无私支持。我的学士阶段、硕士阶段、博士阶段的三位导师分别是朱怀沛先生、甄德山先生、王炳照先生，他们为我的学业成长付出了很多心血，常常让我感动不已。此外，《天津教育》《天津教育报》等媒体一直非常关注我的学习、工作、生活、思想动态，并不吝篇幅及时地给予报道，让我一直受到激励、鼓舞，鞭策我前行。在此，我深表谢意。

我在天铁工作36年，天铁已经成为我的第二故乡。在这里，集团公司领导、我的同事们、我的家人们、我的学生们曾经给我很多关爱、支持和帮助，这是我应该铭记在心的。我谨记着以更加努力的工作精神、更加出色的工作业绩来回报大家。

在编写本书的过程中，王志强、白玉芬等同志帮我搜集了几十年来我在报刊上发表的文章。我的同学、同事吕凤、牛怀德、王同娟等以读者的身份阅读了书稿，并提出了建设性的修改意见，在此一并致谢。

我特别感谢著名教育家朱永新先生和魏书生先生为拙作欣然作序。非常感谢人民教育出版社刘立德先生和责任编辑韩华球、刘建霞为本书选题立项、编辑出版所付出的巨大辛劳。

文中引文包括自己发表的文章大都做了注明，但恐有遗漏。在此，对所有被引用的成果的拥有者以及相关报纸杂志表示谢意。

刘立德先生嘱我写作此书时，要有情节，有故事，有主线，有逻辑，有思想，有高度。我尽了力，但是能否达到他的要求，心中无底，敬请各位读者批评、指正。

陈自鹏

2016年9月10日